Dr. Heike Cillwik, Jahrgang 1949, Tochter eines Schaustellers auf Jahrmärkten, lebte später im Stundenhotel ihrer Familie im Rotlichtbezirk einer Großstadt, machte Abitur, wurde Ärztin, Diplom-Psychologin und schließlich Lama der Kagyü-Tradition. Sie wurde Schülerin eines der größten Meister des tibetischen Buddhismus, des Karmapas Ogyen Trinley Dorje, sowie anderer großer Meister.

Dieses Buch ist meinem Lehrer, dem Karmapa Ogyen Trinley Dorje, sowie dem höchsten Wohl aller Lebewesen gewidmet.

Dr. Heike Cillwik

Milarepa

und die Fernbedienung

© tao.de in J. Kamphausen Mediengruppe GmbH, Bielefeld
1. Auflage 2014

Autor: Dr. Heike Cillwik
Umschlaggestaltung: Yell Kreativ GmbH
Autorenfoto: Bildreich-fotografie.de
Fotos im Innenbereich: Dr. Heike Cillwik, U.T. Dorje
Verlag: tao.de in J. Kamphausen Mediengruppe GmbH, Bielefeld

ISBN: 978-3-95802-030-6
Printed in Germany

Das Werk, einschließlich seiner Teile, ist urheberrechtlich geschützt.
Jede Verwertung ist ohne Zustimmung des Verlages und des Autors unzulässig.
Dies gilt insbesondere für die elektronische oder sonstige Vervielfältigung,
Übersetzung, Verbreitung und öffentliche Zugänglichmachung.

Bibliografische Information der Deutschen Nationalbibliothek:
Die Deutsche Nationalbibliothek verzeichnet diese Publikation
in der Deutschen Nationalbibliografie; detaillierte bibliografische
Daten sind im Internet über http://dnb.d-nb.de abrufbar.

Inhaltsverzeichnis

Text
Geschichten
Zitate
Gedichte

Die Mutter setzte sich an die Bettkante ihres Kindes	17
Der alte Weise saß in einer Höhle	18
Wenn Milarepa heute hier wäre	23
Eine kleine Geschichte über einen Weg durch viele	*23*
Meine zweite Begegnung mit dem Buddhismus	27
Er war angekommen, nicht aufgetreten	28
Wo ist der raumlose Raum	**29**
Glück. Was ist Glück?	**29**
Mein Leben verlief auf Sparflamme	30
Ich bin draußen in der Welt	**31**
Jahrein, jahraus gehe ich denselben Weg	**32**
Die Geschichte vom Ringkampf	*33*
Als ich 47 Jahre alt war, schien mein Leben sich dem Ende	37

Begegnest du einem Menschen, der von   41
Unsichtbare Wege   **41**
All ihr Buddhas und Bodhisattwas der drei Zeiten   **41**
Vor Jahren schrieb ich einmal (teilweise stichwortartig) auf   42

Seit endlosen Zeiten   **54**
Häuser   **55**
Ich las ein Buch über Sutra und Tantra   55
Mit Meeren unerschöpflichen Lobes   58
Lange bevor ich mit fast fünfzig   59

Niemals denke ich an die Erfüllung   64
Verwende dich selbst für andere   64
Die Geschichte vom Vajra-Licht   *64*
Ich zitiere nochmal aus meinem alten Text   68

Erkenntnis verzaubert den Augenblick   **74**
Als meine hochbetagte Mutter   75
Die menschlichen Wesen sind die   79
Nun regiert unser Leben ja aber   79

Freude und Elend dieser Welt   80
Mir war also langsam klargeworden   80
Die ganze Welt ist so vergänglich   83

Als ich zum ersten Mal das Wort „Erleuchtung" hörte   83
Gedanken kommen zur Ruhe   **86**
In dem von Maitreya verfassten Text   87

Ich stolperte durch meine neue spirituelle Schule   90
Mit dem Verstand alles erfassen wollen   *92*
Die Geschichte von der Achtsamkeit   *93*
Immer wieder konnte ich im Laufe der Jahre   96
Am Ende des Universums   **99**

Mein erstes Zusammentreffen mit meinem ehemaligen   101
Es ist wie ein inneres Rufen   **103**
Es gab noch eine andere Begegnung   105
In einem fernen Land   **107**
Irgendwann, als es mir gesundheitlich ein wenig besser ging   109

Das ICH   *113*
Lama AT war ein großer Meister   118
Die Erleuchtung   **119**

Die Geschichte von der heiligen Schlange   *121*
Dämmerung, die Schatten werden länger   **125**
Auch in diesem Leben   126
Auf dem Grunde eines Sees   **127**
Das aus Umständen Erzeugte   128

Der Buddha erzählte einmal   129

Warum zählst du die Wolken am Himmel   **132**
Ich sah das Gift in dir   **134**
Die Geschichte von der Goldader   *134*
Shambala, Ort meiner Sehnsucht   **139**

Es gibt eine Geschichte von einem Mann   140
Die Essenz des Buddhismus ist Mitgefühl   143
Ruhe nach all den Stürmen   **145**
Dieser inhärente Schmerz   **146**
Während meiner Studienzeit   149

Manche schauen in den Weltraum   **153**
Wenn man zufrieden ist   155
Seit dem Kauf meiner beiden ersten Bücher über den Buddhismus   155
Auf allen Wegen   **159**
Schließlich rückte der Reisetermin   159

Ich verneige mich tief   **161**
Am nächsten Tag saß ich   162
Die Geschichte von Baumwolltuch   *165*
Wo ist meine Heimat   **169**

Wenige Tage später trafen der Lama und ich	171
Roulette	**177**
Ich war sehr aufgeregt	177
Unbeständigkeit	**179**
In die Stille hinein begann der Lama zu sprechen	181
Der Mondlicht- Planet	**182**
FIW und ich kehrten zum Gästehaus zurück	186
Einst trafen sich Mila	**187**
Wir hatten einen Aufenthalt von vierzehn Tagen	188
Die Geschichte vom Wunsch-erfüllenden- Juwel	*191*
Nachdem der Sohn einen Acker geerbt hatte	**193**
Als die Zeit unserer Reise zu Ende ging	196
Reisende	**199**
Die Privat-Audienz begann offiziell damit	200
Auf unsichtbaren Spuren	**202**
Sutra ist die Bezeichnung für Lehrreden	203
Ich war zum Karmapa als körperliches	206
Mögen auch viele Begegnungen	**212**
Seit dem Kauf meines ersten Buches	213
Guru Yoga	**215**
Die neue Schülerin	*218*

Das Herz	**224**
Das Mahl	**225**
Trotz all der Schwierigkeiten	226
Ich tanze in grenzenlosen Räumen	**229**
Ich war etwa dreizehn Jahre alt	235
Nirwana	**237**
Nachdem ich mit achtundvierzig Jahren	241
Wenn ein spiritueller Meister	**245**
Als ich ankam, saß Karmapa Thaye Dorje	247
Blumen erblühen unter deinen Lotusfüßem	**249**
Ich war erleichtert	250
Der Kampf zwischen dem tantrischen	**252**
Im Laufe meiner Schülerschaft bei Karmapa	253
Wenn tiefste innere Verzweiflungen	**254**
Rosenblüte	*259*
Jetzt essen wir die Früchte	**261**
Immer wieder fragte ich mich in der folgenden Zeit	262
Jeder Augenblick enthält	**263**
In Hamburg sah ich Jigme Rinpoche	264
Die netten Leute	**270**

Die Leerheit ist wie ein Spiegel — **271**

Die Geschichte vom Herzen des Meisters — *276*

Sie kämpfte pausenlos — **280**

Etwa ein Jahr nach meinem Rausschmiss — 281

Dharma-Praxis ist eine innere Reise — **285**

Auch wenn Karmapa mich als Schülerin — 287

Loslassen — **290**

Mein Drei-Jahres-Retreat-Programm — 291

Diese Weite des Geistes — **294**

Bei seinen Belehrungen sprach Rinpoche GG — 295

Der kosmische Tanz — **297**

Während meines langen Retreats — 298

Der Meister zeigte die Leerheit — **303**

Rinpoche GG hatte eine große Zahl Schüler — 304

Die Dämonen des Augenblicks — **306**

Karma ist das Echo — 307

Es ist unwichtig — **308**

Das Vajrayana (auch Mantrayana oder Diamantfahrzeug genannt) — 309

Wo das Ego anfängt — **312**

Was nun die Angelegenheit mit Shamar Rinpoche — 312

Hast du die volle Kontrolle — **314**

Bei bestimmten Einweihungen ist das Gelübde — 315

Mancher, der mächtig	**316**
Die Geschichte vom Löwenkönig und vom Schlangenkönig	*319*
Glück im Samsara	**324**
Leid im Samsara	**326**
Menschen aus Ländern	328
Mancher mag sich manchmal im Leben	**330**
Nun will ich ein wenig auf Teile der mir bekannten	331
Wir alle haben die Buddha-Natur	**334**
Nun komme ich wieder zu Shamar	*335*
Religionen, Weltanschauungen	**340**
Wir weben oft die Fäden	**340**
Bezüglich der Prophezeiung	343
Häuser aus Sand	**345**
Die Einweihung	*350*
Karmapa wusste seit spätestens sechshundert Jahren	353
Egolos	**356**
Solange wir im dualistischen Denken verweilen	**356**
Nun gibt es bei der Angelegenheit mit Shamar	357
Das Pferd	**359**
Aber nun will ich weiter mit meiner eigenen Geschichte	362

Gebet	**364**
Der Meister	*366*
Manche Beziehungen	**380**
Bei Rinpoche GG lernte ich das Dzogchen	382
So viele Stufen stieg ich nun schon	**386**
Mein Geist-Terma entwickelte sich	389
Die vortreffliche Beschreibung des Mittleren Weges	389
Hier wird eine geistige Schau beschrieben	393
Der Komiker starb Sonntagabend	**399**
In meinem Terma gibt es den	402
Ich seh` Menschen	**405**
In meiner Anfangszeit	409
Das Stück ist aus	**410**
Für Psychotherapeuten stellt sich	413
Dharma-Praxis scheint	**417**
Wenn das Alaya Vijnana	419
In Dharma-Kreisen ging einst	**422**
Gottheiten-Yoga gehört auch zu	424
Solange wir im dualistischen	**426**
Ich war noch ganz am Anfang	427

Eine ständige Wiederholung	**430**
Pausenlos liefert unser geistiger	**430**
In der buddhistischen Geistesschulung	433
Manche Dinge erscheinen so	**435**
Der Begriff der Leerheit wird von vielen Menschen	435
Hinter jedem neuen Vorhang	**437**
Die Geschichte eines Briefes	*438*
Wie schon gesagt werden im Alaya Vijnana	441
Ein Gebet an meinen spirituellen Lehrer gerichtet	**446**
Auch in der Bibel	447
Nachdem Jesus zum Himmel gefahren	**449**
Der Dalai Lama sagte einmal	452
Meditation	*457*
Bei unseren anderen Sinneswahrnehmungen	458
Er war in Mailand und Paris	**460**
Die buddhistische Lehre	461
Am Ort der größten Wonne	**464**
Der buddhistische Weg	465
Aus dem Brunnen meiner Kraft	**468**
Nun will ich noch mal	468
Während der Rinpoche	**470**

Der Eisberg	*470*
Der unbekannte verwirklichte Meister	**474**
Mit Problemen kann man grundsätzlich	475
Die zwölf Glieder des Abhängigen Entstehens	477
Die Geschichte vom Wissenschaftler	*480*
Nun will ich noch auf den	487
Über dem Meer meines Geistes	**490**
Warum kommen Menschen	491
Mitten in der ausverkauften	**497**
Der Karmapa Ogyen Trinley Dorje	500
Eine kleine Geschichte über die Kostbarkeit der Zeit	*502*
In einem Traum	**504**
Abschließend möchte ich noch etwas zum Thema	505
Alles, was in unserem Geist erscheint	**509**
Wenn wir in tiefer Meditation	**510**
Nachwort	511
Widmung	512
Literatur	513

„Der Planet braucht keine erfolgreichen Menschen mehr. Der Planet braucht dringend Friedensstifter, Heiler, Erneuerer, Geschichtenerzähler und Liebende aller Arten."

14. Dalai Lama

„Dharma hat keine Tradition."

17. Karmapa Ogyen Trinley Dorje

„Jeder stirbt, aber keiner ist tot."

Tibetisches Sprichwort

Die Mutter setzte sich an die Bettkante ihres Kindes. „Schlaf schön, mein kleiner Liebling", sagte sie. „Ich will aber noch eine Geschichte hören! Sonst erzählst du mir auch immer eine Geschichte vorm Einschlafen." Die Mutter überlegte. Was sollte sie sagen? Ihr fiel beim besten Willen heute nichts ein. Sie war viel zu sehr damit beschäftigt, über etwas nachzudenken, das sie gerade gehört hatte. - Vielleicht sollte sie ihrem Kind einfach ein wenig davon erzählen, nur damit es Ruhe gab. „Na gut, mein Schatz. Dann will ich dir heute einmal eine besondere Geschichte erzählen. Es ist eine Geschichte, wo ich auch selbst nicht weiß, was Wahrheit ist und was Illusion. Manches darin erscheint wahr und ist doch Illusion. Manches darin erscheint als Illusion und ist doch wahr.

Die Geschichte ist wie ein Mandala, ein rundes Bild, so eines wie du es gestern mit deinen Buntstiften gemalt hast. Dieses Mandala besteht aus Worten, aus Gedichten und Geschichten. Es ist manchmal auch so, als hätte jemand ein Lied geschrieben und es dann einmal so und einmal anders enden lassen. Welches Ende ist richtig? Gibt es überhaupt ein richtiges Ende? Wer kann das sagen?

Das Thema der Geschichte handelt von einem Mann, der gut meditieren konnte und der deshalb sehr berühmt wurde. Aber dann war er auf einmal verschwunden, fast tausend Jahre lang. Das ist eine sehr, sehr lange Zeit, weißt du. Und nun gibt es da eine Frau, die glaubt, sich an dieses alte Leben erinnern zu können, glaubt, womöglich selbst einmal dieser Mann gewesen zu sein.

Wie gut, dass wir nicht beurteilen müssen, ob es denn nun genauso war, wie die Frau es berichtet hat. Wer weiß, ob sie Recht hat. Vielleicht hat sie das alles auch nur geträumt. Ich erzähle dir jetzt diese Geschichte, dieses Mandala, dieses Lied ohne Melodie. Aber ich erzähle es mir auch selbst, weil ich Mandalas, Geschichten und Lieder liebe."

Das Kind war sehr müde. Als die Mutter zu sprechen begann, konnte es nicht lange zuhören. All das, was die Mutter bisher gesagt hatte, war ja schon viel zu kompliziert gewesen für so ein müdes Kind. Der Mutter zuliebe bemühte es sich, noch eine Weile wach zu bleiben, aber es gelang ihm nicht sehr lange. Und bevor die Mutter mit der eigentlichen Geschichte anfangen konnte, war das kleine Kind schon tief und fest eingeschlafen.

Die Mutter bemerkte gar nicht, dass sie von nun an eigentlich alles nur sich selbst erzählte. Vielleicht war das auch gut so, denn die Geschichte ist ohnehin mehr für Erwachsene gedacht.

Aber nein! Da saß doch tatsächlich irgendwo unter dem Bett des Kindes noch ein kleines Mäuschen und hörte zu und dieses Mäuschen berichtete mir alles, was die Mutter gesagt hatte.

Und ich habe das dann aufgeschrieben und du kannst es nun lesen, wenn du willst. Die Geschichte beginnt vor langer, langer Zeit, vor etwa tausend Jahren...

Der alte Weise saß in einer Höhle irgendwo in den verschneiten Bergen des Himalayas und blickte in die Weite seines Geistes, den Raum, unendlich, grenzenlos. Er war am Ziel, so schien es, erlebte die Erleuchtung. Sein Körper war nach langen Jahren der Meditation leicht wie eine Feder geworden, transzendent. Die Naturgesetze wie z.B. die Schwerkraft galten für ihn nicht mehr. Milarepa flog durch die Luft, ging durch Felsen, veränderte seine Gestalt, war mal ein Tier, mal ein Mensch. Bei eisigster Kälte war er nur mit einem dünnen Baumwollgewand bekleidet. Ihm war nicht kalt. Er durchbrach durch seine Verwirklichung alles, was sicher, fest und verbürgt schien, stellte die traditionellen Werte auf den Kopf.

Er hatte einst schwarze Magie betrieben wegen des Unrechts, das seiner Familie angetan worden war, und so 25 Menschen getötet. Aber schließlich hatte er begriffen, dass die Rache, um die seine Mutter ihn gebeten hatte, nur neues Unglück geschaffen hatte. Nichts war dadurch gewonnen worden, es hatte nur Verlierer gegeben.

Hier oben in den Bergen war sein Geist frei. Er hatte einen wunderbaren Lehrer im Vajrayana, dem Diamantfahrzeug des Buddhismus, gefunden und viele Jahre nach diesen geheimen Lehren meditiert, beharrlich, bis er Schwielen am Gesäß hatte und dann immer noch weiter und weiter.

Nun war er losgelöst von familiären Zwängen und gesellschaftlichen Traditionen. Er lebte innerlich in einem Reinen Land, das Worte nicht beschreiben konnten. Er begegnete Wesen, die für andere nicht sichtbar waren, reiste in seinem Geist in Dimensionen, die verborgen waren. Er konnte ohne Worte kommunizieren.

Das Potential seines Geistes, die Erleuchtung, hatte sich erschlossen. Er lehrte seine Schüler mit Weisheit, Mitgefühl und Magie, in einer Weise, die Herzen öffnen, Hingabe und Vertrauen in die buddhistische Lehre erzeugen konnte und zur Nachahmung inspirierte. Selbst in unserer Zeit, etwa 1000 Jahre später, wirkt dieses Yogi-Leben noch nach, erzeugt Ehrfurcht, Begeisterung.

Aber kann man dem großen Magier auch heute noch nachfolgen, wenn man es will, mitten in unserer westlichen Kultur? Kann man es ermöglichen, ohne Besitz irgendwo in der Höhle eines Berges zu sitzen und Tag und Nacht zu meditieren? Und falls man es schafft: wie lange hält man durch?

Dazu kommt noch, dass die buddhistische Lehre für die meisten in unserer Kultur etwas Unbekanntes ist. Der Dalai Lama gehört zu denen, die dem Dharma (so nennen die Buddhisten den Buddhismus) ein Gesicht gegeben haben. „Ach so, **das** ist tibetischer Buddhismus…" Unermüdlich reist er um die Welt, heute in diesem, morgen in jenem Land, hochbetagt und fit wie ein Turnschuh.

Er kommt aus einer für viele Menschen unbekannten Region der Welt, spricht eine Sprache, die wir nicht verstehen (zum Glück spricht er auch oft Englisch). Doch die Lamas (buddhistische Priester) und Rinpoches (Ehrentitel für Lamas) erscheinen uns manchmal zunächst wie Wesen aus einer anderen Welt. Sie sprechen lieblich und hochstehend, aber meistens verstehen wir sie nicht wirklich und wir können auch nicht wirklich umsetzen, was sie empfehlen. Zwischen Lehre und gelebter Praxis liegen oft Welten.

Meine erste kurze Begegnung mit dem Buddhismus hatte ich mit etwa 18 Jahren. Bis zu diesem Zeitpunkt verlief mein Leben folgendermaßen: Meine Mutter wäre ein Fall für die Psychiatrie gewesen, in die sie aber nie kam und ich, als einziges Kind, war allein schon durch den täglichen Umgang mit ihr auch schon fast ein Kandidat für die Klinik geworden.

Meine beziehungsunfähige Mutter hatte mich außerdem als Baby so oft und so lange allein gelassen, dass ich es mir abgewöhnt hatte zu schreien, denn es kam ja sowieso keiner. Ich lag dann meist in unserem Wohnwagen irgendwo auf einem Jahrmarkt und hörte das Lachen und die fröhlichen Schreie der sich amüsierenden Menschen, während meine Eltern in der für mich unerreichbar fernen Bude vor dem Wohnwagen arbeiteten. Gelegentlich kam meine Mutter vorbei, um mich zu stillen. Sie war der Meinung, dass ich wohl die ganze übrige Zeit schlafen würde, so dass sie sich dann nicht in meiner Nähe aufzuhalten brauchte.

Als ich ins schulfähige Alter kam, wurde unsere Familie in einem Rotlichtbezirk von Hamburg sesshaft. Ich war recht intelligent, das Gymnasium machte mir Spaß, aber meine langen Jahre fast ohne elterlich erfahrene Liebe hatten mich irgendwann mürbe gemacht. Mein Vater mochte mich zwar, aber meine Mutter brauchte ihn mehr und wachte eifersüchtig darüber, dass er sich mir möglichst nicht allzu oft zuwendete. Ich konnte nur dadurch punkten, dass ich fast all das Taschengeld, das ich irgendwann bekam, in Geschenke an meine Eltern verwandelte und mich ansonsten möglichst unauffällig verhielt. Schon in jungen Jahren erkundete ich unbeaufsichtigt manchmal auf langen unbekannten Wegen meinen jeweiligen Wohnbereich. Wäre ich gar nicht wiedergekommen, wäre das wohl kein großer Verlust für meine Eltern gewesen.

Die Religion, der christliche Glaube, von der ich in der Schule erfuhr, gab mir Kraft, ich verschlang alles, was ich darüber erfuhr. Gott war mein Halt in tiefster Not gewesen. Mit 15 Jahren erkrankte ich nach einem Auslandsaufenthalt schwer, möglicherweise durch einen unbekannten Virus, der meinen Körper dauerhaft schädigte. Während meiner akuten Krankheitsphase und auch noch in den ersten Jahren danach, wo ich sehr schwach und oft am Rande meines Lebens war, öffnete sich mir die geistige Dimension meines Daseins sehr deutlich. Aber niemand in meiner Umgebung interessierte sich für Spiritualität und auch in der Schule vereinsamte ich zunehmend.

Und dann kam noch in den letzten Schulklassen vor dem Abitur eine Klassenlehrerin in mein Leben, die Mädchen hasste, die Heike hießen (das erfuhr ich erst viele Jahre später von einer Frau gleichen Namens, die auch auf diese Schule gegangen war und die dieselbe gestörte Lehrerin gehabt hatte). Ich hatte also von Anfang an keine Chance bei der Sadistin und drohte nun insgesamt zusammenzubrechen.

Da hatte mein Vater, der sich manchmal wundersamer Weise bei schulischen Schwierigkeiten meinerseits für mich stark machte, die Idee, mich zu außerschulischen Lehrern zu schicken, die mein Selbstbewusstsein stärken sollten. Einer davon war Buddhist.

Als ich zu ihm kam, war ich wie ein Schluck Wasser, am Ende meiner Kraft und ohne jegliches Vertrauen in mich selbst. Stephan (so nenne ich ihn jetzt einfach mal) strotzte vor Selbstbewusstsein (er war vielleicht zehn Jahre älter als ich). Er erzählte mir, dass er gar kein Abitur hätte, sich aber als Lehrer ausgäbe, um Geld zu verdienen. Er wäre mit ein paar ehemaligen Mitschülern vor einigen Jahren ins Sekretariat seiner Schule eingebrochen und hätte Abiturzeugnisse gestohlen, Lehrer-Unterschriften darauf gefälscht und Schulstempel benutzt.

Danach wäre er vorzeitig von der Schule abgegangen und hätte lieber möglichst täglich Kinos besucht, wodurch er sich fortgebildet hätte. Nun lebte er mit einer jungen Frau in einer Art wilder Ehe, wie man das damals nannte, absolut konträr zur damaligen gesellschaftlichen Konvention. Ich fiel innerlich von einer Ohnmacht in die nächste, während er sprach, gleichzeitig begann ich mich aber ein wenig zu entkrampfen, weil ich es einfach nicht fassen konnte, dass jemand so wie er letztlich doch noch seinen Lebensunterhalt bestreiten konnte. Meinem Vater erzählte ich sicherheitshalber lieber nichts von diesen Belehrungen.

Eines Tages malte Stephan mir einen Kreis an die Tafel: „Das hier soll den Daseinskreislauf darstellen, Samsara genannt. Oben sind die Götter, unten die Höllenwesen, da sind die Menschen, da die Tiere usw. Wir werden in eine Existenz hineingeboren. Nach dem Tod erleben wir eine neue Existenz. Es gibt sechs verschiedene Daseinsbereiche, in denen wir leben können." In einem Leben sei man oben, in einem anderen unten, je nach dem Karma, das im Moment des Todes reif würde. „Der Daseinskreislauf hört von sich aus niemals auf. Wenn wir ihn beenden wollen, müssen wir aktiv dazu beitragen."

Ich konnte nicht recht etwas damit anfangen, aber Stephan ließ sich nicht beirren. Leicht verwirrt ging ich nach Hause. Bis zu diesem Zeitpunkt hatte ich gelernt, dass man nach dem Tod entweder in den Himmel oder in die Hölle käme und dann an dem jeweiligen Ort für immer bleiben würde. Diese Entscheidung würde der liebe Gott fällen, der allmächtig war und damit dieses Urteil auch durchsetzen konnte. Es blieb einem nur die Hoffnung, dass er einem im entscheidenden Moment gut gesonnen sein würde bzw. dass jemand, der bei ihm gute Karten hatte, sich für den armen Sünder einsetzte und vielleicht sogar dessen Sünden auf sich nahm.

Als ich nach Stephans buddhistischen Informationen abends allein in meinem Zimmer war, begann auf einmal wie schon so oft zuvor meine Krankheit mich ans Lebensende zu ziehen. Ich wurde schwächer und in diesem Zustand zwischen Leben und Tod kamen wieder Visionen. Diesmal waren es aber nicht wie sonst christlich geprägte, sondern ich sah Wesen mit mehreren Köpfen und Armen, die mich freundlich ansprachen. Ich war entsetzt. Mir war klar, dass ihr Erscheinen etwas mit den vorangegangenen buddhistischen Belehrungen zu tun haben musste. Jetzt wurde ich also offenbar verrückt. Ich sah ja Wesen, wie es sie so gar nicht geben konnte. Ich brach den Kontakt zu ihnen ab und damit hatte sich das Thema Buddhismus erst mal für mich erledigt.

In den darauf folgenden Jahren blieb mir meine Krankheit treu. Ich heiratete kurz nach dem Abitur, um meinem Elternhaus zu entfliehen, kam aber letztlich langfristig gesehen nur vom Regen in die Traufe. Ich begann, Medizin zu studieren. Als ich durch eine Prüfung fiel, musste ich mein Studium zwei Jahre lang unterbrechen, bis ich in meiner immer noch schwachen körperlichen Verfassung auch die letzte zu wiederholende Prüfung geschafft hatte. Ich ging in jeder Hinsicht wieder einmal auf dem Zahnfleisch.

Erneut hatte ich Visionen, die ich nun zum allererst Mal teilweise meiner Familie erzählte. Mein Vater meinte nur, dass selbst er noch nicht solche Erscheinungen gehabt hätte und meiner Familie gelang es schließlich, darauf hinzuwirken, dass ich in die Psychiatrie eingewiesen werden sollte. Ich dachte in meiner Verzweiflung: „Das, was ich in diesen Visionen erfahre, ist so viel wahrer als das normale Leben. Wenn ich jetzt sagen würde, dass ich diese Wahrnehmungen nicht wirklich gehabt habe, werde ich nicht in die Psychiatrie kommen. Aber ich habe sie gehabt und sie sind großartig gewesen. Vielleicht bedeutet das ja, dass ich verrückt bin, wer weiß. Und wenn das so ist, dann werde ich diesen Zustand vermutlich als Letzte bemerken." Deshalb willigte ich ein, mich in der Klinik aufnehmen zu lassen.

Aber ich kam nur bis zur Eingangsuntersuchung. Der Arzt fand keineswegs, dass ich aufgenommen werden sollte. Ich dachte, dass er sich vielleicht irren würde, denn ich hatte mich inzwischen dem Urteil meiner Familie gebeugt. Ich fragte den Arzt, ob er mich denn nicht wenigstens probeweise aufnehmen könnte. Daraufhin wurde er sehr ärgerlich und schmiss mich fast raus. Verwirrt verließ ich das Untersuchungszimmer und ging auf den Flur, wo mein Mann mit meinem gepackten Koffer auf mich wartete. Er war auch verwirrt.

Von nun an hatte ich in meiner Familie Narrenfreiheit. Ohnehin hatte mich niemand auf spirituellem Gebiet verstanden. Und nach dem gescheiterten

Versuch mich und meine Visionen zu entsorgen, tat man nun einfach so, als wäre meine ausgedrückte Spiritualität unsichtbar und unhörbar. Mein erster Rückzug, mein erstes mehrjähriges Retreat begann mitten in meiner Familie.

Wenn Milarepa heute hier wäre, würde er vielleicht anders leben als vor tausend Jahren. Möglicherweise würde er relativ unauffällig mitten unter uns sein und manchmal Geschichten erzählen oder Gedichte schreiben, einfach deshalb, weil ihm Poesie vertraut war. Die Frage an ihn wäre dann wohl zunächst: „Wo warst du bloß die ganze Zeit? In einem Reinen Land, wie manche behaupten? Oder was war denn eigentlich los?" Ja, wo war er denn nur gewesen? Was war eigentlich passiert? Ist das so wichtig? Was ist Sein, was ist Schein? Naja gut, wenn es denn unbedingt sein muss: man könnte ja mal eine Geschichte über seinen Weg und seine innere Suche erzählen. Ob die wohl hundertprozentig stimmt? Vielleicht ist sie auch nur ein Spiel mit Fakten und Illusionen, so wie andere Geschichten, die noch folgen werden. Die eigentliche Geschichte entsteht ja in unserem Geist. Und die ist dann doch oft noch wieder ganz anders. Wie auch immer: Nun geht`s los!

Eine kleine Geschichte über einen Weg durch viele Leben

Mal angenommen

du lebst in einem Königspalast, alles ist ganz großartig, wunderbar. Aber eines Tages erfährst du, dass das Kostbarste des ganzen Königreichs, der ganzen Welt, des ganzen Universums in einem der Säle des Königs wohl innerhalb eines Safes eingeschlossen ist und der Schlüssel ist weg und deshalb kann niemand dieses wunderbare Ding kennenlernen.

Natürlich beginnst du nun damit, den Schlüssel überall in dem Saal zu suchen, wo der Safe ist, auch in den anderen Räumen des Königspalastes, auf dem Dach-Boden und sogar im Keller. Aber du findest ihn nicht. Dann suchst du im Garten nach ihm, und später überall im Königreich, der ganzen Welt.

Zuerst suchst du in sauberen und schönen Umgebungen, aber dann überall, sogar im Dreck, im Abfall, in Exkrementen. Und während du das tust, wirst du alt, deine Zähne fallen aus, deine Haare werden weiß, deine Kleidung wird zu Lumpen. Du siehst schmutzig und eklig aus wie ein Bettler, der auf der Straße lebt.

Ene meine mu: raus bist du!

Eines Tages, während du im Abfall sitzt, und während deine Hände wie gewöhnlich im Dreck graben, fühlst du plötzlich einen kleinen metallischen Ring. Und einfach, weil du es so gewohnt bist, tastest du nach mehr. Und schließlich hältst du einen kleinen Schlüssel in der Hand. Er ist schmutzig und verkrustet, aber du siehst, dass eine winzige goldene Ecke herausschaut.

Und einfach, weil du es so gewohnt bist, säuberst du diesen Schlüssel und wirklich: das ist ein kleiner goldener Schlüssel, den du da in deiner Hand hältst. Du hast schon so viele Schlüssel gefunden, alle waren offenbar falsch. Warum sollte es bei diesem anders sein?

Aber tief im Herzen hast du noch nicht aufgegeben, den benötigten Schlüssel zu finden. Und obwohl du dich fragst: „Warum sollte ich gerade jetzt das Richtige gefunden haben?", kommst du langsam hoch mit dem Schlüssel in der Hand. Erst kriechst du, dann gehst du, läufst schneller und schneller, um den Palast des Königs zu erreichen.

Obwohl das alles so lange dauert, stehst du schließlich vor dem Garten des Königs und du denkst nur daran, in den Palast zu gehen, um den Safe mit diesem kleinen Schlüssel zu öffnen. Sicherlich wird sich jeder freuen und dankbar sein.

Aber dummerweise hast du den Königspalast vor langer Zeit verlassen, ohne irgendjemandem etwas von deinem Plan zu erzählen, den Schlüssel zu suchen. Du bist eines Tages einfach weggegangen und keiner hat gewusst, wo du warst. Für die Leute hat es deshalb so ausgesehen, als seist du einfach ohne Grund verschwunden, vielleicht unterwegs zu besseren Orten, und du würdest sicherlich nie wiederkommen, was natürlich falsch war.

Nun stehst du also vor der Wohnstätte des Königs, siehst aus wie ein alter Bettler, und du willst in den kostbarsten Saal des Palastes gehen, um den Safe zu öffnen! Niemand erwartet dich, niemand kennt dich noch, und die Wächter, die an den Toren des eisernen Zaunes stehen, der den Königspalast umgibt, wollen dich einfach nicht hereinlassen.

Nach all dieser Zeit bist du so nahe an deinem Ziel, aber es gibt keine Gelegenheit für dich, das zu tun, was du tun möchtest! Du willst einfach nur nach Hause, einfach nach Hause. Aber du wirst wie ein Fremder behandelt. Du siehst durch die Gitter-Stäbe des Zauns, du siehst deine Brüder und Schwestern, deine Freunde, wie sie zusammen lachen. Und du weinst in deinem Herzen, fühlst dich unendlich einsam.

Ene meine mu: raus bist du!

So stehst du einige Zeit da. Du begreifst, dass da keine Chance mehr für dich besteht, durch den Palast zu gehen mit all den Rechten, die du vor langer Zeit gehabt hattest. Du musst das akzeptieren. Aber weil du wenigstens die Erlaubnis bekommen willst, ein bisschen auf dem Gelände des Königs herumzugehen, versuchst du einen Weg zu finden, dies zu tun.

Da siehst du, dass Besuchergruppen manchmal den königlichen Garten besichtigen können und das erscheint dir besser als nichts. Du wäschst dich also, schneidest dir die Haare ein bisschen nett ab, ziehst dich ein wenig besser an und darfst schließlich durch die großen eisernen Tore des Gartens gemeinsam mit anderen hindurchgehen.

Du hoffst natürlich, dass der König aus einem der Fenster seiner Säle blicken könnte und dich erkennen würde. Und wirklich, für einen Moment lang sieht es so aus, als hätte er dich gesehen. Aber du kannst ihn nicht fragen, denn der Palast ist für Besucher geschlossen. Und natürlich gibt es keine Garantie dafür, dass der Schlüssel, den du in der Tasche hast, der richtige ist. Und so kriegst du wieder die Krise.

Aber dann verstehst du plötzlich, dass die ganze lange Geschichte deines Lebens nicht so real war, wie du immer gedacht hast. Du hast das alles stattdessen nur mit offenen Augen geträumt. Das ganze Drama fand nur in deinem Geist statt, deine Suche, der Schlüssel, der Palast mit seinen Bewohnern und die Welt, die du erlebt hast, selbst das ganze Universum mit all seinen Lebewesen, das du erfahren hast. Du brauchst den Schlüssel nicht mehr, denn auch im Safe kann nicht mehr sein als die Erkenntnis, dass unser Erleben traumgleich ist und dass es noch eine Wirklichkeit hinter dem gibt, was wir täglich mit unserem vernebelten Alltagsbewusstsein erfahren.

*Dein Geist ist wie ein tiefes Meer voller wunderbarer Erkenntnisse, die ganz anders sind, als alles, was du bisher erfahren hast, Erkenntnisse, die dich innerlich weiter führen können, als du es je ahntest. Und nun, nachdem du so lange mit ganzem Herzen auf deine Weise danach gesucht hast, ist durch dein ständiges Bemühen dein Geist langsam klarer geworden. Ganz unerwartet hast du deshalb nun das Kostbarste im ganzen Universum gefunden und es liegt nicht außerhalb von dir in einem Safe des Königspalastes, sondern in deinem eigenen Geist. **Diese** Erkenntnis ist das Wertvollste, was es gibt, und du hast es gerade gefunden!*

Du freust dich von ganzem Herzen. Du hast dein Ziel erreicht, ganz anders, als du erwartet hast. Du hast so sehr nach diesem Wissen gesucht und nun hast du es endlich gefunden. Und dann beginnst du zu lachen, und du lachst, bis du fast nicht mehr aufhören kannst. Du sagst dir: „Dieses ganze Drama war nur eine Illusion. Ich will endlich dauerhaft aufwachen aus meinem Traum, meinen Konzepten vom Leben. Ich will die ganze Tiefe meines Geistes kennenlernen und die darin verborgenen Schätze finden!"

Und dann beginnst du zu tanzen, den Tanz der Moleküle, den Tanz der Planeten, den Tanz des Universums, des Multiversums. Und wenn du damit immer weiter machst, kann es sein, dass du eines Tages nach der kosmischen Musik der Erleuchtung tanzen wirst.

Ene meine mu: raus aus dem Leid bist du!

Meine zweite Begegnung mit dem Buddhismus verlief folgendermaßen: Nachdem ich mein Medizin-Studium abgeschlossen hatte und nun Psychologie studierte, kam einer meiner Mitstudenten, den ich gar nicht besonders gut kannte, plötzlich auf mich zu und fragte mich: „Kommst du morgen auch?"- „Wohin?" fragte ich. „Zum Dalai Lama. Der kommt morgen in die Uni und hält einen Vortrag."- „Och, ich weiß noch nicht genau…" Höflichkeitshalber informierte ich mich über den genauen Ort und die Zeit.

Ich war überzeugte Christin, kannte ja gar keine andere Religion (abgesehen von der buddhistischen Kurzinfo durch Stephan), und vom Dalai Lama hatte ich nur irgendwann einen kleinen Artikel in einer Zeitung gelesen. Als ich meinen Vater danach über den buddhistischen Meister befragte, wer dieser denn sei, bekam ich zur Antwort: „Er glaubt nicht an Gott. Er denkt, er sei selbst einer."

Irgendwie hatte ich gar keine große Lust, so einen Menschen kennenzulernen. Aber schließlich überwog doch die Neugierde. So war ich also am nächsten Tag sehr rechtzeitig in dem besagten Hörsaal, der eine tiefe Bühne hat und einen Hörbereich von ansteigenden Stuhlreihen. Ich hatte die große Platz-Auswahl. Also setzte ich mich so, dass ich auf gleicher Höhe mit dem Rednerpult war und beste Sicht und ebensolche Hörbedingungen hatte.

Es waren schließlich nur sehr wenige Studenten da, der Hörsaal war fast leer. Dann kam der Dalai Lama, er wurde von zwei anderen Lamas begleitet. Plötzlich war ich wie ausgehebelt. Niemals zuvor hatte ich Menschen gesehen, die so gekleidet waren. Eine große Kraft ging von ihnen aus.

Der Dalai Lama schritt schnell herein, musterte wie beiläufig die Anwesenden und, nachdem er mich erblickt hatte, ging er wie selbstverständlich in eine tiefe Verneigungspose über, wobei der Kopf fast den Boden berührte und danach ging er wie selbstverständlich weiter zum Rednerpult. Alles geschah sehr schnell, wie beiläufig. Erst verneigte er sich tief, dann noch einmal tiefer und hoch war er wieder.

Ich war verwirrt, überrumpelt. Hatte er wirklich mich gemeint oder hatte er sich vor allen verneigt, war das einfach seine natürliche Begrüßungsgeste? Ich hatte mich nach der dürftigen Vorinformation, die ich über ihn gehabt hatte, innerlich auf ein hohes spirituelles Ross gesetzt und gedacht: Was, du willst selbst ein Gott sein? Dabei gibt es doch nur einen! Na, dann lass mal hören, was du zu sagen hast!

Aber das, was der Dalai Lama dann sagte, waren Plattitüden: alle Menschen wollen Glück und kein Leid. Na bravo, simpler ging es ja wohl nicht. Wo war dann die Aussage über Gott und darüber, dass er denkt, er sei selbst einer? Aber so eine Bemerkung kam nicht. Es kam überhaupt nicht mehr sehr viel. Der Dalai Lama sprach eine Weile und verschwand dann wieder, sehr freundlich, so wie er auch während seines Vortrags gewesen war.

Am nächsten Tag traf ich eine Mitstudentin. Sie fragte mich auf einmal ganz unvermittelt: „Warst du gestern da?"-„Wo?", fragte ich. „Beim Dalai Lama."- „Ja."- „Und? Wie war es?"- „Na ja", antwortete ich mit leicht abwertendem Ton. Die Kommilitonin fragte nicht weiter.

Die nächsten fünfzehn Jahre meines Lebens hatte ich keinen weiteren Kontakt mehr mit dem Buddhismus.

Er war angekommen, nicht aufgetreten. Eine Prozession fand nicht statt. In der Tat war seine Ankunft eine buddhistische Nicht-Prozession: Vor einem Moment war er noch nicht da, im nächsten Moment war er da – sehr da.

(Robert Kiely über den Dalai Lama)

Wo ist
der raumlose
Raum,

wann ist
die zeitlose
Zeit?

In mir
ist alles:
das ganze
Universum

und
die ganze
Illusion
vom Universum.

                        Glück.
                        Was ist Glück?

                        Wenn ich mir
                        gebe,
                        was ich brauche.

                        Oder?

                        Aber
                        wenn ich dir
                        gebe,
                        was du
                        brauchst,
                        sind wir dann nicht
                        beide
                        glücklich?

Mein Leben verlief auf Sparflamme, weil mein Körper krank blieb und dadurch die Basis für zusätzliche gesundheitliche Störungen bot. Ich nahm intuitiv möglichst keine konventionellen Medikamente ein, obwohl zumindest die eine oder andere Krankheit, die ich hatte, grundsätzlich behandelbar war. Dort wo ich dann doch z.B. Antibiotika einnahm, einfach weil die Krankheit schwerwiegend schien, traten schnell Nebenwirkungen und Spätfolgen auf, obwohl die aktuelle Situation zunächst gebessert schien. Das bestätigte mich in meiner Ansicht, meine eigenen Krankheiten weitgehend unbehandelt zu ertragen.

Ich praktizierte als Ärztin in einer winzigen Privatpraxis zeitgleich zu meinem Psychologie-Studium, spezialisierte mich im Laufe der Jahre auf chronisch kranke Menschen, so wie ich ja selbst einer war, und ich versuchte unlösbare Fälle zu knacken. Manchmal bildete ich mich nur für einen einzigen Menschen weiter. Ich hatte nur wenige Patienten, denn eine Zulassung zur kassenärztlichen Tätigkeit hatte ich damals noch nicht.

Ich war hoch interessiert, Menschen dauerhaft zu helfen, zunächst mit Medizin, dann auch mit Psychotherapie. Insbesondere meine homöopathische Ausbildung erschloss mir neue Horizonte in der Behandlung von Patienten und ermöglichte mir auch bei Eigenbehandlungen, mich mehr und mehr von der sogenannten konventionellen Medizin abzunabeln, obwohl ich Teile von ihr, wie z.B. die Chirurgie weiterhin sehr schätzte.

Obwohl mein Leben äußerlich mehr oder weniger in konventionellen Bahnen verlief, gab es noch einen ganz anderen Teil von mir, der dabei war, mein Leben zu sprengen. Ich war auf der Suche nach irgendwas, was ich nicht hätte benennen können und was doch da war und keine Ruhe gab.

Zunächst verlief dieser Teil meines Lebens im Verborgenen. Ich hatte ja gelernt, dass es wohl kaum einen Menschen in meiner Nähe gab, der sich so nachhaltig für Spiritualität interessierte wie ich, und mein Kurzausflug in die Psychiatrie hatte mir gezeigt, dass die mir nahestehenden Personen von meinen geistigen Exkursionen überfordert schienen.

Anfänglich hatte ich als junge verheiratete Frau wohl auch deshalb viele Jahre lang schwerste Depressionen, die auch so etwas wie Bilanz-Depressionen waren, denn mein Leben verlief weitgehend ohne Freude und ich sah keinen Weg, da herauszukommen. Ich kam zunächst gar nicht auf die Idee, diesbezüglich medizinisch um Hilfe zu bitten, denn ich wusste ja nicht einmal, dass das, was ich hatte, als Krankheit eingestuft wird. Ich schämte mich nur unendlich dafür, dass ich täglich größte Anstrengungen aufbringen musste, um meinen Zustand zu verbergen und um auf diese Weise weiter die von mir erwartete Rolle in meinem sozialen Umfeld zu spielen. Einen kurzen Versuch, meine psychische Situation irgendwann medikamentös zu verbessern, brach ich ab, als ich bemerkte, dass mein Geist dadurch unklarer wurde.

Mit dem Beginn meines Psychologie-Studiums, das ich nach dem Medizin-Studium machte, begann ich zum ersten Mal geistige Freiheit zu schnuppern, Verrücktheit war erlaubt und ich gewann langsam mehr Freude am Leben. Ich probierte viele spirituelle Dinge aus und löste mich langsam vom Christentum, das ich aber weiterhin sehr schätzte.

Nach dem Ende meines Zweitstudiums bekamen mein Mann und ich zwei Kinder und ich versuchte so gut es ging, den häuslichen und beruflichen Aufgaben gerecht zu werden, wobei ich aber wegen meiner körperlichen Schwäche Unterstützung im Haushalt hatte und brauchte. Ich arbeitete im Nebenhaus in meiner kleinen Praxis für wenige Stunden am Tag. So vergingen die Jahre. Erst mit 48 Jahren hatte ich wieder Kontakt zum Buddhismus.

Ich bin
draußen
in der Welt
und doch
bin ich
in mir.

Lacht hier
ein Kobold?
Reckt sich dort
eine Hand
in den Himmel?

Tod
und Leben,
Freude
und Leid,

ich begegne ihnen
überall
auf meinen Wegen

draußen
und
drinnen.

                        Jahrein
                        jahraus
                        gehe ich
                        denselben
                        Weg.

                        Und während ich
                        durch die Zeiten
                        wandere,

                        treiben
                        die Knospen,
                        blühen
                        die Blumen,
                        weht der Herbstwind,
                        schweben
                        die Schneeflocken.

                        Ein großer
                        kosmischer
                        Tanz
                        auf einem
                        kleinen
                        Spaziergang.

Die Geschichte vom Ringkampf

Mal angenommen

Tara und Drölma, zwei ernsthafte Praktizierende der höchsten Lehre, hatten sich wieder einmal zu einem gemütlichen Plausch verabredet. Taras Haus war am Stadtrand in der Nähe eines kleinen Wäldchens gelegen.

Hund Rigpa kam Drölma schwanzwedelnd entgegen, als sie in den Eingangsbereich des Hauses eintrat. Nachdem sich beide Frauen herzlich begrüßt hatten, gingen sie auf die Terrasse, wo Tara schon den Tisch gedeckt hatte. Ihre Kinder spielten an diesem Sommertag mit den neuen Nachbarskindern im großen Garten und ließen die Erwachsenen in Ruhe. Taras Ehemann war derzeit auf einer Geschäftsreise und so konnten die beiden Schwestern im Geist die Sonnenstrahlen genießen und ungestört reden.

„Wie geht es dir?" fragte Tara ihre Freundin, als sie ihr den Tee einschenkte. „Naja", sagte Drölma „seitdem Peter mich verlassen hat, muss ich mich wieder ganz neu orientieren. Zum Glück haben wir keine Kinder. Das macht die Sache leichter." Drölma lehnte sich auf der Gartenbank zurück und lauschte dem Gesang der Vögel. Was für ein wunderschöner, ein wenig abgeschiedener Ort dies war! Hier konnte man leicht tiefgründige Gespräche führen.

Rigpa kam. Ob er die veränderte Energie spürte? Er setzte sich unter die Gartenbank. Wollte er Drölma durch seine Nähe beschützen? „Peter wusste ja von Anfang an, dass mir die Lehre am Wichtigsten war. Er hat das akzeptiert, obwohl er gar kein spiritueller Mensch ist. Ich war so ein kleines Mäuschen und er der große Zampano. Vielleicht hat er meine diesbezügliche Äußerung gar nicht ernst genommen. Vielleicht hat er gedacht: lasse ihr das Spielzeug. Ein bisschen Beten stört mich nicht. Da kommt sie wenigstens nicht auf dumme Gedanken. Aber über all die Jahre hat mich die Lehre stark gemacht. Aus dem Mäuschen ist eine Tigerin geworden."

Rigpa war aufgestanden und schmiegte sich eng an Drölma. Er sah sie sehnsüchtig an und hatte Erfolg mit seinen Blicken, denn die Freundin begann ihn zu streicheln. Nach einer Weile nahm sie ein wenig von dem noch immer duftenden Apfelkuchen, den Tara gebacken hatte. „Der ist dir wieder einmal wunderbar gelungen!" sagte sie, nachdem sie abgebissen hatte. „Eigentlich mag ich rohe Äpfel gar nicht so sehr. Aber wenn sie gebacken oder gebraten sind, kann ich einfach nicht wiederstehen. Dabei sollte ich heute besser gar nichts essen. Ich habe schon zwei Kilo zugenommen! Die Sache mit Peter hat Fress-Attacken bei mir ausgelöst!"

Der Hund legte sich auf den Rücken. Das Streicheln hatte ihm gefallen. Er konnte offenbar gar nicht genug davon bekommen. „Ja, der Kuchen ist lecker", sagte Tara. „Ich habe vorhin schon ein kleines Stück probiert. Im Moment kann ich das gut ab. Die Kinder und der Hund halten mich auf Trab."- „Hmm ja, ich hätte auch gerne eine Familie mit Peter gehabt. Aber das hat sich wohl jetzt erledigt..." Sie lehnte sich wieder auf ihrer Bank zurück und hörte auf, das Tier zu kraulen.

„Du bist doch eine attraktive Frau und noch jung genug, um wieder von vorne anzufangen. Wenn du erst mal das mit Peter verdaut hast, können noch all deine Wünsche erfüllt werden!" Drölma sah den gerade recht wild spielenden Kindern zu. „Ja, du hast Recht. Ich bin noch nicht zu alt für meine Wünsche, aber ganz so jung bin ich auch nicht mehr. Manchmal denke ich, dass ich vielleicht gar keine Partnerschaft mehr will. Vielleicht sollte ich Nonne werden." Rigpa gab auf. Er legte sich in den Schatten eines Baumes, rollte sich zusammen und schloss die Augen. „Nonne??? Du und Nonne??? Das passt für mich ja überhaupt nicht zusammen! **Du** willst ohne Männer auskommen? Ja, vielleicht in dreißig Jahren. Aber jetzt doch noch nicht!!"

Drölma streckte ihre Arme oben auf der Rückenlehne der Bank aus. Sie stützte ihren Kopf auf einen angewinkelten Arm und strich gedankenverloren mit ihren Fingern durch ihre langen, gelockten blonden Haare. „Wieso denn? Sooo wichtig sind die Männer doch auch nicht in meinem Leben gewesen. Und jetzt mit Peter hat die Beziehung eigentlich schon lange nicht mehr so richtig funktioniert. Unser Eheleben fand am Schluss praktisch nicht mehr statt und eigentlich wurde dieser Teil unserer Beziehung auch immer weniger wichtig für mich."

Tara nahm nun auch ein Stück Kuchen und krönte ihn mit ein wenig Sahne aus einer Schüssel. "Das wusste ich nicht. Früher hast du keine Party ausgelassen."- „Ja, früher. Aber dann, nach meinem schweren Unfall, habe ich mich doch sehr verändert. Vorher hatte ich nie an den Tod gedacht. Das betraf immer nur die anderen. Ich habe gedacht, ich wäre unverletzbar und würde ewig leben. Ich glaube, so denken viele Leute, vor allem, wenn sie jung sind. Ich habe in meiner langen Zeit im Krankenhaus immer wieder darüber nachgedacht, wie *ich so leichtfertig sein konnte, mich zu meinem damaligen Freund ins Auto zu setzen. Dabei hatte ich genau gesehen, dass er wohl einiges zu sich genommen hatte, was seinen Geist nicht klarer gemacht hat. Und jetzt ist er tot und ich bin nochmal davon gekommen. Seitdem ich die Lehre ein wenig besser kenne, ist mir klar geworden, wie kostbar und selten eine Existenz als Mensch ist. Sieh dir mal Rigpa an. Der liegt hier und versteht kein Wort von alledem. Wie soll er jemals in seiner Existenz gutes Karma ansammeln?"*

Rigpa war inzwischen eingeschlafen. Man hörte ihn leise schnarchen. „Ja, das ist schwirig für ein Tier. Aber Rigpa hat Glück. Er liebt es, wenn ich praktiziere und meditiere. Er stört mich nicht dabei. Und deshalb darf er auch immer im selben Raum bleiben. So bekommt er wenigstens in seinem Geist. einen Eindruck von der Lehre. Vielleicht spürt er jetzt auch deinen Wunsch, noch tiefer in die Lehre einzusteigen. Die Voraussetzungen sind eigentlich ideal. Du hast das Haus, in dem du lebst, geerbt, hast einen kleinen Garten, in dem du Gemüse anpflanzen kannst. Und wenn du nicht zu anspruchsvoll bist, dann kannst du mit wenig Arbeit finanziell über die Runden kommen und hast viel Zeit um zu praktizieren und um spirituell voranzukommen."

Die Kinder kamen angelaufen. Sie hatten den Apfelkuchen und das Wasser entdeckt und bedienten sich. Der Hund wachte auf und sah die Kinder aufmerksam an. „Guten Tag, Drölma", sagten sie und „Mama, kann Rigpa mit uns kommen? Wir wollen gleich in den Wald laufen und dort spielen." - „Ja gerne. Dann muss ich heute Abend nicht mit ihm spazieren gehen. Rigpa: lauf mit Sönam mit!" Der Hund kam mit erhobenem Kopf erwartungsvoll und schwanzwedelnd auf die Kinder zu.

Die Frauen genossen eine ganze Weile die Ruhe, nachdem die Kinder mit lautem Gejohle davongelaufen waren. Man hörte noch eine Weile Rigpas aufgeregtes Gebell. „Für die Praxis ist es schon besser, wenn man allein lebt", sagte Tara schließlich. „Man ist viel unabhängiger. Ich meditiere manchmal erst spätabends, weil ich am Tag keine Zeit dafür habe. Und deshalb bin ich am Tag manchmal müde. Ich meditiere so gerne, kann einfach kein Ende finden." - „Ja, ich meditiere auch gerne. Wenn man erst mal über die Anfangszeit gekommen ist, dann kann man irgendwann merken, dass ein ganzes Universum in unserem Geist verborgen ist. Das ist so spannend. Viele Menschen reisen, um viel zu erleben. Ich sitze auf meinem Meditationskissen. Da erfahre ich mindestens genauso viel. Und billiger ist es auch noch!"

Das Handy klingelte. Tara nahm den Anruf an: „Hallo Robert! ... Ach du liebe Zeit! ... Da kann man halt nichts machen... Und was tust du jetzt? ... Ja, das ist eine gute Idee. So etwas wolltest du dir ja schon immer einmal ansehen. Und jetzt hast du auf diese Weise endlich die Gelegenheit dazu. Na, dann also viel Spaß und bis morgen!"

Sie wendete sich an Drölma: „Stell` dir vor: Robert kann heute Abend nicht zurückfliegen. Die Fluglotsen streiken. Aber vermutlich wird er morgen einen Rückflug bekommen. Nun hat er erfahren, dass heute Abend in der Nähe seines Hotels ein Ringkampf mit zwei berühmten Ringern stattfindet und er hat auch noch eine Karte dafür bekommen. Und im Hotel kann er auch noch einen Tag länger bleiben. Ich verstehe nichts vom Ringen, würde mir niemals so etwas ansehen. Aber ihn scheint das zu interessieren. Ich freue mich für ihn. So macht er das Beste aus seiner Situation."

„Ich verstehe sehr wohl etwas von Ringkämpfen, wenn auch auf einer anderen Ebene", sagte Drölma. „Ich ringe fast jeden Tag. Lange habe ich mit Peter gerungen, aber seitdem ich die Lehre kenne, ringe ich in erster Linie mit meiner Trägheit, die mich hindern will, die Lehre zu studieren und zu praktizieren. Vielleicht wäre ich in einer klösterlichen Gemeinschaft doch gut aufgehoben. Da praktizieren alle täglich mehrmals gemeinsam."

„Das ist ein interessanter Gedanke. Diesen täglichen Ringkampf kenne ich auch.", sagte Tara. „Ich bin hoch motiviert die Lehre so viel wie möglich zu erlernen und umzusetzen, habe sogar einen wunderbaren außergewöhnlich verwirklichten Lehrer. Ich bin also eine richtige Yogini und strebe danach, schnellstmöglich die Erleuchtung zu erlangen. Aber meine täglichen Verpflichtungen sind mächtige Gegner. Und dann erlebe ich noch mein Ego als Herausforderung, besonders, wenn ich manchmal ungewöhnliche Meditationserfahrungen mache. Dann meine ich gleich, dass ich eine große Praktizierende sei und vielleicht sogar schon fast erleuchtet. Aber in Wirklichkeit leuchtet da bloß mein Ego."-„Ja, diese Art Ringkampf mache ich auch sehr oft."

Die Kinder kamen zurück. Es war spät geworden. Sie waren jetzt müde und würden bald Abendbrot essen wollen. Rigpa hatte sich in einem Schlammloch gewälzt und stank unerträglich. Tara würde ihn waschen müssen. So durfte er nicht ins Haus. Für Drölma war es Zeit zu gehen. Zu Hause stand noch der ganze Abwasch herum. Auch wenn sie nun allein lebte, würde er vom

Herumstehen nicht besser werden. Und außerdem wollte sie noch eine längere Praxis machen, zu der sie sich durch Gelübde verpflichtet hatte, um spirituell schneller voranzukommen. „Ich werde unser heutiges Gespräch dem höchsten Wohl aller Lebewesen widmen", sagte sie, bevor sie ging.

Als ich 47 Jahre alt war, schien mein Leben sich dem Ende zuzuneigen. Mein Körper war nach all den Krankheitsjahren einfach zu ausgelaugt. Ich musste aufhören zu arbeiten, hatte einfach keine Kraft mehr dazu. Mein Mann schenkte mir spontan mein Geburtstagsgeschenk schon einen Monat vor dem Termin. Wir wussten beide nicht, ob ich dieses Datum noch erleben würde. Der körperliche Kollaps kam schleichend und doch unaufhaltsam, mein Blutdruck stieg in nicht mehr akzeptierbare Höhen. Ich rechnete jeden Moment mit dem Crash.

Ich zog meine Lebensbilanz. Gab es noch irgendetwas Unerledigtes? Gab es noch Ungelebtes? Vielleicht hatte ich noch eine kurze Zeit, diese Dinge ein wenig umzusetzen.

Zwischen meinen immer häufiger werdenden körperlichen Zusammenbrüchen versuchte ich darüber nachzudenken. Mein Leben zog an mir vorbei.

Ja, damals, mit etwa vierzehn Jahren, als mir mein Elternhaus immer unerträglicher geworden war und ich Zuflucht in den christlichen Glauben genommen hatte, hatte ich einmal in einer Illustrierten über ein junges Mädchen gelesen, das Nonne geworden war. Es gab Fotos und Berichte von allen Beteiligten. Mich hatte tief berührt zu erfahren, dass es spirituelle Möglichkeiten gab, sein Leben anders zu führen. In meinem überwiegend protestantischen Umfeld hatte ich bis dahin noch nie von Nonnen und Mönchen gehört. Vielleicht würde das ja auch eine Möglichkeit für mich sein können?

Aber meine Eltern reagierten auf meinen vorgetragenen Wunsch mit Unverständnis und brachten auf ihre Weise zum Ausdruck, dass sie mich noch in ihrer Nähe brauchten. Das überzeugt mich schließlich zu bleiben und der Wunsch verschwand irgendwann im Vergessen. Kurz nach diesem Versuch, meiner Familie zu entkommen, fuhr ich zum Schüleraustausch nach Frankreich und erkrankte im Anschluss daran zu Hause dann schwer an einer Krankheit, von deren Folgen ich mich jahrzehntelang nicht wieder erholen sollte. Lange bewegte ich mich anfangs deshalb zwischen Leben und Tod.

Nun fiel mir diese Zeit wieder ein. Wäre es nicht schön, jetzt noch einmal den Faden aufzunehmen und zu versuchen, ein spirituelles Leben zu leben, auch wenn es nicht unbedingt das einer Nonne sein müsste? Ich verkündete diesen Wunsch meiner Familie und es gab keine Bedenken oder Widerstände. Zum ersten Mal ließ man mich mit Attacken in Ruhe. Ja, die Aussicht auf den zu erwartenden baldigen Tod kann auch frei machen...

Aber wie sollte dieses spirituelle Leben aussehen? Ich hatte keine diesbezüglichen Vorstellungen, war immer noch auf der Suche nach einem passenden Weg für mich. Längst war ich aus der Kirche ausgetreten, hatte die unterschiedlichsten spirituellen Bewegungen und Regungen durch Lesen von Büchern, und durch Nachmachen kennengelernt. Aber es war nicht wirklich das Richtige für mich dabei gewesen, obwohl ich das Eine oder Andere auch meist abgewandelt in mein Leben integriert hatte.

Ich wusste nicht, wen ich diesbezüglich fragen, woher ich die für mich nötigen Informationen erhalten konnte. Ich war einfach nur bereit, mich ganz auf die Spiritualität einzulassen.

Da fiel mir auf einmal ein, dass ich ja etwa ein dreiviertel Jahr vorher eine Sprach-Reise nach Spanien gebucht und bezahlt hatte. Sie stand in einigen Wochen an. Die musste ich unbedingt stornieren. Ich konnte doch nicht in meinem Zustand auch noch eine Reise machen! Das erschien mir geradezu wie ein Witz. Zum Glück hatte ich eine Reiserücktrittsversicherung abgeschlossen. Jeder Arzt würde mir in meiner Situation ein Reiseunfähigkeits-Attest ausstellen. Das beruhigte mich. Ich war nicht im Druck, würde demnächst um so ein Attest bitten und die Sache wäre vom Tisch.

Aber je länger ich über diese Reise nachdachte, desto mehr leuchtete sie vor meinem geistigen Auge auf. Noch mal nach Spanien! Und ich lernte doch so gerne Sprachen. Aber ich würde allein reisen. Niemand wäre bei mir, wenn ich Hilfe benötigte. Das war einfach unmöglich, total verrückt. Andererseits: wenn ich es irgendwie schaffte, dorthin zu gelangen, würde ich vielleicht in Spanien und nicht im regnerischen Deutschland sterben, wie wunderbar!

Ich begann, die Sache zu durchleuchten: Seit Monaten hatte ich das Haus kaum noch verlassen können, war nicht mehr Auto gefahren. Ob ich dafür überhaupt noch die Kraft hatte? Ich wohnte etwa eine Fahrstunde entfernt vom Flughafen in Hamburg. Würde es mir gelingen, überhaupt am Flughafen anzukommen? Könnte ich dort am Flughafen so lange sitzen und warten, könnte ich die Treppe zum Flugzeug hochsteigen, den Flug überstehen, die Treppe wieder herunter gehen usw.? Ich zerlegte die Reise gedanklich in viele kleine Teile. Jeder einzelne Schritt musste in allen Details geplant und überprüft werden.

Vielleicht sollte ich mich mal ins Auto setzen und eine kurze Strecke fahren und sie dann Stück für Stück verlängern, wenn das möglich war. Hamburg, der Flughafen dort: was für ein Ziel!

Ja, Hamburg… ich wohnte inzwischen auf dem Lande, was mir entgegen meiner ursprünglichen Lebensweise in der Großstadt überraschend gut gefallen hatte. Nun war ich schon so lange nicht mehr in dieser Stadt gewesen. Was für Möglichkeiten gab es da doch! Ich hatte die meiste Zeit meines Lebens in Hamburg gelebt und dort auch studiert. Die Stadt war mir vertraut, ich kannte mich aus.

Ich spielte in Gedanken mit der Möglichkeit, die Fahrt in die Stadt mit einem Einkauf zu verbinden. Ohnehin brauchte ich für die Reise noch ein bestimmtes Kleidungstück. Ob ich das wohl schaffen würde? Hinfahren, Parkplatz suchen, zum Laden gehen, aussuchen, anprobieren, zum Auto zurückgehen? Aber ohne dieses Kleidungstück konnte ich nicht reisen, das war klar.

Welchen Laden würde ich wählen? Es musste alles ganz schnell gehen können. Sonst würde es nicht klappen, wenn überhaupt. Ich war doch so schwach. Ich wählte in meiner Phantasie ein mir bekanntes Geschäft aus, das die Kriterien erfüllen konnte. Und dann auf einmal dachte ich: ist dort nicht in der Nähe der spirituelle Buchladen, wo ich immer wieder einmal ein- und ausgegangen war und mir all meine Schätze geholt hatte? Vielleicht könnte ich auch dort noch mal reinschauen? Mein Plan erschien so unrealistisch, aber er brachte mich wieder zurück zum Leben.

Und dann schaffte ich es irgendwann doch noch. Ich fuhr mit dem Auto nach Hamburg, kaufte mir das Kleidungstück und fuhr anschließend noch bei dem Buchladen vorbei. Einfach nur mal reingehen, nichts kaufen. Mehr packe ich nicht. Aber als ich in dem Geschäft war, dachte ich: vielleicht sollte ich mir wenigstens irgendein Buch greifen, irgendeins, ganz egal. Wann würde ich jemals wieder hierherkommen können?

Ich kannte mich gut in dem Laden aus und wendete mich einer Ecke zu, wo Bücher standen, die ich noch nie zuvor inspiziert hatte. Lange aussuchen konnte ich nicht. Ich spürte, dass ich jeden Moment wieder kollabieren würde. Bloß noch vorher das Auto erreichen! Da könnte ich dann zusammenbrechen. Ich blickte im Schnelldurchlauf auf die Titel, ergriff dann hastig zwei Bücher, bezahlte und erreichte das Auto gerade noch rechtzeitig. Etwa eine Stunde lang war ich dort zu nichts mehr fähig, aber ich hatte das Kleidungsstück und vor allem: ich hatte zwei neue spirituelle Bücher!!

Kaum war ich zu Hause, packte ich meine neuen Schätze aus. Ein Buch handelte vom Karmapa Ogyen Trinley Dorje und das andere war ein Buch über im Westen wiedergeborene Tulkus, jenen verwirklichten Wesen, die mit ihrem durch Meditation geschulten Geist fähig waren, über den Tod hinaus ihr Wissen und ihre Weisheit im nächsten Leben wieder zu aktivieren.

Nach Spanien flog ich dann auch noch, brach dort am Flughafen erst mal zusammen (ich merkte diese Zustände einige Minuten bevor sie sich ereignen würden und richtete es so ein, dass ich mich auf einer Bank schlafend stellte. So fiel niemandem auf, wie ernst mein Zustand war. Es hätte mir ja doch niemand helfen können. Auch in der Unterkunft vor Ort kollabierte ich fast täglich, aber ich lernte auch noch ein wenig Spanisch und kam lebend wieder zurück.

Begegnest du einem Menschen, der von einem Pfeil getroffen wurde, so überlegst du nicht lange, wer den Pfeil abgeschossen hat oder welcher Kaste der Schütze angehört oder aus welchem Holz der Pfeilschaft besteht und welche Technik für die Herstellung der Spitze benutzt wurde. Nein, du solltest dich sofort daranmachen, den Pfeil herauszuziehen.

Buddha Shakyamuni

Unsichtbare
Wege
von Herzen
in die Landschaft
der Träume
gemalt,

will ich gehen.

Kommst du mit?

All ihr Buddhas und Bodhisattwas
der drei Zeiten:
bitte öffnet mein Herz
für den Dharma.

All ihr Meister
der buddhistischen Linien:
bitte gebt mir eure
Inspiration.

All meine Lehrer,
ihr unbekannten
und bekannten:
bitte gebt mir euren Segen.

Ich bete zu dir
Karmapa, Dalai Lama,
Guru Rinpoche
und Buddha Shakyamuni:
bitte bringt meinen Geiststrom
zur Reife.

Auch bitte ich darum,
dass alle
fühlenden Wesen
schnell
die volle Erleuchtung
erlangen.

Vor Jahren schrieb ich einmal (teilweise stichwortartig) auf, was auf das Auspacken der Bücher folgte. Im Nachhinein betrachtet war es wie eine Überschwemmung von spirituellen Eindrücken und Erlebnissen, die sich, insbesondere durch den nun bewusst begonnenen geistigen Kontakt mit dem Karmapa, Bahn brachen. Ein Lama wurde dabei mein Kristallisationspunkt, dem ich all das ungefiltert berichten konnte.

Hätte ich diese Erlebnisse einem Therapeuten erzählt, wäre der wahrscheinlich überfordert gewesen und hätte ihnen einen Krankheitswert zugerechnet. Aber für den Lama war all das durchaus vertraut. Und für mich war es langfristig gesehen der Beginn des Wegs zur psychischen und spirituellen Gesundheit.

Ich gebe meine alten Notizen hier wieder, auch in der Hoffnung, dass Menschen, die Ähnliches erfahren, nicht mehr unnötigerweise den Gang durch psychiatrische Institutionen machen müssen, nur weil sie Wahrnehmungen haben, die den nicht durch jahrelange meditative Praxis geschulten Menschen unbekannt sind. Dabei bin ich mir durchaus dessen bewusst, dass es Grenzfälle gibt, wo die Unterscheidung zur psychischen Gesundheit schwierig ist und dass es auch Menschen gibt, die im Wahn verloren zu sein scheinen.

Ein Therapeut, der keine meditativ geschulte, solide Bewertungsbasis hat, wird durch Berichte von derartigen geistigen Erfahrungen leicht an seine Grenzen stoßen können. Ein in der Tradition des tibetischen Buddhismus ausgebildeter (meist asiatischer) Lama, zumal, wenn er zuvor jahrelang den Buddhismus studiert und meditiert hat, wird solche mitgeteilten Erlebnisse dagegen u.U. hoch schätzen als Ausdruck von vorangegangener erfolgreicher meditativer Schulung (und sei es in einem Vorleben).

Das kursiv Geschriebene hatte ich später noch ergänzt, das fett Gedruckte habe ich erst jetzt, beim Schreiben dieses Buches, eingefügt. Hier ist also mein damaliger Text:

„Erstes gekauftes Buch handelt von reinkarnierten Lamas, zweites vom Karmapa. Lese gleich über reinkarnierte Lamas, da ich denke, dass ich selbst wohl einmal ein buddhistischer Lehrer gewesen war, blättere parallel dazu im Karmapa-Buch. Karmapas Augen lassen mich nicht mehr los, ich schaffe es kaum, wegzusehen, muss ihn immer wieder anblicken. Schließlich meditiere ich über ihn, um zu wissen, wer er ist: hinter seinen Augen erscheint der Sternenhimmel und ist viel Kraft zu sehen. Er ist in seinem Wissen viel weiter als ich.

Die Fotos von ihm scheinen beim Betrachten lebendig zu werden, sprechen zu mir. In Abhängigkeit vom „Gesagten" verändern sich die Augen: mal links, mal rechts ganzes Auge schwarz.

In der Nacht vorm Einschlafen: der Karmapa vermittelt mir recht klare telepathische Botschaften. Sehe zuerst hellen, breiten achteckigen Metallrand auf dunklem Grund, die Mitte ist erhaben und ebenfalls dunkel. Denke an Lampe. Wird dann aber zu Hut. Dann sehe ich zwei metallene „Tee-Eier" an metallenen Ketten, die er mir gibt. Scheint etwas damit zu tun zu haben, dass ich ein Lama war und wieder sein werde. Meine gefühlsmäßige Beteiligung lässt das Bild nicht klar erscheinen."

„Lange Zeit danach sehe ich in einem Film einen ähnlichen Hut, allerdings ohne achteckiges Metallband oben drauf. Mein Gefühl sagt mir, dass wohl dieser Hut in meiner Vision gemeint war. Er wird als schwarzer Haut bezeichnet und bei religiösen Tanzzeremonien von einem wissenden Lama getragen. Manchmal trägt der auch ein (allerdings rundes) Metallband. Lange Zeit später erfahre ich, dass die Zahl acht im Buddhismus eine besondere ist. Es gibt z.B. den achtfachen Pfad, der zur Erlösung von Leiden führt, die acht Kostbarkeiten (das sind Symbole, die von der Verehrung des Buddha zeugen), usw. Die beiden „Tee-Eier" finde ich nirgendwo beschrieben. Stattdessen erfahre ich, dass Lamas zwei andere metallene Gegenstände bei religiösen Veranstaltungen in den Händen halten: einen Vajra, auch Lama-Zepter genannt, und eine Glocke."

„Im Anschluss daran zeigt mir der Karmapa ein schräg abfallendes Dach, das aus vielen kleinen, etwa handgroßen weißen Gebilden besteht."

„Später, als ich den Living-Buddha-Film sehe, erkenne ich, dass es sich um Muschelhörner gehandelt hat. Sie werden bei rituellen Anlässen geblasen und sind wohl auch Symbole für Lamas und die Verkündigung der buddhistischen Lehre."

Ich träume in der Nacht, dass ich jedem das in seinem Innern verborgene, von mir aber erkannte Schlüsselwort sage. Bemerke, dass Traum vom Karmapa gelenkt wird. Habe das Gefühl, dass er mir mitteilt: Jetzt ist die Zeit, über mein Wissen zu reden."

Meinte er damit den Geist-Terma, den verborgenen geistigen Schatz, den ich erst sehr viel später finden würde und von dem ich zu dieser Zeit noch nicht einmal ahnte, dass er existierte?

.-.-.-.-.-.-..-.-.--.-.-.-.-.-.-.-.-.-.-.-.-.-.-.-.--..--.-.

„Lese in den nächsten Tagen beide Bücher durch. Habe intensive geistige Kontakte zum Karmapa, insbesondere durch seine Bilder im Buch. Er gibt mir zu verstehen, dass wir beide zusammenkommen werden. Dieses Gefühl ist so sicher, wie nichts zuvor in meinem Leben. Möglicherweise werde ich ihm sogar an meinem Wohnort begegnen. Halte dies verstandesmäßig für nicht wahrscheinlich.

In Meditationen und Träumen nehmen wir miteinander Kontakt auf. Dabei wird er mein Lehrer. Aber auch ich scheine ihm in wichtigen Dingen weiterhelfen zu können."

Meinte er damit die in diesem Buch später noch erwähnte Prophezeiung des 5. Karmapas?

„Und so unterstützen wir uns gegenseitig. Habe nach dem Lesen des Buches schließlich das Gefühl, dass der Karmapa darauf drängt, dass ich Kontakt zu den mit dem Buch verbundenen Leuten aufnehmen sollte. Zuerst will ich nicht, dann gebe ich nach. Nur um Ruhe zu haben, blättere ich das Buch durch. Entdecke zwei Adressen: eine davon an einem Ort nicht weit von mir entfernt.

Bin aber nicht geneigt, dort anzurufen: was soll das? Außerdem bin ich durch meine jahrzehntelange Krankheit viel zu schwach, um dort auch noch hinzufahren. Da fällt in diesem kühlen Sommermonat drei Tage hintereinander aus den unterschiedlichsten Gründen meine Zentralheizung aus. Ich bekomme Panik, da ich meine Körpertemperatur nicht halten kann und nun wieder Gefahr laufe, noch zusätzlich krank zu werden. Glaube nicht, dass dies ein Zufall ist. Verspreche innerlich, wenn nur die Heizung wieder funktioniert, mich in dem besagten buddhistischen Zentrum zu melden. Erinnere mich, in dem Buch über den Karmapa etwas über Hitze-Yoga gelesen zu haben. Beschließe, auf irgendeine Weise vor Ort danach zu fragen.

„Mein Anruf am Mittwoch *(eine Woche nach Bücherkauf))* um die Mittagszeit. Eine Frau I. ist am Telefon. Ich sage, dass ich eigentlich gar nicht richtig wüsste, was ich sagen sollte. Ob sie vielleicht irgendwelche Öffnungszeiten hätten, wo ich mich mal informieren könnte, was sie so machen. Frau I. sagt, dass sie einen neuen Lama hätten, der gerade *(= ein paar Tage vor dem Kauf meiner Bücher)* angekommen sei. Er würde am nächsten Tag seinen Einführungsvortrag halten. Da könnte ich gerne kommen.

Ich sage erfreut zu. Denke: ein öffentlicher Vortrag. Da fällt es nicht auf, wenn ich mir den Laden und den Lama einmal unverbindlich ansehe und gegebenenfalls spreche ich den Mann dann an und mache einen Termin.

Als ich aber am folgenden Abend dort ankomme, ist alles ganz anders, als ich es gedacht hatte, denn der Vortrag findet in kleinem Rahmen in einer Art Sakralraum statt. Man kann also nicht so ungeniert gucken, wird auch selbst gesehen. Ich setze mich in eine Ecke und harre der Dinge, die da kommen werden.

Nach einer Weile erscheint der Lama, begleitet von einer hochschwangeren Frau, die sich neben ihn auf den Boden setzt. Einige der Anwesenden werfen sich nach rituellen Verbeugungen vor dem Lama nieder. Es scheint ihm etwas unangenehm zu sein. Wo bin ich hier gelandet?

Er spricht Tibetisch und die schwangere Frau neben ihm übersetzt ganze Abschnitte in einem Stück. Manchmal fragt sie zurück, er antwortet, sie spricht eine Weile zu den Zuhörern. Währenddessen wird mir immer klarer, dass das hier eine Art Gottesdienst ist und sein „Vortrag" in Wirklichkeit eine Predigt. Ich habe immer mehr das Gefühl, ein Gaffer in einer geschlossenen Veranstaltung zu sein. Aber weggehen kann ich jetzt auch nicht ohne Eklat. Außerdem bin ich viel zu schwach dazu.

In einer Passage sagt die Übersetzerin: "Da wir ja alle Buddhisten sind." Dabei sieht sie mich direkt an. Ich denke: „Bloß jetzt keinen Widerspruch im Blick!" denn ich will die Intimität der Versammlung nicht stören. Und dann denke ich plötzlich: „Vielleicht bin ich ja auch Buddhistin…"

Der Tibetische Lama sagt, dass er es noch gar nicht fassen könne, hier zu sein, da er sich erst seit zehn Tagen in Deutschland befände. Für ihn sei alles noch wie ein Traum. Ich denke: „Fast genauso geht es mir im Moment auch."

Als die Veranstaltung zu Ende ist, stehen die Leute noch eine Weile herum und reden miteinander. Der Lama ist neu, spricht offenbar nur Tibetisch (zumindest mit einigen der Anwesenden). Auch die anderen haben ein Interesse, mit ihm ins Gespräch zu kommen. Und ich gehöre noch nicht einmal zu ihrer Gemeinschaft. Also halte ich mich zurück, will meine Kontaktsuche zu ihm schon auf einen anderen Tag verschieben. Da steht er ganz unvermittelt und allein neben mir.

Jetzt ergreife ich meine Chance. Zunächst frage ich ihn, ob er Englisch spräche, was er mit einem erleichterten „Yes" bejaht. Auch ich bin erleichtert. So gibt es wenigstens eine Hoffnung für eine gemeinsame Kommunikation. Trage ihm kurz mein Anliegen vor. Ich sei sehr krank, könne meine Körpertemperatur nicht mehr halten. Ob er mir Hitze-Yoga vermitteln könne.

Er ist etwas überrascht. Und dann erzähle ich ihm in wenigen Sätzen einen Teil meines Lebensdramas. Ich habe den Eindruck, dass er mit einer solchen spontanen Öffnung, noch dazu in diesem Rahmen, nicht gerechnet hat. Trotzdem hat er offenbar mein Anliegen verstanden. Er sagt, er könne einiges versuchen, aber dies sei eine sehr fortgeschrittene Meditation. Außerdem könne er keine Garantie für einen Erfolg geben.

Ich antworte, dass ich nach jahrzehntelanger Krankheit am Ende meiner Kraft sei, also nichts mehr zu verlieren hätte und dass ich nicht ungeduldig werden würde. Es könne meinetwegen Jahre dauern, sollte ich noch so lange leben, wenn ich nur eine Hoffnung auf Besserung hätte.

Daraufhin sagt er mir, ich solle ihn am kommenden Montag zu einer bestimmten Zeit anrufen, damit wir einen Termin machen könnten.

Aufgeregt fahre ich nach Hause: alles war so fremd und doch auch irgendwie vertraut. Ich rufe ihn zu der verabredeten Zeit und auch später mehrfach an, aber nie ist der Lama da oder, wenn er da ist, hat er keine Zeit für mich. Schließlich gebe ich auf: es soll nicht sein. Ich bedaure es zwar, aber: was kann ich sonst machen?

Ich verdanke der Begegnung mit ihm eine kurze, aber intensive Zeit der Verwirrung, Aufregung, Enttäuschung, Selbstzweifel, Wut, Resignation und schließlich Akzeptanz. Mein dringendes Gesundheitsproblem besteht nach wie vor, doch da, beim Lama, geht es aus irgendwelchen Gründen nicht weiter, obwohl ich das Gefühl habe, dass dies ein gangbarer Weg sein könnte. Aber der Lama will oder kann offensichtlich nicht."

.-.-.-.--..-.--.-.-.-.-.-.-.--.-.-.--.-.-.--.-.-.--.-..-.

„Kurz danach plagen mich plötzlich furchtbare Zahnschmerzen, die Schlimmstes befürchten lassen. Möglicherweise muss ich mich einer sehr unangenehmen Wurzelbehandlung unterziehen. Deshalb will ich in dieser Angelegenheit unbedingt zu dem Zahnarzt meines Vertrauens fahren, der in dem Ort arbeitet, wo auch das buddhistische Zentrum ist.

Leider bekomme ich nur einen Termin am Freitagmorgen um acht Uhr, einer Zeit, in der ich mich sonst noch im Tiefschlaf befinde. Wie soll ich morgens in der Lage sein, vorher den langen Weg dahin, noch dazu im Berufsverkehr, zurückzulegen???? Ich beschließe also, in der Nacht zuvor schon in der Nähe zu schlafen.

Während ich die Vorbereitungen zu dieser Unternehmung plane (durch meinen schlechten Gesundheitszustand ist das ein gewaltiger Akt), fällt mir ein, dass ja am Abend vor dem Zahnarzttermin noch eine Veranstaltung in dem buddhistischen Zentrum ist. Zu der könnte ich ja gehen, dann ist der Abend entfernt von zu Hause in einem unattraktiven Übernachtungsraum nicht so langweilig. Es handelt sich bei dieser Veranstaltung um die Geburtstagsfeier des Karmapas, wobei offenbar ein Picknick eingeplant ist, zu dem jeder etwas zu Essen und Trinken mitbringen soll.

Ich treffe rechtzeitig ein, helfe bei den Vorbereitungen der Mahlzeit. Warum müssen alle Speisen in möglichst gleichgroße Stücke geteilt werden? Kann sich nicht jeder bedienen wie er möchte? Später stellt sich dann heraus, dass es sich bei der Veranstaltung wieder um einen Gottesdienst handelt, nur, dass während der Zeremonie statt des Abendmahls die Essenswürfel herumgereicht werden." **Diesen Brauch nennt man korrekterweise Tsok und den „Gottesdienst" eine Puja.**

.-.-.-.--.-.-.-.--.-.-.-.--.---.-.-.-.--.

„Es beginnt ein tibetischer Singsang. Da ich schon gesehen hatte, dass einige den Text dafür vor sich hingelegt hatten, hatte auch ich mir noch einen besorgt. Nun versuche ich, ein wenig mitzusprechen, weil ich die Sprache interessant finde. Natürlich verliere ich einige Male den Faden, finde erneut Anschluss, weiß wieder nicht, wo es weitergehen soll. Schließlich gebe ich auf, lasse mich von dem monotonen Klang tragen...

Ich sehe mich in einem Kloster sitzen, inmitten der anderen Mönche. Sie singen die gleiche Melodie wie in diesem Raum. Eine Zeit vergeht. Jetzt bin ich vorne vor den anderen, blicke zu ihnen hinunter, höre ihren Gesang. Die Handlung findet auf zwei Ebenen statt: damals und auch jetzt hier im buddhistischen Zentrum.

Und obwohl ich den Text weder kenne noch verstehe, höre ich die Mönche in einem früheren Leben immer den Bruchteil einer Sekunde vor den Mitgliedern im Zentrum. Ich gebe mich dem Singsang hin und spreche schließlich leise und unsicher nach, was mir die Mönche vorsingen. So kann ich eine Weile den tibetischen Text fast „auswendig" sagen, den ich doch in diesem Leben noch gar nicht gehört habe.

Schließlich steige ich wieder aus der Trance, finde nach einiger Zeit die im Moment gesungene Passage auf dem Papier wieder und bin nur noch im Hier und Jetzt. Und plötzlich sehe ich eine Textstelle, die ich aus diesem Leben kenne und erstarre: Viele Male habe ich so zu Gott gesprochen, hatte das Gefühl, es hätte eine Bedeutung und verstand doch die Worte nicht. Ich nahm an, dass die Laute eine Art Seelensprache seien und nun merke ich: es war Tibetisch!"

.--.-..--.-.-.-.

„Nach der Zeremonie begrüßt mich der Lama, entschuldigt sich, sagt, er hätte mehrfach vergeblich versucht, mich zu erreichen. Ich antworte ihm, dass ich akzeptiere, wenn er nicht will. Aber er ermutigt mich zu einem Treffen.

Am nächsten Morgen versichert mir der Zahnarzt nach seinen Untersuchungen glaubhaft, dass der schmerzende Zahn dabei ist, Fluor zu verlieren. Sonst sei er aber gesund. Ich bräuchte lediglich eine andere Zahnkreme. (Noch Jahre danach tut der Zahn trotz unveränderter Benutzung meiner alten Zahnkreme nicht wieder weh...)

Einige Tage später sehe ich den Lama dann, erzähle, wie ich zu ihm gekommen bin. Er sagt, die Zeichen, die ich erhielt, seien gut, ich solle aber nicht an ihnen haften. Auch glaube er, ich hätte eine karmische Verbindung zum Karmapa, was ich auch so empfinde. Außerdem gibt mir der Lama eine erste Atemübung."

.--.

„In der folgenden Nacht, sehe ich auf dem Weg zum Bett mit meinen geistigen Augen die Seele des Lamas **(auf den Begriff Seele werde ich später noch eingehen)** im Dunkeln vor mir stehen. Er sieht mich sehr skeptisch an, mit unbewegter Miene. Ich begrüße ihn in Gedanken, sage ihm, dass ich mich über seinen Besuch freue, aber er verändert seinen Gesichtsausdruck nicht. Schließlich habe ich den Eindruck, dass er mich vielleicht prüft, weil er den Karmapa schützen will. Ich akzeptiere dies natürlich, obwohl ich denke, dass der Karmapa einen solchen Schutz nicht braucht. Ich bedanke mich beim Lama noch einmal für sein Kommen und schließlich verschwindet er wieder vor meinen Augen.

In der Nacht träume ich, dass ich irgendjemanden anrufe und frage, wie die Dinge (welche auch immer) stehen. Aber der andere Teilnehmer ist kaum in der Lage zu sprechen, weil er von nacktem Entsetzen gepackt ist und dem Wahnsinn nahe. Als ich aufwache, ist mir klar, dass ich ein gemeinsames Leben mit dem Karmapa erinnert habe, wo etwas Ungeheuerliches passiert sein musste.

Langsam wird mir danach deutlicher, dass wir beide vor sehr langer Zeit eine Art Wissenschaftler wohl auf dem Mars gewesen waren. Ich lehrte ihn, doch er war viel begabter als ich. Eines Tages hatte er die Idee gehabt, irgendetwas mit Geisteskraft beeinflussen zu wollen, wozu ich ihn ermutigte, ohne zu wissen, was damit angerichtet werden konnte. Er tat wie besprochen und als ich mich interessiert nach dem Ergebnis seiner Arbeit erkundigte, hatte er bereits erkannt, dass das Experiment schiefgegangen war und nun das Leben auf dem ganzen Planeten zerstört werden würde.

So wurde die bis dahin relativ hoch entwickelte Zivilisation auf diesem Planeten ausgelöscht und machte ihn von nun an fast unbewohnbar. Dies Ereignis liegt wohl einige Millionen Jahre zurück.

Das Potential Karmapas war schon damals unermesslich groß gewesen. Aber mit einem winzigen Hauch von Eitelkeit hatte er seine Kräfte ausprobieren, seine Größe fühlen wollen. Nun hatte er erfahren, wie stark er war, doch leider hatte er die Geister, die er herbeigerufen hatte, nicht wieder zurückrufen können. Er war innerlich erstarrt beim Anblick der kosmischen Katastrophe, die er bewirkt hatte. Er wusste, dass seine Kräfte groß gewesen waren und dass er fast das höchstmögliche Potential erreicht hatte, doch nun, durch diese Tat, hatte er gesehen, wie furchtbar es sein konnte, wenn man seine hervorragenden Fähigkeiten testet ohne in Ruhe und verantwortungsvoll an die Folgen zu denken.

Er hatte mich, seinen damaligen Lehrer, zwar um meine Meinung gefragt. Aber auch ich war nicht in der Lage gewesen, abzuschätzen, was der Karmapa anrichten konnte.

Der Karmapa, der durch diese Tat viel Schuld auf sich geladen hatte, beschloss schließlich, sie kompromisslos wieder abzutragen. Er gab alles, was ihn ausmachte und was er besaß, aus Liebe, und wollte von nun an allen Wesen dabei helfen, die Erleuchtung zu erlangen."

.-.

„Nicht nur mit dem Karmapa, auch mit dem Lama hatte ich in der Folgezeit einen starken spirituellen Kontakt, über den wir bei unseren Treffen aber fast nicht sprachen, weshalb ich manchmal unsicher war, inwieweit dies eine von uns beiden bewusst erlebte Realitätsebene war oder nicht. Trotzdem war dieser Kontakt viel zu komplex, als dass ich ihn mir ausgedacht haben konnte.

Einmal erzählte mir der Lama auf dieser Ebene dieses inneren Kontakts, dass ich vor langer Zeit eine tibetische Hohepriesterin gewesen sei, ein anderes Mal träumte ich, dass ich in einer Art Schulklasse saß, in der der Lama unterrichtete. Dabei sprach er vom Dalai Lama, der gemeint hatte, dass die Zeit des Exils für einige Lamas bald vorbei sein würde. Der Lama wiederholte diesen Satz und sah mich dabei an. Jetzt wusste ich, dass er mich damit meinte und dass ich nun wieder in die Gemeinschaft der Lamas aufgenommen werden würde."

.-.

„Die Tage und Nächte waren aufregend geworden. Auch meine Atemübung führte ich fast täglich im Liegen durch. Der Rücken sollte gerade sein, während ich sie machte. Aber im Sitzen war ich oft nicht stark genug, meinen Körper aufgerichtet zu halten. Ich sah den Lama lange nicht, denn die Urlaubszeit war gekommen. Ich hätte ihm so viel zu erzählen gehabt, und hoffte, dass ich durch die lange Pause nichts Wichtiges von dem, was sich ereignet hatte, vergessen würde.

Obwohl ich das Gefühl hatte, spirituell gut mit ihm in Verbindung treten zu können, war ich gar nicht sicher, wie viel er bewusst von dieser Kommunikation zur Kenntnis nahm. Bei unserem nächsten Treffen viele Wochen später lächelte er mich an wie ein guter Freund. Ich erzählte ihm, was ich mit ihm innerlich erlebt hatte und fragte ihn, ob er sich an seinen Teil der Geschichte erinnern könnte. Doch leider musste er passen. Wäre ich inzwischen nicht sicherer geworden, dass meine innere Wahrnehmung gut geschult und immer öfter auch richtig war: ich wäre seelisch in ein tiefes Loch gefallen.

Natürlich war ich zunächst enttäuscht: es wäre zu schön gewesen, einmal einen Menschen zu treffen, der auf der spirituellen Wahrnehmungsebene ein wenig zu Hause war. Aber der Lama war wenigstens dafür offen und schaute mich freundlich an, während ich über diese Dinge sprach. Er entschuldigte sich fast dafür, dass er nicht konnte, was ich erhofft hatte und bemühte sich, mir weit möglichst bei meinen Ausführungen zu folgen.

Ich glaubte ihn aus einem anderen Leben zu kennen, wo er mein Lehrer im Kampfsport gewesen war. Daraufhin fühlte er in sich hinein und sagte dann, er könne sich vorstellen, mein Lehrer gewesen zu sein. Später zeigte er mir Bilder von jungen Lamas, fragte, ob und an wen ich mich erinnern könnte. Er nahm ernst, was ich daraufhin sagte und ich hatte das Gefühl, endlich frei über meine spirituellen Wahrnehmungen sprechen zu können. Ich war nach Hause gekommen."

.-.-.-.-.-.-.-.-.-.-.-..-.-.-.-..-.-.-.-.-.-.-.-.-.-.

„Erneut verging eine lange Zeit, bis ich ihn wiedersah. Inzwischen nutzte ich die geringe körperliche Kraft, die ich hatte, größtenteils für die Erforschung meiner neuen alten geistigen Heimat. Ich versuchte, ein wenig Tibetisch zu lernen und las ein paar Bücher über den Tibetischen Buddhismus. Jetzt, wo ich mich mit der tibetischen Sprache beschäftigte, wurde mir klar, warum ich Jahre zuvor Schwierigkeiten gehabt hatte, mit dem Japanischen voranzukommen: dies war nicht die asiatische Sprache gewesen, nach der ich unbewusst gesucht hatte. Das Tibetische ist sehr schwierig, es gilt, eine neue Schrift zu lernen, außerdem variieren die Tonhöhen beim Sprechen, sodass ein gleichlautendes Wort dadurch eine andere Bedeutung erhält. Aber ich ließ mich bei meinen Studien nicht entmutigen und kam ohne Lehrer (denn ich kannte keinen) sehr langsam voran.

Natürlich würde es sehr viele Jahre dauern, bis ich auf dem Niveau angelangt sein würde, auf das ich kommen wollte. Aber allein schon der Klang der Worte gab mir ein Gefühl von Glück und Wärme."

Hier fängt für mich kaum merklich eine Zeit an, in der ich mich körperlich ganz langsam aus der Todesnähe wieder in den Bereich einer Schwerkranken hinbewege. Ich beginne wieder ein wenig damit, an die Zukunft zu denken.

Seit endlosen Zeiten
begegnen wir uns immer
wieder,
manchmal
sind wir uns nah,
manchmal
fern.

Freund und Freundin
heute,
gestern noch
Mutter und Kind
vielleicht
oder
Gegner
in feindlichen
Lagern.

Nähe
und Ferne,
gestern
und heute,

was bleibt?

Häuser.
Menschen
in Häusern,
Leben
in Häusern.

So viele
Menschen,
so viele
Leben.

Heute Sonne,
morgen Regen,
übermorgen
Regenbogen.

Wo bin ich,
wo bist du
jetzt?

Ich las ein Buch über Sutra und Tantra, in dem die unterschiedlichen Wege des Buddhismus erklärt und gegeneinander abgegrenzt wurden, und jedes Mal wenn ich mich innerlich entscheiden musste, welche Richtung mir mehr gefiel, war es der tantrische Weg der Tibeter.

Beim Lesen meditierte ich und überprüfte so den Inhalt auf innere Stimmigkeit mit meinen eigenen Erfahrungen: Die Welt, in der wir leben, ist eine Illusion - genau! -, es gilt, aufzuwachen und den Kreislauf der eigenen Wiedergeburten zu beenden - was ich schon lange Zeit mehr unbewusst wollte. Man bringt seinem spirituellen Lehrer ein ganzes Universum dar - nichts anderes hatte ich mit Gott gemacht. Man imaginiert das Göttliche in sich selbst als schon vorhanden, um schneller vollendeter zu werden - dies tat ich nicht, orientierte mich aber ständig an Gott.

Unsere Wahrnehmungen sind ohne innewohnende Existenz, sie sind leer. Es ist erstrebenswert, diese Leerheit wahrzunehmen. Als ich mich mit dieser Aussage beschäftigte, sah ich plötzlich viele Götter und erblickte darüber hinaus „die Leerheit". So jedenfalls nannte ich das, was ich wahrnahm. Zuerst glaubte ich, dass sie aussah, wie ein Buddha in Meditationshaltung, dann aber erkannte ich ihre Form genauer: sie hatte die Form eines Stupas, jenes Bauwerkes, das den Geist Buddhas symbolisieren soll und in vielen buddhistischen Ländern zu sehen ist.

Der Stupa war weiß und hatte eine sehr dichte Energie. Er schien bedeutender zu sein als die Götter und so etwas wie eine letzte Wahrheit darzustellen. Deshalb brachte ich ihm alles dar, was ich zuvor auch Gott gegeben hatte. Der Stupa schien die Dinge zu zerstören und zu reinigen, und als ich mich ihm darbrachte, war ich bereit, alles, was mich als Persönlichkeit ausmachte, aufzulösen. Aber ich spürte hinterher, dass ich nicht vernichtet worden, sondern unversehrt durch diesen Prozess gegangen war.

Ich beschloss, mir Bilder von Stupas zu besorgen, damit ich ihre Form auch durch meine körperlichen Sinne in mich aufnehmen konnte."

Inzwischen fällt es mir schwer, diese Worte unkommentiert wiederzugeben. Schon bei der „Seele" des Lamas ging es mir so. Und deshalb will ich hier schon einmal vorgreifen auf das, was ich erst im Laufe der folgenden Jahre lernte:

Für viele Menschen in westlichen Gesellschaften, die im christlichen Umfeld aufgewachsen sind, ist der Begriff „Seele" ein verständlicher Begriff. Im Buddhismus gibt es diesen Ausdruck so nicht. Oft wird stattdessen der Ausdruck „Kontinuum des Geistes" verwendet. Aber habe ich in meiner geistigen Wahrnehmung damals in der Nacht das Geistkontinuum des Lamas gesehen? Kann man das geistige Kontinuum überhaupt sehen?

Wenn ich nun im Nachhinein über diese Begegnung nachdenke, vermute ich mal, dass es etwas anderes war, was ich gesehen hatte. Vielleicht war es ein Traumkörper, ein Illusionskörper, Geistkörper, wer weiß. Er war bekleidet so wie mir der Lama tagsüber erschien. Aber er verhielt sich merkwürdig mir gegenüber, anders als sonst. Ich war wach, als ich diese Begegnung hatte. Ich sah die Erscheinung einigermaßen klar vor mir, wenn auch transparenter als einen Körper aus Fleisch und Blut.

Nun komme ich zu den „Göttern", die ich mit meiner geistigen Wahrnehmung ja schon nach meinem ersten Kontakt mit dem Buddhismus durch Stephan gesehen hatte:

Im Judentum und im Christentum wird bei den Zehn Geboten gesagt, dass man keine anderen Götter haben soll außer Jahwe bzw. Jehova. Dazu habe ich von christlich-theologischer Seite einmal gehört, dass es natürlich andere Götter gäbe, dass man sich aber nicht an diesen orientieren sollte, dass also Jahwe für seine Anhänger der einzige Orientierungspunkt sein sollte. Diese Ausrichtung auf einen unter vielen gibt es im Dharma insbesondere bei der tantrischen Praxis. Hier kann und soll man gerne den Lehrer, der einen in die Natur seines eigenen Geistes einführt, als Orientierungspunkt für höchste spirituelle Praktiken ansehen. Und man weiß natürlich, dass es auch andere große Meister gibt.

Es gibt im Daseinskreislauf unterschiedliche Möglichkeiten der Existenz. Wir kennen die Menschen und die Tiere. Aber es wird auch noch von anderen Daseinsformen berichtet. Eine davon ist der Götterbereich, der sehr vielfältig ist. Es gibt Halbgötter, niedere, hohe und höchste Götter. Manche haben noch feinstoffliche Körper, andere sind rein geistig. Sie haben manchmal wunderbare Fähigkeiten. Manche können sogar andere Wesen erschaffen.

Egal wie wunderbar sie erscheinen mögen: sie sind in diesem Daseinsbereich und in der Gestalt nur auf begrenzte Zeit (manchmal sind es aber Millionen oder gar Milliarden Jahre). Um nach dem Tod ins Götterreich gelangen zu können, muss man Verwirklichungen in der Meditation haben (und natürlich ethisch leben). Aber irgendwann geht auch die wunderbarste und längste Existenz als Gott zu Ende und danach geht es dann leider nur bergab im Daseinskreislauf, weil das Reich der Götter als die höchst mögliche Daseinsform gilt.

Natürlich kann man bei bestimmter meditativer Verwirklichung eventuell auch diese samsarischen Götter sehen. Aber es gibt auch sogenannte Gottheiten, die keine Götter im gerade erwähnten Sinne sind. Gottheiten befinden sich nicht im Daseinskreislauf, sie sind erleuchtete Formen von Buddhas. In der tantrischen Ikonographie werden sie exakt beschrieben. Der tantrische Praktizierende nimmt sie als Inspiration bei seiner spirituellen Praxis. Er will so verwirklicht werden wie sie. Wenn man weit genug in seiner Praxis ist, dann kann man sie wahrnehmen. Die „Götter", die ich gesehen habe, waren keine samsarischen Wesen. Aber in der damaligen Situation wusste ich dies alles noch nicht.

Jetzt komme ich zu der „Leerheit", die ich damals erfahren habe. Sie steht im Gegensatz zu dem, was man üblicherweise als Wahrnehmung der Leerheit bezeichnet. Weiter unten, wenn ich den von mir gefundenen Geist-Terma, den geistigen Schatz, erkläre, gehe ich noch ausführlicher auf „Leerheits"-Wahrnehmungen ein.

Der von mir in der Vision wahrgenommene Stupa stellte vermutlich den Geist der Buddhas dar, der fähig ist, uns auf ein höheres geistiges Niveau zu bringen. Hingabe kann diesen Prozess beschleunigen.

Mit Meeren unerschöpflichen Lobes, mit den Ozeanen aller Klänge mannigfaltiger Melodien verkünde ich die vortrefflichen Eigenschaften aller Sieger und preise alle zur Glückseligkeit Gegangenen.

(Sieben Zweige Gebet)

Lange bevor ich mit fast fünfzig Jahren zum Buddhismus kam, durchlief ich gelegentlich Phasen tiefster Verzweiflung mit der Situation in meinem Leben. Äußerlich hatte ich ja wohl das meiste richtig gemacht: mein medizinisches Staatsexamen hatte ich mit Bestnote abgeschlossen, hatte auch mein Studium als Diplom-Psychologin erfolgreich beendet, ich war verheiratet, hatte zwei Kinder, wir lebten in einem schönen Haus, waren in die Gesellschaft integriert usw. Wir fuhren etwa einmal im Jahr in den Urlaub, meist ins Ausland, um die Welt ein wenig kennenzulernen bzw. um uns in schöner Gegend zu erholen. Sogar für die Spiritualität war gesorgt. Ich war tiefreligiös, las die Bibel häufig usw.

Aber es gab unter der Oberfläche meines Erlebens trotzdem eine tiefe Traurigkeit, für die ich keine Ursache und auch keine Lösung fand. Sollte mein Leben immer so weiter gehen? Würde es nie ein Licht am Ende des Tunnels geben? Hatte ich irgendetwas falsch gemacht, und falls ja: was?

Und nun, als ich damit begann, buddhistische Bücher zu lesen, gab es auf einmal eine Sichtweise, die mich in meiner Traurigkeit bestätigte, denn egal, wie schön das Leben äußerlich erschien: es wurde als grundsätzlich leidvoll angesehen. Mein Gefühl war also richtig gewesen. Ich hatte durch das äußere Glück hindurchgespürt. Das Gute war, dass mir die Lehren nun auch dabei halfen, das Problem zu bearbeiten. Und das Beste war, dass ich mein Schicksal selbst in die Hand nehmen konnte und nicht warten musste, bis ich starb, um dann vielleicht in wunderbare Bereiche zu gelangen (oder aber auch nicht).

Ich hatte schon lange aus dem Leiden heraus gewollt, das mein Leben trotz aller äußerer positiver Attribute spürbar enthielt, nicht nur durch meine gesundheitliche Schwäche bedingt. Und meine Versuche, dies zu erreichen, ließen sich offenbar in einen systematischen Gesamtzusammenhang bringen. Ich stellte dabei nun erfreut fest, dass ich offenbar schon einen Teil des Weges zum langfristigen Glück gegangen war, ohne es zu wissen. In meinem alten Text zog ich eine Zwischenbilanz:

„Bisher hatte ich mich im Wesentlichen offenbar mit meiner eigenen Befreiung aus dem Rad der Wiedergeburten beschäftigt. Dies ist der „kleine Weg", Hinayana oder Theravada genannt. Der „große Weg",

Mahayana, will aber noch mehr. Um ihn gehen zu können, brauchen wir Mitgefühl für andere.

Lange kaute ich innerlich an dieser Formulierung. Wieso Mitgefühl? Alles, was existierte, alle Freude, alles Leid war doch das Ergebnis unserer Handlungen aus anderen Zeiten. Das war gerecht und hilfreich, auch wenn es manchmal sehr weh tat (wie ich aus eigenem Erleben wusste).

Natürlich war es wichtig, die Hintergründe zu verstehen, um nicht etwa zu glauben, ein blindes Schicksal, schlechte Umstände oder böse Menschen und Mächte könnten ein gutes Karma zu einem schlechten wenden. Auch ist es für einen Menschen in karmisch bedingter Not angenehm, wenn er trotzdem Trost, Verständnis und Hilfe findet. Aber das war für mich kein Mitgefühl. Darunter wurde offenbar noch etwas Anderes verstanden. Ich wünschte tief in mir Hilfe bei dieser schwierigen Frage.

Und einige Zeit danach passierte mir dann folgendes: Ich war überzeugt, dass es für mich richtig war, die tibetische Sprache zu erlernen, doch ich fand nur schwer Zeit dafür. Die einfachsten körperlichen Tätigkeiten schwächten mich und ihre Ausführung dauerte sehr lange. Doch endlich kam sie, die volle Stunde, die ich zum Tibetisch-Lernen verwenden konnte. Ich ging also mit dem entsprechenden Buch zu meinem Arbeitsraum, als ich bei einem flüchtigen Blick aus dem Fenster unseren Hofhund erblickte.

Er lag an der Kette, weil er sonst im Ort herumstromern würde. **(Tierschützer werden heute vielleicht aufschreien, wenn sie das lesen. Damals war das aber die Art, wie man mit Hofhunden umgehen sollte. Wir hatten das zunächst gar nicht vorgehabt, waren aber durch andere Dorfbewohner dazu gebracht worden, da der Hund eine stattliche Größe hatte und immer wieder entwich, um verbotenerweise durchs Dorf zu spazieren.)** Damit der Hund sich trotzdem ausreichend bewegen konnte, löste ihn bei jeder nur denkbaren Gelegenheit ein Mitglied unserer Familie von seiner Fessel und beschäftigte sich eine Weile mit ihm. Er war sehr anhänglich und brauchte viel Aufmerksamkeit.

Diesmal hatte aber niemand Zeit für ihn gehabt und der Tag neigte sich nun schon langsam seinem Ende zu. Ich wollte mir diese kostbare Stunde durch niemanden verderben lassen und hatte außerdem das Gefühl, etwas wirklich Wichtiges tun zu wollen. Der Hund sah mich auch keineswegs bettelnd an, sondern lag still an seinem Ort.

Doch als ich ihn sah, packte mich ein derart tiefes Mitleid mit ihm, dass ich meine Pläne aufgab und stattdessen zu ihm hinausging. Als er von der Kette war, spürte ich, wie dringend er die Bewegung gebraucht hatte und so blieb ich einige Zeit bei ihm. Aber die sommerliche Luft kühlte kurz danach unerwartet sehr schnell ab und ich spürte, dass ich für diese Temperatur zu dünn angezogen war und dass nun akute Gefahr für meine schwache Gesundheit bestand. Ich musste schnellstmöglich wieder zum Haus zurück, was aber, geschwächt, wie ich war, eine größere Aktion für mich darstellte.

Ich brach also die Befreiungs-Aktion nach ca. einer halben Stunde ab, doch ich merkte bereits, dass es zu spät war: Tage, Wochen, vielleicht sogar Monate der Krankheit standen mir zum wiederholten Mal bevor. Dies war also das Ergebnis meines engagierten Mitgefühls gewesen!

Doch dann passierte etwas Merkwürdiges: Obwohl ich wusste, dass ich leiden würde, weil ich Mitgefühl mit meinem Hund (und nicht etwa einem Menschen) gehabt hatte, verstand ich plötzlich, wie wichtig und richtig mein Tun gewesen war. Aller Anschein sprach dagegen und doch spürte ich auf einer anderen Ebene, dass ich einen großen inneren Schritt vorangekommen war.

Ich war so glücklich über diese Erkenntnis, dass ich vor Freude hätte springen können, und die schwere Krankheit, die ich erwartete, schien auf einmal nicht mehr so schlimm zu sein. Ich sah, wie die Götter **(die Gottheiten)** mich anlachten und ich lachte glücklich zurück. Ich hatte die Wichtigkeit des Mitgefühls verstanden. Ich war über meine Grenzen gegangen, würde vielleicht lange dafür leiden müssen, aber die Liebe des Universums füllte mein Herz.

Natürlich musste ich nun sehen, dass ich schnell etwas fand, das meinem Körper helfen würde, denn es ging mir mit jedem Moment deutlich schlechter. Mindestens fünfundzwanzig Jahre lang hatte ich versucht, diese Krankheit zu bessern. Doch diesmal kam mir die Suche nach einem homöopathischen Heilmittel fast wie ein Witz vor, wären nicht die Schmerzen gewesen.

Mehrmals in der Nacht wachte ich wegen meiner Beschwerden auf und als ich am frühen Morgen die therapeutische Notbremse mit konventionellen Medikamenten ziehen wollte, fand ich ein homöopathisches Mittel, das mich innerhalb weniger Tage wieder auf den Stand von der Zeit vor meiner akuten Erkrankung brachte und mir fortan da Gefühl gab, meinen gesundheitlichen Spielraum gelegentlich um einige Kältegrade ausdehnen zu können."

Hier unterscheide ich offenbar nicht zwischen dem Begriff des Mitgefühls und des Mitleids. Der Unterschied ist nach Ansicht einiger buddhistischer Psychotherapeuten wohl erst mal der, dass man beim Mitgefühl in sich ruht und anteilnehmend den anderen begleitet.

Mitleid erscheint dagegen zunächst ein Gefühl für das Leiden des anderen zu sein, das von eigener Befindlichkeit, also auch eigenem Leiden, ablenkt und deshalb für einen selbst und für den anderen wenig hilfreich ist. Man verliert eine Distanz zum Leid des anderen, wird zum Mitbetroffenen. Manche Therapeuten sagen, dass kompetentes Handeln dadurch u.U. erschwert oder gar unmöglich gemacht wird. Dies mag ja während des therapeutischen Gesprächs durchaus zutreffen, wo es ja darum geht, dem Hilfesuchenden mit klarem Geist, möglichst ungetrübt durch welche Gefühle auch immer, dabei zu helfen, seine Lebenssituation zu verbessern.

Ganz anders dagegen sind spirituelle Praktiken von großen Meistern, die bereit und in der Lage sind, das Leid anderer ganz oder teilweise auf sich zu nehmen (das Christentum lässt grüßen) und die dadurch manchmal das Leid anderer verringern können. Im Buddhismus heißt diese Praxis Tonglen (aussenden und aufnehmen). Das Mitgefühl dieser Meister ist so groß, dass sie bewusst völlig distanzlos werden, also Mitleid haben. Und das macht bei ihnen kompetentes Handeln überhaupt erst möglich. Tonglen

kann grundsätzlich von jedermann geübt werden. Ihre erfolgreiche Realisation, auch Verwirklichung genannt, ist dagegen nur großen Praktizierenden möglich. Um diese Praxis durchführen zu können, muss man grundsätzlich bereit sein, sein eigenes Glück wegzugeben, und das Leid anderer auf sich zu nehmen.

Dies ist üblicherweise nicht das Ziel von Psychotherapeuten. Sie geben letztlich Hilfe zur Selbsthilfe, was ja auch ganz wunderbar ist. Die verwirklichten buddhistischen Meister, die Tonglen praktizieren, nehmen das Leid anderer viel wichtiger als ihr eigenes Befinden. Sie wünschen wie eine gute Mutter, dass ihr Kind bzw. der andere vom Leid befreit wird und sind bereit, dafür ihr eigenes Glück zu opfern, wenn nötig.

In dem Beispiel mit meinem Hund ist die Situation wohl folgendermaßen gewesen: Ich habe mein persönliches Interesse zurückgestellt, weil ich den Eindruck hatte, dass der Hund meine Hilfe brauchte. Das stimmte zwar, aber ich war eigentlich gar nicht wirklich in der Lage gewesen, dem Hund zu helfen, ohne selbst Schaden zu nehmen. Das stellte ich allerdings erst während meines Handelns fest.

Statt dieses Handeln nun zu bereuen, da ich mir ja dadurch ungewollt selbst schwer geschadet hatte, spürte ich unerwartet Freude. Warum? Ich war einfach glücklich, weil ich eine kleine gute Tat getan hatte und weil ich in diesem Moment begriffen hatte, dass es sinnvoll ist, mitfühlend und sogar voller Mitleid zu sein, nicht nur auf einer geistigen Ebene, sondern auch auf einer körperlichen. Ich war sehr dankbar für die Lektion, die ich wohl mehr unbewusst von den Buddhas erbeten hatte.

Nach dieser guten Tat konnte, ja musste ich mich wieder meiner eigenen körperlichen Befindlichkeit widmen. Eigentlich war ich nun selbst ein Fall für Hilfe geworden und ich erhielt sie auch, ganz unerwartet und sehr effektiv, dadurch, dass ich nun auf einmal einen neuen Gedanken hatte, der mein eigenes körperliches Leid nicht nur für den Moment, sondern auch für die Zukunft verringerte.

Da ich Gottheiten lachen gesehen hatte, vermute ich mal, dass sie mir diesen Gedanken, wie ich mir selbst besser helfen konnte, haben zukommen lassen. Echtes Mitgefühl und tätige Nächstenliebe schafft nämlich letztlich eine andere Lebensgrundlage und Lebensqualität für uns selbst. Darauf werde ich später noch präziser eingehen.

Niemals denke ich an die Erfüllung meines eigenen Wohlergehens.
Möge ich einzig darum bemüht sein, das Wohl der anderen herbeizuführen.

(Tsongkhapa)

Verwende dich selbst für andere!
Die anderen für sich selbst zu nutzen, ist verkehrt.
Es gibt nichts Schlimmeres als dies.

(Shantideva)

Die Geschichte vom Vajra-Licht

Angenommen

es gab mal einen alten, weisen Meister, der den folgenden Traum hatte:

„Irgendwo im Universum war ein Planet, wo Lebewesen lebten, die wie Menschen aussahen. Und auf dem Planeten gab es einen Bereich, wo es fast absolut dunkel war, Tag und Nacht, Sommer wie Winter, Jahrhundert auf Jahrhundert. Endlose Zeiten lang kannten die Leute dort noch nicht einmal die Bedeutung des Wortes „Licht". Wie hätten sie auch?

Du kannst dir sicher vorstellen, wie das war: sie lebten ein bisschen wie Maulwürfe unter der Erde. Und weil sie ihre Augen nicht brauchten (die sie noch hatten), schlossen sie sie einfach. Mit diesen geschlossenen Augen war es noch dunkler, aber nicht viel. Und es konnte auch nicht wirklich ein Unterschied festgestellt werden. Man kann also sagen, dass sie alle in einem Zustand von Blindheit lebten."

Vielleicht hast du schon davon gehört oder erfahren, wie schwierig das Leben für einen blinden Menschen sein kann. Doch es gibt in der Umgebung dieser Person meist noch so viele Leute, die sehen und ihr vielleicht helfen können.

Wenn aber nun Millionen von Leuten blind wären und niemand bei ihnen wäre, der sehen könnte... Du kannst dir vielleicht denken, wie unangenehm das sein würde. Genauso war es jedenfalls im Traum des alten weisen Meisters. Aber ich denke ich sollte damit fortfahren, dir den Traum zu erzählen:

„Auf diesem Planeten von Blindheit war das Leben sehr schwierig. Sogar die kleinsten Bewegungen waren sehr riskant, weil niemand voraussehen konnte, was geschehen würde. Zum Beispiel: Man wusste beim Gehen nie, wohin einen der nächste Schritt bringen würde. Vielleicht hätte es gefährlich werden können, dorthin zu gehen, man hätte fallen oder sich verletzen können. Außerdem wusste man, wenn man berührt wurde, nie, wer einen berührte und warum. Vielleicht war es ein anderes menschliches Wesen, das dich streicheln wollte, oder es war ein bösartiges Tier, das dich fressen wollte.

Deshalb zogen es die Leute vor, sich nicht allzu viel zu bewegen, sogar dann nicht, wenn der Platz, wo sie lebten, sehr ungemütlich war; denn sie fürchteten sich so davor woanders hinzugehen, wo es noch schlechter hätte sein können.

Auch tasteten sie in ihrer Umgebung nach allen möglichen Gegenständen, die sie als Waffen benutzen konnten, und hauten damit immer wieder einmal um sich, weil sie weiterleben und nicht von Tieren aufgefressen werden wollten."

Als der Meister aufwachte, war er sehr von dem Traum berührt, obwohl er gar nicht wusste, warum. Während des Tages hatte er jedoch sehr viel zu tun und deshalb vergaß er das nächtliche Erlebnis wieder. Aber in der nächsten Nacht träumte er wieder vom Land der Blindheit. Und dieses Mal fühlte es sich so an, als ob er während des Träumens ebenfalls in dieser Region war, nur dass seine Augen offen waren. Und so konnte er ein bisschen wahrnehmen, was passierte:

„Die Leute dort litten sehr. Sie waren hungrig und konnten nicht essen, sie waren durstig und konnten nicht trinken, sie waren verletzt und konnten nicht geheilt werden. Sie waren sehr, sehr unglücklich und es gab niemanden dort, der ihnen helfen konnte. Kleine Kinder schrien nach ihren Eltern, die so nahe und trotzdem einige unerreichbare Schritte entfernt waren.

Der Meister wunderte sich darüber, dass die Wesen dort überhaupt leben konnten und sogar von Zeit zu Zeit noch Familien hatten. Aber es schien, dass manchmal der eine oder andere so hungrig oder so durstig oder so einsam gewesen war, dass dieses Bedürfnis einen Moment lang stärker gewesen war als die Furcht, die sie gehabt hatten.

Das Land war gut, hatte Wasser von bester Qualität und überall wuchsen Pflanzen, die dicke Blätter hatten. Die konnte man essen und durch sie konnte man all das bekommen, was der Körper brauchte, um gesund zu sein. Aber die Menschen wussten das nicht und weil sie nicht sehen konnten, was los war, hatten sie immer Angst davor das zu nehmen, was sie brauchten."

Als der Meister dieses Mal aufwachte, glaubte er nicht mehr, dass das, was er nachts gesehen hatte, nur ein Traum gewesen war. Alles schien so realistisch zu sein. Aber dann ging der Tag mit seinen normalen Tätigkeiten weiter und wieder dachte er nicht mehr darüber nach.

Aber der Traum kam jede Nacht zurück, immer wieder, und schließlich hatte der Meister sich so an diese seltsame Welt gewöhnt, dass es ihm erschien, als würde er nun zwei Leben leben: eines tagsüber und eines nachts. Er kannte das Land der Blindheit inzwischen so gut und es wurde für ihn immer realistischer, so dass er nicht aufhören konnte, darüber nachzudenken, wie man diesen Leuten helfen konnte, die so sehr litten. Er fühlte sich wie einer von ihnen. Die Leute wurden für ihn immer mehr wie Mitglieder seiner eigenen Familie.

Tagsüber dachte er immer mehr über die Nacht nach und nachts dachte er an den kommenden Tag, wo er meditieren würde und so vielleicht Antworten darauf finden könnte, wie er diesen armen Wesen helfen konnte. Das war also eine sehr fruchtbare Zeit für den Meister.

Er fühlte, dass, während er an die anderen leidenden Wesen dachte (von denen er noch nicht einmal wusste, ob sie wirklich existierten), er sich mehr dessen bewusst wurde, was in seinem eigenen Leben passierte. Zum Beispiel dachte er nun während er aß oder trank darüber nach, wie gut es ihm ging, dass er das alles so einfach bekommen konnte. Oder wenn er Kontakt mit anderen Leuten hatte, dachte er, wie nett das manchmal war. Und dann plötzlich war er sich dessen bewusst, dass die Leute der Dunkelheit nicht dasselbe hatten und dass sie so unglücklich waren.

Immer mehr bereitete er sich auf die Zeit während der Nacht vor und immer mehr liebte er es, dorthin zu gehen, obwohl das Leid, das er sah, grenzenlos war. Währenddessen wurde sein eigenes Leben immer glücklicher, was im ersten Moment schwer zu verstehen war.

Und wie versuchte er, den Leuten zu helfen? Er gab ihnen zu essen, wenn er sah, dass sie hungrig waren, er brachte ihnen Wasser, wenn er erfuhr, dass sie durstig waren. Er sprach freundlich mit den weinenden Kindern. Immer, wenn er sah, dass er jemandem helfen konnte, tat er einfach, was er tun konnte. Er handelte immer mehr, ohne viel nachzudenken, ob das, was er tat, ausreichte, hörte immer mehr nur auf sein Herz, das mit immer mehr Liebe erfüllt war. Und wenn er aufwachte, fühlte er sich immer so viel besser als zuvor.

Tagsüber dachte er darüber nach, was nachts passiert war, und ob alles, was er getan hatte, hilfreich gewesen war oder nicht. Auch sann er darüber nach, was er hätte besser machen können und auf welche Weise. Und schließlich kam er zu der Erkenntnis, dass die Hauptsache, die fehlte und die den Menschen wirklich helfen konnte, ihr Leiden zu stillen, Licht war.

Sie brauchten Licht, Licht, Licht! Aber wie konnte er ihnen das bringen?

Na, was denkst du? Wie kann man Licht aus einer realen Welt in einen Traum bringen? Das war eine schwierige Frage und die Antwort darauf war noch schwieriger. Nichts, was er kannte, konnte in beiden Welten leuchten.

Doch plötzlich hatte er eine Idee: Er musste selbst ein Licht werden! Dann könnten die Leute im Land der Blindheit während seiner Anwesenheit besser sehen! Der alte weise Meister war so glücklich, als er diese Idee hatte! Er hätte vor Freude springen können, er hätte ein Lied singen können, er hätte die ganze Welt, in der er lebte, umarmen können! Aber es galt keine Zeit zu verlieren und deshalb tat er alle diese Dinge nicht.

Obwohl der Gedanke brillant war: wie um alles in der Welt konnte er ihn realisieren? Hast du schon einmal von so einem Wesen gehört? Falls ja, bist du sicherlich ein glücklicher Mensch. Dieser Meister war schon so alt und weise, aber niemals zuvor hatte er von einem solchen Wesen erfahren.

Deshalb suchte er überall danach, um zu erforschen, wie man zu einem Licht wird und er fragte viele Leute viele Jahre lang. Und obwohl er nicht erfolgreich war, gab er niemals seinen Wunsch auf, das Ergebnis zu erreichen, auf das er hoffte. Und er gab auch nicht auf, jede Nacht so vielen Wesen wie möglich zu helfen.

Er war so sehr mit seiner nächtlichen Arbeit beschäftigt, dass er es nicht einmal bemerkte, dass er langsam das Leid der Leute ein bisschen besser sah und dass es immer leichter für ihn wurde, die richtigen Dinge fast anstrengungslos zur richtigen Zeit zu tun.

Er wachte morgens immer entspannter und stärker auf, so dass er einfach fortfuhr am Tag das zu tun, was er sich in der Nacht angewöhnt hatte. Immer mehr war er so damit beschäftigt, das Leid der Leute zu sehen und danach zu suchen, wie er ihnen so gut wie möglich helfen konnte. War es Tag? War es Nacht? Es kümmerte ihn nicht. War es dunkel? War es hell? Traum oder Realität? Es gab keinen Unterschied mehr.

Er war ein Vajra-Licht geworden.

Ich zitiere noch mal aus meinem alten Text:

„Kurz nachdem ich Zuflucht genommen hatte **(Buddhistin geworden war)**, bekam ich meine erste Einweihung. Ich hatte mehr zufällig erfahren, dass es diese Einweihung geben sollte und konnte mein Glück gar nicht fassen. Wie gut, dass ich den Flyer gelesen hatte! Einweihung, so dämmerte es mir aus der Erinnerung von anderen Leben, war etwas ungeheuer Seltenes und Kostbares. Ich wusste gar nichts von Guru Rinpoche, in den eingeweiht werden sollte, hatte auch keine Zeit, mich vorher zu erkundigen, denn die Initiation stand unmittelbar bevor.

Mir war, als spränge ich auf einen fahrenden Zug auf. Was hatte ich zu bedenken, wie hatte ich mich zu verhalten? Aufgeregt fragte ich Frau I. vorher, damit ich nur ja nichts falsch machen würde. Jeder konnte teilnehmen, anzumelden bräuchte man sich nicht. Die Zuflucht sei Voraussetzung, um die Einweihung auch wirklich zu erhalten. Alles andere würde ich dann schon sehen. Ich bräuchte nur nachzumachen, was die anderen Teilnehmer täten.

Und dann kam der Tag, an dem alles stattfinden sollte. Der Meditationsraum war voll von Menschen. Die meisten davon hatte ich noch nie gesehen. Aber das musste nichts heißen, ich wohnte ein Stück weit entfernt und war nur sehr selten in der Lage gewesen zu kommen.

Der einweihende Lama, ein junger, hochverwirklichter Rinpoche, trat ein, setzt sich auf den Dharma-Thron und begann mit der Zeremonie. Die Gemeinde, oder wie es richtig hieß: „der Sangha" stimmte in liturgische Gesänge ein und wiederholte auf Tibetisch vorgesprochene Sätze und Mantras. Schließlich defilierten die Teilnehmer der Reihe nach am Lama vorbei und erhielten ihre Segnungen.

Ich war so durcheinander, verstand fast nichts, machte fast alles falsch. Ich sah den Rinpoche an und spürte schon bevor ich mich anstellte, dass er über große spirituelle Fähigkeiten verfügte. Die meisten Leute hatten weiße Schals, Kataks genannt, die sie in den Händen hielten. Diese wurden dem Lama überreicht und er legt sie anschließend um den Hals des Überbringers. Manche legten ihren Katak auch vor dem Thron des Rinpoches nieder und ließen ihn dort.

Ich hatte so einen Schal nicht, wusste auch nicht, wozu ich ihn benötigte. Ich hatte gar nichts Diesbezügliches bei mir. Niemand hatte mir gesagt, dass man so etwas bräuchte. Und nun wollte mir dieser Lehrer eine Einweihung geben, die mir in meiner spirituellen Praxis sicherlich sehr weiterhelfen würde. Was sollte, was konnte ich ihm geben?? Zum Glück hatte ich meine Handtasche dabei. Deshalb beschloss ich spontan, ihm einen größeren Geldschein auf den Thron zu legen.

Verwirrt, aber innerlich erfüllt fuhr ich nach der Zeremonie nach Hause. Mein Lama war auch anwesend gewesen, er hatte neben anderen Geistlichen dem Rinpoche bei der Ausführung geholfen. Als ich einige Zeit später meinem Lama gegenüber erwähnte, dass ich bei dieser Einweihung gewesen wäre, sagte er „ja" und nickte freundlich. Mehr Worte wurden darüber nicht verloren. Die Einweihung schien, abgesehen von mir, niemanden ernsthaft aufzuregen, der „Betrieb" im Dharma-Zentrum ging weiter wie bisher.

Als einige Monate später wieder eine Einweihung, diesmal von einem anderen Lama, angeboten wurde, ging ich nur deshalb hin, weil es in meinem Leben Zeichen gegeben hatte, die mich zum Lama und zu dieser Meditationsgottheit zu führen schienen. Ich öffnete mich innerlich wieder soweit ich konnte, um die Einweihung vollständig zu erhalten.

Später lernte ich, dass es unterschiedliche Initiationen gab, einige mit täglicher Rezitationsverpflichtung, andere ohne. Die letzteren waren sogenannte Segenseinweihungen (auch meine allererste gehörte dazu). Ich war enttäuscht, als ich das hörte: war ich also gar nicht wirklich eingeweiht worden? Ich war so glücklich über diese Möglichkeit gewesen und nun war alles nur ein Budenzauber gewesen?

Die ernsthaften Einweihungen waren die mit den Rezitationsverpflichtungen. Ich nahm schließlich auch an solchen Initiationen teil. Hier gab es meist längere Zeremonien. Auch hieran konnte jeder teilnehmen, der wollte. Ich kannte die Lamas vorher nicht und auch sie kannten die meisten Teilnehmer nicht. Ich hörte, dass eine solche Einweihung ein tiefes karmisches Band zwischen dem Lehrer und seinem Schüler knüpft und dass, wenn der Schüler diese Einweihung missachtet, der Lehrer Existenzen in der Hölle auf sich nehmen müsste.

Wie ernsthaft waren doch die Lehrer, wie viel Mitgefühl hatten sie mit uns! Ich konnte mich aber durch die Gespräche einiger Teilnehmer, die Initiationen offenbar zu sammeln schienen, manchmal nicht des Eindrucks erwehren, dass für manche Leute diese Belehrungen nur ein religiöses Schauspiel waren, eine weitere Attraktion im spirituellen Zirkus."

Zum Glück traf ich auch immer wieder sehr ernsthafte Dharma-Ausübende, die sich mit Hingabe der Praxis widmeten. Sie wussten, dass man vollen Einsatz zeigen musste, um innerlich voranzukommen. Kluge Reden und Hörensagen halfen da nicht weiter. Buddhismus ist nur sehr begrenzt von außen zu verstehen.

Man braucht Lehrer, die einen anleiten, muss den Dharma praktizieren mit Hören von Belehrungen, Nachdenken, Kontemplationen und Meditationen. Wir sind gewohnt, vom heimischen Sessel aus wie kleine Könige die Medien mit einer Fernbedienung zu beherrschen. Aber um unseren Geist erfahren zu können, hilft uns die digitale Technik nicht weiter. Hier gelten andere Regeln.

Ein Yogi wie Milarepa kann man nur werden, wenn man die spirituelle Fernbedienung aus der Hand legt, von seinem inneren Sessel aufsteht und in die Hände spuckt. Dann allerdings kann man zu geistigen Höhen kommen, die man sich anfangs noch nicht einmal vorstellen kann.

Mein Lama (ich nenne ihn mal „Die Fahne flattert im Wind" und kürze seinen Namen mit FIW ab) wurde für mich immer mehr zum Vertrauten (jedenfalls war das von meiner Seite her so). Endlich konnte ich mal offen über meine spirituellen Wahrnehmungen, Erfahrungen und Phantasien sprechen. Für ihn schien das offenbar nichts Ungewöhnliches zu sein. Ich erzählte ihm von Vorleben, die ich gelebt zu haben glaubte, auch dass ich meinte, einmal Milarepa gewesen zu sein und dass ich mich so sehr schäme, in dem besagten Leben so viele Menschen ermordet zu haben usw.

Gleich in einer unserer ersten gemeinsamen Gespräche hatte ich auf einmal das Gefühl, mich vom Stuhl zu erheben. Das störte mich damals ungemein, denn ich wollte mich ganz auf das Gespräch konzentrieren. Der Lama hatte ja nicht unbegrenzt Zeit für mich. Also klammerte ich mich mit all meinen Kräften am Stuhl fest, bis der Aufwärtstrend aufhörte. Später, als ich hörte, dass Milarepa viel durch die Luft geflogen sein sollte, wäre ich gerne einmal auch geflogen. Aber dieser Flugimpuls kam nie wieder. Ich fragte mich manchmal, was geschehen wäre, wenn ich den Aufschwung damals zugelassen hätte. Vielleicht wäre ich gar nicht geflogen, sondern sitzen geblieben. Das lässt sich nun leider nicht mehr feststellen.

Manchmal zweifelte ich auch an meiner Erinnerung. Ich sagte z.B., dass ich, wenn ich darüber nachdächte, wo Milarepa gelebt haben könnte, immer Nepal und Tibet als innere Antwort bekäme. Aber das könnte doch wohl nicht sein. Meine Geografie-Kenntnisse waren dürftig und ich hatte zuvor lediglich nur einen kleinen Beitrag über Milarepa in dem ersten gekauften Buch über den Karmapa gelesen. „Doch, das kann sein", antwortete der Lama.

Er gab mir einfache Meditationsübungen, weil ich gerne spirituell vorankommen wollte und ich lernte recht schnell, hatte eigene Weiterentwicklungsideen dieser Meditationen, probierte auch diese aus, und wenn ich dann einen Monat später wieder beim Lama war, erzählte ich ihm das alles und er gab mir die nächste Übung. So kam ich zügig voran, saugte Lama FIW geradezu aus, wollte mehr und mehr, bis ich das Gefühl hatte, dass mir die Unterweisungen des Lamas nicht mehr ausreichten. Trotzdem ging ich weiterhin etwa einmal im Monat zu ihm. Ich hatte sonst niemanden, mit dem ich über meine spirituellen Erfahrungen sprechen konnte.

Manchmal prüfte er mich unvermittelt. Irgendwie wusste ich in dem Moment, dass er mich prüfte und ich freute mich darüber, weil ich daran erkannte, dass er ernsthaft über das von mir Gesagte nachgedacht hatte. Ich schien diese Prüfungen immer bestanden zu haben. Manchmal schenkte er mir danach irgendetwas. Einmal gab er mir eine sehr kostbare kleine Statue eines Karmapas.

Ich war weiterhin sehr krank und schwach, aber die Begegnungen mit dem Lama und dem Dharma gaben mir Kraft. Ich begann ein buddhistisches Fernstudium bei den Gelugpas, verschlang alles, was ich irgendwie bekommen konnte. Die mitgelieferten Skripte las ich meistens nicht, hörte aber die Kassetten so lange, bis ich glaubte, sie verstanden zu haben. Fast jeden Tag beschäftigte ich mich nun auf diese Weise meist viele Stunden lang mit dem Dharma.

Der Buddhismus war für mich etwas gänzlich Neues. So etwas hatte ich letztlich noch nie gehört (abgesehen von der kurzen Belehrung von Stephan vor ca. 30 Jahren und dem einen Vortrag des Dalai Lamas). Das Denken war so anders als das mir bisher Vertraute. Und doch kannte ich das Meiste irgendwie. Es erschien mir plausibel, logisch, natürlich. Ja, genauso war es offenbar richtig.

Während der Belehrungen insbesondere durch die Kassetten tauchte ich in eine andere geistige Sprache ein, in eine andere Welt. Ich schlich kraftlos durch mein Haus mit Kopfhörern auf dem Kopf. Ich machte so meine Hausarbeit, ruhte mich so aus. Fast immer waren die Kopfhörer dabei. Mein grauer, oft trüber Alltag wurde langsam heller. Meine depressive Grundgestimmtheit verschwand. Was blieb, war die körperliche Krankheit, auch wenn sie sich über die Jahre grundsätzlich ein klein wenig besserte. Aber immer wieder gab es Rückschläge, Neuerkrankungen, Unfälle, es hörte einfach nicht auf. Und langsam begriff ich, dass ich ja trotzdem noch lebte, Tag für Tag, Woche, für Woche, Monat für Monat.

In meinen dunkelsten Tagen hatte ich gedacht, dass ich wohl höchstens noch einige Wochen leben würde, wenn überhaupt. Zukunftspläne erübrigten sich auf diese Weise. Aber nun begann ich langsam wieder mit Gedanken, wie ich denn wohl, falls ich noch weiter existieren könnte, mein Leben gestalten würde. Es war klar, ohne den Dharma würde ich nicht mehr auskommen wollen.

Je mehr ich begriff, wie kostbar der Dharma für mich war, desto mehr wollte ich darüber lernen und möglichst auch noch durch Meditationen verwirklichen, bevor ich starb. Es gab so viel, was ich noch nicht wusste, noch nicht gelesen, gehört, kontempliert und meditiert hatte. Ich lief vor dem Tod davon mit Kopfhörern auf dem Kopf und Büchern auf dem Klo (mein Darm war chronisch krank und ich verbrachte täglich viele Stunden an jenem Ort). Sobald ich eine meiner häufigen Sitzungen auf dem Klo wahrnahm, setzte ich meistens die Kopfhörer ab und las aus einem der vor Ort positionierten Dharma-Bücher.

Mein Zimmer verwandelte sich langsam in einen Schreinraum mit insbesondere Bildern vom Karmapa und vom Dalai Lama. Auch einen Thangka (Rollbild von Meditationsgottheiten) und ein Foto von einem Thangka hängte ich an die Wände.

Ich hatte dem Lama immer so viel zu erzählen, die Worte sprudelten nur so aus mir heraus. Die Stunde, die ich mit ihm hatte, erschien mir so unendlich kurz. Ich glaubte zu wissen (woher auch immer), dass der Lama mit seinem Lehrer, der sehr selten nach Deutschland kam, auch über mich redete. Ich glaubte zu wissen, dass der Lama Khenpo Tsültrim Gyamtso Rinpoche (Ich kürze das mal mit KTG ab) einen innerhalb der Kagyü-Linie sehr angesehenen und hoch verwirklichten Meister, darüber befragte, was er mit mir anfangen sollte und ich glaubte zu wissen (woher auch immer), dass der Meister zu ihm gesagt hatte, er solle abwarten. Die Wahrheit würde sich schon zeigen. Aber der Lama und ich sprachen nie darüber. Vielleicht war es so, vielleicht auch nicht.

Als nun meine Dharma-Begeisterung gar nicht mehr nachlassen wollte und der Lehrer von Lama FIW wieder einmal in der Nähe war, hatte ich das Gefühl, dass es nun offenbar anlag, dass der Meister mich einmal kennenlernen sollte, um mich einzuschätzen. Ich bekam also einen Gesprächstermin bei dem Rinpoche und der Lama übersetzte.

Bisher hatte ich mit dem Lama überwiegend spirituell herumgeplappert. Jetzt aber wusste ich, dass ich mit einem Meister zusammenkam, der in ganz anderen Dimensionen weilte. Also ergriff ich meine Chance, um mit ihm über die Leerheit zu sprechen, mit der ich mich gerade ein wenig beschäftigt hatte, und um meine Sicht dazu vorzustellen. Lama FIW übersetzte, aber er war so geschockt über das, was ich sagte, weil er mich noch nie so erlebt hatte. Nach dem Gespräch verließen FIW und ich gemeinsam das Zimmer und der Lama war zum ersten Mal sprachlos, als er versuchte das Gespräch mit dem Meister in meiner Anwesenheit zu kommentieren. Er hatte auf einmal einen solchen Respekt vor mir, wie er es bis dahin noch nie gezeigt hatte. Aber nicht lange danach gingen wir bei unseren gemeinsamen Gesprächen wieder in das vorherige Dharma-Geplapper über und wir sprachen auch nicht weiter über diese Begegnung mit seinem Lehrer.

Erkenntnis
verzaubert
den Augenblick.

Tausend
unterschiedliche
Glassteinchen
in einem Kaleidoskop,

von einer zufälligen
Bewegung
gemischt,

lassen mich
die Natur meines Geistes
schauen.

Doch dann,
durch eine unmerkliche
Bewegung

erschüttert,

sehe ich
wieder
nur
zerbrochenes
Glas.

Als meine hochbetagte Mutter einige Monate vor ihrem Tod einen ersten Schlaganfall erlitt, der einen Aufenthalt in einer neurologischen Station erforderlich machte, wies mich der sie behandelnde Neurologe auch noch auf ihre psychische Gestörtheit hin. „So etwas habe ich noch in keinem Lehrbuch gefunden", meinte er nur. Ich war ja inzwischen auch Psychotherapeutin geworden und konnte ihm nur zustimmen. Ja, was hatte meine Mutter denn nur? Welche tiefergehende Störung auch immer der Grund für ihr Verhalten war: Auf jeden Fall gehörte zu ihrem Spektrum, dass sie es nicht ertragen konnte, auch nur einen Moment nicht im Mittelpunkt zu stehen. Meisterhaft schaffte sie es mit einem Lachen an falscher Stelle oder einem unsinnigen verbalen Einwurf ihre jeweilige Umgebung zu verwirren und aus dem Konzept zu bringen, weshalb sich dann natürlich alle fragenden Augen auf sie richteten und sie wieder einmal die Aufmerksamkeit auf sich gezogen hatte.

Auch konnte sie langanhaltend darüber diskutieren (mit vielen Verzögerungspausen und scheinbarer zwischenzeitlicher Beruhigung), ob es nun besser sei, ein bestimmtes Fenster leicht zu öffnen oder lieber geschlossen zu halten. Mitten im angeregten Gespräch der sie umgebenden Menschen begann sie damit, in leicht klagendem Ton und ohne unmittelbar auf den Punkt zu kommen, die Fenster-Frage zu stellen, woraufhin meist irgendjemand, der Interesse daran hatte, das begonnene Gespräch fortzusetzen oder ihm einfach nur weiter zuzuhören, aufsprang, um ihren mehr hypothetisch vorgetragenen Vorschlag in die Tat umzusetzen. Oft war ich diejenige.

Aber kaum war das Gespräch wieder in den Fluss gekommen, begann meine Mutter erneut mit der Fenster-Frage, diesmal mit umgekehrten

Schlussfolgerungen. Das konnte endlos so weitergehen. Sie gab einfach keine Ruhe. Und wenn sich dann doch der Gesprächsfaden als stärker erwies, setzte sie sich insbesondere bei Familientreffen gerne ans Klavier und spielte fortissimo. Da musste man dann meistens endlich mit der Unterhaltung aufhören, auch deshalb, weil man sich kaum noch verständigen konnte.

Wenn ich als intelligentes kleines Kind irgendetwas sagte oder tat, was Anerkennung bei anderen erzeugen konnte, sagte meine Mutter gleich nach diesem Ereignis meistens: „Von wem hat sie das?" Und gleich wurde klar, dass nur sie für das Lob infrage kommen konnte.

Ich hatte also von Anfang meines Lebens an fast keine Chance mit der Befriedigung meiner eigenen Bedürfnissen nach Anerkennung und Liebe in Kontakt zu kommen und war außerdem auch viel zu viel auf mich allein gestellt. Immer wieder einmal hatte ich deshalb wohl im Laufe meines Lebens schwerste Angstzustände, verbunden mit einem sich unterschwellig entwickelnden Hass auf meine Mutter, den ich durch viele gute Taten an ihr zu kompensieren suchte. Nur wenn ich krank war, erhielt ich kurz (aber wirklich nur sehr kurz) einen anerkennenden Blick meiner Mutter, die auch auf diesem Aktionsfeld viel meisterhafter agieren konnte als ich und so natürlich auch da wieder die zu erreichenden Mitleidspunkte einsammelte.

Die psychischen Störungen, die sich für mich in Resonanz insbesondere zu meiner Mutter und meinem mich meist ausgrenzenden, aber grundsätzlich liebevollen Vater ergaben, waren schwerwiegend. Und Geschwister hatte ich keine. Ich war also in meiner Kindheit psychisch meist auf der Verliererseite. Mein Leben hätte leicht den Bach hinabfließen können.

Aber es gab noch eine andere tiefere Ebene meiner Existenz und die war noch viel schwerwiegender: Ich steckte in einer großen spirituellen Krise, offenbar schon über viele Leben hinweg. Selbst die Zeit und der Tod in einem Konzentrationslager, woran ich mich langsam immer mehr zu erinnern glaubte, wirkte nicht so stark nach wie dieses geistige Chaos.

Und als ich in diesem Leben endlich wieder zum Dharma gefunden hatte, begann ich offenbar damit, diese tiefste Ebene meiner Existenz zu ordnen, zu klären und zu reinigen. Und langsam fielen fast nebenbei auch die schweren psychischen Störungen von mir ab, mein ganzes nicht enden wollendes Kindheitstrauma und seine Folgen verheilten ohne Narben. Ich wurde immer mehr ein zufriedener Mensch, gestärkt durch die gelehrte Lehre sowie die Erfahrungen in meinen Kontemplationen und Meditationen.

In meinem alten Text schreibe ich dazu noch folgendes:

„In vielen langen Jahren dieses Lebens war ich sehr damit beschäftigt gewesen, mein inneres Chaos zu bewältigen. Dabei setzte ich mich auch gedanklich immer wieder mit anderen Menschen auseinander, die negativen Einfluss auf mein Leben gehabt zu haben schienen. Allen voran waren dies meine Eltern, aber auch mein Ehemann gehörte dazu. Erst spät begriff ich, dass nur mein eigenes Karma ihnen die Möglichkeit dazu gab.

Wenn ich daran arbeiten würde, gutes Karma anzusammeln und negatives abzubauen, würde mein Leben langfristig glücklicher werden und ich musste nicht allzu oft mehr versuchen, Menschen und Dinge zu ändern, die mich beeinträchtigten. Diese Schwierigkeiten würden sich im besten Fall von selbst erledigen, sobald mein diesbezügliches Karma sich änderte."

Ein Beispiel kann verdeutlichen, wie wenig erfolgreich es sein kann, gegen ein einmal reif gewordenes Karma an zu arbeiten (hinterher ist man natürlich schlauer, aber andererseits weiß man ja vorher meistens nicht, wie lange dieses Karma anhalten wird): Als junge Frau hatte ich jahrelang stärkste Migräneanfälle, die etwa einmal im Monat auftraten und zwei oder drei Tage lang dauerten. Ich versuchte alles Mögliche, um sie zu lindern, aber es gelang mir nicht. Eines Tages begegnete ich einem Heiler, der meine Migräne in kürzester Zeit für den Rest meines Lebens verschwinden ließ.

Kurz nach dieser Heilung hatte ich einen geringfügigen Autounfall, bei dem aber mein Kopf seitlich gegen die Scheibe geschleudert wurde. Danach hatte ich nicht nur monatelange Dauer-Kopfschmerzen, sondern auch noch Gedächtnisschwierigkeiten. Auch hatte ich mir eine Zeit nachdem die Beschwerden durch den Autounfall verschwunden waren, auf ganz merkwürdige Weise den Kopf gestoßen und dadurch eine kleine Hirnblutung erfahren. Jahrelang hatte ich danach Wortfindungsstörungen und verlor dauerhaft die Fähigkeit, fehlerlos weiterzuschreiben, während ich mich unterhielt. Vielleicht ist das einer der Gründe, dass ich bei meinen nicht enden wollenden gesundheitlichen Problemen mit Behandlungen zurückhaltend wurde. Ich entging meinem Schicksal ja dadurch nicht, sondern es manifestierte sich weiterhin, bloß auf etwas andere Weise. Ein einmal reif gewordenes und noch anhaltendes Karma hat eben seine eigene Dynamik.

Oft glaubt man zunächst, dass man diese Dinge erfährt, weil man *jetzt* gut oder schlecht ist (je nach reif werdendem Karma). Das ist so nicht richtig, denn man sollte lieber denken, dass man gut oder schlecht *war*, denn es ist das Karma der vergangenen Taten, das sich gerade manifestiert. Vielleicht ist man sein ganzes Leben lang ein guter Mensch gewesen, aber man erfährt ein Unglück nach dem anderen. Wo ist da die Gerechtigkeit? Erst, wenn man weiß, dass das Unglück ein Echo aus längst vergangenen Tagen ist, wird man nicht verwirrt und man weiß darüber hinaus, dass die guten Taten der Gegenwart in der Zukunft auch ihren Nachklang finden werden.

Wenn nun negatives Karma reif wird und sich deshalb Menschen plötzlich aktiv gegen einen wenden, so werden diese Menschen natürlich auch die Folgen ihrer Handlungen erfahren müssen. Darauf kann man sie gerne hinweisen und versuchen, sie (auch zornvoll) davon abzuhalten, weitere negative Taten zu begehen. Aber man sollte versuchen, selbst in seiner Wut einen kühlen Kopf zu behalten, damit man nicht unverhofft wieder neues negatives Karma bei dieser Aktion ansammelt.

Insofern ist der Rat der Bibel, auch seine andere Backe hinzuhalten, wenn man geschlagen wird, karmisch gesehen sehr weise. Man lässt sein altes Karma reif werden, ohne sich zu wehren. Wenn man aber in so einem Fall zum Rächer der Enterbten wird und zurückschlägt, dann wird man damit das Karma ansammeln, auch in der Zukunft wieder Gewalt zu erfahren.

Bei Karma, das noch nicht reif geworden ist, kann man noch aktiv etwas dagegen unternehmen, damit es gar nicht erst erfahrbar wird. Man kann z.B. (zumal wenn man weiß, was einen erwarten wird) entsprechende heilsame Handlungen durchführen und ganz unspezifisch kann man spirituelle Reinigungspraktiken anwenden. Wenn das Kind aber erst in den Brunnen gefallen ist, wird die Sache schon schwieriger.

Die menschlichen Wesen sind die intelligenteste, findigste, einfallsreichste Spezies auf Erden.

Wenn wir unsere Intelligenz dafür einsetzen, weiteres Leid zu verursachen, statt anderen und uns selbst irgendeinen wirklichen Nutzen zu bringen, dann sind wir nicht besser als wilde Tiere.

(17. Karmapa Ogyen Trinley Dorje)

Nun regiert unser Leben ja aber oft der innere Schweinehund und man kann sich nicht so ohne weiteres zu guten Taten und spirituellen Reinigungspraktiken aufraffen, selbst wenn man weiß, was man konkret machen sollte. Und meistens erscheint unser Leben ja grundsätzlich aushaltbar zu sein und viele angenehme Seiten zu haben. Wir hoffen vielleicht, dass sich unser Dasein deshalb niemals zum Negativen wenden wird und blenden jegliche Zweifel daran aus.

In der Dharma-Praxis sind deshalb die Menschen begünstigt, die sich der (grundsätzlichen) Leidhaftigkeit ihres Daseins bewusst sind und einfach keine Lust mehr auf so ein Leben haben. Diese Einstellung nennt man Entsagung. Der Begriff hat zumindest im Deutschen so einen leidenden Unterton. Vielleicht liegt es daran, dass es in unseren Breiten früher insbesondere Frauen gab, die ihrem weltlichen Leben unfreiwillig entsagten und ins Kloster gingen, einfach, weil sie sonst nicht versorgt worden wären. Sie taten das meist nicht aus spirituellem Interesse und sie litten wahrscheinlich während ihres ungewünschten Lebens im Kloster.

Im Buddhismus ist Entsagung dagegen etwas sehr Freudvolles. Man hat, um es einmal salopp auszudrücken, einfach die Schnauze voll von all dem andauernden Theater und man sucht nach beständigen besseren Lösungen. Wenn man erst mal seine geistige Trägheit und äußeren Widerstände zumindest teilweise überwunden hat und nun diesen inneren Pfad zum dauerhaften Glück geht, kann das Leben so viel sinnvoller werden und man fragt sich irgendwann vielleicht, wieso man diesen Weg nicht schon viel früher eingeschlagen hat, sofern man denn von ihm gewusst hat. Die ganze Sache kann nämlich viel mehr Zufriedenheit schaffen als alle die vergeblichen vorherigen Versuche, endlich mal ein großes Stück vom Kuchen zu bekommen. Und ganz nebenbei erfährt man darüber hinaus, dass auf jeden ein ganzer Kuchen wartet.

Freude und Elend dieser Welt ,
erklärt er,
sind das Ergebnis unseres eigenen Karmas,
und er zeigt uns die Wege,
es zu reinigen.

(17. Karmapa Ogyen Trinley Dorje.
Mit „er" ist Buddha Shakyamuni gemeint)

Mir war also langsam klargeworden, dass mein Karma (das gute wie das schlechte) mir wie ein Schatten meiner vergangenen Taten auch durch alle zukünftigen Existenzen folgen würde. Je eher ich es verbesserte, je eher ich das Negative vorbeugend reinigte, (auch wenn ich mir meist nicht mal ansatzweise vorstellen konnte, welchen Unsinn ich überhaupt schon gemacht hatte) desto früher würde ich dauerhaft glücklich leben können. Wer wusste denn, wann ich in zukünftigen Leben je wieder das Wissen und die Möglichkeiten haben würde, mein altes negatives Karma bewusst abzubauen und neues positives Karma anzusammeln? Jeder Moment meines Lebens, der mir ermöglichte daran zu arbeiten, war unendlich kostbar.

Wenn ich in meinen diesbezüglichen Bemühungen nachzulassen drohte, brauchte ich nur daran zu denken, dass ich wohl bald sterben würde, wofür ja einiges sprach. Und sofort fiel es mir wieder sehr viel leichter, bei meiner Dharma-Praxis zu bleiben. Aber nicht nur ich würde sterben. Uns allen lief die Zeit davon.

Später dachte ich in diesem Zusammenhang manchmal auch an eine Geschichte, die sich vor einiger Zeit ereignet hatte:

„Zu einem Lama kam einmal ein Mann und teilte ihm folgendes mit: „Verehrter Meister, ich habe gerade von meinem Arzt erfahren, dass ich nicht mehr lange leben werde. Bitte helfen sie mir!" Als der Lama das hörte, brach er in Gegenwart des Mannes in schallendes Gelächter aus und konnte gar nicht wieder aufhören. Der Mann war zunächst irritiert, dann empört, aber schließlich war das Gelächter des Lamas so ansteckend, dass der Mann ebenfalls einstimmte und so lachten die beiden eine lange Zeit. Anschließend ging der Mann nach Hause. Erst viel später merkte er, dass er wieder gesund geworden war.

Zunächst hatte mich nach dem Hören dieser Geschichte beeindruckt, dass der Mann wieder gesund geworden war und dass der Lama offenbar über besondere Heilkräfte verfügte. Ich wollte unbedingt den Namen des Lamas wissen, denn man weiß ja nie, wozu man den noch einmal gebrauchen konnte (leider erfuhr ich ihn nicht). Vielleicht war das Lachen aber auch nur eine besondere Methode gewesen, die dazu geführt hatte, dass im Anderen Heilkräfte mobilisiert wurden, etwa nach dem Motto „Lachen macht gesund".

Erst viel später begann ich zu verstehen, dass die Aussage des Mannes für den Lama wirklich unendlich komisch gewesen sein musste, denn auch ich hätte mich inzwischen über diese Worte ausschütten können vor Lachen. Waren wir nicht alle in der gleichen Situation wie der Mann? Wer von uns wusste denn, wie lange er noch leben würde? Vielleicht starb sogar der Lama noch lange vor dem Mann. Niemand hatte bis jetzt sein Leben als Mensch unendlich verlängern können. Alle Menschen der Vergangenheit waren gestorben. Das Einzige, was in unserem Leben als einhundert Prozent sicher galt, war der Tod.

Wir machten Pläne, versuchten unser Leben auf allerlei Weise zu verbessern, zahlten u.U. viel Geld, um bei Unglücksfällen, Krankheit und sonstigen Unannehmlichkeiten abgesichert zu sein, aber der Tod war uns trotzdem sicher. An ihm kamen wir nicht vorbei. Dies würden wir spätestens in unserem Todesmoment erkennen. Ich glaube, es war Albert

Einstein, der einmal gesagt haben soll: „Alle Menschen sind sterblich. Vielleicht auch ich."

Der Mann, der zum Lama gekommen war, hatte dem nichts Neues erzählt. Unsere Lebenszeit, auch wenn sie hundert Jahre oder mehr währte, war im Vergleich zum unendlichen Kreislauf unserer Existenzen erschreckend kurz und es schadete nicht, sich dies mit allem Ernst möglichst oft bewusst zu machen, um die Chancen dieses Lebens zu ergreifen und zu versuchen, die Weichen für eine bessere Zukunft zu stellen.

Es gab und gibt hochverwirklichte buddhistische Meister, die täglich so meditieren, als sei dieser Tag der letzte in ihrem Leben. Manche stellen sogar abends ihre Teetasse verkehrt herum hin, weil sie damit ausdrücken wollen, dass sie nicht sicher sind, ob sie am nächsten Morgen noch dazu in der Lage sein werden, aus dieser Tasse mit diesem jetzigen Körper zu trinken. Shantideva, ein großer buddhistischer Gelehrter, sprach einmal davon, dass alle Menschen eigentlich „lebende Leichname" seien, was wohl meint, dass wir schon vom Moment unserer Entstehung an den Tod sicher im Gepäck mit uns umhertragen.

Der Mann, dem der Arzt die schlechte Nachricht unterbreitet hatte, hatte darüber offenbar noch nicht nachgedacht, ging vielleicht sogar davon aus, der einzige Mensch mit einem derart schlechten Schicksal zu sein. Der Lama lachte natürlich, als der Mann ihm die Aussage seines Arztes mit großem Ernst unterbreitete. Aber er wird vermutlich auch verstanden haben, wie sehr eine solche Erkenntnis schmerzen kann, wenn man sie zum ersten Mal bewusst spürt. Dem Lama war es sicher irgendwann ähnlich ergangen. Vielleicht hatte ihn gerade diese Erkenntnis bewogen, seine Zeit nicht mehr nutzlos zu vergeuden, sondern sich gezielt mit Meditationen auf den Tod und die darauf folgende Zeit vorzubereiten, solange er es noch konnte.

Er wird wahrscheinlich großes Mitgefühl mit dem Mann gehabt haben, denn er wusste selbst nur zu gut, wovon der sprach. Vielleicht hätte er auch sagen können: "Willkommen im Club!", aber der Mann verstand offenbar das Lachen letztlich viel besser. Und so wurde ihm möglich, sich ein wenig von seiner egoistischen Sicht der Dinge zu lösen, die Anhaftung an sein Leben ein wenig aufzugeben und sein Leid ein wenig distanzierter zu betrachten.

Die Körpersäfte werden mit so einer Geisteshaltung sicherlich besser geflossen sein und vielleicht reichte das aus, um das Leben des Mannes zu verlängern. Es ist wohl nicht immer so einfach wie in jenem Fall. Manchmal ist eben unsere Lebenszeit in diesem Körper trotz größten und aufrichtigsten Bemühens nicht verlängerbar. Unser Karma als dieser bestimmte Mensch ist verbraucht und niemand kann uns zusätzliche Zeit schenken. Eine neue Existenz kündigt sich an im endlosen Kreislauf der Zeit.

Die ganze Welt ist so vergänglich
wie Wolken am Herbsthimmel.
Geburt und Tod
Sind wie die Bewegungen eines Tänzers.
(Buddha Shakyamuni)

Als ich zum ersten Mal das Wort „Erleuchtung" hörte - es war lange vor meinem Kontakt mit dem Buddhismus - sprach mich dieser Ausdruck irgendwie an, ich hatte aber noch keinerlei Möglichkeit gefunden, dem Gedanken weiter nachzugehen.

In meinen Jahren als Psychologie-Studentin, nachdem meine pseudorevolutionäre Phase vorbei war, saß ich eines Tages in der Mensa am Tisch neben zwei Frauen, die ich vom Sehen her kannte, denn sie studierten ebenfalls Psychologie. Sie sprachen in Andeutungen und geheimnisvoll. Offensichtlich sollte nicht jeder mitbekommen, um was es ging, aber gleichzeitig hatte ich das Gefühl, dass sie auch ein bisschen mit ihrem spirituellen Wissen prahlen wollten.

Das Wort „Bhagavadgita" (eine hinduistische Schrift) fiel, was mir irgendwie bekannt vorkam, das ich aber nicht einordnen konnte. Nachdem das Gespräch zwischen meinen Kommilitoninnen zu verebben schien, fragte ich sie nach der Bhagavadgita und ob sie eine Beziehung dazu hätten und wenn ja, welche. Ich dachte, dass sie mir vielleicht auch etwas über Meditation erzählen könnten, was mich sehr angesprochen hätte, aber die Frauen wichen meinem Gespräch fast pikiert aus und ließen mich mit meinen Fragen auflaufen.

Ich war wirklich auf der Suche und interessiert gewesen, obwohl, wenn ich ehrlich bin, mir ihr merkwürdig arrogantes Verhalten von Anfang an nicht gefallen hatte. Offensichtlich mochten die Frauen mich nicht und auch ich fand ihr Verhalten nicht besonders nett. Aber ich wollte mich nicht lange mit derlei Belanglosigkeiten aufhalten, denn in diesem Fall ging es um transpersonelle Dinge, inneres Lernen usw.. Da wäre es doch unsinnig gewesen, sich mit solchen Oberflächlichkeiten wie Sympathie und Antipathie zu beschäftigen.

Meine Gegenüber sahen meine innere Not nicht, sondern behielten ihr Wissen für sich, was mich sehr traurig machte, denn ich wusste nicht, wen ich sonst hätte fragen können. Auch später traf ich einmal eine Frau, die in einem Gespräch (in einer Gruppe, zu der ich gehörte) andeutete, dass sie meditierte und wohl schon einige besondere Erfahrungen auf diesem Gebiet gemacht hätte. Wieder hakte ich nach und auch sie wich mir aus. Es schien offenbar so, als sei dies nicht für die Öffentlichkeit bestimmt gewesen, obwohl sie doch gerade darüber in einer Gruppe von Leuten gesprochen hatte. Ich hätte überhaupt nichts dagegen gehabt, diese Unterhaltung in einem kleineren Rahmen fortzusetzen, doch trotz meines Bemühens ließ die Frau es nicht dazu kommen.

Irgendwann fand ich in einer spirituellen Buchhandlung ein Buch über Erleuchtung, geschrieben von jemandem (ich glaube es war ein Amerikaner), der diesen Zustand offenbar erreicht hatte. Im Vorwort wurden einige Lobeshymnen über ihn gesungen von Personen, die ihn offenbar kannten und schätzen. Dann kam der Erleuchtete selbst zu Wort. Ich war etwas skeptisch, wegen der Vorworte, versuchte dann aber die Zweifel loszulassen und stellte mich in einer Art innerer Versenkung auf den kurzen Text ein. Nachdem ich fertig gelesen hatte, erschien mir die Erleuchtung als etwas total Banales und ich konnte nicht sagen, inwieweit es sich überhaupt von meiner damaligen Geisteshaltung unterschied. Es schien fast sinnlos zu sein, sich weiter damit zu beschäftigen.

Als ich mit einer Freundin, die selbst sehr spirituell interessiert war, später einmal über die Erleuchtung sprach, sagte sie, dass einige behaupten würden, wir seien alle bereits erleuchtet. Woraufhin mir fast der Kragen platzte und ich ihr sagte: „Ja, dann leuchte doch mal!"

Es schien sehr schwierig zu sein, konkrete Informationen und Meditationsanweisungen bezüglich der Erleuchtung zu bekommen. Stattdessen umgaben sich manche Personen mit einer Art mystischen Schleiers, den man doch bitte nicht näher untersuchen durfte. Andererseits gab es offenbar auch - wie in dem besagten Buch -, die Tendenz, alles zu banalisieren, was mir auch nicht weiterhalf. Sehr beliebt schienen auch die Fotos von ewig lächelnden Meisterinnen und Meistern zu sein. Sie befanden sich offenbar fortwährend in einer Art Glückstaumel und schienen anderen suggerieren zu wollen, dass sie nicht nur für sich selbst, sondern auch für andere die Methode von dauerhaftem Glück gefunden hatten. Man musste nur ihre wolkige Methode anwenden und/oder sich ihnen unterwerfen und dann würde die Sache mit dem dauerhaften Glück schon klargehen.

Einmal sah ich im Fernsehen einen Bericht über einen Mann - wohl auch Amerikaner -, der offenbar ebenfalls erleuchtet war. Er sah glücklich aus, während er durch die Straßen seiner Stadt lief und konnte über fast alles lachen, was er beobachtete. Obwohl es ganz beeindruckend für mich war, diesen gutgelaunten Menschen auf seinen Wegen durch die Großstadt während des Films zu begleiten, war ich tief im Herzen unsicher, ob die Erleuchtung wirklich so aussehen würde.

Ging es denn wirklich nur um das höchste persönliche Glück und darum, allen anderen zu zeigen: schaut her, ich hab`s gefunden! Ich bin wirklich glücklich! Meine Methode funktioniert!??? Man musste offenbar an die Person und/oder die Methode glauben und dann konnte es losgehen und wenn man sich ein wenig anstrengte, war man bald am Ziel. Viele Jahre später hörte ich einen hochverwirklichten Rinpoche - er hatte in diesem Leben über sechzig Jahre lang täglich in mehreren Sitzungen meditiert - folgende Geschichte erzählen:

„Ein Mann - wohl aus Skandinavien - hätte ihm einmal einen Brief mit sinngemäß folgendem Inhalt geschrieben: „ Ich habe gehört, dass man mit den im tibetischen Buddhismus gelehrten Methoden die Erleuchtung erlangen kann. Auch ich möchte gerne erleuchtet sein. Nun habe ich demnächst zwei Wochen Urlaub und würde diesbezüglich gerne zu Ihnen kommen. Glauben Sie, dass diese Zeit ausreicht? Falls nicht, teilen Sie es mir bitte mit. Ich werde dann meinen Chef fragen, ob ich vielleicht ein wenig länger Urlaub bekommen kann."

Der Sekretär des Lamas hätte daraufhin zu seinem Meister gesagt, dass der Mann offenbar verrückt sei und dass es keinen Sinn machte, ihm zurückzuschreiben. Aber der Rinpoche bestand darauf, ihm zu antworten. Sein Brief hatte sinngemäß folgenden Inhalt:

„Sehr geehrter Herr ...! Es ist richtig, dass im tibetischen Buddhismus der Weg zur Erleuchtung gelehrt wird. Wie lange es dauern wird, bis Sie erleuchtet sind, ist allerdings schwer vorherzusagen. Manchmal dauert es nur einen Tag, manchmal drei Tage, manchmal ein paar Wochen, manchmal ein paar Jahre. Manchmal dauert es ein ganzes Leben lang, manchmal auch viele Leben.

Mit freundlichen Grüßen."

Die Worte des Lamas taten mir gut. Ich wollte keine spirituelle Spielwiese, wo jeder sich einmal den Hut der Weisheit aufsetzen würde, ohne auch nur andeutungsweise zu wissen, worum es ging. Auch wollte ich keine „Instant-Erleuchtung". Es war sicherlich eine Ochsentour, die ich vor mir hatte, ein tiefgehender Wandlungsprozess auf vielen Ebenen. Und mein Ego, und sei es auch noch so subtil, würde ich unter Schmerzen opfern müssen, damit das mir innewohnende Licht endlich ungehindert scheinen konnte.

Gedanken
kommen
zur
Ruhe.

Ich spüre
mein Herz.

An meinem Haus
ist ein Garten:
welche Früchte

wird der Herbstwind
von den Bäumen
wehen?

In dem von Maitreya verfassten Text „Mahayana-Uttara-Tantra-Shastra" gibt es eine detaillierte Auflistung der Qualitäten eines voll erleuchteten Buddhas. Dem absoluten Kaya (Körper) und dem darauf basierenden relativen Kaya werden jeweils bestimmte Qualitäten zugeschrieben. Ich will hier nur einige Beispiele nennen. Sie zeigen, dass Erleuchtung ganz präzise benannt werden kann und keineswegs salbungsvoll und wolkig beschrieben werden muss.

Bei der dort erwähnten „Macht des Wissens" geht es z.B. nicht um weltliche Ziele, wie: Wann treffe ich einen neuen Lebenspartner? Wie werden sich meine Finanzen weiterentwickeln? usw. Stattdessen geht es insbesondere um zu erreichendes Wissen, das einem ermöglichen kann, anderen Wesen dabei helfen zu können, sich von Samsara, dem Daseinskreislauf, zu befreien. Man selbst ist ja dann schon befreit.

Was macht nun ein befreites, ja in diesem Fall sogar schon voll erleuchtetes Wesen? Es hilft ganz selbstverständlich und dann auch irgendwann vollkommen mühelos anderen, und zwar genau dort und in der Form, wie es für die noch verwirrten, weil noch nicht befreiten, Wesen bezüglich ihrer spirituellen Weiterentwicklung hilfreich ist.

Manchmal tun die Erleuchteten das in menschlicher Form, manchmal auch in anderen Formen, z.B. als Tiere, denn sie haben irgendwann die Fähigkeit, jede gewünschte Erscheinungsform anzunehmen. Auch treten sie in einer menschlichen Existenz nicht unbedingt als buddhistische Lehrer auf, sondern auch als Angehörige anderer Religionen, vielleicht sogar auch als Wesen, die gar keine Religion haben oder diese vielleicht sogar offiziell ablehnen (in Wirklichkeit aber genau dadurch Hilfe geben können).

Die Menschen müssen nicht Angehörige einer hohen Gesellschaftsschicht sein, können dies aber auch gerne. Sie können reich oder arm sein, allein leben oder in einer Familie.

Voll erleuchtete Buddhas haben z.B. das Wissen,
- *von Wertvollem und Wertlosem bezüglich der Befreiung der Wesen*
- *von dem, was aus allen Handlungen karmisch folgt,*
- *von Fähigkeiten, Anlagen und Wünschen der Wesen,*
- *vom Weg, der zum vollständigen Ziel führt,*
- *von befleckter und unbefleckter Meditation.*

Außerdem sehen Buddhas ungehindert in die Vergangenheit, Gegenwart und Zukunft.

Man kann also deshalb niemals wissen (es sei denn, man ist selbst ein voll erleuchteter Buddha), ob z.B. das Tier (es kann auch ein Insekt sein) oder der Mensch, dem man begegnet, eine Manifestation eines Buddhas sein kann oder nicht, und ob seine Handlung, egal wie sie äußerlich erscheint, nicht gerade dazu dienen soll, dem anderen zu helfen. Entscheidend ist dabei die Motivation, nicht der äußere Anschein.

Ein voll erleuchteter Buddha wird kein negatives Karma mehr ansammeln, weil er während seiner Handlungen meditativ in der erleuchteten Schau der Leerheit verweilt. Was das genau ist, darauf gehe ich später noch einmal genauer ein. Zunächst möchte ich dazu das Folgende sagen: Diese Leerheit ist kein

Nichts, wie manche meinen, diese Sicht zerstört auch nichts. Sondern sie ist eine meditative Schau, die weit jenseits des normalen Alltagsbewusstseins liegt. Die erleuchtete Sicht der Leerheit ist begleitet, ja geradezu identisch mit einem für die meisten Wesen noch nicht einmal vorstellbaren Mitgefühl mit dem Leiden der noch im geistigen Zustand des Samsaras befindlichen Wesen. Aus dem unbegrenzten amorphen Potential dieser Energie können in jedem Moment Erscheinungen und Manifestationen zum Wohle der Wesen entstehen.

Hilfe können die Buddhas nicht nur dadurch geben, dass sie äußerlich liebevoll erscheinen und agieren. Es kann durchaus möglich sein, dass sie zornvoll auftreten, z.B. dadurch, dass sie verhindern, dass Wesen weiterhin karmisch unheilsam handeln.

Jemand der noch nicht so weit ist, der aber den Buddhas nachstrebt (man nennt sie dann Erleuchtungswesen oder Bodhisattwas), sammelt noch Karma an, denn er weilt meditativ noch nicht in der erleuchteten Schau der Leerheit, schon gar nicht ununterbrochen. Deshalb sollte so jemand, selbst wenn er die Motivation hat, zum höchsten Wohl aller Lebewesen zu handeln, sehr gründlich abwägen, ob er überhaupt karmisch unheilsame Handlungen durchführt oder nicht. Denn, da er noch Karma ansammelt, wird sein Karma auch irgendwann reif werden, obwohl er doch schon ein Bodhisattwa ist. Das ist gewiss.

Die Erleuchtung ist also nicht das Ergebnis des Trips eines Super-Egos, das vielleicht auch noch große magische Fähigkeiten hat und dadurch zum universellen Herrscher wird. Dies wäre nur die dämonische Variante eines verwirrten Geistes, egal wie es äußerlich erscheint.

Ein voll erleuchteter Buddha dagegen ist allwissend und mit größten Fähigkeiten ausgestattet. Aber er nutzt das alles nur zum höchsten Wohl aller Lebewesen und würde, um ein einziges Wesen zur Befreiung zu bringen, selbst unbegrenzte Zeiten in Höllenexistenzen auf sich nehmen, wenn es hilfreich sein könnte.

Wenn man sich nun vorstellt, dass der kleine eklige Käfer vor uns vielleicht gerade eine Manifestation eines solchen Wesens sein könnte (wir können das ja nicht wahrnehmen, so lange wir noch nicht voll erleuchtet sind): Wären wir da nicht gut beraten, ihn einfach nur aus unserer Umgebung wegzutragen, wenn er uns nicht gefällt, anstatt ihn zu töten?

Ich stolperte durch meine neue spirituelle Schule, den Dharma, war mal bei den Schulanfängern zu Besuch, sah am nächsten Tag mal kurz bei der Abiturklasse vorbei und war dann plötzlich wieder bei den mittleren Jahrgängen anzutreffen. Wenn ich in der jeweiligen Klasse war, lernte ich alles neu, aber gleichzeitig erinnerte ich mich auch daran, den Stoff schon mal gehört zu haben. Nur wusste ich selten im Voraus, wie der Unterricht weitergehen würde.

Manchmal machte mich diese Situation traurig, denn ich spürte, dass ich das Meiste vor langer Zeit schon einmal gelernt hatte, obwohl ich jetzt ohne Lehrer, ohne das Studium der Schriften, ohne Meditationen eben fast nichts mehr wusste. Meine Situation war vielleicht vergleichbar mit der eines Pianisten, der bei einem Unfall sein Gedächtnis verloren hat. Er weiß nicht mal mehr seinen Namen, ganz zu schweigen von anderen Dingen. Aber eines Tages sieht er zufällig ein Klavier. Er kann das Instrument nicht zuordnen, aber irgendwie zieht es ihn magisch an. Er öffnet den Klavier-Deckel und drückt auf ein, zwei Tasten. Die Töne berühren ihn seltsam und er beschließt, Klavierunterricht zu nehmen.

Nun beginnt er also mühsam zu lernen, die Tasten den Noten zuzuordnen, die Bewegung der Finger und das Denken in Übereinstimmung zu bringen und was er spielen kann, ist nicht allzu gut. Aber wenn er andere Pianisten spielen hört, kann dieser Mensch vielleicht sehr schnell sagen, wo das Problem des Künstlers liegt, so, als würde er von Fachmann zu Fachmann sprechen. Wenn nun der andere, vielleicht beeindruckt durch die sachkundige Kritik, den Mann auffordern würde, nur mal eben eine kleine leichte Passage zu spielen, um vielleicht zu demonstrieren, wie es besser gemacht werden könnte, wäre dies dem ehemaligen Pianisten gar nicht möglich. Manchmal, in Träumen z.B., sähe und hörte er sich selbst wunderschöne Stücke spielen, wenn er sich dann aber am nächsten Tag vor das Klavier setzte, würde er nur Anfänger-Geklimper zustande bringen.

Jedoch weil er für das Klavierspielen hochmotiviert wäre, würde er täglich viele Stunden lang üben, und deshalb würde er relativ schnell dazulernen. Sein Lehrer wäre möglicherweise sehr beeindruckt, manchmal sogar begeistert von den Fortschritten seines Schülers, denn er würde die Leistungen des Mannes mit denen von anderen Nullanfängern vergleichen. Der ehemalige Pianist dagegen hätte aber in seinem Unbewussten ein Gefühl davon, wie gut seine Spielqualität sein *könnte*, aber noch nicht *ist* und deshalb würde er unzufrieden sein über die immer noch viel zu große Diskrepanz seiner aktuellen Spielweise im Vergleich zu dieser hohen Leistung.

Auch wenn er inzwischen ahnen, ja wissen würde, dass er vor seinem Unfall ein Pianist gewesen war und vielleicht sogar die Noten der schon einmal grandios gespielten Stücke sehen würde, bliebe ihm doch jetzt härtestes Üben nicht erspart und es wäre sogar möglich, dass er nie wieder das alte Niveau erreichen könnte.

So ähnlich ging es mir, als ich in diesem Leben zum Buddhismus stieß und mein Ego hatte hart daran zu knacken. Nur meinem Lama sagte ich, dass ich glaubte, schon einmal Milarepa gewesen zu sein, denn hätte ich anderen gegenüber davon gesprochen, die weiter fortgeschritten waren als ich es bis dahin war, hätte meine Geschichte sicher dumm und überheblich geklungen.

Mir blieb nur, mich genauso wie andere anzustrengen. Und ich musste meine alten selbstsicheren Yogi-Muster loslassen. Aber da ich spürte, dass ich schon einmal sehr viel weiter gewesen war als jetzt, hatte ich großes Vertrauen in die Belehrungen und gab nicht auf. Ich lernte fast ununterbrochen.

Zum Lesen der Texte kam ich anfangs kaum, obwohl es Ausnahmen gab. Aber ich besuchte gerne Belehrungen aller möglichen Lamas, sobald ich wieder besser Autofahren konnte. Ich meditierte meist im Liegen, da ich zum längeren Sitzen noch lange Zeit zu kraftlos war und dachte fast dauernd und gerne über die gelernten Inhalte nach, die ich mit meinem Lama besprach. Ich hätte am liebsten noch viel mehr gemacht, aber mein Körper war nicht stark genug und die Verpflichtungen innerhalb der Familie banden meine Kräfte. Ich hatte zwar oft Hilfe, aber trotzdem brauchte meine Familie mich viele Stunden täglich. Ich hatte inzwischen sogar ein Enkelkind, das ich relativ intensiv mitbetreuen musste. Und so war ich unverhofft wieder mitten im Leben angekommen. Es würde also noch eine Weile dauern, bis ich wieder meine alten Noten spielen könnte, wenn das überhaupt möglich wäre."

Mit dem Verstand
alles erfassen
wollen,

warum?

Kann ich denn
mit den Ohren

Farben
sehen?

Doch die Welt ist bunt,
meine Augen
sagen es mir.

Wie viel
verstehe ich
von der Natur
meines Geistes?

Ist nicht der Verstand
nur ein kleiner
Tropfen
im Ozean
der Wahrheit?

<u>Die Geschichte von der Achtsamkeit</u>

Mal angenommen

irgendwo im Universum saßen einst zwei weise Meister in einem Haus und sprachen über Achtsamkeit. Sie waren beide sehr fortgeschritten in ihrer Meditations-Praxis und hatten schon einige außergewöhnliche Verwirklichungen erfahren. Aber sie waren immer noch auf dem Weg und keinesfalls schon am Ziel ihres Strebens angekommen. Manchmal unterhielten sie sich deshalb ein wenig über ihre Meditationen und ihre Schwierigkeiten auf dem sehr langen Pfad zur Erleuchtung.

Der jüngere trug Mönchsroben und war gerade dabei einen sehr speziellen inneren Weg zu betreten. Er war sehr glücklich darüber, dass er schon so weit gekommen war. Und als der ältere, in weißem Baumwolltuch gekleidete Yogi über Achtsamkeit sprach, die eine von den Anfänger-Praktiken war, lächelte der junge Meister ein wenig.

„ Du lächelst, mein Sohn. Ja, ja, ich kann dich sehr gut verstehen. Das habe ich auch mal getan. Aber dann hat mein Lehrer mir eine Geschichte erzählt, die mich wirklich ein bisschen nachdenklich gemacht hat. Und deshalb werde ich sie dir jetzt auch erzählen. Aber bevor ich beginne, werde ich schnell noch einige Früchte und etwas Tee holen. Du wirst sicher ein wenig hungrig und durstig sein, nicht wahr?" Der Mönch war ein bisschen erstaunt, dass ihm der Alte etwas anbot, aber der hatte recht gehabt. Der Bauch des Jüngeren fühlte sich wirklich leer an. Und als der Yogi zurückkahm, aß der junge Meister ein wenig, während der alte zu reden fortfuhr.

„Irgendwo im endlosen Kreis von Geburt und Tod gab es einmal eine hübsche junge Frau, die wegen ihrer schönen äußeren Erscheinung nur „kleine Puppe" oder „Püppchen" genannt wurde. Sie war sehr reich aber nicht allzu intelligent. Doch sie hatte ein gutes Herz und war sehr, sehr geduldig. Alles, was sie tat, machte sie mit einer Ausdauer, die die Leute erstaunte. Wenn sie zum Beispiel ihren Garten bearbeitete, blieb sie stundenlang dabei. Sie kümmerte sich dann nicht darum, wie das Wetter war, sondern sie machte einfach immer weiter. Und so tat sie fast alles.

Eines Tages machte sie Einkäufe und wegen ihrer Geduld gab sie viel Geld aus und trug schließlich viele Pakete auf dem Arm. Sie konnte nicht mehr so gut sehen, wohin sie ging und deshalb stolperte sie schließlich und all die Pakete fielen zu Boden. Während sie nun versuchte aufzuheben, was gerade heruntergefallen war, bemerkte sie einen alten Mann, der auf dem Weg saß und der offenbar der Grund für ihre Probleme gewesen war.

Sie wurde ärgerlich darüber, dass er an diesem Ort war, wo normalerweise niemand sitzen würde. Aber bevor sie ihn anschreien konnte, bemerkte sie, dass er ganz besonders war. In ihrem Land waren die meisten sehr reich und fast alle Leute trugen Kleidung nach der neusten Mode. Aber dieser Mann hatte stattdessen Kleidung an, die sehr einfach aussah und ganz schön alt war. Auch seine Frisur war so ganz anders als die Frisuren, die sie kannte. Der Mann war arm, aber offensichtlich kein Bettler. Und sein Gesicht hatte einen Ausdruck natürlicher Würde.

Seine Augen waren wie die letzte Wirklichkeit jenseits ihres Alltagslebens. Und während sie in diesen tiefen Ozean von Allem und Nichts sah, wurde ihr plötzlich der traumgleiche Zustand bewusst, in dem sie bis jetzt gelebt hatte. Sie war so sehr von dem Fremden fasziniert, dass sie ihre ganze Erziehung vergaß. Sie wollte einfach alles über diesen Mann wissen und auch sofort. „Wer bist du? Woher kommst du? Wo ist deine Familie?", fragte sie plötzlich sehr ungeduldig.

Der Alte schien überhaupt nicht erstaunt über die Art zu sein, mit der sie sprach. Er lächelte nur auf eine sehr traurige Weise. Und dann sagte er zu ihr: „Liebe Dame, ich entschuldige mich dafür, dass ich gerade eben nicht achtsam war. Ich habe mich hier mitten auf den Weg gesetzt und habe nicht bemerkt, dass Sie mit all Ihren Paketen nicht so gut sehen konnten, wohin Sie gingen. Nun, wenn Sie erlauben, würde ich Ihnen gerne helfen Ihre Pakete zu tragen und auf dem Weg, den wir noch gehen werden, bin ich bereit, alle Ihre Fragen zu beantworten."

Püppchen war einverstanden ohne allzu viel darüber nachzudenken. Sie wollte nur hören, was der Mann mitzuteilen hatte. Und der Fremde sagte dann das folgende: „Es tut mir wirklich sehr leid, dass ich vorhin nicht achtsam war. Sie müssen nämlich wissen, dass dieser Mangel an Achtsamkeit schließlich mein ganzes Land zerstört hat. Ich bin jetzt einer der wenigen, die überlebt haben, weit weg von zu Hause, allein, ohne Familie und ohne Freunde.

Meine Leute hatten einst viele mächtige spirituelle Meister, die sogar das Land viele Jahrhunderte lang beherrscht hatten. Wir hatten eine wunderbare geistige Tradition und konnten mehr oder weniger friedlich leben in einer Natur mit Bergen, die den Himmel zu berühren schienen. Die meisten Leute versuchten gut zu sein, so dass sie aufgrund dessen ein glückliches Leben haben würden. Das wurde in unserem Land das „Gesetz vom Karma" genannt. Es funktionierte so gut und wir vertrauten unseren spirituellen Führern, die Menschen mit hohen Verwirklichungen waren. Aber dann gab es einen kleinen Mangel an Achtsamkeit und nun bestehen wir nicht mehr als Nation.

„Was habt ihr getan, dass das Resultat so schlecht war?" „Nicht sehr viel", antwortete der Fremde. „Aber Sie müssen wissen: die negativen Konsequenzen einer kleinen Sache verdoppeln sich am nächsten Tag und verdoppeln sich noch mal am folgenden Tag und so weiter. Wenn man seinen Fehler nicht bemerkt und danach nicht versucht, ihn zu bereuen und es besser zu machen, kann er wie ein Schneeball sein, der schließlich zu einer Lawine wird."

Püppchen wurde nun auf einmal bewusst, wie sie ihr Leben bis jetzt gelebt hatte. Sie hatte das „Gesetz vom Karma" nicht gekannt. Manchmal war sie gut gewesen, manchmal nicht so gut, manchmal sogar ein bisschen schlecht. Und vielleicht würde dieses kleine Bisschen eines Tages der Grund für ein Leben werden, das der Mann und der kleine Rest seiner Leute nun leben mussten! Das wollte Püppchen nicht. Plötzlich erschienen ihr all ihre Pakete, ihre Frisur und ihre schönen Kleider so nutzlos. Es war, als ob jemand auf einmal ihr Herz geöffnet hatte und sie wollte es einfach nicht wieder verschließen. Also wurde sie schließlich eine Nonne und weil sie so geduldig war, hatte sie keine Probleme damit, in ihrem noch sehr langen Leben vielen anderen Menschen zu helfen ihren spirituellen Weg zu finden."

Der alte Meister nahm nun auch eine Frucht und trank etwas Tee. Der Mönch hatte die ganze Zeit zugehört ohne ihn zu unterbrechen. „Aber was war der Grund, der dazu führte, dass ein ganzes Land zerstörte wurde?", wollte er nun wissen. „Es gab nicht nur eine Sache" antwortete der Yogi. "Manchmal waren sie ein bisschen zu stolz gewesen über ihr hohes Niveau der spirituellen Praxis, manchmal waren sie ein bisschen zu selbstsüchtig gewesen, zu gierig, was auch immer. Aber das Schlimmste war, dass, obwohl sie viel darüber nachgedacht hatten, anderen zu helfen, sie nicht achtsam genug gewesen waren, es auch zu tun.

Immer wieder konnte ich im Laufe der Jahre zum Dharma-Zentrum des Lamas kommen. Lange hing es davon ab, ob ich überhaupt die Kraft dazu hatte. Später fiel es mir dann langsam etwas leichter. Häufig begegnete mir dabei Frau I., die mit ihrer Arbeit das Zentrum unterstützte. Wir kamen auch gelegentlich mal ins Gespräch und so erzählte sie mir einmal, dass ein bestimmter wiedergeborener Lama, der ihr Lehrer sei und bei dem sie viele Jahre meditiert hatte, kommen würde, um Vorträge zu halten.

Ich war interessiert daran, einmal einen anderen Lama kennenzulernen. Den Meister von Lama FIW kannte ich zu dieser Zeit noch nicht. Frau I. sagte auch, dass ich mit dem Rinpoche (ich nenne ihn mal „Großes Herz", abgekürzt GH) einen persönlichen Gesprächstermin haben könnte. „Ach ja? Geht so etwas?"

fragte ich. Bisher hatte ich nur mit Lama FIW gesprochen und das hatte mir erst mal genügt. Warum sollte ich also überhaupt mit Rinpoche GH sprechen? Ich hatte derzeit keine besonderen Fragen. Und außerdem kannte ich den Rinpoche doch überhaupt nicht.

Ich teilte diese Bedenken Frau I. am Telefon mit, nachdem sie mir ihren Lehrer angepriesen hatte. „Sag mir Gründe, warum ich das tun soll. Ich sehe keinen." Frau I. begann zu schwärmen. Rinpoche sei so ein wunderbarer Lehrer, so ein Gespräch sei so kostbar und eine wunderbare Gelegenheit usw. Schließlich ließ ich mich überreden, einen Termin zu nehmen.

Einige Zeit später saß ich in einem der kleinen Räume des Dharma-Zentrums gemeinsam mit anderen und wartete auf meinen Termin. Es herrschte eine weihevolle Atmosphäre unter den Anwesenden. Fast alle hatten einen Katak in der Hand. Man sprach mit gedämpfter Stimme. Ich wusste immer noch nicht, was ich den Rinpoche fragen wollte, hatte aber eine Statue mitgebracht, die er vielleicht segnen könnte.

Schließlich war ich an der Reihe. Ich wartete geduldig auf dem Flur vor dem Raum, in dem das Gespräch (so ein Gespräch wurde Interview genannt) stattfinden sollte. Aber Rinpoche telefonierte auf Tibetisch über sein Handy. Ich hörte seine Stimme, verstand aber kein Wort. Er hörte einfach nicht auf zu telefonieren, kam dann kurz auf den Flur, sah mich an ohne mich zu grüßen, ging dann wieder in den Interview-Raum und telefonierte weiter. Für die übrigen Wartenden, die mich nicht sehen konnten, musste es so aussehen, als hätte ich im Gegensatz zu den vorherigen Leuten ein sehr langes Gespräch. Die anderen wollten ja auch noch dran und die Gesamtzeit war begrenzt. Ich wollte eigentlich gar nichts von dem Meister. Langsam wurde ich unruhiger. Aber der Rinpoche telefonierte immer noch.

Schließlich wurde es still in dem Zimmer. Ich klopfte schüchtern an die Tür. „Kann ich herein kommen?" fragte ich auf Englisch. „Ja", sagte GH. Ich trat ein (er hatte mir den Rücken zugedreht, war noch mit irgendetwas beschäftigt) und blieb zögernd stehen. Er drehte sich um und zeigte auf eine Sitzgelegenheit, auf die ich mich setzen konnte. Unsicher nahm ich Platz. Seine Gedanken schienen noch bei dem gerade geführten Gespräch zu sein. Ich wollte ihn auch nicht stören. Aber nun war ich mal dran und hinter mir warteten ja auch noch welche.

Also begann ich zögerlich zu reden, war nicht sicher, ob er mir überhaupt zuhörte. Doch dann hatte ich offenbar für einen kurzen Moment seine

Aufmerksamkeit. Ziemlich zügig sagte ich dann, dass ich keine Fragen an ihn hätte, mein Lehrer sei Lama FIW. Ich sei nur hier, weil Frau I., seine Schülerin, gemeint hätte, dass ich unbedingt einen Interview-Termin bei ihm nehmen sollte. Ich hätte deshalb eine Statue mitgebracht mit der Bitte, sie von ihm segnen zu lassen.

Rinpoche nahm die Statue, segnete sie schnell und routiniert und gab sie mir zurück. Mein Interview-Termin war vorbei. Aber nun saß ich schon mal hier, nachdem ich mich mit großen Mühen hierher gequält hatte. Hatte ich nicht vielleicht doch noch eine Frage an ihn? Ich überlegte kurz und sagte dann zu ihm: „Was meinen Sie denn, dass ich tun soll?" –„Gehe zurück an den Anfang", sagte er nur kurz. Und damit war das Gespräch dann auch wirklich vorbei.

Rinpoche gab an diesem Tag noch Belehrungen. Da ich ohnehin vor Ort da war, hörte ich ihm zu. Zwischen ihm und mir entstand manchmal eine merkwürdige Spannung, die mein Herz tief bewegte und auch er schien seltsam berührt, blickte mich immer wieder an.

Nach dem Vortrag konnten Fragen gestellt werden. Ein Mann sagte, dass er sich vom Christentum abgewendet hätte, weil dort viel von der Hölle gesprochen würde. Ich dachte: „Im Buddhismus werden doch auch Höllen erwähnt. Die sind ein Teil des Daseinskreislaufs. Er kann doch nicht vor dieser Erkenntnis fliehen, indem er die Religion wechselt." Ich bekam einen Lachanfall, konnte mich nicht beruhigen. Der Rinpoche sah mich an. Er wollte offenbar zu gerne wissen, wie die Frage gelautet hatte und warum ich gelacht hatte, doch er musste erst auf die Übersetzung ins Englische warten.

Später gab es zwischen diesem und dem nächsten Vortrags des Meisters eine Pause und ich erfuhr dass der Rinpoche dann in einem sehr nahe gelegenen Restaurant essen würde. Ich hatte mir Essen mitgebracht und war körperlich auch völlig fertig, musste mich eigentlich eine Weile hinlegen, um noch Kraft für den nächsten Vortrag haben zu können. Aber irgendetwas zog mich ins Restaurant.

Nach kurzem Suchen erblickte ich den Rinpoche. Er saß mit ein paar Leuten am Tisch. Ein Stuhl war noch unbesetzt. Ganz gegen meine sonstige Gewohnheit ging ich auf den Stuhl zu und fragte, ob der Platz noch frei sei. Ich spürte sehr wohl, dass ich als Gast an dem Tisch nicht erwünscht war. Susi Sonnenschein (so nenne ich sie einmal) saß dort mit ihrer Familie. Susi kannte mich kaum. Sie wollten den Rinpoche offenbar für sich allein. Ich störte da nur.

Natürlich war der Platz nicht frei, ob nun wirklich oder nur virtuell. Ich bekam eine freundliche Abfuhr auf meine Frage und ging dann wieder. Der Rinpoche sah mich die ganze Zeit an, verstand offenbar aus den Gesten und dem Tonfall heraus, was gesagt worden war. Als ich ging, verfolgte er mich mit seinem Blick, das spürte ich. Ich verließ das Restaurant, blickte von außen durch die Scheibe. GH und ich sahen uns an, hielten die ganze Zeit den Blick, während ich langsam weiter ging.

Ich kaufte ein Buch, das der Rinpoche geschrieben hatte, las es ganz durch. Hinten stand etwas über seine Biografie, auch seine spirituelle. Einige hielten ihn wohl für die Wiedergeburt von Rechungpa, einem der Herzensschüler von Milarepa.

Am Ende
des Universums,

in einer
heruntergekommenen

Kneipe,

trafen sich einst

zwei
erleuchtete

Meister.

Der eine
war
volltrunken

und hatte
in jedem
Arm

zwei Huren.

Der andere
hatte eine üble
Krankheit,

roch strenge
und war

unansehnlich.

Aus Liebe
zu den
Wesen

waren sie
dorthin
gekommen.

Wer hätte
in so einer
Umgebung
schon

erleuchtete
Lehrer
erwartet?

Als die Meister
einander

erkannten,

weinten
sie
still

vor
Freude.

Dies wurde
der Beginn

einer
lang
anhaltenden

Freundschaft.

Mein erstes Zusammentreffen mit meinem ehemaligen Herzensschüler löste große Hoffnung in mir aus: ich würde zu ihm gehen, er würde mir helfen und alles wäre wieder gut. Aber die Sache gestaltete sich aus meiner Sicht unerwartet schwierig.

Ich war ein körperliches Wrack, meine Psyche war immer noch schwer angeschlagen und -was noch viel schlimmer war: ich war spirituell auf dem Nullpunkt, nicht wirklich, aber im Vergleich zu meinem Leben als Milarepa. Was war passiert? Im Nachhinein betrachtet würde ich es so sagen: Milarepa schien voll erleuchtet zu sein. Er glaubte es auch selbst. Und dann, als er im Laufe seines Sterbens spirituell noch höher hinauflog, kam er an etwas in seiner geistigen Festplatte, das er nicht erwartet hatte. Das Ergebnis war: er stürzte ab und verlor alle seine Wunderkräfte.

Wäre ich zu Rinpoche GH gekommen, indem ich durch die Luft geflogen oder direkt durch die Wand seines Büros gegangen wäre an der Sekretärin in seinem Vorzimmer vorbei, hätte ich ihn mit meiner Geisteskraft auf ein höheres spirituelles Niveau gebracht, ja, dann hätte er sich wahrscheinlich vor mir niedergeworfen und gesagt: „Meister, wie schön, dass du wieder da bist!"

Aber das passierte nicht. Ich war in fast jeder Beziehung am Ende und brauchte dringend Hilfe auf allen Ebenen. So hatte er seinen Meister nicht in Erinnerung. Vielleicht war ich ja auch gar nicht sein Lehrer gewesen vor etwa 1000 Jahren. Vielleicht war ich nur eine von diesen verrückten Westlern, die, kaum, dass sie das Wort Dharma buchstabieren können, schon glauben, sie seien große Praktizierende. Wer konnte das wissen?

Er wollte nicht, dass ich mich für etwas Falsches ausgeben würde, für einen erleuchteten Meister, der ich gar nicht war. Sein Mitgefühl mit mir gestörtem Wesen war groß. Was für ein unendlich schlechtes Karma würde ich durch so eine Behauptung ansammeln! Deshalb blockte er mich ab, verstand meine Not nicht bzw. interpretierte sie falsch.

Ich hoffte so sehr darauf, mich einmal mit ihm aussprechen zu können, Klartext zu reden und ihm zu sagen: GH, damals war ich dein Lehrer. Inzwischen bin ich geistig abgestürzt, weiß auch nicht wirklich warum. Bitte sei du jetzt mein Lehrer. Hilf mir, zurückzukommen zu dem Niveau, auf dem ich einmal war!

Aber zu dem Gespräch kam es nie, obwohl ich ihn im Ausland besuchte. Einerseits war ich zu dieser Zeit noch gar nicht in der Lage, meine Situation auf diese Weise klar und deutlich zu formulieren; andererseits blockte Rinpoche GH ab, ließ sich dann wieder ein wenig auf mich ein, blockte dann wieder ab, prüfte mich ein wenig, war manchmal sicher, manchmal unsicher. Es entstand nicht die Arbeitsbasis, die ich brauchte, obwohl es auch gelegentlich wundersame Momente zwischen uns gab, die mir erst mal Hoffnung machten, dass wir doch noch zusammenkommen würden. Der Rinpoche war ein unendlich beschäftigter Mann mit einer großen Anzahl von caritativen Projekten, wo er dringend gebraucht wurde, weil die Menschen sich dort in größter existentieller Not befanden.

Er wohnte nicht in Deutschland und es war körperlich schwierig und umständlich für mich, ihn überhaupt zu erreichen. Außerdem hatte ich Familie, konnte nicht einfach für einige Monate oder Jahre in sein Zentrum ziehen. Wir verloren uns immer mehr aus den Augen, obwohl er nie aus meinem Herzen verschwand. Ich fand es unendlich schade, dass unsere Begegnungen in diesem Leben so anders waren als vor langer Zeit. Aber ich hatte auch größten Respekt vor seinem Verhalten mir gegenüber. Ja, genauso musste er es machen, wenn er ernsthaft Dharma praktizierte und sich nicht sicher war. Ich freute mich über seine Ernsthaftigkeit und sein unendlich großes Herz, auch wenn ich durch ihn nicht wie erhofft spirituell weiterkam.

Trotzdem gab ich nicht auf ihm von Zeit zu Zeit zu schreiben in der Hoffnung, dass er mich wenigstens in meiner späteren Arbeit unterstützen würde, Karmapa und seiner Linie zu helfen. Am Anfang antwortete der Rinpoche auch noch ein wenig, später hörte das auf. Ich wollte ihn wieder besuchen, aber es schien aus unterschiedlichen Gründen keine Möglichkeit dazu zu geben. Schließlich wurde GH von einem Lama ermordet, der einmal einige Jahre mit ihm zusammengelebt hatte. Der Lama wollte Geld an sich nehmen, das der Rinpoche für Leute in Not gesammelt hatte.

Es ist
wie ein inneres

Rufen,

das man
mitten
im Leben
hört.

Du bleibst

plötzlich

unbewegt
stehen,

ohne
das Geschirrhandtuch
aus der Hand

zu legen.

Die Richtung
deines Denkens

ändert
sich.

Du lässt die
geschäftige
Welt

hinter
dir

und erahnst

        den Raum

in deinem

Geist.

Es gab noch eine andere Begegnung mit einem großen Meister, den ich jetzt mal „Altes Tibet" nenne und mit AT abkürze.

Irgendwann in der Zeit, wo ich damit begann, mich ernsthaft mit dem Buddhismus zu beschäftigen, tauchte einmal während einer Meditation vor meinem geistigen Auge kurz das Gesicht eines alten asiatischen Mannes auf und verschwand dann wieder. Ich kannte diese Person nicht, wusste nicht, was das zu bedeuten hatte, wenn es denn überhaupt etwas zu bedeuten hatte. Das Gesicht war klar und deutlich zu sehen gewesen und hatte sehr markante Züge. Vergleichbares hatte ich noch nie gesehen. Nach dieser Meditation blieb ich etwas ratlos zurück, vergaß aber schließlich diese Erscheinung.

Etwa zwei Jahre später war ich dann bei der Eröffnung eines großen Dharma-Zentrums, wo auch viele Lamas und Rinpoches der Kagyü-Tradition anwesend waren. Die meisten von ihnen kannte ich noch nicht. Ich hatte mich bereit erklärt, beim Einlass der Besucher zu helfen und begutachtete deshalb alle Eintretenden sehr genau. Da ging auf einmal ein alter Lama an mir vorbei, gefolgt von einer jüngeren Frau und ich erstarrte: war das nicht das Gesicht des Mannes, was mir einmal in der Meditation erschienen war? Es konnte doch nicht sein, dass es diese Person wirklich gab!?

Mein Blick heftete sich an den Lama: ja, genauso hatte er in meiner Meditation ausgesehen! Wer mochte er sein? Woher mochte er kommen? Vermutlich kam er aus Tibet. Ich würde nie in der Lage sein, mit ihm Kontakt aufzunehmen. Wie schade. Ich hätte zumindest gerne gewusst, wie er hieß. Aber wer hätte mir das sagen können?

Die Eröffnung des Zentrums war eine große Sache, dauerte ein paar Tage. Außerhalb des Gebäudes waren Tische und Stühle aufgebaut, damit die Besucher in den Veranstaltungspausen dort sitzen und speisen konnten. Auf einmal sah ich die junge Frau an einem der Tische, die dem Lama gefolgt war. Ob die vielleicht seinen Namen kannte? Ich ging auf sie zu und sprach sie an. „Wie heißt dein Lama?", wollte ich wissen. „Lama AT", antwortete sie. Ich atmete erleichtert auf. Wenigstens kannte ich jetzt seinen Namen. „Und wo wohnt er?" Sie nannte einen Ort in Europa, der für mich mit meinen weiterhin vorhandenen gesundheitlichen Einschränkungen zu der Zeit nicht erreichbar war, aber es war nicht Tibet oder Asien. Wie wunderbar!

Die Frau wollte erfahren, warum ich das alles wissen wollte und da erzählte ich ihr von der Vision, die ich einmal gehabt hatte und von meinem Erstaunen darüber, dass es diesen Menschen wirklich gab. „Willst du hier mal mit ihm sprechen?" fragte sie mich. „Ja, gerne", sagte ich. „Geht das denn überhaupt?" Ja, das ließe sich wohl einrichten. Hocherfreut sagte ich zu.

Einen Tag später wartete ich dann auf einem menschenleeren Flur eines größeren Gebäudes. Zunächst kam niemand zur verabredeten Zeit. Ich wurde unsicher, ob ich den Ort des Treffens richtig in Erinnerung gehabt hatte. Doch dann erschien der Lama in Begleitung der jungen Frau und eines Übersetzers. Wir gingen alle vier in einen Raum und setzten uns auf die Erde. Der Lama saß mir gegenüber, die beiden anderen saßen zu beiden Seiten neben ihm. Mir wurde bedeutet, dass ich reden durfte. Aber ich wusste gar nicht, was ich sagen sollte. Immer noch hatte ich kaum Kontakt zu anderen Lamas als FIW.

Schließlich erzählte ich von der Vision, die ich gehabt hatte und von dem unerwarteten Treffen mit ihm in dem Zentrum. Auch hatte ich in der Nacht zuvor einen Traum bezüglich des Lamas gehabt, den ich berichtete. Aber AT wischte meine diesbezügliche Äußerung nur mit einer leicht ärgerlichen Handbewegung weg. Da ich nicht mehr zu sagen hatte, blieben wir nun alle zusammen stumm sitzen. Ich war unsicher, wusste nicht, wie es weiter gehen sollte und dachte plötzlich, dass ich vielleicht Geld geben sollte. Ich entschied mich für einen größeren Betrag, weil mir diese Treffen unendlich kostbar gewesen und ich sehr dankbar darüber war, mit dem Lama gesprochen zu haben. Ich legte das Geld auf ein kleines Tischchen, das vor dem Lama stand.

Augenblicklich wandte sich der Lama dem Übersetzer zu und sprach längere Zeit auf Tibetisch mit ihm. Ich dachte, dass diese Unterhaltung wie zuvor mir gelten könne und wartete geduldig auf die Übersetzung, die aber nicht erfolgte. Stattdessen sprach der Lama weiter angeregt mal mit dem Übersetzer, mal mit der jungen Frau. Ich hatte kein Problem damit, offenbar war die Unterhaltung mit mir zu Ende. Ich wartete auf ein Kopfnicken oder eine andere Geste des Lamas, die mich entlassen würde. Aber sie erfolgte nicht. Ich konnte doch nicht einfach aufstehen und gehen. Ich wollte nicht unhöflich sein. Doch die Unterhaltung zwischen den anderen ging angeregt weiter. Ich war offenbar nicht mehr existent. Irgendwann stand ich langsam auf, verbeugte mich kurz vor dem Lama, der mich keines Blickes würdigte und verließ schließlich den Raum.

Ich war verwirrt. Hatte ich etwas falsch gemacht? Ich hatte gar kein Bedürfnis nach mehr Unterhaltung gehabt. Für mich war es in Ordnung gewesen, dass das Gespräch mit mir zu Ende war. Ich wäre auch früher gegangen. Ein kleines

Zeichen hätte genügt. Etwas traurig verließ ich das Gebäude. Na ja, das war offenbar wohl nicht so gut gelaufen, warum auch immer, schade. Aber nun wusste ich wenigstens, wie er hieß und damit war die Sache für mich erledigt. Zu ihm reisen hätte ich auf absehbare Zeit sowieso nicht können. Das war viel zu weit für mich.

Nach einer Weile gingen die Veranstaltungen im Zentrum weiter. Die Lamas defilierten in den Meditationsraum, auch Lhakang (Tempel) oder Gompa (Meditationsraum) genannt. Unter ihnen war auch AT. Die Geistlichen saßen mit seitlicher Blickrichtung, die Laien blickten nach vorne. Ich konzentrierte mich auf den Vortrag. Irgendwann fiel mein Blick zufällig auf Lama AT, der mich offenbar intensiv angesehen hatte. Er schien mich mit seinen Augen bis ins Mark zu prüfen. Als unsere Blicke sich jedoch in diesem Moment begegneten, sah er schnell weg, tat dies aber so, als hätte er mich zuvor nur beiläufig angesehen.

Ich konzentrierte mich wieder auf den Vortrag. Aber ich glaubte jetzt manchmal Lama ATs Blick zu spüren und wenn ich dann unauffällig hinschaute, sah ich, dass er mich offenbar tatsächlich mit warmen, prüfenden Augen angesehen hatte. Ich war etwas erstaunt darüber. Warum hatte er mich vorher so behandelt, wenn ich ihn offenbar doch wenigstens ein bisschen interessierte? Ich nahm das mehr als Kuriosum. Ich würde ihm eh nie wieder begegnen.

In einem fernen Land
lebte einmal
ein Magier.

Er war so wunderbar,
dass er mit einem Zauberspruch
ein ganzes Universum
als Illusion
entstehen lassen
konnte.

Von nah und fern

kamen die Leute,
um ihn
zu sehen.

Er wurde bewundert
und gefürchtet.

Mit einem Fingerschnippen
erschuf er
eine ganze Welt

mit Menschen
und Tieren,
Häusern
und Städten.

Wunderbare
Königreiche
entstanden
und vergingen.

Krieg
und Frieden,
Leben
und Tod:

alles nur Illusion.

Diese Geschichte
erzählte mir
neulich
ein kleines
Kind,

das mit Sandhaufen
eine Stadt
baute.

Und ich erkannte,
dass auch ich
so ein Magier
bin,

jeden Tag,

genauso
wie du.

Irgendwann, als es mir gesundheitlich ein wenig besser ging, kam ich dann doch einmal zum Zentrum von Lama AT. Es gab vor Ort wenige winzige Räume, in denen Besucher übernachten konnten. Das Gästehaus war alt, einfach und staubig. Die Menschen dort lebten offenbar in Armut, obwohl Autos vor der Tür standen. Eine Frau T., die das Zentrum leitete und dort dauerhaft wohnte, bereitete sehr leckere vegetarische Mahlzeiten frisch zu. Die Besucher, mich eingeschlossen, gingen ihr dabei zur Hand. Während der Arbeiten sprach man miteinander und im Laufe meiner diversen Besuche freundeten Frau T. und ich uns an. Sie war eine ernsthafte Praktizierende des Vajrayana und war schon lange Schülerin des Lamas. Sie hatte inzwischen immer besser Tibetisch gelernt und war schon mehrfach in Indien gewesen, hatte höchste Rinpoches der Kagyü-Linie getroffen, insbesondere, wenn sie den Lama begleitet hatte. Mit ihr konnte ich über den Lama sprechen, sie half mir dabei ihn kennenzulernen.

Zunächst aber war ich ja neu da und hatte keine Ahnung von der dortigen Lebensart. Ich kam gegen Nachmittag an, ein freundlicher Dauer-Bewohner des Zentrums zeigte mir mein Zimmer. Außer mir war noch eine andere Besucherin dort, genauso wie ich zum ersten Mal. Wir sprachen ein bisschen miteinander während unserer gemeinsamen Mahlzeiten und lernten uns dabei ein wenig kennen. Am nächsten Tag gingen wir beide in den Tempel des Zentrums, wo Lama AT eine Belehrung geben würde.

Außer uns beiden waren nur die wenigen ständigen Bewohner anwesend. Lama AT erzählte auf einmal einen Traum, den er in der Nacht zuvor gehabt hätte. Dort war ihm gezeigt worden, dass zwei neue Schüler zu ihm kommen würden. Beide wären in den in der Nähe des Zentrums gelegenen Fluss gefallen und drohten nun zu ertrinken. Aber Lama AT konnte beide retten. Bei dem einen Schüler war es ganz leicht und ging schnell. Bei dem anderen Schüler war es dagegen schwierig und dauerte lange.

Danach wollte Lama AT von uns beiden wissen, warum wir zu ihm gekommen wären. Die Frau sagte, dass sie Fragen hätte wegen des Mitgefühls mit anderen Menschen. Das schien beim Lama gut anzukommen. Dann fragte er mich und ich antwortete ihm, dass ich dies gerne mit ihm allein besprechen würde und nicht vor der Gruppe. Irgendwie schien dadurch für die anderen Beteiligten klar zu sein, dass ich wohl die schwierigere Schülerin sein würde, zumal ich ja mein Anliegen offenbar nicht mal in dieser intimen kleinen Runde preisgeben wollte.

Als ich dann später mit dem Lama und der jungen Frau W. als Übersetzerin, die ich schon von meinem allerersten Gespräch mit dem Lama kannte, zusammensaß, sprach ich u.a. über meine Erfahrungen mit der Leerheit und stellte Fragen dazu. Außerdem sagte ich dem Lama, dass meine Gesundheit schwer angeschlagen sei und ich deshalb wohl eine nicht mehr allzu lange Lebenserwartung hätte. Ich bat ihn, mir eine Langlebenseinweihung in die weiße Tara zu geben, von der gesagt wird, dass sie die Kraft hat Leben durch ihre Segenskraft zu verlängern.

Der Lama willigte nach einigem Zögern ein und ich bedankte mich herzlich. Dann legte ich wieder einen größeren Geldbetrag auf den Tisch, weil ich das Gefühl hatte, dass ich dies tun sollte. Diesmal sprach AT weiterhin mit mir. Ich war noch vorhanden. Er sagte, dass er das Geld an ein Projekt weitergeben wollte, wo tibetischen Kindern geholfen würde. Ich war etwas erstaunt darüber, weil ich sah, in welcher Armut der Lama lebte. Er hätte den Betrag bestimmt selbst gut verwenden können. Aber ich hatte ihm das Geld geschenkt und hatte es innerlich losgelassen. Er konnte damit tun, was er wollte. Als er mit seinen diesbezüglichen Ausführungen geendet hatte, sagte ich ihm, dass mir diese Verwendung des Geldes recht sei. Mir sei es gleich, was er damit machte.

Auch anderen Lamas gab ich nach Einzelgesprächen Geld. Das tun viele. Man legt es üblicherweise aber nicht so nackt auf den Tisch, wie ich es gemacht hatte, sondern überreicht einen gefüllten Briefumschlag. In Asien ist es Tradition, besonders schöne Umschläge dafür zu benutzen. Üblicherweise nimmt der Lama oder Rinpoche das Geld nicht für sich, sondern finanziert damit sein Kloster und die Mönche und Nonnen, die darin leben. Es gab ja nicht, wie es in großen Teilen des deutschen Christentums üblich war, eine Kirchensteuer, die automatisch vom Einkommen abgezogen wurde, sofern man sich den Behörden gegenüber als Angehöriger bestimmter christlicher Gemeinschaften bezeichnete. Die buddhistischen Klöster werden meist nur aus Spenden finanziert.

Trotzdem hat das Geldgeben manchmal auch einen Beigeschmack. Man kann den Dharma nicht kaufen und sollte dies auch nicht versuchen. Lama AT hat mich dies gelehrt. Auch sollte man kein Geld für Dharma-Belehrungen fordern, zu dem die Interessierten kommen, nicht mal als Zentrum. Man kann um Spenden bitten, aber niemand sollte gezwungen sein (auch nicht mit moralischem Druck) etwas zu geben. So ist das zumindest in Asien wohl bewährte Tradition.

Ich habe einmal in Singapur erlebt, dass bei einer dreitägigen Dharma-Belehrung von einem sehr hohen Meister der Nyigma-Tradition des tibetischen Buddhismus (man musste keinen Eintritt bezahlen) einer der Einladenden sich am 2. Tag vor die versammelte Zuhörerschaft gestellt und in etwa folgendes gesagt hat: „Der Rinpoche und zwei begleitende Lamas kamen mit dem Flugzeug hierher. Auch müssen sie während dieser drei Tage untergebracht und verpflegt werden. Außerdem müssen wir den Übersetzer bezahlen. Die Gesamtkosten hierfür belaufen sich auf etwa 8000 Dollar. Wir haben die Flugkosten bereits ausgelegt und bitten um Spenden von eurer Seite." Am nächsten Tag waren fast alle Kosten gespendet worden. Den Rest teilten sich die drei Personen, die den Rinpoche eingeladen hatten.

Natürlich funktioniert so etwas nur, wenn alle Beteiligten den Dharma hochschätzen und grundsätzlich bereit sind, die Lehre und seine Lehrer zu unterstützen, bzw. wenn es vermögende Sponsoren gibt, die solche Veranstaltungen gerne unterstützen und/oder selbst Räumlichkeiten zur

Verfügung stellen, auch deshalb, weil sie wissen, dass sie dadurch sehr große karmische Verdienste ansammeln.

Es kann natürlich auch sein, dass der Dharma-Lehrer nicht arm ist bzw. die Not anderer höher einschätzt. Das habe ich auch schon einmal erlebt. Am Ende der Veranstaltung wird üblicherweise mit Dankesworten ein Überschuss der Unkosten auf den Dharma-Lehrer, ihn eventuell begleitende Lamas und den Übersetzer aufgeteilt mit in Umschlägen befindlichem Geld. Bei so einer Gelegenheit gab einmal ein Rinpoche seinen Umschlag wieder zurück als Spende für den Veranstalter. Er hatte wohl gesehen, dass das Dharma-Zentrum finanziell in einer sehr schwierigen Situation war.

Wenn man Vertrauen in den Dharma hat, dann weiß man, dass durch seine Unterstützung ein sehr günstiges Karma geschaffen wird. Das sind nicht nur leere Worte. Aber wer hat schon Vertrauen in die buddhistische Lehre? Die meisten Menschen in westlichen Kulturen kennen nicht die wunderbaren Geschichten, die ernsthafte Dharma-Praktizierende in alter (und auch neuer) Zeit erlebt haben und erleben.

Oft geht man stattdessen zu Dharma-Belehrungen wie man zu anderen öffentlichen Vorträgen geht. Man will sich z.B. einfach mal den Dalai Lama anhören, sehen, wie er so ist, was er so denkt. Man interessiert sich für ihn wie man sich für irgendeine andere Privatperson interessiert. Natürlich muss man sich unter solchen Vorgaben nicht wundern, wenn man bei so einem Vortrag nur sehr wenig über die buddhistische Lehre erfährt.

Doch der Dalai Lama ist ein sehr großer Meister und öffnet sein Herz trotzdem ganz, so wie die meisten dies nur bei ihren allerbesten Freunden tun würden, wenn überhaupt. Er will helfen, die Menschen von ihrem Leid wenigstens ein bisschen zu befreien, während er spricht oder schweigt. Er meditiert ununterbrochen, leistet geistige Schwerstarbeit. Aber wer weiß das schon, schätzt das schon? Andere große buddhistische Meister machen es ähnlich.

Auch bei einem öffentlichen Vortrag darf man gerne, soweit vorhanden, Hingabe zu so einem erleuchteten Wesen haben, sich mit seinen eigenen Fähigkeiten zu meditieren, einsgerichtet auf den Meister ausrichten. Und dann wird man merken können, wie die eigene Meditation dadurch stabiler werden, wie man innere Fortschritte machen kann, wenn man sich denn darauf einlässt.

Das ICH

Mal angenommen

vor langer Zeit lebte in einem fernen Land ein großer König mit Namen Wang, der sehr mächtig war. Aber wie das manchmal so ist mit Herrschern: er wollte immer noch mächtiger und mächtiger werden. Er konnte einfach nicht genug Macht bekommen.

Doch je mächtiger er wurde, desto mehr Angst bekam er auch vor anderen Königen, weil er glaubte, dass auch sie immer mächtiger und mächtiger werden wollten und deshalb würden sie dem König Wang vielleicht irgendwann sein schönes Königreich wegnehmen und ihn daraus vertreiben wollen.

Deshalb baute er eine riesengroße Mauer um sein ganzes Reich, die sehr dick war und auf der Wachtürme standen und in den Wachtürmen und hinter der Mauer waren unzählig viele Soldaten mit gefährlichen Waffen, so dass der König Wang für jede Art von Kämpfen mit den andern Königen vorbereitet schien.

Im Land des Königs Wang lebte auch ein - schon sehr alter - großer Zauberer mit Namen Trülpa, der dem König in jeder Hinsicht zu Diensten war. Er hatte dem König, als der noch ein Kind war, sogar einst ein kleines Kästchen gegeben und ihm gesagt, dass in diesem Kästchen das Wertvollste sei, das Trülpa je gezaubert hätte und der Königsohn sollte dieses Kästchen nur immer bei sich tragen, denn es würde ihm große Macht verleihen.

Das Kästchen hatte auch einen bedeutenden langen Namen, nämlich Irdunidor Clobatusnatur Homborgunamentor. Aber der Prinz konnte sich den komplizierten Namen nicht merken und sagte irgendwann einfach nur die drei Anfangsbuchstaben, nämlich I, C, H. Aber auch das wurde ihm irgendwann noch zu umständlich und darum sprach er die drei Buchstaben schließlich so aus wie ein einziges Wort. Also statt I, C, H einfach ICH.

Trülpa sagte dem Prinzen auch, dass der das Geschenk niemals aufmachen dürfte, denn dann wäre die Macht des Kästchens für immer verloren. Du kannst dir sicher vorstellen, dass Wang diesen Rat des Zauberers sehr ernst nahm und niemals versuchte es aufzumachen, ja, er wollte nicht einmal durch die Ritzen hineinzusehen, damit die Macht des Kästchens nicht verlorengehen würde.

Und damit auch niemand anderes in das kostbare Kleinod hineinblicken konnte oder es vielleicht sogar öffnen würde, ließ Wang es zukleben und in einen kostbaren Stoff einhüllen und dann kam da herum noch ein goldener Behälter, der verschlossen wurde. Der Prinz hatte das Kästchen mit dem ICH zusammen mit dem Schlüssel immer dabei, ja, er trennte sich nicht einmal für einen einzigen Moment davon, nicht mal, wenn er schlief. Da er Tag und Nacht sehr weite Gewänder trug, war es für Wang leicht, das ICH irgendwo in seinen Kleidern zu verstecken, und niemand anderes ahnte auch nur, wo das Kästchen verborgen war. Aber jedermann wusste natürlich irgendwann, dass Wang das ICH immer bei sich trug.

Hättest du oder ich so ein ICH: niemand würde sich wohl dafür interessieren, denn wir sind ja keine besonderen Personen. Aber der König Wang war ja so mächtig und wurde immer mächtiger und so glaubten die Leute irgendwann, dass das ICH des Königs wirklich Zauberkraft hatte und die Menschen begannen sich vor dem König zu fürchten.

Auch den anderen Königen blieb natürlich die Geschichte von dem ICH nicht verborgen und mancher von ihnen wollte auch gerne so ein ICH haben wie Wang, damit auch er ein wenig mächtiger werden konnte. Doch so sehr die Könige auch versuchten, den Zauberer Trülpa zu überzeugen, ihnen auch so ein ICH zu machen: Trülpa war nicht bereit dazu um alle Reichtümer der Welt.

Eines Tages brach aus irgendeinem Grund dort, wo der Schutzwall des Reiches von Wang ein wenig schwächer war, ein kleiner Teil der Mauer zusammen und es entstand ein winziges Loch, durch das man auf die andere Seite der Mauer hindurchsehen konnte.

Zu anderen Zeiten hätte dies niemanden beunruhigt, das Loch wäre schnellstens wieder verschlossen worden und die Mauer wäre wieder dicht gewesen. Aber es geschah in der Nacht und so bemerkte man es nicht gleich.

Genau an dieser Stelle hatte gerade noch einer der Krieger des Nachbarlandes Tong mit ein paar seiner Kameraden gestanden, denn sie hatten heimlich ausspähen wollen, wie man unbemerkt ins Land des Königs Wang hineinkommen könnte.

Durch das Zusammenbrechen der Mauer konnten die Krieger also auf einmal in das Reich Wangs hineinsehen. Du kannst dir sicher vorstellen, wie überrascht und erfreut sie darüber waren! Schnell gelang es ihnen, das Loch ein wenig breiter zu machen und eh` man sich`s versah waren sie ins Land des Königs hineingelangt.

Sie schlichen leise und unbemerkt an den Wachen hinter der Mauer vorbei, denn die hatten vorher viel Wein getrunken und schliefen tief und schnarchten laut. Niemals zuvor war irgendjemand über den Schutzwall gelangt. Wer hätte denn denken können, dass die Mauer hier so schwach war?

Die feindlichen Krieger waren schlau und versteckten sich geschickt bis sie schließlich andere Kleider fanden, die sie anzogen, und nun sahen sie ebenso aus wie die anderen Untertanen des Königs Wang.

Sie wussten natürlich, dass sie jeden Tag entdeckt werden konnten und dann wären sie verloren gewesen und niemand hätte ihnen helfen können. Doch sie tarnten sich gut. Sie hatten nur ein Ziel: sie wollten das ICH des Königs finden und seine Macht zerstören.

Wie sie es schließlich schafften, in die Gemächer des Königs zu gelangen, ist eine lange Geschichte und sie kann vielleicht ein anderes Mal erzählt werden. Heute will ich nur so viel sagen:

In einer Nacht, als der König Wang und seine Diener schliefen, standen auf einmal die Krieger des Landes Tong um den König herum mit ihren gefährlichen Waffen in der Hand. Der König wachte auf und erschrak fürchterlich. Er war wie gelähmt und traute sich nicht, sich zu bewegen. Er sah in die Augen der Krieger und wusste: sie wollten das ICH finden und sie würden nicht davor zurückschrecken, den König deshalb sogar zu töten, wenn es sein musste.

Sie fragten den König: "Wo ist das ICH?" Aber er antwortete nicht. "Ist es am Arm? Ist es am Bein? Ist es am Bauch? Ist es am Kopf?" So fragten sie immer wieder, aber der König antwortete nicht und, so sehr sie sich auch bemühten, sie konnten das ICH nicht finden.

Doch als sie schon alle Hoffnung aufgegeben hatten, das ICH jemals zu bekommen, da fiel auf einmal ein kleines Kästchen herunter. Der König wurde bleich und wimmerte: "Bitte zerstört nicht das ICH! Ich gebe euch, was ihr wollt. Aber bitte lasst mir mein ICH. Ohne das ICH bin ich machtlos. Ohne das ICH werde ich sterben!"

Inzwischen war bei der Dienerschaft des Königs Wang nicht verborgen geblieben, dass ihr Herr in großen Schwierigkeiten war. Heimlich hatten sie die Palastwachen verständigt und die hatten schnell ihre gefährlichsten Waffen genommen und das Schlafgemach des Königs umstellt.

Gerade hatten sie leise eine Geheimtür ins Schlafgemach des Königs geöffnet, als das Kästchen mit dem ICH herunterfiel. Nun, du kannst dir sicher vorstellen, dass inzwischen jedermann gerne wissen wollte, was in dem Kästchen verborgen war, weil dessen Inhalt den König so mächtig gemacht hatte.

Und so blieben die Diener und die Wachen des Königs einfach stehen, weil sie so neugierig waren und weil dies vielleicht die einzige Chance überhaupt war, den Inhalt des Kästchens kennenzulernen.

Der König, der von alledem nichts wusste, glaubte, mit den feindlichen Kriegern allein zu sein. Wollte er am Leben bleiben, dann musste er den Schlüssel herausrücken.

So wurde nun nach all den vielen Jahren der goldene Behälter aufgeschlossen. Und dann wurde der kostbare Stoff entfernt, der das ICH umhüllte. Jetzt war nur noch ein kleines zugeklebtes Kästchen übrig geblieben.

Da warf sich der König plötzlich auf die Knie und flehte die Krieger aus Tong an: "Ich schenke euch mein ganzes Königreich, wenn ihr das Kästchen nicht öffnet. Lasst mir mein ICH, mehr brauche ich nicht!"

Aber die Soldaten kannten kein Erbarmen. Einer von ihnen nahm das Kästchen und riss erst die eine zugeklebte Ecke auf, dann noch eine und dann noch eine und dann riss er das Kästchen auf und erstarrte.

"Was ist?" riefen seine Kameraden, "Was ist in dem Kästchen? Sag es uns! Wir müssen es wissen!"

Aber ihr Kamerad antworte nicht. Man hätte einen Floh husten hören können, so leise war es plötzlich im Raum. Die Krieger aus Tong, die Dienerschaft und die Krieger des Königs Wang hinter dem Geheimgang, ja sogar der König selbst wagten kaum zu atmen. Was war in dem Kästchen?

"Nichts", sagte der Krieger, der das Kästchen hielt, schließlich. "Nichts. Gar nichts. Das ICH ist leer. Mehr gibt es nicht zu sagen." Und, während er nun das Kästchen in der Hand hielt und hinein starrte, begann er vor Erschöpfung nach all der Anstrengung der vergangenen Tage leise zu kichern. Er kicherte und kicherte und konnte einfach nicht aufhören.

*Und auch hinter der Geheimtür hörte man auf einmal ein leises Kichern. Und dann wurde allen langsam bewusst, **wie** sie da zusammen waren: der König kniete auf dem Boden und hätte gerade noch sein ganzes Königreich dafür gegeben und die Krieger von Tong waren gerade noch bereit gewesen, den König zu töten und die Krieger und Diener des Königs Wang waren gerade noch bereit gewesen, die Krieger aus Tong zu töten. Und das alles nur wegen eines leeren ICHs...*

Da war wirklich zu komisch. Und ehe sie sich versahen, lachten sie alle: der König, der inzwischen aufgestanden war und der nun die Krieger aus Tong umarmte, und die Diener und Krieger des Königs, die nun ins Schlafgemach hereingekommen waren und die Mägde und die Hofleute, die hinzugekommen waren, weil sie das Lachen gehört hatten und die auch nicht aufhören konnten zu lachen, als sie die Geschichte von dem ICH erfuhren.

Und bald lachte das ganze Land. Und auch die Könige und die Untertanen der anderen Länder begannen zu lachen, als sie gehört hatten, was passiert war. Das Lachen hörte gar nicht mehr richtig auf, zu gerne wurde die Geschichte wiedererzählt, sogar die Enkelkinder der Enkelkinder der Leute, die dabei gewesen waren lachten noch, wenn sie die Geschichte erzählten oder hörten.

Doch dies alles ist schon lange her und die meisten Menschen heutzutage kennen die Geschichte nicht mehr. Und es gibt doch tatsächlich inzwischen wieder Leute, die glauben, dass ein ICH wirklich existiert und die schon wieder damit anfangen, deshalb Schutzwälle zu bauen und sogar Kriege zu führen.

Aber das ist wieder eine andere Geschichte und die kann ein anderes Mal erzählt werden.

Lama AT war ein großer Meister, ein Magier. In dem kleinen Gästehaus und den anderen winzigen Gebäuden sowie auch auf dem umgebenden sehr großen Garten war eine besondere Energie zu spüren. Äußerlich wirkte das Gelände ein wenig heruntergekommen und nicht sehr gepflegt. Aber ich fühlte mich dort wie in einem Reinen Land, in dem andere Gesetze herrschten.

Einmal schlief ich über Nacht in einem der Zimmerchen dort. Eine andere Besucherin wohnte direkt über mir im ersten Stock. Ich konnte kaum schlafen, denn die Frau schien ein Toilettenproblem zu haben. Fast ununterbrochen ging sie vom ersten Stock die Holztreppe hinunter ins Erdgeschoß, wo die einzige Toilette war, und anschließend wieder hinauf.

Dabei machte sie einen unbeschreiblichen Lärm: sie öffnete und schloss sowohl die Tür ihres Zimmers als auch die Tür der Toilette mit lautem Knall, etwa so wie jemand, der große Wut im Bauch hat und diese mit Hilfe einer zuschlagenden Tür ausdrücken will. Auch stapfte sie die Treppen auf und ab, als hätte sie dicke Lederstiefel an. Ich war zu müde, um aufzustehen und sie um mehr Ruhe zu bitten. Außerdem hoffte ich jedes Mal, dass der jeweilige Gang der letzte sein würde.

Am nächsten Morgen sah ich sie beim Frühstück. Obwohl ich ihr nächtliches Verhalten äußerst rücksichtslos fand, fragte ich sie zunächst freundlich, ob sie in der letzten Nacht gut geschlafen hätte. Gleich danach wollte ich ihr eine Standpauke halten. „Nein", sagte sie zu meiner großen Überraschung. „Ich habe in der Nacht kein Auge zugetan, weil du die ganze Zeit über eine Puja rezitiert hast." Zu diesem Zeitpunkt wusste ich noch nicht einmal, was eine Puja ist, geschweige denn, dass ich in der Lage gewesen wäre, eine solche zu rezitieren. Es fiel mir schwer, sie davon zu überzeugen, dass ich die ganze Zeit mucksmäuschenstill gewesen war. Und als ich ihr von ihren lauten Toilettengängen erzählte, die mich nicht schlafen lassen hatten, versicherte sie mir, dass sie überhaupt nicht auf der Toilette gewesen wäre. Ich konnte das kaum glauben.

Als ich an diesem Tag wieder nach Hause fuhr, dachte ich im Auto: Alles, was ich erlebt habe, war so realistisch gewesen. Hätte die Frau das nicht mit der Puja gesagt, ich hätte meine Wahrnehmungen für wirklich gehalten. Ich war hundert Prozent überzeugt von ihnen gewesen. Und auf einmal dachte ich: Wer sagt mir denn, dass es mit meinen Wahrnehmungen, die ich sonst habe, nicht genauso ist? Vielleicht ist alles nur eine Illusion und ich merke es nicht einmal. Ich hatte zum ersten Mal erlebt, dass so etwas möglich sein konnte.

Einige Jahre lang kam ich immer wieder einmal zum Zentrum von Lama AT, blühte dort in der Umgebung dieser reinen Dharma-Praxis durch ihn auf. Langsam begann ich mich zu erinnern, dass er schon einmal der Lehrer von Milarepa gewesen war. Damals hatte AT Milarepa schwarze Magie beigebracht.

Die junge Frau W., die bei ihm wohnte und die üblicherweise die Übersetzungen machte, war damals ebenfalls ein Schüler des Schwarzmagiers gewesen. Auch in diesem Leben führte Lama AT viele Dharma-Rituale sehr kraftvoll aus. Deshalb freute ich mich auch, als er später einwilligte, meine beiden Dharma-Zentren und den Stupa, den ich baute, zu segnen. Er war auch ein großer Dzogchen-Meister. Dies träumte ich einmal und erzählte ihm davon. Frau W., die das Gespräch übersetzte und die schon sehr lange seine Schülerin war, bestätigte das.

Die Erleuchtung

Frau Ping
wachte eines morgens
auf,
es war
Viertel nach zehn.

Sie muss wohl
einige Jahre
geschlafen
haben,

vielleicht

waren es
auch einige
Leben.

Und nun,
in diesem Moment
des Erwachens,
sah sie voller Verwunderung,
dass sie offenbar
im Traum
vorn übergekippt
in einen Teich
gefallen war.

Die Fische waren
um sie herum geschwommen
und
wenn sie gelegentlich
die Augen
aufgemacht hatte,

hatte sie glauben
können,
sie selbst
sei einer von ihnen
gewesen.

Frau Ping stand auf.
Sie musste
noch das Essen
machen
für ihre Familie.

„Sie werden sicherlich
hungrig
sein",
dachte sie.

Die Geschichte von der heiligen Schlange

Mal angenommen

es gab auf einem Planeten am Ende des Universums ein Land mit zwei unterschiedlichen Arten von Lebewesen, die sich wie Tag und Nacht voneinander unterschieden. Die Tag-Wesen waren schön anzuschauen mit Körpern, die wie Menschen aussahen. Sie hielten sich in wunderbaren Umgebungen auf, wo es angenehm war zu leben. Die Nacht-Wesen sahen dagegen aus wie wilde Tiere und hatten hässliche Gesichter. Ihre Köpfe waren auf dem massiven Rumpf befestigt und, obwohl sie ein kleines Auge an ihrer Stirn hatten, konnten sie damit nicht mal auf ihre eigenen Füße sehen. Sie zogen es vor, allein in dichten, dunklen Wäldern zu leben, wo sie leicht Früchte finden konnten. Die Bereiche dieser beiden unterschiedlichen Wesen waren durch einen Ozean getrennt, so dass sie noch nicht einmal von der Existenz der jeweils anderen wussten.

Einmal wollte ein Mann der Nacht-Wesen eine große Frucht von einem riesigen Baum pflücken, der nahe am Meer stand. Der Mann war so gierig danach sie unbedingt zu bekommen und er bemerkte deshalb nicht, dass die Erde zwischen den Wurzeln des Baumes schon fast vom Wasser ausgewaschen worden war. Als er sich nun an den Ast hängte, der die Frucht hatte, zog sein massiver Körper den Baum nach unten und er und der Baum fielen gemeinsam in den Ozean, der an dieser Stelle recht tief war. Der Mann konnte nicht schwimmen und konnte nun nichts anderes tun, als auf dem Baum zu bleiben, der sein Schiff wurde. Und schließlich erreichte er durch viele glückliche Umstände den Strand des Landes der Tag-Wesen.

Als er von einigen von ihnen gefunden wurde, war er erstaunt, dass ihre Sprache nicht zu verschieden von seiner eigenen war, so dass sie einander ein wenig verstehen konnten. Die Leute, die ihn zuerst gesehen hatten, hatten wegen seines Aussehens große Angst vor ihm gehabt, aber weil die Tag-Wesen freundlich und hilfsbereit waren, taten sie alles, was sie konnten, um sein Leben zu retten. Und weil er keine andere Wahl hatte, blieb er in ihrem Land.

Nun sah GO-E (so war sein Name) all diese schönen Leute und fühlte sich schließlich wie einer von ihnen. Aber wann immer er kam, sahen die Leute ihn mit einem seltsamen Blick an, was er nicht verstand, weil er nicht sehen konnte, wie er aussah. Und wenn sie ihn nach seinem Namen fragten, lachten sie oft *herzhaft, weil der in ihrer Sprache sehr ähnlich war wie das Wort EGO, das eine negative Bedeutung hatte.*

Und obwohl er wirklich von den anderen akzeptiert und respektiert werden wollte, gab es keine Chance für ihn, das zu erhalten, was er anstrebte. Stattdessen war er schließlich so allein wie zuvor im Land der Nacht-Wesen.

Er hatte schon darüber nachgedacht, dass es einen Makel in seiner äußeren Erscheinung geben könnte. Aber wenn er die Leute fragte, was mit ihm nicht in Ordnung wäre, beantwortete niemand seine Frage, denn keiner wagte ihm zu sagen: „Alles."

Eines Tages hörte GO-E zufällig, dass irgendwo oben in den Bergen ein erleuchteter Meister lebte. Und GO-E dachte, dass vielleicht dieser Mann ihm bei seinen Problemen helfen könnte. Als er schließlich die kleine Hütte fand, wo der Meister in tiefer Meditation saß, war der hässliche Mann sehr glücklich. Vorsichtig klopfte er an der Tür und öffnete sie langsam, nachdem er die Erlaubnis erhalten hatte, einzutreten.

Da war der Meister endlich! Tränen rannen aus GO-Es kleinem Auge. Er fühlte plötzlich all die Verzweiflung seiner furchtbaren Existenz. „Meister!" sagte er, „ du bist der Einzige, der mir helfen kann. Irgendetwas muss falsch mit mir sein, aber ich weiß nicht, was es ist! Die Menschen haben Angst, wenn sie mich ansehen und sie lachen, wenn sie meinen Namen hören, der GO-E ist. Ich habe alles versucht, akzeptiert und respektiert zu werden. O Meister, Meister, ich bin so einsam!"

Der Meister, der sehr weise war, sah, dass der Mann vor ihm wirklich ein großes Problem hatte. Er sah aus wie ein Ungeheuer, und es gab keine Chance, dies jemals zu ändern. Aber er war auch ein Lebewesen wie all die anderen. Und er litt, er litt wirklich.

Deshalb sagte der Meister zu ihm: „Mein Sohn, ich sehe, dass du wirklich leidest und dass du Hilfe brauchst. Und weil ich dir helfen will, werde ich dir nun ein großes Geheimnis erzählen: Mag auch dein Äußeres die eine oder andere Störung haben, dies ist nicht der wahre Grund deines Unglücks. Wie du sicherlich von anderen Leuten schon gehört hast, kann ich einige Dinge sehen, die niemand so wie ich wahrnehmen kann. Und was ich dich betreffend sehe, ist das Folgende:

Deine Mutter war eine besondere Frau, die dir etwas Außergewöhnliches geben konnte. Und nun ist in deinem Körper eine heilige Schlange. Diese Schlange könnte dir unermessliche Macht und Weisheit geben. Aber leider gab es einst einen bösen Zauberer, der Angst vor den Wesen hatte, die diese Schlange in ihren Körpern hatten. Deshalb hat er alles getan, was in seiner Macht stand, um die Kraft der Schlange zu bannen. Und schließlich ist es ihm gelungen, die Schlange aufzuwickeln. Wenn es dir möglich ist, die Knoten der Schlange zu öffnen, wirst du werden wie ich, egal wie du äußerlich erscheinst."

Als GO-E dies hörte, war er zum ersten Mal in seinem Leben sehr, sehr zufrieden. Wie gut war es gewesen, dass er den Meister gefragt hatte! Nun würde es ihm endlich gelingen, ein respektiertes Wesen zu werden!

"Was kann ich tun, um die Knoten zu lösen?" fragte er. Aber da machte der Meister plötzlich ein sehr trauriges Gesicht. "Mein Sohn, das ist eine sehr schwierige Praxis und braucht sehr lange. Aber natürlich, wenn du wirklich die Knoten öffnen willst: warum solltest du es nicht schaffen? Doch unglücklicherweise kann ich auch sehen, dass deine Lebenszeit nur noch sehr begrenzt ist. Du hast deshalb nur noch Zeit einen einzigen Knoten zu lösen.

Als Lehrer würde ich dir deshalb empfehlen, den allerwichtigsten zu nehmen, der in deinem Körper genau dort sitzt, wo das Herz ist. Und wenn du Glück hast und wenn du so gut wie irgend möglich das machst, was ich dir jetzt sage, kann es vielleicht sogar passieren, dass all die anderen Knoten im selben Moment auch verschwinden.

Und dann begann der Gesichtsausdruck des Meisters sehr geheimnisvoll zu werden und er flüsterte: "Wenn du das schaffst, dann könnte es sogar passieren, dass du im Moment des Todes eins wirst mit der heiligen Schlange und dann könntest du als erleuchtetes Wesen nach diesem Leben weiterexistieren...!"

GO-E war von den Gefühlen überwältigt, die während der Rede des heiligen Mannes in ihm aufgekommen waren. "Sage mir, was ich machen soll, Meister!" schrie er, "Ich werde alles tun, um so zu werden!"

Und was glaubst du nun, was den Knoten in GO-Es Herz öffnen könnte? Was könnte sein Leben und sogar seinen Tod auf undenkbare Weise verändern? Hören wir mal, was der Meister sagte:

„*Du musst etwas tun, was fast unerreichbar ist: du musst etwas machen, was für alle Lebewesen hilfreich ist.*"

Als GO-E diese Worte hörte, war er lange still. Das war wirklich unmöglich! Einem oder zweien zu helfen, oder sogar hundert, vielleicht. Aber **allen** Lebewesen, wirklich allen, die existierten? Und dann auch noch er, der noch niemals irgendjemandem geholfen hatte! O armer GO-E! Um was hatte der weise Mann ihn da gebeten!

Und sogar **falls** er das tun wollte: was könnte für jeden gut sein?? Offenbar gab es keine Hoffnung mehr! Der hässliche Mann weinte wie ein Baby:" Meister, das ist mehr als ich vermag! Ich werde sicherlich sterben, bevor der Knoten sich lösen wird! Bitte, bitte hilf mir! Wie kann ich das tun?"

Der erleuchtete Meister sagte daraufhin: „*Willst du wirklich alles tun, um den Knoten zu lösen?*"- „Ja! Aber ich weiß nicht, was ich tun soll! Niemals habe ich jemandem geholfen und nun auf einmal, in dieser kurzen Zeit, die der Rest meines Lebens sein wird, muss ich lernen, was ich nie zuvor tun konnte! Aber ich will es! Ich habe keine andere Chance! Und wenn du weißt, wie man das machen kann, dann lasse mich bitte nicht auf deine Antwort warten!"

Der Meister sprach: „*Allen Wesen zu helfen, dauert normalerweise viele Leben lang. Aber du hast Glück, denn ich kenne etwas, was sehr besonders ist. Und ich muss leider sagen, dass es auch sehr beängstigend ist. Ich weiß, dass unser Planet ganz außergewöhnlich ist, weil er am Ende des Universums liegt. Letzte Nacht, als ich mich auf meine Meditation konzentrierte, sah ich, dass nicht nur unser Planet mit all seinen Lebewesen, sondern sogar das ganze Universum nicht so stabil ist, wie es erscheint, stattdessen ist es wirklich leer von inhärenter Existenz!*

Diese Leerheit ist überall, obwohl man sie nicht sehen oder fühlen kann. Nun stelle dir mal vor, was passieren würde, wenn die Wesen dies erführen! Sie würden Panik bekommen und vielleicht sogar sterben, weil sie solche Angst hätten! Jemand muss all das, was er hat und ist, all seine Besitztümer, all seine Gefühle, all seine Gedanken, der Leerheit geben. Dann könnte es vielleicht wieder Hoffnung für alle Wesen geben."

GO-E war nun in einem solch verzweifelten Zustand, dass er dachte, er hätte nichts mehr zu verlieren. Von ganzem Herzen wollte er den Wesen helfen, die *genau wie er in einer solchen verzweifelten Situation waren. Er dachte nicht mehr an sein eigenes Leben. Er wollte nur noch helfen, jedem. Und falls es nötig sein sollte, wollte er auch alles der Leerheit geben, die offenbar existierte, sogar in ihm selbst.*

Und plötzlich fühlte er einen Schmerz in seinem Herzen. Es fühlte sich an, als wäre ein Knoten geplatzt. Und dann, sehr schnell, war es so, als ob noch ein anderer Knoten platzte, und noch ein anderer und noch ein anderer und noch ein anderer. Er verstand, dass die Knoten schließlich alle geplatzt waren, und obwohl er sehr überrascht war, war er so glücklich, wie er nie zuvor gewesen war! Er fühlte, dass nun eine Energie aufstieg von dort, wo seine Beine endeten, bis zur Spitze seines Kopfes.

Und weil er plötzlich auch so viel Liebe für alle Wesen hatte, und weil er so glücklich war, und weil er alles der Leerheit gegeben hatte, war er einfach erleuchtet.

Dämmerung,
die Schatten
werden
länger.

Schläfst du schon?

Träumst du vielleicht?

Ist mein Leben
nur
Traum?

Ich fühle meinen Atem
auf meiner Hand.

Ich bin also wach!

Oder?

Auch in diesem Leben begann ich sehr intensiv und mit großem Enthusiasmus zu meditieren und ich machte schnell innere Fortschritte. Aber, obwohl ich auf der geistigen Ebene gelegentlich mich beeindruckende Erkenntnisse hatte, die Naturgesetze galten für mich zu meiner großen Enttäuschung noch immer. Ich konnte weder fliegen noch meine Fuß- oder Handabdrücke in Felsen hinterlassen, so wie Milarepa es ja vermocht hatte. Diese Fähigkeiten konnten offenbar zwar nicht von mir, aber grundsätzlich erfahren werden, wenn man nur ernsthaft und lange genug praktizierte.

So erzählte z.B. Lama FIW einmal von einer Nonne, die ihm persönlich bekannt war und von der man folgende Geschichte berichtete: sie gehörte zu denen, die in Tibet von den chinesischen Besatzern ins Gefängnis gebracht worden waren. Sie sollte gemeinsam mit den anderen Nonnen arbeiten, weigerte sich aber, weil sie meditieren wollte. Daraufhin legte man sie in Ketten und entfernte sich.

Als die Wachsoldaten nach einigen Stunden wiederkamen, fand man die Nonne ohne Ketten auf dem Boden sitzend. Die metallenen Fesseln waren gesprengt und lagen um sie herum. Die Meditierende erhielt neue, stärkere Ketten, aber diese lagen am Abend des folgenden Tages wieder zerstört auf dem Boden. Niemand fand eine Erklärung dafür, denn die Nonne war allein gewesen und hatte keinerlei Werkzeug bei sich gehabt.

Einige Jahre später traf der Lama die Nonne in einem anderen Land und sprach sie gleich auf die Geschichte an. Sie bestätigte die Begebenheit. „Wie hast du das bloß gemacht?", fragte der Lama. „Ich weiß es auch nicht", sagte die Nonne. „Ich habe mich bloß hingesetzt und über die Leerheit meditiert. Plötzlich stand in einer Vision mein Lehrer vor mir im Raum und sagte mir, ich solle aufstehen, was ich auch tat. Dabei müssen die Ketten aufgegangen sein. Am zweiten Tag geschah wieder dasselbe. Ich meditierte über die Leerheit. Plötzlich erschien mein Lehrer, ich stand auf und die Ketten lösten sich wie am vorherigen Tag."

Die Meditation über die Leerheit, der letzten Realität hinter unseren Tagträumen, schien die Kraft zu haben, den Tagtraum zu durchbrechen, wenn wir uns auf sie konzentrierten. Es war dann offenbar so, als ob das Karma, das uns im Daseinskreislauf hielt, dahinschmolz wie Eis in der Sonne. Neue, kaum vorstellbare Situationen konnten entstehen und auch sie waren wieder leer von inhärenter Existenz. Nichts war fest und ewig. Alles war nur wie ein Regenbogen oder wie Wolken am Himmel. Von fern und mit unserer begrenzten geistigen Wahrnehmung sahen die Dinge sehr real aus. Doch je mehr man sie untersuchte, je näher man ihnen kam, desto mehr lösten sie sich bei der Analyse auf.

Fast alle Wesen litten auf die eine oder andere Art. Das größte Leiden aber war die Unkenntnis darüber, dass alles nur wie ein Tagtraum war. Unsere Ängste würden in dem Moment vergehen und in dem Maße, wie wir diese Wahrheit im tiefsten Innern verstünden. Wenn es uns gelänge, aufzuwachen, wären wir frei und voller unbegrenzter Möglichkeiten.

Als Yogi hatte ich damals wohl kurz vor einer hohen Stufe der Erkenntnis gestanden mit großen Kräften und Fähigkeiten. Doch nun schien es so, als sei von dieser Größe nichts mehr übrig geblieben. Auch wenn ich vieles von dem Gelehrten relativ schnell verstand und umsetzen konnte, musste ich offenbar grundsätzlich wieder ganz von vorne anfangen. Ich wiederholte also in diesem Leben die spirituelle Schule, die ich zu anderer Zeit schon fast abgeschlossen hatte. Ich war jetzt so etwas wie ein Sitzenbleiber in allen Schulklassen geworden. Ich konnte nur hoffen, dass meine besondere Art, den spirituellen Pfad zu gehen, dem einen oder anderen meiner Mitschüler ein wenig dabei helfen würde, seine Lektionen leichter zu lernen."

Auf dem Grunde
eines Sees
lag einst
ein Ring.

Kannst du
ihn finden?

Auf dem Gipfel
eines Berges
stand einst
ein Schneelöwe.

Hast du ihn
gesehen?

Ich gebe dir
die Schlüssel
zu meinem Herzen.

Schließt du es
auf?

Das aus Umständen Erzeugte ist nicht inhärent erzeugt;
es besitzt keine inhärente Erzeugung.
Was von Umständen abhängig ist,
wird als leer bezeichnet;
der die Leerheit kennt,
ist achtsam.

(Sutra von den Fragen des Königs der Nagas)

„Der Buddha erzählte einmal die Geschichte von einem Mann namens Gurchung, der immer wieder vom Hungertod bedroht war. Zunächst wurde er als Kind armer Eltern geboren. Die Milch der Mutter versiegte schnell. Seine Eltern mussten betteln. Aber, das, was sie erhielten, reichte nicht. Deshalb sagte ihm sein Vater schließlich, dass Gurchung für sich selber sorgen musste.

Als Gurchung den Buddha traf, bat er darum, als Mönch ordiniert zu werden. In den Tagen nach seiner Ordination verköstigten ihn die anderen Mönche, aber schon bald erklärten sie ihm, dass er für seine Nahrung selbst verantwortlich sei, was dazu führte, dass er kaum für sein Überleben sorgen konnte. Ständig ereilten ihn nun wieder Missgeschicke, die dazu führten, dass er kaum Essen erhielt und langsam immer mehr verhungerte. Seine Mönchsbrüder versuchten schließlich alles Mögliche, um ihm Speise zukommen zu lassen, aber es passierten ständig Dinge, die eine Hilfe verhinderten.

Nie war genug Essen für ihn da, und wenn er doch einmal etwas bekommen konnte, stolperte derjenige, der ihm die Nahrung bringen sollte, wurde von Tieren angefallen, u.ä. Oder die Nahrung verdarb plötzlich auf Gurchungs Bettelschale usw., usw. Gurchung verhungerte trotz größten Bemühens von allen Seiten. Damit das passierte, geschahen so seltsame Dinge wie, dass sich sein Mund verschloss, als jemand versuchte, Gurchung zu füttern.

Gurchung hatte während seines Lebens höchste spirituelle Verwirklichungen erlangt, aber sein schlechtes Karma wirkte immer noch. In einem längst vergangenen Leben hatte er seine Mutter eingesperrt und verhungern lassen. Sie war eine Frau von großem Mitgefühl für arme Leute gewesen und hatte ihnen viel von dem gegeben, was ihr gehörte. Gurchung wollte in dem vergangenen Leben nicht, dass seine Mutter weiterhin die Armen versorgte und so sah er keine andere Möglichkeit, als sie einzusperren und ihr keine Nahrung mehr zu geben. Sein Karma erfüllte sich erst viel später, aber auch er musste verhungern, egal, wie weit er durch seine hohe spirituelle Verwirklichung nun gekommen war.

Als ich die Geschichte von Gurchung las, dachte ich auch an mein eigenes Leben. Über fünfhundertmal war ich in diesem Leben am Rande des Todes gewesen. Eine unglaublich hohe Zahl, äußerlich zu erklären durch die chronische Krankheit, die ich hatte und die mich immer wieder zusammenbrechen ließ. Aber nicht nur diese Krankheit brachte mein Leben in Gefahr. Zweimal verblutete ich fast, als ein Zwölffingerdarmgeschwür an einer Stelle entstand, unter der ein Blutgefäß lag. Beide Male kamen die Blutungen sozusagen aus dem Nichts heraus und waren dann so massiv, dass die Hilfe schnellstmöglich erfolgen musste. Auch hatte ich eine kleine Hirnblutung bekommen, nachdem ich mir auf merkwürdige Art den Kopf gestoßen hatte. Dieser Unfall passierte unter sehr seltsamen Umständen, die ich mir auch später eigentlich gar nicht richtig erklären konnte.

Einmal reiste ich in die Südsee. Ich war inzwischen schon so kränklich, dass ich meine Körpertemperatur nicht mehr halten konnte. So musste ich in dieser sommerlichen Umgebung warm angezogen herumlaufen. An Baden war natürlich unter solchen Umständen nicht zu denken. Wir wohnten in einem Bungalow am Meer. An einem Tag liefen stundenlang an dem Strand direkt vor unserem Haus Kinder von anderen Leuten barfuß auf und ab. Gegen Abend hatte ich plötzlich das Gefühl, wenigstens einmal mit dem Fuß die Temperatur des Wassers spüren zu wollen, bevor wir am nächsten Tag abreisten. Ich hatte Sandalen an und ging mit diesen unmittelbar bis an den Rand des flachen, ruhigen Wassers vor dem Bungalow. Ich schlüpfte aus einem Schuh heraus und hielt einen Teil des Fußes kurz ins Wasser. Dann versuchte ich den Fuß wieder in die Sandale zu schieben. Es gelang mir nicht, denn ich verlor mein Gleichgewicht. Deshalb tippte ich mit dem Fuß kurz auf den Strand, wo ich genau auf einen giftigen Dorn traf.

Der Fuß schwoll so an, dass ich fast nicht mehr laufen konnte. Ich musste die Weiterreise um die halbe Welt humpelnd und mit vielen Beschwerden überstehen. Erst etwa vier Wochen nach der Reise ging es mir langsam besser.

Fast jede kleine Verletzung heilte bei mir schlecht, hatte gelegentlich sogar Blutvergiftungen zur Folge. Wunden blieben manchmal jahrelang offen. Immer wieder war meine Gesundheit bedroht, manchmal konnte ich kaum noch Nahrung zu mir nehmen und glaubte ernsthaft, verhungern zu müssen. Dann lag ich wieder aus einer Bagatell-Erkrankung heraus monatelang im Bett. Mal konnte ich nicht laufen, dann meine Hände nicht mehr benutzen, mal hatte ich mit diesem, dann mit jenem Köperteil Probleme.

Zunächst war ich betroffen, oft auch verzweifelt, dann irgendwann schicksalsergeben, bis ich schließlich diese unterschiedlichen Beschwerden als Trainingsmöglichkeiten ansah. Ich wusste nie, wann etwas auf mich zukommen würde und welcher Art und wie schwer die Probleme sein könnten. Nur *dass* etwas passieren würde, war klar. Mein Karma war offenbar zu schlecht.

Durch meine Krankheiten und Unfälle wurde ich mir immer mehr der Kostbarkeit meines Körpers bewusst. Jede Funktion war etwas Wunderbares. Schon im nächsten Moment war sie vielleicht gestört. Deshalb galt es, keine Zeit zu verlieren und sich gezielt darum zu bemühen, jeden Moment bestmöglich zu nutzen, um zumindest kein neues schlechtes Karma anzuhäufen. Besser war es noch, zu versuchen, möglichst viel Gutes zu tun und die guten Taten dem Wohl aller Lebewesen zu widmen, was die karmisch positive Wirkung noch verstärkte.

Ich machte viele spirituelle Reinigungsübungen und nahm mir vor, allen Lebewesen nutzen zu wollen. Am besten würde ich ihnen helfen können, wenn ich mein inneres Potential voll verwirklichen und die Buddhaschaft erreichen würde. Diesen Wunsch drückte ich meinen spirituellen Lehrern und allen Buddhas gegenüber immer wieder aus. Auch hierdurch versuchte ich meine guten karmischen Anlagen zu verstärken.

Ich war vom Grunde meines Herzens her entschlossen, mein schlechtes Karma aufzulösen, wenn irgend möglich. Es war wie ein inneres Großreinemachen. Der Schmutz war überall, aber ich gab nicht auf und konzentrierte mich beharrlich auf die kaum zu bewältigende Aufgabe.

Die Krankheiten nahmen über die Zeit ab, wurden auch weniger schwer. Trotzdem gab es Hindernisse auf allen Wegen. Ich hatte kaum Kraft, kaum Zeit. Andre brauchten mich z.T. existentiell. Man zerrte an mir, störte mich auf allen Ebenen, aber ich wurde wie eine Kriegerin, die jede Möglichkeit ausspähte, um den Sieg zu erreichen. Ich hatte erkannt, dass es keine Alternative gab. Niemand sonst außer mir konnte mein Karma verbessern. Also spuckte ich in die Hände, biss die Zähne zusammen und marschierte los. Zunächst auf allen Vieren, bis ich mich langsam immer weiter Stück für Stück aufrichteten konnte. Ich war noch lange nicht am Ziel. Aber das Ende des Tunnels kam in Sicht. Und das Licht dort strahlte heller, als alles, was ich zuvor gesehen hatte.

Meine Zuversicht wuchs mit jedem kleinen Schritt, den ich vorankam. Ich war auf dem richtigen Weg und ich würde das Ziel erreichen, auch wenn es äußerst mühsam war und lange dauern würde. Ich hatte den giftigen Dorn noch in meinem Fleisch. Aber ich war dabei, ihn herauszuziehen und es würde der Tag kommen, wo ich unbeschwert von dannen schreiten könnte."

Warum
zählst du

die Wolken
am
Himmel,

betrachtest
ihre
Formen
und

Farben?

Ein warmer
Sommerwind

kann sie
schon

im nächsten
Augenblick

fortwehen!

Warum
zählst du

deine
Probleme,

betrachtest
ihre
Größe
und
Ausprägung?

Wenn du
die Natur
deines Geistes

erkennst,

werden sie dir
wie
Trugbilder

erscheinen.

Ich sah
das Gift
in dir,

das ich
vor langer
Zeit

einmal

getrunken
hatte.

Die Geschichte von der Goldader

Angenommen

irgendwo ging einmal ein alter spiritueller Meister mit einem seiner Herzens-Schüler spazieren. Es war etwas wärmer geworden, die Sonne schien und die Vögel sangen wunderschöne Lieder. Der Schüler bemerkte das alles nicht, sondern sagte zu seinem Lehrer nur: „Was für ein schrecklicher Tag ist heute, Meister!"- „Was bedrückt dich, mein Lieber?", fragte dieser zurück. – „ Seit sehr vielen Jahren praktiziere ich täglich die Meditationen, die du mich lehrtest. Aber abgesehen von ein paar angenehmen Erfahrungen ist nichts dabei herausgekommen. Ich habe keine Verwirklichungen erreicht. Das alles habe ich hingenommen, bin geduldig geblieben. Aber ich kann jetzt nicht mehr weiter so auf meinem Meditationskissen sitzen, denn wenn meine Todesstunde kommt, bin ich sowieso nicht richtig vorbereitet. Heute wurde mir klar, dass ich mein bisheriges Leben nur vergeudet habe. Ich sollte lieber die restliche Zeit, die mir bleibt, mit weltlichen Freuden genießen."

Der Meister sah seinen Schüler an und sagte: „Dort hinten liegt ein schöner alter Baumstamm auf dem Gras. Wir könnten uns darauf setzen und in Ruhe reden." Der Schüler folgte seinem geistigen Vater missmutig und setzte sich ein wenig heftig auf den Baumstamm. Aufgeschreckt durch das Schütteln des Holzes rannten viele Ameisen in Panik davon.

Der Meister deutete auf sie und sagte: „ Auch sie laufen davon und haben aufgehört zu arbeiten. Vielleicht sollten wir uns alle ein wenig Ruhe gönnen. Mir fällt gerade eine Geschichte ein. Die werde ich dir erzählen." Und noch bevor der Herzens-Sohn Einspruch erheben konnte, war er auf einmal mit seinem Geist mitten in der Geschichte seines Meisters. Und die ging so:

„Vor langer Zeit gab es in der Weite des Universums einen Planeten, Sarasam genannt, der so kalt war, dass seine Oberfläche fast nur von Eis bedeckt war. Einige karge Erdflecken ragten hervor und auf ihnen wuchsen dürre Pflanzen, von denen sich die Bewohner mühsam ernährten. Die Sarasamsaner waren klein und dünn und hatten aufgeblähte Bäuche, da ihnen die dürftige Nahrung, die sie aßen, nicht gut bekam. Das Wetter war meist schlecht, so dass das Licht der Sonne von Sarasam nur selten zu sehen war. Die Tage waren deshalb überwiegend recht dunkel.

Die Bewohner lebten in Hütten, die sie sich aus Eis und Erde gebaut hatten. Immer wieder brachen die Häuschen zumindest teilweise zusammen, da manchmal kurze, heftige Stürme tobten. Es gab aber kein anderes Baumaterial. Die Bewohner hatten lange, feste, schnell wachsende Haare, die sie mit scharfen Steinen abschnitten, um beim Gehen nicht über sie zu fallen. Aus den abgeschnitten Haaren machten die Leute warme Kleidung, Decken und Teppiche. So konnten sie in dem rauen Klima überleben.

Das Leiden der Bewohner war groß, aber besonders deshalb, weil ihr Geist getrübt war. Sie empfanden keine Freude. Alles, was sie sahen und erlebten, erschien ihnen als die Bestätigung ihres unglücklichen Daseins. Sie zankten sich z.B. über Kleinigkeiten so sehr, bis sie sich vor Wut gegenseitig verletzten. Neidvoll sahen sie zu, wenn es einem von ihnen ein wenig besser ging und sie fanden keine Ruhe, bevor sie dem anderen das wenige Glück wieder zerstört hatten. Sie hassten und verachten einander und schadeten sich gegenseitig, wo sie nur konnten. Jeder versuchte von den anderen Sarasamsanern so viel wie möglich zu stehlen. Damit andere nicht an den eigenen Besitz gelangen konnten, umgaben die meisten ihre Hütten mit scharfen Steinen, die z.T. versteckt im Boden lagen. Daran sollten sich die Gegner die Füße aufschneiden, wenn sie dem eigenen Besitz zu nahe kamen. Leider liefen die Hausbesitzer bei der *fortwährenden Dunkelheit auch manchmal selbst in die für andere aufgestellten Steine. Dann erhöhte sich ihr Hass ihren Nachbarn gegenüber noch, weil die Steine ja nur wegen dieser Diebe vergraben worden waren.*

Jeder Sarasamsaner versuchte alles Mögliche, um sich vor den anderen zu schützen und es wurde über die Zeit immer schwieriger, sich selbst einfachste Pflanzen zu besorgen, ohne sich auf dem Weg dorthin zu verletzen. Gelang es doch einmal jemandem, ein wenig mehr zu essen zu bekommen, bewarfen die Mitbewohner des Planeten den Glücklichen mit Steinen, damit sein Leiden sich wieder vergrößerte.

Die jungen Leute versuchten immer wieder einmal, diese unerträgliche Welt zu verändern. Sie zeigten manchmal deutlich, dass sie mit dem allgemeinen Verhalten nicht einverstanden waren. Dazu bemalten sie sich mit dem Saft eines grünen Mooses, färbten auch ihre langen Haare grün, bemalten ihre scharfen Steine grün und bewarfen die Älteren mit grünem Moos. Dies dauerte aber meist nicht lange, denn die Alten schütteten schnell ihre Fäkalien über das Moos, worauf dieses für einige Zeit zu stinken begann und nicht mehr als Farbe verwendet werden konnte. Viele Generationen lang lebten die Leute auf diese Weise und es schien, als würde sich niemals wirklich etwas an ihrem unerträglichen Leben ändern."

Der alte Meister schaute seinen Schüler an, der nicht mehr ganz so missmutig und sogar ein wenig interessiert aussah, obwohl man erkennen konnte, dass er den Sinn dieser Geschichte nicht verstand. Zumindest schien der Schüler ein wenig von seinem Kummer abgelenkt zu sein, was ja auch schon mal ganz gut war. Die Ameisen liefen ruhiger auf dem Baumstamm umher. Die eine oder andere von ihnen trug kleinste heruntergefallene Krümel eines Stückchen Brotes, das der Schüler in der Hand hielt, in Richtung des großen Haufens in ihrer Nähe. Der Lehrer fuhr fort:

„ Eines Nachts gab es auf einmal ein helles Licht am Himmel und es blitzte und donnerte fürchterlich. Niemand hatte ein solches Licht je zuvor gesehen und alle Bewohner von Sarasam verkrochen sich ängstlich in ihren Hütten. Am nächsten Morgen war aber alles vorbei und man ging wieder seiner gewohnten Tätigkeit nach. Die Ereignisse der Nacht wurden schnell vergessen. Ohnehin konnte sich keiner erklären, was passiert war, und eigentlich interessierte es auch niemanden wirklich. Vielleicht sollte ich sagen, dass es fast niemanden interessierte, denn eine Person interessierte es doch.

Es war eine junge Frau, die gerade ein Kind geboren hatte. Genau in dem Moment, wo das Kind ihren Leib verlassen hatte, war das helle Licht erschienen. Dies war seltsam gewesen, denn die Frau hatte einige Male zuvor geträumt, dass es genauso kommen würde. Sie hatte vor der Niederkunft auch viele andere ungewöhnliche Träume gehabt, doch niemals zuvor war ihr in den Sinn gekommen, dass ihre Träume wahr werden könnten. Nun, mit der Geburt ihres Kindes, das sie Nirva nannte, änderte sich das.

Nirva sah zwar äußerlich genauso aus wie die anderen Bewohner von Sarasam, ließ sich jedoch von der Feindseligkeit der Bewohner ihr gegenüber nicht beeindrucken. „Die sind verwirrt, verstehen nicht, dass sie sich ihr Unglück nur selbst machen. Ich will nicht so sein, wie diese Leute" sagte sie zu ihrer Mutter.

Wenn wieder einmal ein Sturm ihr Eis-Haus zerstörte, sagte sie nur: „Das alte war sowieso nicht mehr schön. Ich baue mir jetzt ein besseres Haus." Wenn andere Bewohner sich mit ihr zanken wollten, drehte sie sich einfach um und ging weg. Wenn es jemandem besser ging als ihr, ging sie zu demjenigen hin, um ihm zu sagen, wie sehr sie sich über das Glück des anderen freute. Statt anderen zu schaden, half sie ihnen, wo sie nur konnte und was sie selbst besaß, teilte sie gerne mit anderen. Deshalb brauchte Nirva auch keine scharfen Steine, um sich vor den anderen zu schützen.

Die Bewohner von Sarasam bemerkten zunächst nicht, dass Nirva so anders war, denn sie hatten viel zu viel mit sich selbst und ihren Problemen zu tun. Aber nach und nach änderte sich das, zumal Nirva auf ihre besondere Art immer weiter machte."

„So etwas gibt es doch gar nicht, Meister. Niemand wird Gutes tun, wenn andere ihm schaden. Und selbst wenn das Mädchen dies weiterhin versuchen sollte: es wird langfristig in so einem Land nicht überleben können. Es wird niemals satt werden, wird all seinen Besitz verlieren und die anderen werden zulassen, dass Nirva elend zugrunde gehen wird."

„Ja", sagte der Meister. „Genauso dachten die meisten Bewohner von Sarasam auch, selbst die grün gefärbten, die anders sein wollten, es aber nur äußerlich waren. Im Innern gab es keinen Unterschied zwischen ihnen und den anderen Bewohnern. Aber ich will die Geschichte weiter erzählen." Der Herzens-Schüler war ein bisschen verwirrt, war aber auch ein wenig neugierig geworden. Beiläufig betrachtete er die Ameisen, wie sie geschäftig umherrannten.

„Die Bewohner von Sarasam beobachteten immer mehr die junge Nirva, denn ihr Verhalten begann andere zu verwirren. Warum hielt sie sich nicht an die allgemeinen Regeln? Nirva war ja noch nicht einmal grün gefärbt! Man begann sie zu meiden und lachte über sie und ihre scheinbare Dummheit. So ein Verhalten konnte doch nicht gutgehen. Hatte man nicht schon seit Generationen gelernt, dass man sich verteidigen musste? Denn die anderen waren offensichtlich böse und meinten es nicht gut. Man musste sich doch schützen, musste sich wehren. Was glaubte Nirva denn, wer sie wäre? Sie konnte doch nicht alles auf den Kopf stellen, was sich seit Jahrhunderten bewährt hatte!

Man begann, Nirva auszuschließen und zu verleumden, denn man fühlte sich seltsamerweise von ihr bedroht. Wenn sie nämlich bewies, dass es auch anders ging, zeigte sie damit ja auch, dass die anderen Bewohner bisher falsch gehandelt hatten. Man wollte sich doch nicht nachsagen lassen, dass man unfähig und schlecht war! Also rotteten sich einige Bewohner zusammen und versuchten schließlich sogar Nirva zu töten, damit sie nicht durch ihr Beispiel die allgemeinen traditionellen Werte auf den Kopf stellen konnte."

Der Herzens-Schüler sah seinen Meister nachdenklich an. Lohnte es sich denn gut zu sein? Lohnte es sich, einen spirituellen Pfad zu beschreiten? Lohnte es sich zu meditieren? Genau das war ja sein Problem. Er hatte einfach keine Resultate gesehen oder jedenfalls zumindest nicht die, die er sich erhofft hatte. Der Meister erzählte weiter:

„Nirva pfiff ein fröhliches Lied, als sie unverhofft vor ihren Mördern stand. Sie hatte keine Chance zu entkommen. Die anderen waren in der Überzahl und viel stärker als sie. Es war leicht, sie zu töten. Nirva starb mit einem äußerst erstaunten Ausdruck ihrer Augen und während sie sterbend zusammenbrach, begann sie auf einmal zu lächeln. Das Lächeln blieb auf ihrem Gesicht, selbst als sie tot war.

Aber was dann geschah, war unglaublich: Während der tote Körper am Boden lag, stieg auf einmal Nirva wieder aus ihm hervor, diesmal transparent und strahlend. Die Mörder zuckten zusammen und erstarrten: so etwas konnte doch nicht wahr sein! Nirva war tot, mausetot. Sie konnte doch nicht einfach weiterleben! Schreiend liefen sie davon und stürzten sich alle in einen Abgrund, denn sie fürchteten die Vergeltung der Ermordeten.

Nirvas Geist war durch ihre vielen guten Taten offenbar immer klarer geworden und obwohl sie scheinbar zu Lebzeiten äußerlich keinen großen Nutzen aus ihrem Tun erhalten hatte, war sie doch innerlich langsam fröhlicher geworden und freier. Als Geistwesen konnte ihr nun niemand mehr schaden und sie konnte endlich überall dort helfen, wo sie gebraucht wurde. Sie erschien den Bewohnern und brachte viele langsam dazu, ihre Gier und ihren Hass auf einander ein wenig zu überwinden. Seltsamerweise wurde Sarasam langsam etwas weniger kalt, es begannen andere und nahrhaftere Pflanzen zu wachsen und die Bewohner wurden auch dadurch noch ein wenig glücklicher."

Der Herzens-Schüler war tief in seinen Gedanken versunken. Er warf den Ameisen ein paar Krümel seines Brotes hin und freute sich darüber, wie sie die Nahrung emsig forttrugen. Sie würden für eine Weile weniger Hunger haben. Hatte da nicht eben ein Vogel gesungen? Es klang wunderschön. Es schien Frühling zu werden, auch wenn der Himmel noch oft trüb war. Der Herzens-Schüler würde sich gleich ein schönes Plätzchen suchen, um zu meditieren. Man musste Geduld haben, Resultate würden schon kommen, wenn man nur weiterhin dabeiblieb.

„Ich denke, dass in meinem Geist eine Goldader verborgen ist", sagte er zu sich. „Ich werde versuchen, sie zu finden."

Shambala,
Ort meiner Sehnsucht,
im Nebel
erahne ich
deine Türme.

Illusionsgleiches
Land,
aus dem Erwachen
geboren:

Dein Palast
liegt in meinem Herzen,

deine Tore
öffnen meinem Geist
unendliche
Räume.

Wie ein Garuda*
fliege ich
dem Regenbogen
entgegen.

Vor mir liegt
der Horizont
letzter
Erkenntnis.

*Garuda = mythischer Vogel

Es gibt eine Geschichte von einem Mann, der mit ganzer Inbrunst zu Gott betete, weil er den Unterschied zwischen Himmel und Hölle kennen wollte. Schließlich erhörte Gott die Bitte und zeigte dem erstaunten Mann zwei völlig gleiche Szenen: Menschen saßen auf Bänken an Tischen, auf denen große Töpfe mit dampfender Suppe standen. Nur leider waren die Löffel, die die Menschen hatten, länger als ihre Arme. Der Unterschied zwischen Himmel und Hölle war nun der, dass die Menschen in der Hölle wegen dieser viel zu langen Löffel verhungerten. Im Himmel waren sie dagegen wohl genährt. Des Rätsels Lösung war die, dass sie sich mit ihren Löffeln gegenseitig zu essen gaben.

Wenn man nun im Christentum diese Beschreibung von Himmel und Hölle nicht so wie oft gedacht als einen Ort irgendwo im Universum sieht, sondern vielmehr als einen geistigen Zustand der eigenen Befindlichkeit, dann ist diese Sicht vollkommen identisch mit der buddhistischen. Ein Ort, egal wie schön oder unschön er auch immer sein mag, muss grundsätzlich nicht auch einen entsprechenden geistigen Zustand seiner Bewohner mit sich bringen. Der Schlüssel zum Glück liegt bei dem obigen Beispiel im tätigen Mitgefühl, das man entweder hat (Himmel) oder nicht hat (Hölle).

Mitgefühl mit anderen, vielleicht sogar aktive Hilfe bei deren Problemen ist für viele Menschen etwas sehr Schwieriges, denn zunächst einmal ist man ja damit beschäftigt, trotz seines zu langen Löffels selbst satt zu werden. Das kann frustrieren sein, zumal wenn andere damit aufhören einen mit ihren Löffeln zu füttern. Das eigene Leid, und sei es auch noch so klein, wird meistens höher bewertet als das von anderen. Man kommt deshalb wohl oft gar nicht auf die Idee, über den eigenen Tellerrand zu sehen. Würde man dies nämlich tun, könnte man vielleicht sehen, dass andere auch leiden und jemanden brauchen, der seinen Löffel zur Verfügung stellt.

Aber bis man anderen hilft, hat man vielleicht manchmal sogar noch das Gefühl, sich stattdessen aggressiv ihnen gegenüber verteidigen zu müssen. Dabei kann man leicht übersehen, dass man bei dem Versuch, sich selbst zu schützen, manchmal weit über das Ziel hinausschießen und letzlich auf diese Weise sogar zum Täter werden kann. Und so verstärkt man die Hölle des anderen noch. Nicht nur, dass man sie mit ihrem zu langen Löffel allein und damit hungern lässt, sondern man verursacht ihnen auch noch zusätzliches Leid. Durch solche Handlungen unsererseits werden aber nicht nur die anderen leiden, sondern sogar wir selbst, denn letztlich schaffen wir durch unsere Taten auch die karmischen Voraussetzungen für entsprechendes eigenes Leiden in der Zukunft.

Der Dalai Lama sagte einmal sinngemäß folgendes über die Leiden des tibetischen Volkes durch die chinesischen Besatzer: „Die misshandelten, unterdrückten Tibeter litten, weil ihr diesbezügliches Karma jetzt reif geworden wäre. Sie hätten nach dem Ende ihres Leidens dieses negative Karma nun hinter sich gebracht. Aber die Chinesen, die diese Taten begangen hätten, würden die Folgen dieser Handlungen noch vor sich haben. Deshalb bräuchten auch die Chinesen jetzt unser Mitgefühl."

Manche psychologisch orientierte Menschen in unserem Kulturkreis heben hervor, dass Täter häufig zuvor auch Opfer waren. Das mag ja sein. Aber wenn das heißen soll, dass sie deshalb für ihre Taten nicht verantwortlich wären, so ist das zumindest aus karmischer Sicht falsch. Denn ihre Taten werden sie nicht dauerhaft aus ihrer inneren Not befreien, sondern sie werden sie stattdessen erneut zu Opfern machen, und sei es in einem anderen Leben. Die Freude über die Macht, nun selbst als Täter agieren zu können, wird zwangsläufig in der Zukunft wieder zum eigenen Leid in der Erfahrung eines Opfers werden. Der scheinbare Befreiungsschlag in der Gegenwart wird leider zur zukünftigen Fessel werden.

Und auch, wenn man vielleicht dazu gezwungen wird, anderen zu schaden, wird man seinem Schicksal nicht entkommen. Kein Täter wird von den Konsequenzen seiner Handlungen verschont bleiben, auch wenn es äußerlich zunächst so erscheinen mag. Nur wenn er eine Kehrtwende zum Positiven macht und darüber hinaus sein Karma zu reinigen versucht, dann gibt es eine Chance sein zukünftige Leid zu verringern.

Es wird gesagt, dass, wenn man wissen will, wie das eigene Handeln in den Vorleben war, man sich sein jetziges Leben ansehen sollte. Und wenn man wissen will, wie die eigene Zukunft aussehen wird, dann sollte man sich seine Handlungen in diesem Leben ansehen.

Darum ist es nicht sinnvoll Rache zu üben, denn man erfährt sein aktuelles Leid ja aus dem Grund, weil man in seiner Vergangenheit (vielleicht nicht mal in diesem Leben) die Grundlagen dafür geschaffen hat. Aber natürlich kann und sollte man Täter aus Mitgefühl (auch zornvoll) davon abhalten, Unrecht zu tun, allein schon deshalb, um sie vor den Konsequenzen ihrer Taten zu bewahren.

Wie kann man nun mit eigenem Leid umgehen?

In meinem alten Text schreibe ich:

„Es gab Menschen, die trotz größter Schwierigkeiten, trotz größter Verluste nicht so sehr zu leiden schienen wie andere. Manchen gelang es sogar, ihr Leid umzuwandeln und es als eine tiefe Erfahrung in ihr Leben zu integrieren. Am zufriedensten von allen schienen die Menschen zu sein, die das Leid anderer höher bewerteten als ihr eigenes. Diese Menschen waren offenbar viel weiser als all die Egoisten, denn sie waren dem Geheimnis des Glücks auf der Spur. Sie waren die Beispiele, an denen wir lernen konnten, aus unserem Elend herauszukommen.

Sehr sprach mich in diesem Zusammenhang ein Vortrag des Dalai Lamas an, den er vor längerer Zeit vor einigen Zuhörern gehalten hatte, und der nicht nur unser eigenes Leid, sondern auch das Leid der anderen Wesen miteinbezieht:

Die Essenz des Buddhismus ist Mitgefühl. Das ist ganz klar. Auf dieser Basis ist die Essenz der Lehre des **Hinayana** (kleines Fahrzeug) die, damit **aufzuhören, anderen zu schaden**, also Gewaltlosigkeit oder Selbstdisziplin. Die Essenz der Lehre des **Mahayana** (großes Fahrzeug) ist nicht nur das, sondern es geht auch darum, **anderen zu helfen, anderen zu dienen**, und, wenn in der Zukunft möglich, ohne egoistische Gefühle, aber im Moment wenigstens weniger egoistisch. Am Anfang ist es sehr schwierig, eigensüchtige Motive vollständig herauszuhalten, aber es ist sehr wichtig zu versuchen, diese zu verringern.

Alle fühlenden Wesen wollen ja genauso wie man selbst Glück und kein Leid. Wenn man darüber nachdenkt, wird man sehen, dass das Glück aller Lebewesen viel wichtiger ist als das eigene Glück. Man selbst, egal was für eine wichtige Person man ist, ist nur eine einzige Person. „Die anderen" bedeutet eine unendliche Zahl von fühlenden Wesen. Sogar im Geschäftsleben lohnt es sich, etwas für eine größere Sache zu opfern. Es ist dumm, wenn man, um ein kleines Ding zu erhalten, ein größeres vernachlässigt. Genauso ist es hier: wenn wir das Wohl von einer immensen Menge von fühlenden Wesen vernachlässigen und uns nicht darum kümmern und uns stattdessen nur einfach auf unser eigenes Wohl konzentrieren: das wäre sehr dumm.

Schließlich bekommt man selbst von anderen den größten Nutzen. Deshalb habe ich im Spaß Leuten immer gesagt: wenn ihr wirklich egoistisch sein wollt, dann tut es auf eine weise Art.

Ich habe es selbst erlebt: wenn du anderen hilfst, wenn du ein ernsthaftes Verhalten anderen gegenüber zeigst und immer an das Wohl der anderen denkst, bist du als Ergebnis viel glücklicher als vorher. Das ist sehr klar. Wenn du dagegen immer an dich selbst denkst als die wichtigste Nummer eins, dann kommen die anderen später an die Reihe. Obwohl dabei die Hauptmotivation die ist, dass du etwas Besseres haben willst als die anderen, ist das Ergebnis aber das Gegenteil.

Wenn man über diese Dinge nachdenkt, beginnt man einen starken Vorsatz, ein warmes Herzensgefühl anderen gegenüber zu entwickeln, man fängt an, von nun an anderen so viel wie möglich zu helfen. Hier wendet man, wie ich früher schon erwähnt habe, die Praxis der sechs Tugenden an, das heißt Gebefreudigkeit, Ethik, Geduld, Anstrengung, Konzentration und Weisheit.

Wenn es nun darum geht, ernsthaft altruistisch zu handeln, ist die Praxis von Toleranz sehr wichtig. Wenn man erst mal einige Erfahrung über Toleranz gewonnen hat, dann ist es sehr hilfreich, ursprüngliches Mitgefühl gegenüber seinem Feind zu entwickeln und auch gegenüber den Leuten, die einem schaden. Ohne diese Einstellung ist unser Verhalten des Mitgefühls oder unser Verhalten der Liebe immer voreingenommen.

Man muss wissen, dass das Mitgefühl oder Liebe oder Zuneigung immer vermischt sein kann mit Begehren oder Anhaftung. Der Hauptgrund ist der, dass man denkt: dies ist etwas, was mir lieb ist und deshalb fühle ich mich ihm näher. Ist es nicht so?

Nun denkt man, dass der andere auf der anderen Seite ist. Der andere gehört nicht zu mir. Aber auch diese

Person will glücklich sein und will kein Leid in ihrem Leben haben. Ihr Leben ist so kostbar wie mein eigenes Leben.

Wenn wir von dieser Basis aus Mitgefühl entwickeln, dann deckt das Mitgefühl alle Lebewesen ab, die das Gefühl von ICH haben. Dieses Gefühl von Mitgefühl oder Liebe ist echt und unverfälscht. Es kann sich entwickeln und es wird sich über die Zeit entwickeln bis es ein unbegrenztes Ausmaß hat.

Die andere Art Mitgefühl ist sehr abhängig. Wenn sich das Verhalten der anderen Person auch nur ein kleines bisschen ändert, verändert sich unser ganzes Verhalten dieser Person gegenüber. Dieses Mitgefühl gründet sich nicht auf einer ernsthaften Basis.

Man kann also sagen, dass, wenn man Altruismus praktiziert und mit dieser Motivation die sechs Tugenden ausübt, man auf diesem Weg schließlich die Erleuchtung erreichen wird."

Ruhe
nach all den Stürmen.

Das Leben
hinterließ
seine
Kerben.

Wunden,
von Moos
überwuchert.

Und oben
bauen sich Vögel
ein Nest.

Dieser
inhärente
Schmerz,

der mein Ich
trifft,

wenn du
mich
angreifst:

nichts
als
Illusion!

Diese Katastrophen
der
Menschheit,

Folter,
Krieg,
Naturgewalten:

nichts
als ein
Traum?

Wenn ja:

wie kann ich
aufwachen,

aussteigen
aus dem

Spiel?

Sie rasseln
mit ihren

Säbeln

oder kämpfen
mit
flammenden

Schwertern,

die dunklen
Kräfte
des

Wahnsinns.

Alles
nur
eine

Fata
Morgana?

Gewalt
und
Gegengewalt,

Hass
und
schwarze
Magie:

nur ein Film

meines Geistes
auf

imaginärer
Leinwand?

Wenn ja:

wo
ist der Knopf

zum Abschalten?

Ich suche
ihn,

gebe
nicht
auf.

Wenn es mir
gelingt,

ihn zu
finden,

bin ich

frei!

„Während meiner Studienzeit gärte es in der Gesellschaft. Viele Menschen suchten Wege aus ihrer inneren Unzufriedenheit. Politische Missstände wurden insbesondere von Leuten aus der intellektuellen Elite angeprangert. Neue Ideen kamen auf, wie man mit anderen zusammenleben und -arbeiten könnte. Manches davon wurde umgesetzt und eine Zeit lang ausprobiert. Auch in Nachbarländern gab es z.T. große politische Neustrukturierungen usw. In den Augen einiger Leute in meiner Umgebung waren die Menschen, die an derartigen Veränderungsversuchen teilnahmen, Exoten und Paradiesvögel. Ihr Leiden und ihre Versuche, sich daraus zu befreien, lösten Unverständnis und manchmal sogar Verachtung aus. Aber nicht alle Menschen dachten so.

Einige dieser Versuche erregten zunächst viel Aufsehen, verschwanden jedoch nach wenigen Jahren wieder sang- und klanglos in der Versenkung. Andere brachten längerfristige oder sogar dauerhafte Veränderungen mit sich, zumindest im Bewusstsein der Menschen."

Vielleicht kann man heute noch die Umweltproblematik hinzufügen. Hier stehen ja dringende Probleme im Raum und man darf sich gerne fragen, welche Möglichkeiten es geben kann, diesbezüglich neue Lebensformen zu suchen, die ermöglichen, sehr viel effektiver und auf internationaler Basis die Vergeudung der natürlichen Ressourcen und die Ausscheidung von Giften, Kohlendioxid usw. zu reduzieren. Dazu sagte der Karmapa Ogyen Trinley Dorje sinngemäß u.a. folgendes: „Wenn uns jemand sagte, dass jetzt gleich ein Tiger hier in diesen Raum käme, in dem wir uns gerade befinden, dann wären wir in höchster Alarmbereitschaft. Wenn wir dagegen hörten, dass der Tiger erst in einem Jahr käme, wären wir entspannt und würden nicht weiter über ihn nachdenken."

Aber der Tiger kommt gewiss und es wäre besser, sich auf sein Kommen vorzubereiten.

Was vor einigen Jahren noch umstritten war, ist inzwischen allgemein als Tatsache akzeptiert. Die Umwelt zeigt deutliche Veränderungen. Der Tiger ist also schon auf dem Weg zu uns, um bei dem Beispiel zu bleiben.

„Mir wurde langsam klarer, wie wichtig jeder Einzelne in diesem Prozess war. Zunächst hatte ich noch geglaubt, dass man als Individuum gar nicht viel bewegen könnte, aber im Laufe der Zeit gab es immer mehr Phänomene, die ich als „Lawineneffekt" bezeichnen würde: Eine kleine Bewegung löst über einen Kettenprozess schließlich eine große Veränderung aus (im Positiven wie im Negativen).

Es gab ernstzunehmende Wissenschaftler, die behaupteten, dass der Flügelschlag eines Schmetterlings darüber entscheiden könnte, ob ein Sturm hier oder an einem viele tausend Kilometer entfernten Ort stattfinden würde. Jede kleinste Bewegung auf welcher Ebene auch immer, konnte größte Konsequenzen nach sich ziehen. Wir hingen alle voneinander ab. Es war eben nicht egal, was irgendwo auf der Welt weit entfernt von mir passierte, denn es konnte irgendwann größte Konsequenzen für mich haben.

Ich war seitdem ich fünfzehn Jahre alt war körperlich fast ständig sehr schwach und viele Jahre lang außerdem noch recht depressiv und ich dachte deshalb zunächst, dass ich aus diesen Gründen so ziemlich der letzte Mensch wäre, der irgendetwas für andere bewirken könnte. Außerdem war ich viel zu sehr damit beschäftigt gewesen, meine eigenen großen Probleme anzugehen. Langsam änderte sich aber meine Einstellung.

Zunächst konzentrierte ich mich bei meinen Versuchen, anderen Menschen ein wenig zu helfen über viele Jahre nur auf mein unmittelbares Lebensumfeld, aber dann öffnete ich mich langsam auch für die Menschen, die etwas weiter entfernt von mir agierten. Obwohl ich mich hin und wieder für Umweltbelange einsetzte und damit auch politisch offener wurde, hatte ich bei allem Respekt für Menschen, die sich politisch engagierten, doch das Gefühl, dass sie trotz größtem Engagements meist nur an der Oberfläche der Probleme agierten. Deshalb kam für mich selbst auch nie das Streben nach einem politischen Amt in Frage. Trotzdem bemühte ich mich, von anderen zu lernen, damit ich möglichst deren Fehler vermeiden bzw. deren Beispielen folgen konnte, soweit es in meinen Möglichkeiten stand. Vielleicht konnte ich wenigstens durch meine geistige Arbeit einen kleinen Beitrag für die Allgemeinheit leisten, um dabei mitzuhelfen, aus den Krisen der Welt herauszukommen.

Ich fragte mich immer mehr, woher Wähler einer politischen Partei die Zuversicht nehmen konnten, dass Leute mit stark verschmutzen geistigen Brillen Lösungen für die Menschheit finden würden. Wie konnte z.B. jemand, der sich bei seiner Karriere gnadenlos nach oben geboxt hatte, nun als ein kooperatives Mitglied in einer Staatsgemeinschaft leben? Das war dann doch oft wohl nur ein oberflächliches Lippenbekenntnis und spätestens im Krisenfall würde dieser Kandidat wieder auf sein altbewährtes Muster von Hauen und Stechen zurückfallen.

Wie angenehm war ich berührt, als ich hörte, dass es offenbar andere Länder gab, wo zumindest einige Menschen traditionsgemäß und mit gesellschaftlicher Anerkennung die Möglichkeit hatten, sich wenigstens für eine bestimmte Zeit aus dem Alltagsleben zurückzuziehen und zu meditieren, ihren Geist zu schulen, bevor sie (wieder) in ihrem privaten, beruflichen und/ oder politischen Umfeld aktiv wurden . Musste man denn nicht erst einmal vor seiner eigenen Haustür kehren, seine eigenen Probleme ein wenig klären, bevor man in der Lage war, sich zusätzlich mit den Schwierigkeiten anderer zu beschäftigen?

Es war ein Glücksfall, wenn ein Land einen Politiker wie Mahatma Gandhi, Nelson Mandela, Martin Luther King oder den Dalai Lama zumindest für kurze Zeit an führender Stelle hatte. Diese wenigen Menschen hatten für ihr Land und für die Welt relativ viel bewegt. Konnte es nicht sinnvoll sein, eine solche geistige Haltung des Mitgefühls für andere systematisch zu fördern? Würde so etwas nicht allein schon für den Frieden in der Welt ein erstrebenswertes Ziel sein? Es gab immer unbelehrbare, aggressive und bösartige Menschen. Aber wollten wir denn diese zum alleinigen Maßstab unseres Handelns machen?

Im Christentum wird davon gesprochen, seine Feinde zu lieben. Man solle auch noch die andere Wange hinhalten, wenn man geschlagen würde. Aber wer tat das denn? Man wehrte sich selbstverständlich, wenn man (und sei es auch noch so geringfügig) angegriffen wurde und oft waren die Gegenmaßnahmen schlimmer als das, wogegen sie gerichtet waren.

Eigene Interessen wurden zum Maßstab aller Dinge gemacht auch auf Kosten der Allgemeinheit. Ideen und Ideale wurden verfolgt, die nicht zu einem menschlichen Leben passten. Die Not anderer wurde billigend in Kauf genommen.

Wir lebten meist in einem Tagtraum, der uns und anderen viel Leid brachte. Aber es gab auch viele Berichte von Leuten, die durch ihr konsequentes ethisches Verhalten, durch praktizierte Nächstenliebe und Mitgefühl für das Leid der Wesen ein Licht angezündet hatten, das die Welt heller machte. Sie waren uns vorangegangen und zeigten uns Wege aus dem Hamsterrad, in dem wir liefen, aus dem Käfig unseres Geistes, aus den Krisen der Welt. Sich für das Wohl der Wesen auf unserem Planeten einzusetzen hatte auch noch einen bedeutenden Nebeneffekt für den Handelnden. Denn wo und unter welchen Bedingungen wir selbst in der Zukunft leben würden, hing letztlich von unseren eigenen Aktionen ab, in diesem Leben und in allen zukünftigen Existenzen.

Samsara, der Daseinskreislauf, in dem wir uns seit anfangsloser Zeit befanden, war wie ein kosmisches Riesenrad auf dem Jahrmarkt. Es zog uns an wie ein Magnet. Wir waren bereit, uns aufgewühlt von unseren Leidenschaften auf der Suche nach eigenem Glück (und oft ohne an das Wohl anderer zu denken) in immer neue Abenteuer zu stürzen meist ohne auch nur zu ahnen, dass wir als Konsequenz davon zukünftig Leid erfahren würden. Und so würden wir bei unseren Existenzen auch weiterhin Runde um Runde drehen, unfreiwillig umhergewirbelt wie lose Blätter in einem Wirbelwind.

Wir bauten in jedem Moment neu an der Basis für unsere Zukunft. Es lohnte sich also heilsam zu handeln, denn mit jeder unserer Taten kauften wir einen Teil der Fahrkarte, die bestimmte, wie weit uns das große Riesenrad hinauf- oder hinuntertragen würde. Je mitfühlender und weiser wir handelten, desto vielversprechender würde unsere zukünftige

Reise werden. Spätestens im Moment unseres Todes würde die Fahrt losgehen und niemand konnte uns dann noch helfen, wenn wir nicht beizeiten Vorsorge getroffen hatten.

Solange wir lebten, konnten wir unser Glück oder Leid in unseren persönlichen zukünftigen Existenzen noch beeinflussen. Alles Negative, was wir erlebten (privat, beruflich und politisch), war doch nur das Ergebnis unserer eigenen Taten in der Vergangenheit. Es war nicht ratsam, sich länger als unbedingt nötig mit Wehklagen darüber aufzuhalten. Wir mussten dagegen jetzt endlich in die Hände spucken und an unsere Zukunft denken, egal wie sehr uns der Wind dabei um die Ohren flog. Wir mussten die vor uns liegende endlose Zeit unserer eigenen Existenzen aktiv neu gestalten und jetzt schon nach den ethischen Maßstäben leben, die wir uns in zukünftigen Leben wünschten, auch wenn sie mit der von uns erlebten Realität in diesem Leben nicht übereinstimmten. Damit halfen wir auch anderen, setzten ein Zeichen für unser Umfeld, für die Welt. Schon ein kleiner positiver Impuls konnte langfristig gesehen größte Konsequenzen für den ganzen Erdball haben.

Ein solches Verhalten brachte uns außerdem selbst den größten Nutzen. Schon morgen konnte dieses Leben ja vorbei sein und wir mussten, ob wir es wollten oder nicht, im großen Riesenrad Platz nehmen. Es würde uns in ein solches Umfeld tragen, das unserem bisherigen Verhalten entspräche.

Wenn man einmal über diese Zusammenhänge nachdachte, musste man sich doch fragen, was denn schon zwei rotgehauene Wangen waren im Verhältnis zu vielen zukünftigen Existenzen im Unglück, oder?"

Manche schauen in den Weltraum
auf der Suche
nach bewohnbaren
Planeten.

Sicher gibt es viele
davon
im Multiversum.

Vielleicht müssen wir schon
im nächsten Leben
auf einem von ihnen
existieren.

In diesem
Leben
werden wir sie vermutlich niemals
erreichen,
selbst
wenn wir wollten.

Aber vielleicht sollten wir uns mal
etwas ernsthafter
bemühen,

diesen

Planeten lebenswert
zu halten,
bevor unsere Umwelt
kippt.

Anfänge der Krise
sind ja schon
zu sehen.

Wenn wir nicht schaffen,
diesen
Planeten zu erhalten,
wie
wollen wir es dann schaffen,

irgendeinen anderen
Planeten
vom Schicksal unserer Erde
zu bewahren?

Wenn man zufrieden ist mit dem, was sich ergibt,
ist man in allen Fällen glücklich.

Wenn der Geist ruht, worauf er gerichtet wird,
kann man ihn auch loslassen.
Wenn der Geist in den Dharma eingetreten ist,
ist man auch im Tod glücklich.
Wenn man den Geist als ungeboren erkannt hat,
gibt es auch keinen Tod.

(Dscho-nang Taranatha)

Seit dem Kauf meiner beiden ersten Bücher über den Buddhismus war der Karmapa auf einer geistigen Ebene ständig an meiner Seite gewesen. Er war stark und lebendig, nahm Anteil an meinem Leben. Immer mehr gewöhnte ich mich daran, innerlich mit ihm zu sprechen und ich erhielt auch Antworten. Ich nahm das mehr als geistige Spielerei hin. Ich war nicht mehr allein, hatte innerlich einen Freund an meiner Seite. Nur mit Lama FIW sprach ich darüber und sagte ihm dabei auch, dass ich diese Kommunikation mehr meiner Phantasie zurechnete. Es war wie ein schöner Zeitvertreib, nicht mehr und nicht weniger.

Aber der Lama schien das anders zu sehen. Für ihn war das offenbar eine reale Möglichkeit des geistigen Kontakts. So sprach ich mit Lama FIW schließlich immer offener und selbstverständlicher über das, was ich geistig mit

Karmapa erlebte, auch wenn ich tief im Herzen große Zweifel an der Realität meines Erlebens hatte, denn so etwas konnte es doch eigentlich gar nicht geben. Ich lebte in zwei Welten, einer Welt, die ich anderen mitteilen konnte und einer, die ich verbarg, auch wenn offenbar die Gefahr gebannt war, diesbezüglich als verrückt zu gelten. Wie gerne hätte ich einmal den Realitätsgehalt meiner besonderen Wahrnehmungen überprüft, aber es schien keine Möglichkeit dafür zu geben.

Karmapa war in Tibet, einem Ort, den ich aus gesundheitlichen Gründen nie erreichen würde. Wie gerne wäre ich einmal zu ihm hingefahren, allein schon deshalb, um seine Version unserer Kommunikation zu erfahren. Ich brauchte jemanden, der mich korrigierte und anleitete, aber so einem Menschen war ich bisher noch nie begegnet. Das war unendlich schade.

Doch dann hörte ich auf einmal, dass Karmapa geflohen sei und sich nun in Indien nahe beim Dalai Lama befand. Einerseits war ich hoch erfreut, vielleicht würde ich es ja irgendwann bis Indien schaffen, aber andererseits ging es mir innerlich auch sehr schlecht, denn davon hatte er mir auf der geistigen Ebene nichts erzählt. Warum hatte er das nicht getan? Oder hatten wir womöglich gar keine echte Kommunikation gehabt?

Ich musste einfach wissen, was los war. Aber wie sollte ich mit all meinen körperlichen Schwierigkeiten nach Indien kommen und mit wem konnte ich reisen? Würde der Lama mir vielleicht sagen, wo Karmapa war und wie ich dorthin kommen könnte? Als ich darüber mit FIW sprach, stellte sich heraus, dass er, nun wo ich mich entschlossen hatte zu reisen, bereit war, mich nach Indien zu begleiten. Damit hatte ich überhaupt nicht gerechnet. Das war für mich die Beste aller Lösungen. Begeistert stimmte ich zu. Ich wollte gerne die Kosten und Organisation der gemeinsamen Reise übernehmen.

Ich buchte die Flüge nach Delhi, ein Hotel in der Stadt, die nachfolgende lange Zugfahrt nach Pathankot sowie den Transport per Taxi nach Dharamsala in einem Reisebüro, sobald der Termin für die Reise feststand. Am liebsten hätte ich auch schon gleich ein Hotel für den Lama und mich in der Nähe von Karmapas Aufenthaltsort gebucht. Aber ich wusste ja nicht genau, wo Karmapa lebte und FIW gab diesbezüglich auch keine genaue Auskunft. Er sagte, dass er vor Ort schon irgendeine Bleibe für uns finden würde. Meine diesbezügliche

Phantasie, was die Unterkunft anging, bediente alle Klischees, die ich über die Dritte Welt hatte. Ich musste lernen, mein deutsch geprägtes Selbstverständnis von Organisation loszulassen.

Eigentlich war das für mich mit meinen gesundheitlichen Problemen inakzeptabel, aber ich wagte nicht zu widersprechen, denn ich wollte unbedingt zu Karmapa und ohne den Lama ging es nicht. Auch war ich noch nie in Indien oder irgendeinem anderen asiatischen Land gewesen und ahnte deshalb nicht einmal, dass ich in eine mir völlig unbekannte Welt eintauchen würde, wo ganz andere Traditionen und Umgangsformen herrschten als die mir vertrauten. Ich wusste noch nicht, dass ich in Indien in bester Absicht alles richtig zu machen, kaum ein Fettnäpfchen auslassen würde, in das ich treten konnte. So reiste ich z.B. in Jeans, um möglichst unauffällig zu sein, wurde aber genau durch das Tragen einer derartigen Hose als Prostituierte eingestuft oder zumindest als eine Frau, die sich anmaßte, sich als Mann auszugeben. Solange der Lama als männliche Begleitung in meiner Nähe war, nahm man mich nur erstaunt zur Kenntnis, sobald ich aber alleine war, begann ich den gesellschaftlichen Druck gegen Normabweichler zu spüren.

Der Lama klärte mich diesbezüglich vorher nicht auf, auch informierte er mich nicht darüber, wie man sich üblicherweise dem Karmapa gegenüber verhalten sollte und so machte ich auch dort alles falsch, was man nur falsch machen konnte und was als grobe Unhöflichkeit ausgelegt werden konnte.

Aber ich will der Reihe nach erzählen:

Bevor ich die Reise mit dem Lama planen konnte, hatte ich in keiner Weise für möglich gehalten, so etwas je realisieren zu können. Als FIW mir einmal erzählte, dass er nach Indien reisen würde, bat ich ihn deshalb, einen Brief von mir an den Karmapa mitzunehmen. Der Lama willigte ein. Ich war sehr froh darüber, nun wenigstens mal einen Kontakt bekommen zu können, der nicht nur auf geistiger Ebene stattfand, wenn er denn überhaupt auf dieser Ebene stattfand.

    Aber wie sollte ich Karmapa anreden? Korrekt wäre sicherlich gewesen, ihn mit „Eure Heiligkeit" anzureden. Aber in meinem Geist sprach ich ja mit ihm so, als wäre Karmapa sein Name und natürlich duzte ich ihn dabei. Auf der geistigen Ebene hätte ich einen Brief an ihn folgendermaßen begonnen: „Lieber Karmapa," und dann hätte ich frei von der Leber weg mit ihm als meinem Freund gesprochen. Konnte, ja durfte ich in einem Brief an ihn, den ich ja noch nie körperlich gesehen hatte, einfach so schreiben? Würde ich dabei nicht riskieren, mir die ganze Beziehung von Anfang an ohne Not zu verderben?

In den folgenden Jahren mit Karmapa hatte ich viele Entscheidungen zu treffen, die mich in existentielle Nöte brachten. Immer wieder glaubte ich, alles zu verlieren, wenn ich mich entschied meinem Herzen zu folgen, einfach deshalb, weil wie im Fall des Briefes, mein Verhalten allen Konventionen widersprach. Würde Karmapa wirklich die unbeholfene Sprache meines Herzens verstehen oder wollte er, dass Höflichkeitsformen gewahrt und Konventionen gefolgt würde? Es gab für mich nie ein Sowohl-Als-Auch, sondern nur ein Entweder-Oder. Ich musste mich entscheiden: entweder von Herzen und mit vollem Risiko oder förmlich. Immer wieder entschied ich mich für mein Herz und ich wurde nach größten Ängsten und inneren Höllenqualen tausendfach dafür belohnt. Aber das wusste ich am Anfang ja noch nicht.

So schrieb ich in eben diesem allerersten Brief an ihn nach innerlichem Ringen deshalb nun doch „lieber Karmapa", weil es sich im Herzen, und eben nur dort, richtig anfühlte. Und was dann folgte, war auch die Sprache meines Herzens.

Ich gab dem Lama also den Brief mit und musste bis zu unserem nächsten Wiedersehen nach dem Ende seiner Reise auf den Bericht von Karmapas Reaktion warten. Ich litt und hoffte. Und als FIW dann wiederkam, berichtete er mir nur davon, dass er Karmapa den Brief übersetzen konnte und Schluss. Ich erfuhr nichts von Karmapas Reaktion darauf, selbst als ich nachfragte. Vieleicht hatte Karmapa auch gar nichts gesagt und/oder beim Hören des Inhalts keine Miene verzogen. Der Lama konnte oder wollte keine klare Auskunft geben. Ich hing innerlich wieder in der Luft.

Auf allen
Wegen

begegne ich
mir selbst,

alle
meine Taten

kommen
wie ein Echo

zu mir
zurück.

Schließlich rückte der Reisetermin langsam näher, aber der Lama hatte sich noch nicht um eine Bleibe in Indien bemüht, meinte, es würde ausreichen, das von Delhi aus zu machen. Kurze Zeit vorher gab Dzogchen Pönlop Rinpoche, ein hoher Meister der Kagyü Linie (ich kürze seinen Namen mal mit DP ab) noch einige Belehrungen in Deutschland. Lama FIW war ebenfalls Teil des Programms. Ich fuhr gerne auch dorthin, wollte möglichst viel dabei lernen.

Der Rinpoche galt, wie ich erst viel später erfuhr, als eine Inkarnation eines Schülers von Milarepa. Er war mir gleich sympathisch. Die bei den Unterweisungen anwesenden Lamas und der Rinpoche hielten sich außerhalb der Belehrungen in einem abgeschotteten Bereich auf. Ich hatte mir heimlich gewünscht, Rinpoche DP näher kennenzulernen und meldete mich deshalb freiwillig für die anstehende Arbeit in der Lama-Küche als Hilfskraft. Dabei gehörte es auch zu meinen Aufgaben, den Tisch für die Geistlichen zu decken und das Essen aufzutragen.

In meinem Herzen hörte ich Lama FIW voller Stolz erzählen, dass er bald mit mir nach Indien fahren wollte. Sein Lehrer hätte gesagt, dass ich einmal Milarepa gewesen sein könnte. Vielleicht würde der Karmapa mich ja anerkennen. Ich war mir so sicher, dass FIW genauso gesprochen hatte. Aber wen hätte ich diesbezüglich fragen können? Vielleicht war das ja auch alles nur meine Phantasie gewesen.

Erst etwa ein Jahr später traute ich mich FIW nach diesem Gespräch zu fragen. Er war sehr erstaunt über meine Frage, bestätigte mir aber, dass es sich genauso zugetragen hätte. Zu dem Zeitpunkt vor unserer Reise aber blieb meine diesbezügliche Unsicherheit bestehen.

Wieder lebte ich in dieser Zeit vor der Reise in zwei Parallel-Welten. In der einen hörte ich den Belehrungen zu und half in den Pausen zeitweilig in der Küche, in der anderen glaubte ich FIWs Rede über die bevorstehende Reise nach Indien gehört zu haben und ich „wusste", dass alle Lamas, der Rinpoche und sogar die mitgereiste Mutter des Rinpoches nun darüber nachdachten, ob ich einmal Milarepa gewesen sein könnte oder nicht. Ich „wusste" auch, dass Rinpoche DP ausprobieren wollte, herauszufinden, ob er seinerseits in der Lage war, das Rätsel zu knacken.

Einmal, als ich mit dem Rinpoche kurz allein war, wollte er es offenbar versuchen. Ich stellte einige Teller auf den Tisch, er saß in Warteposition auf das bald folgende Essen. Er sagte auf Englisch halblaut: „Ah, da bist du ja..." Und dann forderte er mich mit einladender Geste auf, mich neben ihn zu setzen.

Wie gerne wäre ich dieser Einladung gefolgt und hätte mich neben ihn gesetzt, der ja auch mein ehemaliger Schüler gewesen war (was ich damals allerdings noch nicht wusste. Ich fühlte mich nur neben ihm am richtigen Platz). Ich hätte so gerne auch offiziell wieder zu den Wesen gehört, die den Dharma verbreiten durften. Aber ich war mir auch sicher, dass ich aus irgendeinem Grund alle meine früheren Fähigkeiten verloren hatte und den Wesen auf diese Weise nicht mehr von Nutzen sein konnte. Das schmerzte mich unendlich, aber ich konnte das offenbar nicht wieder rückgängig machen. Ich konnte mich als dieses spirituelle Wrack, als das ich mich empfand, selbst nicht mehr genügend Wert schätzen.

Ich schüttelte also den Kopf, setzte mich nicht und sagte: „**Sie** sind der Rinpoche!" DP war wie vor den Kopf gestoßen, sein Geist lief auf Hochtouren. Er fing sich aber schnell und fragte mich: „Ach, ist das wichtig für Sie?"-"Nicht wirklich..." antwortete ich. Damit war das Gespräch beendet und ich wusste, dass ich die Prüfung bestanden hatte. Wenn man es recht betrachtete, war selbst mein geistiger Absturz als Yogi ja auch nur eine Illusion meines Geistes. Meine persönliche Katastrophe war nicht wirklich wichtig. Und Rinpoche oder nicht Rinpoche: was für einen Unterschied machte das denn auf einer letzten Ebene?

Ich verneige mich tief
vor all meinen Lehrern,
die mir helfen
wollen,
den erleuchteten
Meister
in meinem Herzen
zu finden.

Ich danke ihnen
für die Enttäuschungen,
die mich aufwecken,
die Verluste,
die mir
die Vergänglichkeit
aller Dinge
zeigen
und für die Abgründe,
die mir des Lebens
Tiefe
offenbaren.

Mein Wanderstab
ist mein Vertrauen
in euch,
mein Schritt

ist leicht
und mein Geist
heiter.

Ich winke
euch
fröhlich
zu
auf meinem
Weg
durch die Zeit.

Vielleicht werden wir uns
irgendwann
wiedersehen.

Bis dahin trage ich euch
in meinem Herzen
wie eine Mutter
ihr liebstes
Kind.

Am nächsten Tag saß ich mit einigen anderen Teilnehmern der Veranstaltung in einem großen Raum, der durch einen Vorhang geteilt war. Es gab mehrere Arbeitsgruppen, die sich mit unterschiedlichen Aspekten der uns vermittelten buddhistischen Lehre beschäftigten. Es konnten nicht genügend Räume für uns zur Verfügung gestellt werden, weshalb auch der Essenssaal für die Lamas gebraucht wurde. Wegen der Diskretion verbarg der Vorhang den Teil, der von den Geistlichen auch weiterhin benutzt werden konnte. Im Moment war aber niemand von ihnen anwesend.

Während wir innerhalb der Gruppe angeregt miteinander diskutierten, bemerkte ich auf einmal, dass offenbar einer der Lamas den Raum betreten haben musste. Ich blickte zwar in Richtung des Vorhangs, konnte aber nicht erkennen, wer sich dahinter verbarg. Die Person schien leise den Raum zu durchqueren, vielleicht, weil sie ein Buch in ihm suchte.

Während wir weiter mit einander sprachen, teilte sich auf einmal der Vorhang völlig unvermittelt und DP trat in unseren Teil des Zimmers, indem er einen lauten Schrei ausstieß. Die Gruppe lachte nervös und erschrocken und dann ergriff eine Teilnehmerin das Wort, um den Rinpoche scherzhaft für seine Neckerei zu rügen. Ich aber wusste intuitiv, dass er gekommen war, um mich in die Natur meines Geistes einzuführen, obwohl ich das damals nicht so hätte formulieren können. Nachdem DP seinen Schrei ausgestoßen hatte, sahen wir einander fest in die Augen. Auch ich war überrascht gewesen und lachte, aber mein Blick löste sich die ganze Zeit nicht von den Augen des Rinpoches. Doch ich spürte auch, dass die Einführung durch ihn nicht den gewünschten Erfolg gebracht hatte.

Einige Zeit danach hatte ich einen Gesprächstermin bei DP. Ich hatte zuvor in einer Nacht drei besondere Träume hintereinander gehabt, die offenbar mit dem Dharma in Verbindung standen und die ich nicht verstand. Ich erhoffte mir Klärung durch den Rinpoche.

Bei dem ersten Traum befand ich mich im Bett meines Schlafzimmers und blickte auf einen seitlich dort stehenden Schrank, an dem nun ein wunderschönes asiatisches Gewand hing, dass durch die Pailletten, mit denen es vollkommen bestickt war, in rötlichen Farben glänzte.

Im zweiten Traum befand ich mich in einem großen matt erleuchteten Kino-Saal, in dem nur sehr wenige Leute außer mir waren. Ich saß mit Blickrichtung auf den Vorhang vor der Leinwand in einer der vorderen Reihen. Plötzlich sah ich, dass einige Leute durch den breiten Gang nach vorne gingen. Es waren einer der höchsten Meister der Nyigma-Tradition des tibetischen Buddhismus und seine Begleiter. Während ich mich interessiert der vorbeigehenden Gruppe zuwendete, stoppte der Nyingma-Meister unvermittelt in meiner Höhe und warf sich zu meiner großen Überraschung dreimal respektvoll vor mir in voller Länge auf dem Boden.

Beim dritten Traum saß ich in einer Art einfachen mittelalterlichen Zigeunerwagen vorne und blickte durch die zu beiden Seiten aufgezogene Plane auf ein kleines rundes, mit Wasser gefülltes Kinder-Planschbecken auf dem Boden. Ich hatte die weiße Kleidung eines Yogis an. Unmittelbar vor mir befand sich ein buddhistischer Meister, der gerade von dem Planwagen aus in das Planschbecken abgesprungen war. Ich wusste, dass ich als nächster springen würde.

Rinpoche hörte dem ersten Traum interessiert zu, beim zweiten gab er einen verächtlichen Laut von sich, so dass ich ihn kaum zu Ende erzählen konnte, beim dritten hörte er wieder zu und war anschließend eine Weile still. Dann sagte er mir, dass die Träume darauf hinwiesen, dass ich wohl die inneren Tantras des Dzogchen praktizieren sollte. Ich hatte keine Ahnung davon, was das bedeutete, merkte mir diese Worte aber und beschloss, diesbezüglich weiter nachzuforschen.

Ich erzählte DP dann noch, dass ich gemeinsam mit Lama FIW bald nach Indien zum Karmapa reisen würde (obwohl ich ja insgeheim dachte, dass er dies schon wusste). Ich bat ihn mir zu sagen, um was ich den Karmapa bitten und wonach ich ihn fragen sollte. „Bitte ihn, dich in die Natur deines Geistes einzuführen", antwortete er mir.

Kurz danach wurde ich krank, hatte große Schmerzen und musste das Seminar abbrechen. Ein anderer Lehrgangsteilnehmer musste mich einige hundert Kilometer mit meinem eigenen Auto nach Hause fahren. Ich hatte keine Kraft mehr dazu.

Kurz bevor ich abreiste erzählte ich Lama FIW von meinen Problemen. Darauf schlug er vor, die etwa zwei Wochen später stattfindende Reise nach Indien abzusagen. Ich aber antwortete ihm, dass ich Wunschgebete gemacht hätte, dass all die möglichen Hindernisse dieser Reise, von denen ich einige erwartet hatte, vor der Reise reif werden sollten, damit wir dann ungehindert reisen könnten. Dies sei jetzt so ein aufgekommenes Hindernis und ich sagte ihm, dass wir trotzdem fahren würden.

Woher ich den Mut für diese Äußerung nahm, wusste ich nicht. Als ich zu Hause angekommen war, wurde ich gleich in einem Krankenhaus aufgenommen.

Man wusste nicht, woher die Schmerzen kamen und beschloss, mich auf Verdacht zu operieren. Eine gynäkologische Ärztin führte letzte Voruntersuchungen durch und plötzlich hatte sie eine Eingebung: „Sie haben vermutlich einen Bandscheibenvorfall!"

    Es fiel mir wie Schuppen von den Augen. Ja, natürlich, ich hatte schon mal etwa vier Jahre lang wegen eines Bandscheibenvorfalls Schmerzen gehabt. Und dann hatte ich plötzlich auf wundersame Weise eine Technik gefunden, dieses Problem selbst wieder zu beseitigen. Die Ärztin, die wusste, dass ich in wenigen Tagen verreisen wollte, und ich hätten uns am liebsten umarmt, so freuten wir uns beide. Ich sagte ihr, dass ich mit meiner Technik die Sache selbst beheben könnte und wurde daraufhin von ihr aus dem Krankenhaus entlassen. Zu Hause wendete ich dann meine Methode an und war reisefähig. Es war wie ein Wunder nach diesen Schmerzen.

Die Geschichte von Baumwoll-Tuch

Mal angenommen

    eines Tages machten zwei kleine Kinder zusammen mit ihrer Mutter einen Spaziergang. Nach einer Weile kamen die drei zu einem Park, wo es einen guten Platz gab, um sich auszuruhen. Die Sonne schien und es war ein wundervoller warmer Tag. Noch mehr Leute hatten dieselbe Idee gehabt und es war deshalb leicht für die Mutter, ihren Kinder zu erlauben, mit anderen Kindern spielen oder das zu tun, was sie wollten. Und so nutzten die Kinder ihre Freiheit und erkundeten die Umgebung.

    Sie kamen zu einer Ecke einer großen Wiese, wo viele Menschen waren, und sie fanden dort auch eine Gruppe von Leuten vor, die jemandem zuhörten. Die beiden Kinder waren erstaunt, dort eine alte Frau zu sehen, die wie eine der Bettlerinnen gekleidet war. Sie schien aber trotzdem sehr glücklich zu sein und hatte eine wunderbare und freundliche Stimme. Sie war offensichtlich gerade damit fertig geworden ein Märchen zu erzählen, denn die Kinder hörten, dass die anderen Leute darum baten, noch mehr hören zu können. Die Kinder schienen also im richtigen Moment gekommen zu sein, denn die Frau begann gerade mit einer neuen Geschichte. Sie sagte:

„Es gab einmal irgendwo im Universum einen großen Yogi, dem es gelungen war, die Erleuchtung zu erlangen, indem er kontinuierlich viele Jahre lang die höchsten spirituellen Lehren praktiziert hatte. Er konnte schließlich so viele wunderbare Dinge tun wie zu fliegen, Fußabdrücke in Stein hinterlassen, durch Felsen gehen, seinen Körper in die Form eines anderen Wesens verwandeln usw., sodass er dadurch viele Schüler bekam. Er brauchte sogar in eiskalter Umgebung nicht mehr anzuziehen als ein Stück Baumwoll-Tuch, um nicht zu frieren. Deshalb nannten die Leute ihn Baumwoll-Tuch.

Zunächst war Baumwoll-Tuch so mit seiner geistigen Praxis beschäftigt gewesen, dann war er damit beschäftigt gewesen zu akzeptieren, dass seine Fähigkeiten so einen großen Fortschritt in so kurzer Zeit gemacht hatten und dann war er so damit beschäftigt gewesen seine vielen Schüler zu lehren. Das hatte viel Zeit in Anspruch genommen, fast ein ganzes Leben. Baumwoll-Tuch war schon ganz schön alt, als er fühlte, dass er eine Pause brauchte, um über all das in Ruhe nachzudenken. Und deshalb versammelte er eines Tages alle seine Schüler um sich und sagte folgendes:

Meine lieben Söhne, meine lieben Töchter: ihr alle wisst, dass ich schon sehr alt bin. Ich fühle den Atem des Todes und würde mich gerne auf den Weg vorbereiten, den jeder eines Tages gehen muss. Ich gab euch all mein Wissen und meinen Segen, sodass ich denke, dass ich jetzt gehen kann. Ich will eine Höhle suchen, wo ich wieder ganz alleine sein werde, um einige Meditationen zu machen. Aber wenn noch einer von euch eine Frage an mich hat, dann will ich sie gerne beantworten."

Was würdest du tun, wenn dein geliebter spiritueller Lehrer so etwas zu dir sagte? Würdest du ihn noch etwas fragen? Würdest du zulassen, dass er geht, einfach so? Würdest du ihn bitten, noch länger zu bleiben? Vielleicht würde er ja nie wiederkommen und dann könntest du ihn nicht mehr fragen und er könnte dich nicht mehr belehren.

Nun, was denkst du, was die Schüler von Baumwoll-Tuch taten? Sie wurden alle sehr traurig, als sie die Worte ihres Lehrers hörten. Sie horchten in sich hinein, ob sie noch eine Frage an Baumwoll-Tuch hatten, aber es fiel ihnen beim besten Willen keine mehr ein. Natürlich hätte es noch viele Fragen gegeben. Aber in diesem Moment hatten die Schüler noch nicht die Reife, diese Fragen zu stellen. Und so verabschiedete sich einer nach dem anderen von seinem Lehrer und viele weinten.

Dann nahm der Meister seinen Wanderstab und seine Essschüssel und verließ die Leute langsam. Niemand durfte ihn begleiten. Als er oben auf dem Hügel angekommen war, drehte er sich noch einmal um und winkte, winkte, winkte, und seine Schüler winkten mit Tränen in den Augen zurück. Das war das letzte Mal, dass sie ihren Meister sahen.

Nun blieben die Leute viele Tage lang zusammen, teilten ihren Schmerz und dachten darüber nach, wie sie ohne ihren Lehrer auskommen konnten. Aber nach all den Tagen des Trauerns musste das Leben weitergehen. Schließlich entschieden sich alle von diesem Ort wegzugehen.

Immer mehr von den Leuten, die am Anfang gehofft hatten, dass der Meister irgendwann noch wenigstens einmal zu seinen Schülern zurückkommen würde, kamen schließlich zu dem Schluss, dass Baumwoll-Tuch sicherlich in der Zwischenzeit gestorben war. Natürlich waren sie sehr traurig darüber, aber sie akzeptierten, was offenbar nicht mehr zu ändern war.

Die meisten Schüler des Meisters hatten alle Lehren erhalten, die Baumwoll-Tuch ihnen entsprechend ihrer spirituellen Entwicklung geben konnte. Selbst wenn der Meister noch unbegrenzt lange bei ihnen geblieben wäre, hätten sie sich zwar über seine Nähe gefreut. Aber seine Anwesenheit hätte nicht bewirkt, dass die Schüler die Lehre noch tiefgründiger hätten praktizieren können, denn sie mussten noch sehr viel mehr gutes Karma ansammeln, um noch höhere Unterweisungen erhalten zu können.

Nur wenige Schüler brauchten weiterhin die fortwährende Inspiration durch ihren Lehrer. Aber sie würden im Laufe der Zeit verstehen, dass der Meister auch auf einer geistigen Ebene mit ihnen Kontakt aufnehmen konnte. Dadurch würden sie eine sehr fortgeschrittene Fähigkeit ihres Geistes entwickeln können. Diese hätten sie nicht so schnell erlernt, wenn Baumwolltuch weiterhin in ihrer Nähe geblieben wäre. Es war also aus den unterschiedlichsten Gründen die Zeit für Baumwoll-Tuch gekommen, von seinen Schülern fortzugehen. Hätte aber nur ein einziger Schüler noch eine Frage gehabt oder seine körperliche Nähe gebraucht, wäre der Meister dageblieben.

Aber was geschah mit dem Meister?

Nachdem sich Baumwoll-Tuch von seinen Schülern verabschiedet hatte, fand er schließlich die richtige Höhle, um darin zu meditieren. Dort blieb er ein paar Jahre und dachte darüber nach, was während seiner Lebenszeit bis dahin passiert war. Was hatte er für ein wundervolles Leben gelebt! Am Anfang war es manchmal allerdings schwierig gewesen. Doch sobald er mit der Hilfe seines Lehrers damit begonnen hatte in einigen Höhlen viele Jahre lang zu meditieren, war Baumwoll-Tuchs Dasein langsam aber beständig spirituell besser geworden, bis er schließlich die Erleuchtung erlangt hatte.

Wie sollte sein Leben nun weitergehen? Er war auf einer solchen Ebene der Verwirklichung, angelangt, wo er entscheiden konnte, ob er sterben und in andere Sphären gehen wollte oder ob er für endlose Zeit auf dem Planeten leben wollte, wo er war. Niemand hatte dieses Geheimnis gekannt. Das war so wundervoll, aber andererseits: nun wo er die Wahl hatte zu tun, was auch immer er wollte: was war die richtige zu treffende Entscheidung?

Was würdest du in einer solchen Situation machen? Mal angenommen du würdest keine Grenzen mehr haben und du könntest ewig leben, wo und wie auch immer?

Baumwoll-Tuch war ein höchst verwirklichter spiritueller Meister und deshalb war seine Entscheidung vielleicht ein bisschen anders als deine sein würde. Er dachte nicht so sehr an sein eigenes gutes Leben, er war stattdessen mehr daran interessiert anderen so viel wie möglich zu helfen. Er war jetzt frei für was auch immer und wo auch immer. Er musste nur seine äußere Form ändern und niemand würde ihn je wiedererkennen. Deshalb wurde er zu einer jungen Frau und sie verließ ihre Höhle.

Sie ging eine ganze Weile, bis sie ein fremdes Land erreichte, wo niemand jemals von dem berühmten Yogi Baumwoll-Tuch gehört hatte. Auch hatten die Leute niemals von der erleuchteten Lehre gehört. Stattdessen waren sie in Unwissenheit gefangen und litten viel. Während Baumwoll-Tuch alle diese armen Leute sah, die nicht wussten, wie sie glücklich werden konnten, war ihr plötzlich klar, was zu tun war. Sie ging zu einem Platz, wo sie niemand stören konnte, und betete vom Grunde ihres Herzens zu den größten erleuchteten Meistern:

„Wie sehr würde ich wünschen, diesen armen Leuten helfen zu können! Wenn ich ihr Unglück wenigstens ein bisschen ändern könnte, würde ich gerne all die Verwirklichungen weggeben, die ich habe, all die Wunderkräfte, all die Verdienste, die ich bis jetzt angesammelt habe und stattdessen möchte ich so viele ihrer Probleme auf mich nehmen, wie ich kann."

Sobald sie mit diesen Worten geendet hatte, konnte sie fühlen, dass ihre Opferung akzeptiert worden war. Und obwohl Baumwoll-Tuch jetzt nur noch eines von den unzähligen Wesen dieses fremden Landes war ohne besondere Fähigkeiten, war sie glücklich. Und sie fühlte auch, dass ihr innerer Weg zu einer viel umfassenderen Erleuchtung, als sie sie bisher gehabt hatte, erst jetzt angefangen hatte. Denn so wunderbar ihre bisherigen Fähigkeiten auch gewesen waren und so groß ihre Weisheit auch schien, es hatte ihnen das bedingungslose Mitgefühl gefehlt, das sie erst jetzt entwickelt hatte. In der Zukunft würde sie deshalb die höchsten Lehren viel tiefgründiger und kraftvoller weitergeben können als zuvor."

Die beiden Kinder hörten ihre Mutter ihre Namen rufen und liefen schnell zu ihr zurück. „Wo seid ihr die ganze Zeit gewesen? Ich hatte mir schon Sorgen gemacht, weil ich euch beide nicht gefunden hatte", sagte die Mutter. „Wir waren dahinten und haben einem Märchen zugehört. Was ist ein Yogi, Mama?"

1)

Wo
ist meine
Heimat?

Bei dir
mein Liebster,
in
deinem
Herzen.

Dein Herz

ist wie die Sonne
und schmilzt
das Eis,
das mich erstarren
ließ.

2)

Kann ich etwas wahrnehmen,
für das ich keine
Sinne
habe?

Fühle ich die Sonne
deines
Herzens:
ist dann nicht
auch
mein
Herz
ein Sonnenherz?

Spüre ich das Eis,
das es umgibt:
habe ich dann nicht
auch
eine Resonanz
dafür?

3)

Sonne
und Eis
sind meine

Welt,

du
und ich
sind meine
Welt,

Heimat
und
Heimatlosigkeit
sind meine Welt.

Alles
ist nur
ein Traum,
mein
Traum
von einer Welt.

Wach auf,
mein Liebster!

Was
siehst
du?

Wenige Tage später trafen der Lama und ich uns auf dem Flughafen. Weder er noch ich hatten irgendjemandem aus dem Dharma-Zentrum erzählt, dass wir zusammen nach Indien reisen würden. Aber wie es der Zufall so wollte, sah mich dann doch eine Frau aus dem Zentrum, die den Lama hingebracht hatte. Sie ging auf mich zu und fragte erstaunt, was ich denn dort machte. Der Lama und ich mussten nun sagen, was wir vorhatten, denn wir mussten ja auch gemeinsam einchecken und die Frau wollte einfach nicht gehen. Sie wirkte vollkommen geschockt. Vermutlich hat sie gedacht, FIW und ich seien ein Liebespaar, das sich nun heimlich gemeinsam auf den Weg nach Asien machen würde.

Als wir im Hotel in Delhi ankamen, erschien auf einmal ein anderer Lama, den FIW kannte, wohl auch deshalb, um mich zu sehen. Zu dritt erkundeten wir Delhi ein wenig, beide asiatische Lamas in roter Robe, ich folgte ihnen in Jeans gekleidet.

So ein Trio fiel auch im übervölkerten Delhi auf. Als ein interessierter Passant, der seine Neugierde gar nicht mehr beherrschen konnte, sich beherzt an Lama FIW wendete, um zu erfahren, woher wir denn kämen, wies dieser ihn schroff zurück ohne zu antworten. Auch im Taxi zeigte sich der Lama dem Taxifahrer gegenüber überheblich und nicht kompromissbereit. Ich war ein wenig erschrocken über so viel Arroganz und so wenig Mitgefühl. Ich hatte FIW bisher noch nicht auf diese Weise kennengelernt.

Am nächsten Tag fuhren wir weiter im Zug nach Pathankot, hatten wundersamer Weise ein Abteil ganz für uns allein. Am Abend kündigte Lama FIW an, dass er nun das Abteil wechseln würde, um mich allein zurückzulassen. Ich wusste nichts von Mönchs-Gelübden, bekam stattdessen große Angst so mitten in Indien, ohne Kenntnis der genauen Weiterfahrt und dann auch noch nachts alleine zu Reisen. Dies teilte ich FIW mit, woraufhin er sagte: „Ja, wenn du Angst hast alleine zu sein, dann bleibe ich." Mir fiel ein Stein vom Herzen und ich begann zu ahnen, auf welchen unberechenbaren Reisebegleiter ich mich da eingelassen hatte.

Von Pathankot aus fuhren wir im Taxi etwa 4 Stunden bis Sidbhari zu einem Gästehaus, das glücklicherweise noch zwei Zimmer frei gehabt hatte. Der Lama hatte von Delhi aus dort angerufen. Ich war erleichtert. Das Haus schien zwar schmutzig aber ansonsten ordentlich geführt zu sein. Ich hatte ein Zimmer mit Dusche und Toilette. Aber ich fand allerlei Insekten, auch den einen oder anderen Skorpion und eine etwa handgroße Spinne, die das Zimmer mit mir teilten. Die Skorpione und die Spinne versuchte ich durch das Fenster hinauszubefördern, die Insekten ließ ich gewähren. Es waren zu viele. Ich dachte, dass ich jetzt endlich, endlich in der Nähe von Karmapa war. Alles andere war der Preis dafür. Ich hätte es schlimmer treffen können.

In der Nacht hatte ich im Zug Träume von Karmapa gehabt, die ich FIW am Morgen erzählt hatte. Sie waren recht positiv gewesen. Er wiegelte ein wenig ab, als er sie hörte. Wir hatten ja nie über den von Seiten des Lamas geheimen Grund der Reise gesprochen. Ich wusste offiziell gar nichts davon, war mir ja auch damals noch nicht sicher, ob sich mein diesbezügliches Wissen auch in der Realität bestätigen, oder sich nur als bloße Phantasie herausstellen würde. Aber gleichzeitig dachte ich auch, dass ich ja gar nicht offiziell anerkannt werden könnte, denn Milarepa war kein Lama gewesen und ich glaubte, dass nur ehemalige Lamas anerkannt würden. FIW hatte mich begleitet, weil er glaubte, ich würde anerkannt werden. Sonst wäre er vermutlich gar nicht mitgekommen.

In der Zeit vor unserer Reise las ich einmal die Übersetzung einer Prophezeiung des fünften Karmapas (1384-1415), geschrieben in dem Buch von Gilles van Grasdorff „Die abenteuerliche Flucht des kleinen Buddha" (S. 149), und der siebzehnte Karmapa hatte mir in meinem Geist erzählt, dass ich die prophezeite Person (siehe Fettdruck) sein würde. Es gibt wohl mehrere Übersetzungsversionen des Textes. Der von mir zuerst gelesene Text lautete so:

... in der Linie der Karmapas, von der sechzehnten bis zur siebzehnten Inkarnation, werden die buddhistischen Lehren im Allgemeinen und die Karma Kamtsang-Linie im Besonderen Winterschlaf halten, wie die Bienen es tun. Die Dynastie des chinesischen Kaisers wird verlöschen und sein Land wird der Stärkste beherrschen. Von Norden bis Osten wird Tibet besetzt werden, eingekreist wie der Diamant, den man einfasst...

Was du auch tust, ist falsch. Derjenige, an den du dich um Hilfe wendest, wird sich gegen dich stellen. Die guten Sitten werden aussterben und die schlechten die Oberhand gewinnen...

In der Folge der Karmapas, gegen Ende seines sechzehnten Lebens und am Anfang des nächsten, wird jener auftauchen, der das Samaya gebrochen hat, als der Lama, der Na-tha genannt wird. Er wird den Thron besteigen. Durch die Macht seines Strebens, das niemand begreifen kann, wird der Dharma des Karmapas fast gänzlich zerstört werden.

Zu dieser Zeit wird einer mit positiver Aspiration aus früheren Leben, eine Emanation von Padmasambhava, von Westen kommen. In Pelz gehüllt und mit flinkem und kämpferischem Geist, wird er zornvoll die Worte des Dharmas verkünden. Jener, der ein sonnenverbranntes Gesicht und vorstehende Augen hat, wird die Emanation besiegen, die das Samaya gebrochen hat. Er wird Tibet eine Zeitlang beschützen. Und in dieser Zeit wird Glück erlebt, wie man es empfindet, wenn die Sonne erscheint.

So sehe ich die Zukunft der tibetischen Gemeinschaft. Aber auch wenn derjenige kommt, dessen vorangegangenes Streben in gutes Karma mündet, wird es schwer sein, Glück zu erleben, weil der Dharma im Abklingen ist und die schlechten Absichten der Maras Früchte tragen.

Nachdem ich den Text zum ersten Mal gelesen hatte, hatte ich ihn fast nicht verstanden. Aber immer wieder einmal begegneten mir diese Zeilen in der folgenden Zeit. Und nachdem Karmapa mir innerlich gesagt hatte, dass ich in dem Text auch erwähnt wurde, prüfte ich ihn genauer. Nein, diese Person konnte ich nicht sein! Ich hatte weder vorstehende Augen noch ein sonnenverbranntes Gesicht. Allerdings war ich durch meine chronische Krankheit ständig in einer Situation, wo ich meine Körperwärme nicht halten konnte. Milarepa hatte, nur mit einem dünnen Baumwollgewand bekleidet, bei Temperaturen von ca. minus 40 Grad die Zeit im Himalaya unversehrt überstanden. Ich dagegen trug selbst im Sommer wärmste Kleidung.

Das mit dem Pelz konnte also zumindest im übertragenden Sinne stimmen, denn echte Pelze trug ich ja nicht mehr. Und die vorstehenden Augen? Das konnte vielleicht meine Brille sein. Damals, zur Zeit des 5. Karmapas, gab es so etwas wie Brillen ja noch nicht. Wie hätte man das Tragen einer Brille anders beschreiben können als mit vorstehenden Augen? Die tibetische Höflichkeitsform von „er" wird genauso geschrieben wie die von „sie". Die angekündigte Person konnte also auch eine Frau sein.

Viel später fand ich dann noch einen Geist-Terma, einen geistigen Schatz, der die Erklärung für die Bezeichnung in der Prophezeiung geben könnte, dass die Person eine Emanation von Padmasambhava sei, denn die Schatzfinder werden oft als Schüler von Padmasambhava, der auch Guru Rinpoche genannt wird, bezeichnet. Manchmal nennt man die Schatzfinder oder Tertöns auch Emanationen des Meisters.

Ich hatte einen modischen warmen Mantel mit einer Kapuze. Mantel und Kapuze waren von einem breiten Kragen aus Kunstpelz umrandet. Kurz vor der Reise dachte ich wieder an die Prophezeiung, als ich überlegte, welche Kleidung ich mitnehmen sollte. Ende Oktober, zum Zeitpunkt unserer Reise, war es in Deutschland schon recht kühl. Es passte gut, diesen Mantel auf der Reise zu tragen.

In Sidbhari hatten der Lama und ich etwa zwei Tage nach unserer Ankunft eine Privat-Audienz beim Karmapa. Es waren etwa 25 Grad im Schatten. Da war der Mantel selbst mir zu warm. Ich fühlte aber, dass ich der Prophezeiung gerecht werden musste, biss also die Zähne zusammen und zog den Mantel über. FIW sah mich etwas überrascht an, als er mich in dem Aufzug sah, aber er fragte nicht weiter nach. Mit einem Taxi fuhren wir in das Kloster, in dem sich der Karmapa aufhielt.

Wir waren nicht die einzigen, die an diesem Tag eine Privat-Audienz hatten. Europäer, einzeln und in Gruppen, warteten ebenfalls. Auch einige Asiaten waren anwesend. Indische Sicherheitskräfte überprüften die Besucher. Kameras und als Waffen einzustufende Gegenstände waren nicht erlaubt. Die Untersuchung war recht genau. Anschließend durften die Besucher durch das Kloster von einer Sicherheitskraft begleitet in das oberste Stockwerk gehen, in dem der Karmapa sich üblicherweise aufhielt. Er war zwar jetzt in der Freiheit in Indien, stand aber, vermutlich durch politische Intrigen, quasi unter erweitertem Hausarrest. Die Sicherheitskräfte dienten offenbar nicht nur seinem Schutz, sondern sie verhinderten auch, dass Karmapa sich unbeobachtet entfernen konnte.

Als wir aufgefordert wurden, zu Karmapa hochzugehen, zog ich wieder meinen dicken Mantel an. - Nein! Den Mantel dürfte ich nicht anbehalten! - Doch! Ich gab ihn nicht wieder her, jetzt, so nahe vor dem Ziel. - Nein! Ich müsste ihn unbedingt wieder ausziehen. So etwas sei nicht erlaubt. - Doch! Ich sei krank und bräuchte den Mantel, unbedingt! Der Schweiß rann mir von der Stirn, aber ich beharrte auf meinem Kleidungsstück, wurde lauter, dramatischer. Die anderen Besucher umringten mich neugierig, eine Front entstand zwischen der aufgebrachten Sicherheitsfrau und ihren etwas gleichgültig schauenden Kollegen einerseits und den Besuchern und mir andererseits. Die Sicherheitsfrau blickte wütend zu ihren Kollegen, erwartete Rückendeckung. Aber als diese ausblieb, bedeutete sie mir mit einer zornvollen Geste, weiterzugehen. So blieb ihr Gesicht gewahrt und ich hatte, was ich wollte. FIW verstand mich offenbar nicht, aber er verhielt sich neutral. Gemeinsam gingen wir nach oben und warteten, bis wir an der Reihe waren. Die für die Prophezeiung erforderliche sonnenverbrannte Haut holte ich mir am Tag zuvor, indem ich mich, ohne Sonnencreme zu benutzen, für eine Weile in die starke indische Sonne stellte.

(In einer englischen Version der Prophezeiung, die ich erst viel später fand, stand allerdings nichts von sonnenverbrannter Haut, auch steht da nichts von „in Pelz gehüllt". Stattdessen wird von einer Halskette aus Muttermalen gesprochen (ich habe so viele Muttermale, dass man sie kaum zählen kann, natürlich auch am Hals). Die Person hat dort außerdem eine dunkelbraune Farbe. Meine Haut ist nicht so, aber meine Haare waren z.Z. meines ersten Besuchs bei Karmapa trotz meiner über fünfzig Lebensjahre natürlicherweise noch fast vollständig dunkelbraun. Der „Pelzmantel" verfehlte aber seine Wirkung nicht. Jemand aus Karmapas Entourage steckte mir später wohl aufgrund dessen einmal heimlich einen Anhänger zu, auf dessen Vorderseite der 17. Karmapa zu sehen war. Auf der Rückseite war Tara abgebildet.)

Roulette

Die Kugel
rollt,

während sich
die Scheibe
meines Lebens

dreht.

Die Zahlen
gleiten
vorbei

und dann
schließlich

kommt
mein Herz
zur Ruhe.

Ich war sehr aufgeregt. Jetzt würde ich dem Mann zum ersten Mal leibhaftig begegnen, mit dem ich mich seit Jahren täglich innerlich unterhielt. Ich hatte inzwischen keinerlei Zweifel mehr, dass ich wirklich spirituellen Kontakt mit einem Wesen hatte, dass sich selbst Karmapa nannte. Er war mir einige Male auch erschienen, hatte einmal sogar seine Bodhisattwa-Krone auf seinem Kopf gehabt. Aber jetzt würde ich dem richtigen Karmapa begegnen, dem, der sich äußerlich manifestiert hatte, dem, der im allgemeinen

Realitätsverständnis zählte. Der andere konnte ein Wesen meiner Phantasie sein. Jetzt würde ich es erfahren können, was wirklich los war. Vielleicht würde ich anschließend deshalb innerlich abstürzen, denn ich war in diesem Moment ein körperliches und psychisches Wrack und schon ein Fingerschnippen von Karmapa hätte mich vernichten können.

Aber es gab da noch eine andere Ebene: ich war einmal Milarepa gewesen, hatte auch in meinem jetzigen Leben inzwischen bei meinen Meditationen höchste Einsichten erzielen können, hatte das Klare Licht in meinem Geist gesehen. Hieß das nicht, dass ich erleuchtet war? Ein Erleuchteter musste sich doch nicht vor dem Karmapa niederwerfen, auch wenn der Rest von mir ziemlich am Ende war. Wieder entstand eine Alles-oder-nichts-Frage. Warf ich mich nicht nieder, dann würde ich Karmapa vielleicht aus seiner Sicht nicht den genügenden Respekt erweisen. Unsere Beziehung auf der äußeren Ebene wäre dadurch vielleicht zu Ende gewesen, noch bevor sie beginnen konnte. Der Brief an ihn hatte diesbezüglich keine Klarheit gebracht. Andererseits hatte ich ja diese meditativen Resultate erreicht. Hätte ich mich niedergeworfen, dann hätte ich diese Ergebnisse verleugnet, jetzt, wo ich vielleicht dem Buddha begegnen würde. Das ging auch nicht. Das war nicht richtig dem Dharma und allen anderen erleuchteten Meistern gegenüber.

Ich fühlte mich schlecht, hin- und hergerissen zwischen dem Wunsch einer Beziehung zu Karmapa und der Begegnung im Dharma. Ich entschied mich für das Letztere.

Als wir eintraten, stand Karmapa auf der linken Seite des Audienzraumes. Er blickte mir streng in die Augen, hatte mich offenbar schon durch die Eingangswand hindurch gesehen und musste deshalb den Blick auch nicht neu auf mich richten. Seine Augen sahen mich vorwurfsvoll an, so als würde er sagen wollen: „Da hast du ja ganz schön was verbockt, Milarepa!" Ich nahm den Blick zwar wahr, hatte aber innerlich ganz andere Probleme. Der Lama, der mich nicht in seinem Blickfeld hatte, warf sich dreimal nieder, während Karmapa zu seinem Sitz ging. Ich warf mich nicht nieder.

Karmapa und ich sahen uns fast die ganze Zeit an. Nachdem FIW und ich uns vor dem Buddha Karmapa niedergesetzt hatten, war ich noch damit beschäftigt, mich innerlich vor dem Karmapa dafür zu rechtfertigen, dass ich mich nicht niedergeworfen hatte. Ich hätte nämlich schon das Klare Licht gesehen. Ach ja? Karmapas Augen wurden zu einem Laserstrahl und schnell durchmaß er meinen Körper erst von oben nach unten und gleich darauf wieder von unten nach oben: Na ja, das geht ja gerade noch so. Aber sooo doll ist das auch nicht. Ich, Karmapa, bin doch noch ein ganzes Stück weiter als du!

Mir war sofort klar, dass er Recht hatte. So einen äußerst kraftvollen Laserstrahl zur Schnell-Kontrolle des geistigen Niveaus des anderen konnte ich nicht produzieren. Meine Augen ließen seine nicht los. Ich starrte ihn an, mit all der Verzweiflung meines Herzens. Ich brauchte Hilfe, jetzt, und er musste meine Rettung sein. Bitte, Karmapa, rette mich, ich bin am Ende!

Unbeständigkeit

Gerade eben noch
schien die Sonne
in mein Herz,

jetzt
verhüllt
dichter Nebel

die Sicht

in die Tiefe
meines
Seins.

Will ich ihn greifen,
weicht er
vor meiner Hand
zurück.

War es ein Wort
von dir,
das mich verletzte?

War es meine Illusion
von deinem Wort?

War es ein Klang
aus meiner Kindheit
vielleicht,

aus fernen Zeiten,
in denen ich
meinen Namen
noch nicht
kannte?

Ich finde keine
Worte
für das,
was mich traf,

und doch
traf es mich

irgendwie.

Ich handele
nicht,
warum auch?

Ich warte
auf den Moment,
der den Nebel

vertreibt,

einfach
so.

In die Stille hinein begann der Lama zu sprechen. Er wäre unzufrieden mit seinem derzeitigen Aufenthaltsort in Deutschland und wünschte, sich zu verändern. Ich war sprachlos. Niemals zuvor hatte er sich mir gegenüber so offen geäußert. Er wollte also weg von meinem Dharma-Zentrum, mein Lama, mein Zugang zur Quelle! Wie würde ich je wieder einen Lama wie ihn finden, dem ich mein ganzes Herz ausschütten könnte? War es ihm egal, dass ich neben ihm saß und alles mithörte? Naja, wann und wie hätte er es dem Karmapa auch anders sagen können? So oft reiste er ja auch nicht hierher.

Erst viel später wurde mir klar, dass FIW natürlich Tibetisch mit dem Karmapa gesprochen haben musste. Karmapa selbst konnte noch kaum Englisch. Auch FIW fiel die Sprache nicht allzu leicht. Aber Tibetisch konnten sie beide. Es war Karmapas Muttersprache und für den Lama eine Sprache, die er bestens kannte. Ich hatte also FIWs Worte verstanden, obwohl ich noch kaum Tibetisch konnte.

Später hörte ich mal eine Geschichte von einer Besuchergruppe, die beim Karmapa gewesen war. Es konnten einige Fragen gestellt werden und der Karmapa beantwortete sie. Als die Besucher gegangen waren, sagte eine italienische Frau sehr erstaunt, dass sie gar nicht gewusst hatte, dass der Karmapa Italienisch sprach. Die Sprache kannte er auch gar nicht. Trotzdem hatte die Frau den großen Lehrer verstanden und war deshalb der irrigen Meinung gewesen, dass das ja nur angehen konnte, wenn er Italienisch gesprochen hatte. Mir ging es bei unserem Besuch ähnlich. FIW verstand ich plötzlich, den Karmapa aber nicht. Deshalb hatte ich geglaubt, dass der Lama Englisch gesprochen haben musste.

Nun war ich an der Reihe zu sprechen. Ich sagte ihm, dass ich mit Rinpoche DP über meinen bevorstehenden Besuch gesprochen hätte und dass er mir empfohlen hätte, den Karmapa darum zu bitten, mich in die Natur meines Geistes einzuführen. Dies würde ich hiermit tun wollen. Der Blick des Buddhas wurde weich. Diese Bitte meinerseits schien ihm zu gefallen, vielleicht war es aber auch die Freude über den Rat seines Schülers DP, wer weiß. Ich stellte noch zwei weitere Fragen, ohne zu bemerken, dass ich ja gar keine Antwort auf sie bekam. Dann war unsere Audienz zu Ende. FIW und ich erhoben und verneigten uns. Dabei legte der Karmapa dem Lama die Hände auf den Kopf, wohl um seinen flatternden Geist zu stabilisieren.

Ich drehte mich um, denn ich wollte den Raum verlassen. Plötzlich schien die Zeit stillzustehen. Ich hörte Karmapa, wie er ohne Worte, aber ganz klar und deutlich zu mir sprach: „Du wirst mir doch nicht deinen Rücken zudrehen wollen??!" Ich erstarrte innerlich: durfte man Karmapa nicht den Rücken zudrehen? Niemals zuvor hatte ich davon gehört, niemand hatte mir dies je gesagt. Und doch wusste ich irgendwie, dass Karmapa Recht hatte. Das war eine sehr grobe Unhöflichkeit ihm gegenüber.

Zur Sicherheit blickte ich mich ein wenig um, ja, tatsächlich: alle anwesenden Personen blickten zum Karmapa. Niemand drehte ihm den Rücken zu. Ich schrie innerlich auf: „Aber ich KANN gar nicht rückwärts laufen!!!" (Ich bin gehbehindert.) Trotzdem versuchte ich nun das Unmögliche. Ich drehte mich um und war, ehe ich mich versah, schon außerhalb des Raumes angekommen. Karmapa hatte mir mit seinen Wunderkräften geholfen.

Der Mondlicht-Planet

Es
lebte einmal
der König
meines Herzens

für einen kurzen
Moment

wieder
an meiner
Seite.

Er erkannte
mich,
seine Begleiterin
aus fernen
Zeiten.

Mein Geist
dagegen
war blind.

Der Meister
sah mich an
und blickte dabei

durch mich hindurch
in zeitlose
Räume.

„Wir werden einmal
zusammenkommen",

sprach der Greis
zum jungen
Mädchen.

„Was redet der?"
dachte ich.

„Wenn du mein
Gesicht

im Mond
siehst,
wirst du wissen,
dass es wahr ist,
was ich sprach",
sagte er.

Nachdem
der Bodhisattwa
gestorben
war,
erschien sein
Antlitz

im Mond
bei Nacht

und viele
wunderten sich
darüber
und waren
voller
Ehrfurcht.

Und mich
berührte dieser Anblick
so
sehr,

dass ich
die Worte des alten
Mannes
nie mehr
vergaß,

obwohl
schließlich
viele hundert Jahre
vergingen.

Heute
hat mein Herz
dich
wieder gesehen,
weiser Mann.

Jetzt
bist du ein Jüngling
und ich
eine alte
Frau.

Und ich spüre,
dass wir schon bald
beieinander
sein
werden,

und
dass unsere Leben
verwoben
bleiben werden
bis zum Ende
der Zeiten

auf dem
Mondlicht-Planeten.

FIW und ich kehrten zum Gästehaus zurück. Wir sprachen kaum miteinander, verabredeten uns zum gemeinsamen Abendessen ebendort, dann ging jeder von uns auf sein Zimmer. Ich war vollkommen fertig, musste erst mal meine Eindrücke verdauen. Es dauerte eine Weile, bis ich an den Lama dachte. Karmapa hatte mich nicht offiziell anerkannt! FIWs Träume, vielleicht mit mir gemeinsam als derjenige zurückzukehren, der Milarepa wiedergefunden hatte, waren zerplatzt. FIW hätte vielleicht viel Ruhm erhalten, man hätte ihn auf diese Situation angesprochen. Andere Mönche hätten vielleicht zu ihm aufgeblickt. Das alles war jetzt infrage gestellt, vielleicht sogar unmöglich geworden. Er hatte auf einen falschen Milarepa gesetzt.

Schon vor unserer Reise dachte ich, dass ich bei diesem Besuch in Indien nicht offiziell anerkannt werden würde. Ich hatte offenbar richtig gelegen. FIW jedoch kannte die Tradition. Sein Lehrer, der große hoch angesehene Yogi und Gelehrte, hatte ihn vermutlich ermutigt, mit mir nach Indien zu fahren, da er wohl meinte, ich sei einmal Milarepa gewesen und auch Rinpoche DP schien mich diesbezüglich einzuschätzen. Aber Karmapa war innerlich viel weiter als die beiden großen Meister. Er würde erkennen, was wirklich los war. Auf sein Urteil konnte man sich verlassen.

Ich hatte noch in Deutschland einen englischen Text gefunden, der sehr kurz und knapp erklärte, dass all unsere Wahrnehmungen illusionsgleich seien. Ich hatte darüber nachgedacht, ihn FIW zu geben, nachdem ich von Karmapa nicht anerkannt werden würde. Diesen Text holte ich nun hervor und brachte ihn auf sein Zimmer. „Warum gibst du mir jetzt diesen Text?", fragte er. „Einfach so", antwortete ich und ging wieder. Ich ließ ihn allein mit seinem Schmerz.

Für mich hingegen war alles rosarot. Ich hatte Karmapa gesehen und ich hatte erlebt, dass ich mich wirklich mit ihm auf einer geistigen Ebene unterhalten konnte. Meine Beziehung zu ihm in der Vergangenheit war also vielleicht doch keine Phantasie gewesen. Ich war voller Hoffnung auf die Zukunft. Alles war möglich.

Einst trafen sich
Mila,
der Wanderer,
Tenzin,
der große Führer
und Ogyen,
dessen Angesicht
den Mond
prägte,
und berieten
folgendes:

„Vielleicht
werden wir
eines Tages
gemeinsam
fortgehen,

um uns dann
im Land des Schnees
wieder
zu treffen.

Unsere Gesichter
werden andere
Farben
tragen,

aber unsere Herzen
werden eins
sein.

Wie Vögel
in einem Nest
werden wir
zusammenkommen,
um auszubrüten,

was dem Dharma
nützt.

Vieles
ist im Umbruch,
und neue Zeiten
erfordern

Beweglichkeit
in erstarrten
Strukturen.

Möge der Segen
der Buddhas
die Herzen
aller Wesen
öffnen!"

Wir hatten einen Aufenthalt von vierzehn Tagen in Indien gebucht. Für FIW war ich auf einmal relativ uninteressant geworden. Er teilte mir mit, dass er vor Ort Freunde besuchen und vielleicht auch bei ihnen wohnen wollte. In zwei Tagen wäre noch eine öffentliche Audienz vom Karmapa. Ob ich daran Interesse hätte. „Sehr gerne", antwortete ich ihm. Gut, dann würde er mich zu einer bestimmten Uhrzeit abholen.

Ab sofort war ich meistens alleine. Ich machte das Beste aus meiner unverhofften Situation und erkundete den Garten des Gästehauses. Dort gab es auch einen wunderschönen Tempel. Hierhin ging ich immer wieder. Ich war jetzt so viel näher beim Karmapa. Ich fühlte seine Anwesenheit sehr viel stärker als in Deutschland. Wie wunderbar! Ich saß im Tempel und ließ auch die Präsenz Buddhas auf mich wirken. Immer wieder blickte ich zu der riesigen goldenen Statue empor, während ich auf einer Matte am Boden saß. Ich war zu Hause, innerlich angekommen.

Als wir zu Karmapas Kloster fuhren, versuchte ich bei der öffentlichen Audienz möglichst weit vorne zu sitzen, was mir auch gelang. Lama FIW stand hingegen unruhig hinten am Rand während der Karmapa anwesend war. Gut, ich war nicht offiziell anerkannt worden, was eigentlich schade war. Nun musste ich meinen Weg anders fortsetzen. Ich war traurig, nicht in Karmapas Nähe weitergehen zu können. Aber so war es nun mal. Ich konnte ja nichts dagegen machen.

Ich sah den Karmapa an. Wie gerne wäre ich bei ihm geblieben. Und der Karmapa sah mich auch an, die ganze Zeit. Er war gekommen, blieb eine Weile und ging dann wieder. Aber während er da war, fühlte ich eine große Nähe zwischen ihm und mir. Jedoch ich spürte auch eine Distanz. Er würde gehen und danach wäre ich wieder allein, irgendwo auf diesem Planeten in Indien.

Während Karmapa seine Belehrung gab, bemerkte ich plötzlich Lama FIW an der Seite des Tempels. Er sah prüfend zu mir herüber. Aber ich konzentrierte mich gleich danach wieder auf Karmapa. Für FIW war ich doch kaum noch existent und vor mir saß das Wesen, das ich so gerne sehen wollte.

Karmapa sprach u.a. davon, wie schwer es sei, als Bodhisattwa zu leben. Das sollte man sich doch überlegen. Und ich dachte: was für ein Unsinn. Ich würde gerne als so ein Erleuchtungswesen leben, das sein ganzes Dasein dem höchsten Wohl aller Lebewesen widmet. Warum erzählte er mir das? Ich war mir sicher, dass er das insbesondere mir erzählte. Ich fragte ihn innerlich: Und du? Denkst du innerlich genauso?? -Nein, antwortete er in seinem Geist. Ich mache das sehr gerne. - Also warum sagst du mir das denn? fragte ich. Ich erhielt keine Antwort. Stattdessen beantwortete er mir die beiden anderen Fragen, die ich bei der Privataudienz gefragt und die er dort nicht beantwortet hatte. Er kleidete das in allgemeine Formulierungen bei seinem Vortrag, etwa so: manche Menschen fragen mich.... Darauf könnte man folgende Antworten geben...

Als ich viel später mal mit jemandem darüber sprach, der Karmapa gut kannte, ob das wirklich so gewesen sein könnte, dass er mir auf diese Weise geantwortet hätte, sagte derjenige nur: „Das macht er immer so."

Lama FIW passte mich ab, nachdem die Belehrung vorbei war. Er sagte mir, dass er nicht mit zum Gästehaus kommen würde. Er fragte mich, wie ich die

Belehrung von Karmapa fand. Natürlich wunderbar, wie auch sonst? Und dann sagte FIW: „Er hat dich die ganze Zeit angesehen."-"Ja", antwortete ich.

Nach ein paar Tagen tauchte FIW wieder auf. Er hatte sich offenbar mit anderen Mönchen über meinen Fall besprochen. Vermutlich gaben die der Angelegenheit noch eine Chance. FIW stellte mich Gyaltsab Rinpoche vor, einem der vier Linienhalter der Kagyü-Tradition, der gerade vor Ort war. Während die beiden Geistlichen miteinander sprachen, beobachtete mich der Rinpoche beiläufig. Ich konnte spüren, wie er mich prüfte und offenbar für des Erforschens wert befand. „Wart ihr schon bei Karmapa?", fragte er. „Ja"; sagte FIW. Danach war für den Rinpoche klar, dass er sich offenbar in mir getäuscht hatte. Ich war kein wiedergeborener Lama. Die Audienz war kurz danach beendet.

Zu den anderen öffentlichen Audienzen von Karmapa während unseres Aufenthaltes kam FIW nicht mehr. Ich hingegen nahm jeden Augenblick ganz in mein Herz auf, sah Karmapa die ganze Zeit an, sprach innerlich mit ihm. Manchmal glaubte ich, dass er mir auf dieser Ebene auch antwortete, war mir aber nicht wirklich sicher. Vermutlich bildete ich mir das alles nur ein. Aber dann kamen im Laufe der Zeit letztlich immer mehr solche Momente, wo ganz klar war: wir konnten ohne Worte miteinander kommunizieren.

Gleich bei der zweite öffentlichen Audienz war so ein Moment: Als die Audienz begann, schlurfte Karmapa herein, ging lustlos auf seinen Ehrenplatz, leierte die Worte herunter, so als gefiele ihm das alles nicht. Ich war enttäuscht. Der Meister, dem ich mich so nahe fühlte, dessentwegen ich die schwierige weite Reise auf mich genommen hatte, konnte diesem kostbaren gemeinsamen Moment nichts abgewinnen. Es waren ja auch noch viele andere Besucher da. Genau wie ich hatten sie wohl meistens große Mühen auf sich genommen, um den Karmapa zu sehen und zu hören. Warum riss er sich nicht wenigstens ein bisschen zusammen für die paar Minuten? Aber vielleicht riss er sich ja zusammen, vielleicht konnte er es gar nicht besser machen, vielleicht war er krank, hatte Fieber. Ja, das würde es sein. Er war leider krank und litt sehr. Armer Karmapa! Möge es dir gut gehen!!!

Als ich diese letzten Gedanken gedacht hatte, war Karmapa gerade dabei, den Tempel wieder zu verlassen. Er hatte mich bis dahin kaum angesehen und wenn, dann auch nur flüchtig. Als ich diesen letzten Wunsch aus tiefstem Herzen innerlich aussprach, blieb Karmapa unvermittelt stehen, drehte den Kopf zu mir, sah mir direkt in die Augen und winkte mir lächelnd zu. Danach ging er weiter, als wäre nichts passiert. Ich war wie vor den Kopf gestoßen, blieb mit offenem Mund stehen: er hatte alles gehört, was ich gedacht hatte!

Die Geschichte vom Wunsch-erfüllenden-Juwel

Angenommen

es gab mal eine Mutter mit vier kleinen Kindern. Sie hatte niemals ein bisschen Ruhe. Ihre Kinder brauchten sie immerzu. Manchmal hatte ein Kind Hunger und nicht lange danach hatte ein anderes Durst. Dann musste das dritte mit Hilfe der Mutter auf die Toilette und danach war dem vierten plötzlich langweilig und es wollte, dass die Mutter mit ihm spielte. Und als das vierte Kind glücklich war, hatte das erste ein neues Problem. So ging das die ganze Zeit, einen Tag nach dem anderen. Du kannst dir also vorstellen, dass die junge Mutter oft sehr müde war.

An einem Abend war es schon sehr spät und die Kinder wollten einfach nicht schlafen, obwohl sie schließlich in ihren Betten lagen. Die Kinder ließen die Mutter nicht gehen. Eines wollte, dass sie einem Lied zuhörte, ein anderes wollte noch mit ihr spielen, das dritte stritt mit dem vierten und bat sie um Hilfe.

Norbu, welches der Name der jungen Mutter war, wollte am liebsten schlafen. Bevor sie ihr erstes Kind bekommen hatte, hatte sie viel meditiert und sie hatte versucht, so weit wie möglich auf ihrem spirituellen Pfad voranzukommen. Manchmal hatte sie sogar darüber nachgedacht, eine Nonne zu werden. Aber dann hatte sie sich in einen wundervollen Mann verliebt, den sie schließlich auch heiratete. Er wollte viele Kinder haben und nun hatte sie schon vier. Und offensichtlich gab es keine Zeit mehr für ihre spirituelle Praxis.

Sie fragte sich manchmal, wann und wie sie überhaupt je weiter auf ihrem geistigen Weg voranschreiten könnte. Sie dachte mehr und mehr darüber nach, dass ihre wunderbaren Kinder, die sie so sehr liebte, alle ihre Chancen wegnahmen, auf dem inneren Weg voranzukommen. Wie sehr wünschte sie sich manchmal, sich auf die Worte ihres spirituellen Lehrers konzentrieren zu können, der über Bodhicitta und andere schwierige Themen gesprochen hatte! Und nun war sie nur noch müde und wollte auch ins Bett gehen!!

Die Kinder sprangen auf ihren Betten herum, warfen mit Bettdecken und Kissen. Norbu musste sie mit irgendetwas stoppen, aber womit? Nun wollte ihr ältester Sohn sogar noch eine Geschichte hören! Eine Geschichte? Ja, eine Geschichte, das war es! Die Mutter würde ihnen eine Geschichte erzählen, so dass sie schließlich ein bisschen ruhiger werden könnten. Und weil sie gerade darüber nachgedacht hatte, wie und wann ihre eigenen Wünsche je wahr werden könnten, sagte sie das folgende:

„Ja, ich werde euch nun eine Geschichte erzählen und ich muss sagen, dass das eine sehr besondere Geschichte ist. Es war einmal ein sehr weiser spiritueller Meister, der schon so lange und so viel meditiert hatte, dass er schließlich die Wünsche aller Leute erfüllen konnte. Jeder, der den Meister auch nur für einen kurzen Moment gesehen und der zur gleichen Zeit einen Wunsch in seinem Herzen gehabt hatte, konnte sicher sein, dass sein Begehren erfüllt werden würde. Deshalb wurde der Meister auch „Wunsch-erfüllendes-Juwel" genannt.

Und als er sich entschloss in ein anderes Land zu reisen und sogar bereit war, eine sehr besondere und tiefgründige Belehrung zu geben, wurde fast jedermann dort sehr aufgeregt. Die Politiker wünschten, dass sie zeigen konnten, wie wichtig sie waren und darum wollten sie mit dem Meister sprechen. Geschäftsleute dachten, wie gut das für ihr Geschäft sein würde, wenn sie auf Fotos gemeinsam mit dem Lehrer gesehen werden könnten. Frauen, die Kinder haben wollten, Männer, die Geld brauchten, jedermann, der einen besonderen Wunsch hatte, versuchte den Meister auf seiner Reise durch das Land zu treffen oder wenigstens von fern zu sehen.

Natürlich gab es auch spirituelle Menschen, die zu erfahren wünschten, wie so ein Meister wie er lebte und handelte, und es gab auch Leute, die wünschten, mit ihm über ihre persönlichen und geistigen Probleme zu reden. Auch sie alle versuchten deshalb, ihm wenigstens einmal zu begegnen."

Norbu sah auf ihre Kinder, die während ihrer Geschichte damit begonnen hatten, sich in ihre Betten zu legen. Schliefen sie schon? Wenn die Mutter jetzt aufhörte zu erzählen, würden sie vielleicht wieder damit beginnen laut zu sein. Deshalb musste Norbu fortfahren zu reden. Aber sie war so müde! Sie legte ihre Beine auf einen Stuhl und lehnte ihren Kopf an den Rücken eines Arm-Sessels. Sie schloss ihre Augen ein wenig, sodass sie sich besser konzentrieren konnte. Sie wusste nicht wirklich, wie sie mit dieser Geschichte fortfahren könnte.

Wie wunderbar würde es sein, einen Meister wie ihn zu treffen! Dann würde sie natürlich auch gerne dorthin gehen wollen, um ihn zu sehen! Sie würde früh aufstehen, um dort so rechtzeitig wie möglich zu sein, sodass sie wirklich eine Chance haben würde, den Meister zu erblicken.

Auf einmal hatte sie das Gefühl, dass sie sich die Situation sehr gut vorstellen konnte. Es war so, als würde sie zwischen vielen Menschen stehen, die aufgeregt darüber waren, den Meister gleich sehen zu können. Sie hatte einen guten Platz, so dass sie einige Autos wahrnehmen konnte, die die Straße entlang kamen. Die Fahrzeuge hielten an und einige Leute kamen heraus. War der Meister auch da? Ja, wirklich! Und er kam genau dorthin, wo sie stand! Wie sehr wünschte sie sich, einmal so verwirklicht zu werden wie er!

Er sah ihr direkt in die Augen, während sie dies dachte. Sein Blick war so besonders, hatte so eine Intensität, dass sie plötzlich aufwachte.

Sie hatte das alles nur geträumt!

Sie hat also den Meister gesehen. Glaubst du, dass ihr Wunsch erfüllt werden wird?

Nachdem der Sohn
einen Acker geerbt hatte,
verbrachte er viele
Jahre
damit,

zu überlegen,
welche Ernte
ihn erwarten könnte,
sollte er sich für diese
oder jene
Saat
entscheiden.

Inzwischen
breitete sich das Unkraut
auf dem Boden
aus
und die noch vorhandenen
Vorräte
wurden immer
kleiner.

Du lachst
über den Dummkopf?
Weißt du denn nicht,
dass
auch du
wie der Sohn
bist,
da du den Acker
deines Geistes
unbearbeitet
lässt?

Der Tod
kann kommen,
noch ehe du
dafür bereit bist.

Und dein verwirrter
Geist
wird dir nicht
in der Dunkelheit
leuchten
können,
wenn du ihn
nicht
beizeiten
geschult
hast.

Der Sohn
ist eines Tages
aufgestanden
und hat seinen Acker
bearbeitet.
Er ist ein reicher
Mann
geworden.

Du hast das geistige Potential
zur Erleuchtung
in dir.
Wann wirst du dich aufmachen,
es zu entdecken?

Als die Zeit unserer Reise zu Ende ging, sagte mir Lama FIW, dass wir noch eine zweite Privataudienz bekommen würden, um uns zu verabschieden. Wie wunderbar! Wieder würde ich Karmapa für eine kurze Zeit sehen! FIW hoffte vermutlich, dass Karmapa beim ersten Mal nicht genau genug hingesehen hatte. Vielleicht würde es ihm ja beim zweiten Mal endlich aufgehen, wen er da in meiner Person vor sich hatte. All das dachte ich, sprach den Lama aber nicht darauf an. Ich wollte Karmapa noch einmal sehen, egal warum. Vielleicht hätte FIW die Sache abgeblasen, wenn ich ihm meine Gedanken mitgeteilt hätte.

Am Abend vor der Audienz saß ich allein im Garten des Gästehauses. Auf einmal hatte ich eine Vision: wie schön würde es sein, wenn Karmapa eine Residenz, einen Tempel und ein Kloster in Deutschland haben würde! Ich sah die Gebäude dieses Gartens im tibetischen Stil vor meinem geistigen Auge in Deutschland stehen. Ich hing diesen Gedanken ein wenig nach. Dann vergaß ich sie wieder.

Am nächsten Tag fuhren wir wieder zu Karmapa. Diesmal hatte ich den warmen Winter-Mantel nicht an. Während wir oben auf dem offenen Gang gemeinsam mit anderen darauf warteten, an die Reihe zu kommen, war ich auf einmal vor Sehnsucht zu Karmapa überwältigt. Mit meinem ganzen Herzen wünschte ich mir, für immer bei ihm sein zu können. Da blieb auf einmal der Vorhang, der den Eingang zum Audienzraum optisch verschloss, so hängen, dass ich, und vermutlich nur ich, freie Sicht auf Karmapa hatte. Ich sah ihn an, die ganze Zeit. Leute, die mit der Privataudienz an der Reihe waren, gingen ein und aus. Der Vorhang schloss sich nicht mehr. Es war nur ein kleines Stück des Vorhangs, der den Blick frei gab. Es schien niemandem aufzufallen. Die Leute in dem Audienzsaal sah ich nicht, nur den stehenden Karmapa konnte ich erkennen.

Ich geriet in eine Art Trance, war inmitten der Besucher ganz allein mit Karmapa. Ich rutschte in eine Zeit, die vielleicht viele Millionen Jahre oder länger zurücklag. Ich war eine Göttin gewesen, hatte einen Gott als Lebenspartner gehabt. Ich war unendlich glücklich mit ihm gewesen, glaubte, dass diese wundervolle Zeit niemals vergehen würde. Aber dann kam der Absturz, mein gutes Karma war verbraucht, meine Existenz als Göttin war zu Ende. Niemand konnte das aufhalten, ich stürzte und stürzte, war voller Hass, unendlichem Hass.

Was dann folgte war eine Existenz in einem Höllenbereich. Ich wurde selbst nicht gequält, war mehr so eine Art Aufsichtsperson. Alles war dunkel, es gab kein Tageslicht, niemals, tausende von Jahren lang. Manchmal gab es Lichter wie Neon-Lichter am Abend oder in der Nacht. Alles war unendlich traurig. Wir sahen ähnlich aus wie schwärzliche menschliche Tiere. Ich war eine Frau und hatte helle Augen, was als wunderschön galt. Auch hatte ich noch den Geruch der Göttin an mir.

Das gefiel Karmapa, der damals eine Art Höllenfürst gewesen war. Wir wurden ein Paar, waren gut zu einander, versuchten uns gegenseitig das unendlich traurige schwere Leben zu erleichtern, wo wir nur konnten. Ich nannte ihn Schwarzauge. Er wurde mein ganzes Glück, viele tausend Jahre lang.

Doch dann eines Tages, als wir nebeneinander lagen, wurde er auf einmal immer transparenter und war schließlich ganz verschwunden. Er kam nicht wieder. Seine Höllenexistenz war zu Ende gewesen, meine hielt noch an.

Nie wieder hatte ich mich seitdem von diesem Schmerz erholen können. Dieses unendliche Leid war immer da, meist zunächst latent. Aber dann hörte, sah oder fühlte ich unvermittelt irgendetwas in einem späteren Leben, was mich an die alte Geschichte (meist unbewusst) erinnerte und alles, was ich mir bis dahin in dem jeweiligen Leben an Glück aufgebaut hatte, zerbrach. Ich versank in tiefsten Depressionen, von denen ich mich nie wieder erholen konnte. Ein neues Leben brachte scheinbar Vergessen, aber der kleinste Anlass genügte, um mein inneres Gleichgewicht wieder zu kippen.

Längst kannte ich nicht mehr den Grund meines Leids, wusste auch nicht mehr den Namen meines Geliebten. Aber mein Herz hatte ihn nicht vergessen, suchte ihn, mit dem ich in der tiefsten Dunkelheit unendlich glücklich gewesen war.

Auch als ich noch Milarepa war, hatte ich ihn zunächst vergessen. Aber dann im Tode, als meine Erleuchtung noch zunahm, kam ich an den Teil meiner geistigen Festplatte, wo mein Schwarzauge gespeichert war. Ihn hatte ich all die vielen Leben lang gesucht, nun wusste ich es wieder. Als erleuchteter Yogi hatte ich vielleicht endlich die Gelegenheit dazu, diesbezüglich weiterzukommen! Ich wollte ihn finden, und wenn ich dafür in die Hölle gehen müsste! Mit meinem ganzen Herzen sehnte ich mich nach Schwarzauge.

Gleichzeitig trat ich dabei in eine neue geistige Ebene ein und verlor alle meine Siddhi, meine Wunderkräfte. Ich stürzte erneut ab, selbst noch als erleuchteter Meister. Karmapas allererster auf mich gerichteter Blick hier in Indien hatte mir gezeigt, dass ich wieder einmal etwas vollkommen in den Sand gesetzt hatte. So jemanden konnte er doch nicht anerkennen. Was wäre das denn für ein Meister gewesen! Jetzt musste ich eben noch mal in den sauren Apfel beißen und ganz von vorne anfangen. Den Weg kannte ich ja.

Auf dem Gang vor Karmapas Audienzzimmer liefen diese ganzen Gedankengänge mehr unbewusst bei mir ab. Es dauerte Jahre, bis ich sie im Nachhinein so formulieren konnte. Aber im Herzen fühlte ich schon damals diese große Tiefe meiner diesbezüglichen Probleme und ich fühlte auch: Karmapa war Schwarzauge. Ich hatte ihn gefunden, endlich, endlich. Von nun an wollte ich nur noch mit ihm zusammen sein, mit ihm verschmelzen.

Lama FIW und ich waren an der Reihe. Ich hatte eine Packung mit Nüssen in der Hand. Die wollte ich Karmapa als Geschenk auf den kleinen Tisch vor ihm legen. Wir sahen uns an. Wie magisch wurde ich von seinen Augen angezogen. „Willst du mit mir zusammenbleiben?" fragte er mich im Geist. „Ja!!!" antwortete ich auf der gleichen Ebene. Dabei haute ich ihm die Packung mit den Nüssen von oben in seine leicht geöffneten Hände. Das sollte bedeuten „Ja, ja, ja!!!" Karmapa hielt die Nüsse nun von unten, ich von oben.

Ich gab mich ihm innerlich ganz hin. Es gab nur noch ihn und mich. Und in diesem Moment größter Hingabe an ihn führte er mich auf einmal in die Natur meines Geistes ein, mit einer Kraft, die alles weg blies, was ich eben noch gedacht und gefühlt hatte. Die ganze Schwarzauge-Geschichte war eine Illusion meines Geistes gewesen. Karmapa hatte meinen Geist durchgepustet. Husch, husch, alles nur Illusion, mein Schätzchen. Ja, **das** ist Dharma, nicht dieses Rumgesülze von vor ewigen Zeiten. Das merke dir mal. Sooo geht das nämlich.

FIW stand neben mir. Er hatte von all dem nichts mitbekommen. Auch vorher, draußen auf dem Flur, hatte er nichts bemerkt. Viel später erzählte ich ihm einmal davon. Er war sehr erstaunt darüber. Nur das mit den Nüssen hatte ihn gewundert. So etwas macht man gewöhnlich nicht mit Karmapa.

Reisende

An einem Bahnhof
trafen sich einmal
vier Leute.

Der eine
hatte gerade
eine längere
Höllenexistenz
hinter
sich

und wollte nun
ins Tierreich
reisen,

der andere
kam aus einem
Götterpalast.
Ihn zog es
zum Reich
der
Hungergeister.

Der dritte
war orientierungslos
herumgeirrt
und wollte nun
mehr
Klarheit.

Aber leider
hatte er seinen Zug
verpasst
und nun
lief er wieder

orientierungslos
herum.

Der vierte schließlich
würde jetzt endlich wieder
zu einem Ort
zurückkehren,
den er in seiner Vergangenheit
sehr
geschätzt hatte.

Er war ganz zufrieden
über diese Aussicht.

Alle vier
begegneten sich
auf diesem Bahnhof,
als sie,
wie der Zufall
es so wollte,
für einen kurzen Moment

als Menschen

geboren worden
waren.

Die Privat-Audienz begann offiziell damit, dass FIW etwas sagte. Ich achtete nicht auf seine Worte, war gerade in einer anderen Dimension. Ich sprach nicht, musste mich erst mal wieder ins Hier und Jetzt bringen. Die Audienz war vorüber. Da fiel mir auf einmal wieder die Vision ein, die ich am Tag zuvor gehabt hatte. Schüchtern fragte ich den Lama, ob ich noch etwas sagen dürfte. „Aber nur kurz!" sagte er schroff.

Ich erzählte Karmapa, dass ich am Vortag eine Vision gehabt hätte von einer Residenz für Karmapa, einem Tempel und einem Kloster in Deutschland. Karmapa sah mich mit einem Augenausdruck höchster Ekstase an. „Ja!" sagte er. Ich war verwirrt. Vielleicht dachte er, ich würde so etwas sponsern. „Ich kann das nicht bezahlen. Ich wünsche es mir nur", antwortete ich. Erneut machte er den gleichen Augenausdruck höchster Ekstase. „Ja", sagte er wieder. Danach gingen FIW und ich hinaus. Draußen fragte ich ihn: „Heißt das, das ich das bauen soll?"- „Ich glaube ja", antwortete er.

Unser Abreisedatum rückte näher. FIW war jetzt wieder öfter im Gästehaus. So bekam ich mit, wie der Lama einmal ans Telefon gerufen wurde. Er sprach laut Tibetisch, ich verstand natürlich kein Wort. Aber der Tonfall gefiel mir nicht. Es hörte sich so an, wie: O wirklich? Aber das kann ich doch nicht machen, ich reise ja übermorgen ab!! Ja, gut, wenn es denn nicht anders geht...

Und genauso war es offenbar gewesen. Der Lama hatte beste Beziehungen zu den Lamas der Entourage von Karmapa, wie ich von einem Essen wusste, bei dem ein Rinpoche auch den Lama und mich eingeladen hatte. Es war also bekannt, dass FIW ganz passabel Englisch sprach und natürlich konnte er ausgezeichnet Tibetisch sprechen. Nun hatte sich in den nächsten Tagen ganz überraschend eine Besuchergruppe mit sechzig Leuten beim Karmapa angekündigt und es stand kein Übersetzer zur Verfügung. Könnte FIW nicht vielleicht dem Karmapa helfen?

Das war natürlich eine große Ehre für den Lama. Er würde für Karmapa übersetzen. Natürlich hatte er zugesagt, denke ich mal. Aber jetzt musste er es noch mir beibringen: du reist allein zurück nach Deutschland. Ich kann nicht mitkommen. Das verstehst du doch?! Ich machte gute Miene zum Spiel. Letztlich hatte ich ja keine Wahl. Voll des schlechten Gewissens organisierte er für mich noch einen Begleitschutz von Karmapas Entourage. Die sollten die vier Stunden mit mir zusammen im Auto zum Zug nach Pathankot mitfahren.

Ich sah die herbeizitierten beiden freundlichen Tibeter an, bestellte ihnen noch ein Essen im Gästehaus, weil ich auch gerade essen wollte. Und dann schickte ich sie wieder nach Hause. Ich fühlte mich nicht wohl bei dem Gedanken, dass sie meinetwegen insgesamt acht Stunden im Auto fahren sollten.

Und ich hätte auch gar nicht gewusst, wie ich mit ihnen kommunizieren sollte.

Natürlich sollte ich FIW anrufen, sobald ich am Flughafen in Delhi angekommen sein würde. Das gab mir auch eine gewisse Zuversicht, obwohl ich mir bewusst war, dass er mir bei Schwierigkeiten vermutlich gar nicht hätte helfen können. Wie denn auch? Aber ich sagte mir: wenn ich es jetzt schaffe, die mir schon bekannte Strecke alleine zurückzulegen, dann kann ich in Zukunft ohne Begleitung zum Karmapa reisen, so oft ich will. Sechs Wochen später war ich wieder da. Diesmal reiste ich von Anfang an allein.

Auf unsichtbaren
Spuren

folge ich dir

ohne
zu verstehen.

Aber dann,
unerwartet,
erhellen

Fackeln

meinen Weg

genau

im richtigen
Moment.

Mein wunderbarer
großer Lehrer
Karmapa:

Ich danke
Dir.

Sutra ist die Bezeichnung für Lehrreden des Buddha. Das Herzsutra spricht der Erleuchtete aber nicht selbst. Stattdessen geht er in eine tiefe Meditation und inspiriert kraft seines Geistes zwei seiner Schüler zu einen Gespräch, wobei Sariputra fragt und Avalokiteshvara antwortet. Das Herzsutra ist nicht irgendein relativ bedeutungsloses Sutra, sondern eine Kernaussage, die die Tür zur Transzendenz um Dimensionen weiter öffnet. Avalokiteshvaras Antwort ist so tiefgründig, dass man sie gerne als einen Quantensprung nach vorn in Bezug auf die zuvor erfolgten spirituellen Unterweisungen Buddhas ansehen kann. Der Dialog wird als Sutra bezeichnet, weil der Buddha am Ende wieder aus seiner Meditation herausgeht und die Aussage von Avalokiteshvara ausdrücklich bestätigt. Damit wird auch ein Weg aufgezeigt für buddhistische Unterweisungen, die Meister geben können, wenn sie durch ihre meditative Verwirklichung die Inspiration Buddhas empfangen können (sogar nach dem Tod des großen Lehrers).

Avalokiteshvara (tibetisch Chenrezig) gilt als Bodhisattwa (Erleuchtungswesen) des unbegrenzten Mitgefühls. Er soll folgendermaßen entstanden sein: Der Buddha Amitabha sendete aus seinem rechten Auge einen Strahl weißen Lichts aus. Tara, der weibliche Gegenpart Avalokiteshvaras, entstand dagegen aus einem Strahl grünen Lichts aus Amitabhas linkem Auge.

Sowohl der Dalai Lama als auch der Karmapa werden als Manifestationen von Avalokiteshvara angesehen. Ihr Mantra ist Om mani padme hum (tibetische Aussprache: om mani peme hung).

Der Dalai Lama sagte folgendes dazu:

„Es ist sehr gut, das Mantra **Om mani padme hum** zu rezitieren. Während Sie das tun, sollten Sie aber über seine Bedeutung nachdenken, denn der Sinn dieser sechs Silben ist groß und unerschöpflich. Die erste, **Om**, ist aus drei Buchstaben zusammengesetzt, nämlich A, U und M (die wie OM klingen). Sie symbolisieren den unreinen Körper, die unreine Rede und das unreine Bewusstsein des Übenden. Gleichzeitig symbolisieren sie aber auch den reinen erhöhten Körper, die reine Rede und das reine Bewusstsein eines Buddha.

Können unreiner Körper, Rede, und Bewusstsein in reinen Körper, Rede und Bewusstsein verwandelt werden, oder sind beide völlig voneinander getrennt? Alle Buddhas sind Beispiele, in denen Wesen wie wir selbst auf dem Weg schließlich zur Erleuchtung gelangt sind. Der Buddhismus behauptet nicht, dass es irgendjemand gäbe, der von Anfang an frei von Fehlern wäre und alle guten Qualitäten besäße. Die Entwicklung eines reinen Körpers, reiner Rede und reinen Bewusstseins geschieht dadurch, dass Schritt für Schritt die unreinen Zustände überwunden und in die reinen transformiert werden.

Wie ist das zu tun? Der Weg dorthin wird in den nächsten vier Silben angedeutet. **Mani** - das heißt Juwel - symbolisiert die Faktoren der Methode: die uneigennützige Intention, nach Erleuchtung zu streben, heilende Hinwendung und Liebe. Geradeso wie ein Juwel in der Lage ist, die Armut zu vertreiben, kann der uneigennützige Erleuchtungsgeist die Armut oder Schwierigkeiten des Kreislaufs der Wiedergeburten und des nur in Einsamkeit erzielten Friedens beseitigen. Ebenso wie ein Juwel die Wünsche der Lebewesen erfüllen kann, erfüllt der uneigennützige Erleuchtungsgeist die Wünsche der Lebewesen.

Die zwei Silben **Padme** - das heißt Lotus - symbolisieren Weisheit. Gerade wie der Lotus aus dem Schlamm emporwächst, ohne dass seine Schönheit von dem Schmutz getrübt würde, so kann uns Weisheit in einen widerspruchsfreien Seinszustand versetzen, während wir in tiefe Widersprüche verstrickt blieben, wenn wir diese Weisheit nicht hätten. Es gibt Weisheit, welche die Vergänglichkeit aller Dinge erkennt, Weisheit, die erkennt, dass Personen leer sind in Bezug auf Selbstgenügen oder substantielle Existenz, Weisheit, die Leerheit in Bezug auf Dualität erkennt, d.h. Leerheit in Bezug auf den ontischen (unabhängig vom Bewusstsein existierenden) Unterschied zwischen Subjekt und Objekt, und Weisheit, die Leerheit in Bezug auf inhärente Existenz erfährt. Obwohl es also verschiedene Arten von Weisheit gibt, ist unter diesen Weisheit, die Leerheit erfährt, die wesentliche.

Vollkommene Reinheit muss durch die unteilbare Einheit vom Methode und Weisheit erzielt werden, die in der letzten Silbe **Hum** - sie bedeutet Unteilbarkeit - symbolisiert wird. Im Sutra-System bezieht sich die Unteilbarkeit von Methode und Weisheit auf Weisheit, die durch Methode, und Methode, die durch Weisheit beeinflusst ist. Im Mantra- oder Tantra-Fahrzeug bezieht sie sich auf ein Bewusstsein, in welchem die volle Form von Weisheit und Methode als einer unteilbaren Wesenheit gegeben ist. Im System der Wurzelsilben für die fünf Sieger-Buddhas ist *hum* die Wurzelsilbe des Akshobhya - des Unbeweglichen, Unveränderlichen, der durch nichts gestört werden kann.

So bedeuten die sechs Silben *om mani padme hum*, dass man in Abhängigkeit von der Praxis des Weges, der eine unteilbare Einheit von Methode und Weisheit ist, **den eigenen unreinen Körper, unreine Rede und unreines**

Bewusstsein in den reinen erhöhten Körper, reine Rede und reines Bewusstsein eines Buddha verwandeln kann.

Es heißt, dass man nach Buddhaschaft nicht außerhalb seiner selbst suchen solle, denn die Grundbedingungen für die Erlangung der Buddhaschaft liegen in uns. Wie Maitreya in seiner *Höheren Wissenschaft des Großen Fahrzeugs (Uttaratantra)* sagt, haben alle Wesen die Buddha-Natur in ihrem eigenen Bewusstseinskontinuum. Wir tragen den Samen der Reinheit, des Wesens des So-Gegangenen *(Tathagatagarbha)*, das verwandelt und zu voller Buddhaschaft entwickelt werden muss, in uns."

Ich war zum Karmapa als körperliches und psychisches Wrack gekommen, dachte, ich würde vielleicht von ihm noch Meditationsanleitungen erhalten, die ich bis zum in Kürze bevorstehenden Ende meines Lebens in Abgeschiedenheit praktizieren konnte. Stattdessen erhielt ich offenbar den Auftrag für ein Großbauprojekt, dessen Wert ich in Deutschland überschlägig mit einigen Millionen Euro bezifferte. Ich kannte mich ein wenig mit dem Bauen von Häusern aus, denn einige meiner Angehörigen waren im Baugeschäft tätig bzw. an ihm ernsthaft interessiert. Ich kann mich an viele gemeinsame Spaziergänge in Feriengebieten erinnern, wo die eigentliche Attraktion des Ortes für meine Familie darin bestand, verbotenerweise nach Arbeitsschluss Baustellen fachkundig zu besichtigen.

Nie hätte ich es mir zugetraut, selbst ein solches Projekt zu leiten. Aber ich hatte meine Leute im Hintergrund. Vielleicht würden die mich fachkundig unterstützen. Es müsste also zu bewerkstelligen sein. Aber ich wusste auch, was Bauleitung für mich bedeuten würde: körperliche und nervliche Hochleistung, und das für lange Zeit. Das konnte ich doch gar nicht schaffen. Das war unmöglich. Aber ich sagte mir auch: Karmapa ist allwissend. Wenn er mir ein solches Großprojekt überträgt, dann kann er in seinem Geist sehen, dass ich das auch schaffen kann. Also werde ich ans Werk gehen, meine Wünsche nach tiefer gehender Meditation auf Eis legen und versuchen, mich körperlich so gut es geht zu engagieren.

Zunächst einmal wollte ich die entscheidenden Leute der Anhänger Karmapas, Karma-Kagyüpas genannt, miteinbeziehen. Je mehr Menschen des Sanghas, der buddhistischen Gemeinschaft, beteiligt würden, desto schneller und besser würde alles gehen. Am besten setzten wir uns alle an einen Tisch, jeder würde seine Erfahrungen miteinbringen und ich würde die zu erledigenden Arbeiten koordinieren. Auch mussten Sponsoren gesucht werden, die die Finanzierung tragen würden. Ich wollte das Ganze möglichst zum Abschluss gebracht haben, wenn Karmapa seinen ersten Deutschlandbesuch machen würde.

Kaum war ich nach meiner ersten Indien-Reise in Deutschland angekommen, informierte ich mich darüber, welche die führenden Leute des deutschen Kagyü-Sanghas waren. Bisher hatte ich mich nicht darum gekümmert, kannte diese Leute vielleicht auch gar nicht. Aber das konnte ich ja ändern.

Susi Sonnenschein und ihr Mann gehörten offenbar dazu. Ich nenne ihn mal den Fotografen. Auch der Soldat (so nenne ich ihn mal) war eine wichtige Persönlichkeit. Mit diesen dreien nahm ich telefonischen Kontakt auf und nachdem mich alle drei ausführlich befragt hatten, luden mich der Soldat und Susi Sonnenschein jeweils zu sich nach Hause ein, um weitere Details zu besprechen.

Susi empfing mich freundlich, servierte Tee und feines Gebäck. Sie wohnte ein wenig exklusiv, das Haus hatte sie selbst gebaut. Sie war Architektin. In ihrer Wohnung hingen riesige Fotos von Karmapa, die ihr Mann hatte machen dürfen. Beim Anblick all dieser Fotos wurde es mir warm ums Herz, ich fühlte mich gleich zu Hause. Wir sprachen etwa zwei Stunden lang sehr angeregt über Karmapa, auch einige persönliche Dinge von Susi und mir kamen zur Sprache. Als ich ging, hatte sie mir das Gefühl gegeben, dass sie mich unterstützen würde, wie wunderbar.

Um zur Wohnung des Soldaten zu kommen, musste ich einige hundert Kilometer mit dem Auto fahren. Ich wohnte in einem Hotel in der Nähe. Der Soldat empfing mich freundlich, stellte mich auch seiner Frau vor, die mich ebenfalls nett begrüßte. Er erzählte mir, dass er nach seiner Pensionierung noch nach einer Tätigkeit gesucht hätte. Er hatte sich irgendwie im Sangha nützlich machen wollen, war dann aber ganz unerwartet zu einer Führungsposition gekommen. Diese wollte er nun so gut wie möglich ausfüllen.

Wir sprachen natürlich über meine Indien-Reise und er zeigte mir Dinge, die Karmapa ihm geschenkt hatte. Es gäbe auch in einem von Susis Zentren ein Gewand von Karmapa, was bedeutete, dass er bereits in Deutschland wohnte und hier schon seine Residenz hatte. Ich freute mich darüber. Auch beim Soldaten fühlte ich mich in dem bevorstehenden Projekt unterstützt. Ich sagte ihm, dass ich in diesen Dingen noch gar keine Erfahrung hätte. Ich bat ihn um die Adressen aller deutschen Kagyü-Zentren, denn ich wollte sie in Kürze anschreiben und über das Projekt informieren. Ich wollte diesbezüglich einen Text formulieren und ihn dem Soldaten zur Begutachtung vorab per E-Mail zuschicken. Damit war er einverstanden. Wir verabschiedeten uns herzlich.

Einige Zeit später hatte ich dann das Anschreiben an die Zentren fertiggestellt und schickte die E-Mail ab. Ich bat den Soldaten um Korrektur, falls ich aus seiner Sicht dabei Fehler gemacht hätte. Der Soldat mailte zurück, dass alles o.k. sei. Daraufhin schrieb ich ihm, dass ich am nächsten Dienstag die Info per Brief abschicken würde, was ich auch tat. Aber was dann kam, verstand ich zunächst nicht.

Genau am selben Tag wie ich schickte auch der Soldat eine Info an die Dharma-Zentren raus. Er teilte ihnen offiziell und mit großer Freude mit, dass Karmapa eine Residenz in Deutschland haben wollte. Mein Name wurde darin aber nicht erwähnt. Der Soldat hatte mir inzwischen bei dem offiziellen Verein Karmapas ein Konto für Spenden-Eingänge eröffnet. Dieses Konto wurde aber in seinem Anschreiben nicht erwähnt. Stattdessen wurde ein anderes Konto angegeben. Ich war irritiert, schrieb ein paar Mails an den Soldaten. Aber er antwortete nicht.

Langsam begriff ich, dass ich einer Intrige aufgesessen war. Niemand interessierte sich mehr für mein Anschreiben. Ich war bis dahin eine unbekannte Person in Sangha-Kreisen gewesen. Der Soldat aber hatte eine offizielle Funktion. Vermutlich wird der eine oder andere durch mein gleichzeitiges Anschreiben etwas irritiert gewesen sein und hat es dann vermutlich mit Kopfschütteln in den Papierkorb geworfen. So war dieses Projekt aus Sicht des Soldaten für mich gestorben, ehe es begann. Er hatte stattdessen das Projekt übernommen.

Der Soldat, der nach seiner Pensionierung ursprünglich wohl offen für jede Art von Tätigkeit zur Unterstützung des Dharmas innerhalb des Kagyü-Sanghas gewesen war, wollte sich, nachdem er nun in führender Position stand, nicht mal mehr auf begrenzte Zeit bei einem heilsamen Projekt zum Wohle der Linie jemandem unterordnen, den der Karmapa über ihn gestellt hatte.

Es dauerte letztlich viele Jahre, bis ich das verstand und bis ich auch begann, die Hintergründe des aus meiner Sicht zunächst sehr merkwürdigen Verhaltens bestimmter führender Sangha-Mitglieder zu verstehen, insbesondere derer, die nach besten Kräften gegen mich intrigierten.

Was Susi Sonnenschein und den Fotografen angeht sehe ich das aus heutiger Sicht so: Sie hatten wohl schon den 16. Karmapa gekannt, durften den 17. Karmapa in Tibet besuchen und sogar filmen, was vermutlich ein großes Privileg war. Sie hatten beide sozusagen einen Fuß in der Tür beim Karmapa und seiner Entourage und diese Position galt es wohl zu verteidigen. Jeder andere, der ebenfalls einen besonderen Kontakt zum Karmapa hatte, wurde grundsätzlich als Konkurrent angesehen, den es aus dem Rennen zu werfen galt.

Auch schien Susi die Bedürfnisse ihres Lehrers nur solange zu respektieren, wie sie zu ihrem Eigeninteresse passten. Und wenn dies nicht mehr der Fall war, setzte Susi sich selbstverständlich über Karmapas Wünsche hinweg. Beispielhaft will ich in diesem Zusammenhang eine von ihr gedrehte kleine Filmsequenz vom Karmapa erwähnen. Was hier im Kleinen stattfand, zeigte sich bei dem mir übertragenen Projekt auch im Großen.

Das Filmchen wurde einmal in einem von Susis Dharma-Zentren gezeigt. Der von ihr gemachte Streifen zeigte sehr intime Bilder vom recht jungen Karmapa, wie er für ein offizielles Foto zurechtgemacht wurde und wie er dabei gelegentlich das Gesicht verzog oder sich in den Gewändern ein wenig räkelte. Diese Bilder waren sicher nicht für die Öffentlichkeit gedacht. Aber Susi war auch anwesend und sie machte die Aufnahmen deshalb. Vielleicht hatte sie auch grundsätzlich die Genehmigung gehabt zu filmen. Wer die Bilder sah, musste verstehen, wie nahe sie Karmapa sein durfte. Der Film war wie eine Trophäe: seht her, ich Susi Sonnenschein und der Karmapa gehören zusammen!

Aber dann gab es einen Moment, wo der Karmapa, der ja durch die Beschäftigung der Lamas mit ihm ein wenig abgelenkt war, Susis Aufnehmen bemerkte und ihr ein Zeichen gab, sie solle damit aufhören. Aber Susi dachte offenbar gar nicht daran ihre Tätigkeit zu beenden. Sie filmte einfach weiter bis der Karmapa sie schließlich namentlich ansprach und darauf drängte, dass sie aufhören sollte. Kurz danach endet der Film.

Ein tantrischer Dharma-Praktizierender darf gerne seinen Lehrer als voll erleuchteten Buddha ansehen, zumal, wenn der Meister Karmapa heißt und ein voll erleuchteter Buddha ist. Ihn als kleines dummes Kind zu behandeln, über dessen Willen man sich als Erwachsener selbstverständlich hinwegsetzen darf, zeugt von wenig Weisheit.

Dabei hatte Susi wohl grundsätzlich eine große Hingabe zum Karmapa und half beim Aufbau von Kagyü-Klöstern in Asien. In Deutschland gründeten sie und der Fotograf Dharma- Zentren und immer wieder einmal erschien ihr Name bei der Unterstützung von Dharma-Filmen im Abspann. Susi und der Fotograf waren alte Dharma-Hasen. Sie unterstützten auch Reisen von Lamas und Rinpoches nach Deutschland und waren wohl in Dharma-Kreisen auch international bekannt.

Das war die helle Seite von den beiden. Es gab aber auch noch eine andere Seite und die war viel schwerer zu entdecken. Susi schien z.B. zu glauben, ihr gehöre der Dharma und sie hätte die Rinpoches und Lamas quasi gekauft, weil sie sie gelegentlich finanziell unterstützte. Wenn sie einem Lama einmal diesbezüglich geholfen hatte, glaubte sie offenbar, dass er überall auf der Welt ganz selbstverständlich ihr Leibeigener wäre. Der Karmapa machte da keine Ausnahme.

Eine andere erhellende Begebenheit mit Susi erlebte ich in Nepal. Dorthin war ich mit einer Gruppe gereist, die im Gästehaus eines Klosters wohnte. Der Abt des Klosters vermutete auch, dass ich einmal Milarepa gewesen sein könnte, denn ich hatte ihm meinen Geist-Terma (einen geistigen Schatz) gegeben, den ich inzwischen gefunden hatte. Er wollte wohl testen, ob der jugendliche Tulku Jamgön Kongtrul Rinpoche, einer der vier Linienhalter der Kagyüpas, mich erkennen würde. Dies fand auf einer geheimen Ebene statt. Offiziell bekam die Gruppe eine Audienz beim jungen Rinpoche.

Auf dem Weg zum Audienzsaal sah Susi unserer Gruppe zufällig. Sie hielt sich gerade auch vor Ort auf. Da sie die meisten von uns kannte, sprach sie uns an und fand heraus, dass wir gerade auf dem Weg zu einer Privat-Audienz waren. Susi schloss sich uns daraufhin selbstverständlich an.

Drinnen saß die Gruppe zunächst still und ehrfürchtig dem jungen Rinpoche und den ihn begleitenden Lamas gegenüber. Der Abt unseres Klosters saß neben uns. Nachdem der Abt ein paar Worte gesagt hatte, ergriff Susi das Wort und hörte nicht wieder auf. Sie redete ohne Punkt und Komma, erzählte, wie gut sie den jungen Rinpoche kannte, und was sie alles so wusste.

Die Lamas waren offenbar ein wenig pikiert von Susis Redeschwall, schwiegen aber offenbar aus Höflichkeit. Auch der junge Rinpoche, dessentwegen wir ja gekommen waren, kam kaum zu Wort. Vielleicht hatte Susi ja zuvor eine Spende gegeben, denn sie war vermögend.

Ihre Botschaft an uns schien zu sein: ICH bin hier die wichtigste Person. ICH sage euch allen mal, wie großartig ich bin und wie nahe ich auch diesem hohen Rinpoche stehe.

Dabei hat sie offenbar die buddhistischen Grundlagen gar nicht verstanden. Das Ego wird bekämpft. Es blockiert den Weg zu unserem inneren Potential. Man kann gerne den Dharma mit Arbeit und Geld unterstützen. Dadurch sammelt man Verdienste an, die einem auf dem weiteren inneren Weg Erleichterung schaffen und Hindernisse beseitigen können. Aber sich deshalb aufzublasen und Besitzansprüche zu stellen, kann die Verdienste auch schnell wieder zunichtemachen.

Mit der einen Hand baute Susi offenbar die Straße zu ihrem zukünftigen Glück auf und mit der anderen Hand riss sie sie mit ihrer Selbstgefälligkeit, ihrem Hochmut und ihrer mangelnden Ehrfurcht vor den Lamas und Rinpoches wieder ab. Sie wirkte auf mich manchmal wie eine Managerin von Künstlern, welche sie zu Vorträgen vermittelte. Als Gegenleistung für diese Vermittlung standen die Künstler dafür aber auch bei ihr unter Vertrag und hatten sich nach den Regeln der Managerin zu verhalten. Susi hatte nach ihrem begrenzten Verständnis also offenbar das Monopol insbesondere auf die Lamas und Rinpoches der Kagyü-Linie, die infrage kamen, Deutschland zu besuchen, und der Karmapa war ihr Superstar, der nur ihr gehörte.

Es schien ihr oft insbesondere um die Aufwertung ihres Egos zu gehen. Die spirituelle Entwicklung der die Lamas aufsuchenden Menschen und den freien Umgang der Lamas mit ihren Schülern stufte sie vermutlich als notwendiges Übel ein, das sie über sich ergehen lassen musste.

Die Lamas und damit auch alle die die Geistlichen aufsuchenden Dharma-Praktizierenden hatten sich letztlich ihr unterzuordnen. Dafür gab es immer wieder deutliche Beispiele und ich erfuhr manchmal hinter vorgehaltener Hand, wie Susi ohne Ansehen der Person Leute mit aller Härte mobbte, die bei ihr in Ungnade gefallen waren. Lamas machten da keine Ausnahme.

Nun war ich also dahergekommen, eine fast völlig unbekannte Frau in Dharma-Kreisen. Ich fuhr zum ersten Mal nach Indien und gleich gab mir der Karmapa einen Großbau-Auftrag, der nach Susis Verständnis eigentlich ihr zustand. Sie begriff vielleicht, dass ihr der Karmapa als ihr Lehrer damit eine kräftige Ohrfeige verpasst hatte. Aber sie war nicht gewillt, sich die Butter vom Brot nehmen zu lassen, koste es was es wolle, Karmapa hin oder her.

Nachdem sie sich bei Lama FIW erkundigt hatte, dass meine Behauptung stimmte, fuhren sie und in ihrer Begleitung der Soldat, der Fotograf und andere ältere Sangha-Mitglieder alle Geschütze gegen mich auf, die sie zur Verfügung hatten. Ich wurde letztlich von ihnen ganz bewusst in Dharma-Kreisen verleumdet und als Betrügerin dargestellt.

Und Karmapa versuchte man auszutricksen, indem der Soldat ihm sagte, dass er das größte Dharma-Zentrum in Deutschland, in dem auch Karmapas Gewand war, für ihn ausbauen wollte. Der Soldat legte Bauzeichnungen vor und Karmapa stimmte ihnen zu. Nun stellte der Soldat diese Zustimmung Karmapas öffentlich als Auftrag dar, seine Residenz zu bauen. Gelder wurden gesammelt und das Bauprojekt durchgeführt.

Mögen auch viele Begegnungen
mit anderen

zunächst
negativ

erscheinen,

können diese Erfahrungen
uns doch

die Reife
geben,

die uns
selbst

für andere

genießbarer

werden lässt.

Seit dem Kauf meines ersten Buches über Karmapa erlebte ich letztlich eine Begegnung mit meinem Wurzel-Guru, jenes Lehrers der mich schließlich in die Natur meines Geistes einführen würde.

Zunächst kam er von Ferne, in Träumen und Visionen, dann traf ich ihn das eine oder andere Mal in Indien, sprach mit ihm usw. Dort erschien er ganz normal als der Karmapa, konkret wie alle anderen Menschen auch. Aber gleichzeitig war er auch unpersönliche pure Energie, die für eine Weile die Form eines Menschen angenommen hatte. Er faszinierte mich, machte mir Angst, löste Begehren aus, Hass, das ganze samsarische Programm eben. Meine Geistesgifte kamen in Hochform.

Er wurde ein Kristallisationspunkt meines Denkens, ein guter Freund, der mich begleitete. Aber er wurde auch der Feind meines Egos, meiner gestörten Anteile, der seit anfangsloser Zeit bestehenden Hindernisse meiner geistigen Entwicklung.

Er war unbequem, unangenehm und kurz danach wieder zuckersüß. Er ließ das Eis meines Herzens schmelzen und meistens tat dieser Vorgang weh. Er schnitt die Fesseln, die ich mir selbst in vielen Leben gewebt hatte und die mir nun die Luft zu nehmen drohten, mit dem scharfen Messer seines erleuchteten Geistes durch, millimetergenau an der Halsschlagader vorbei, während ich ihm mit angsterfüllten Augen dabei zusah.

Er zog alle Register seines Könnens, mal war er sanft, verspielt, freundlich, lieblich, dann wieder zornvoll, bösartig und hinterlistig. Mein Ego hatte in seiner Anwesenheit, seiner auch über große Entfernungen spürbaren geistigen Präsens, keine Chance.

Ich wusste, dass ich mich ihm entziehen konnte. Er ließ das zu. Ich konnte selbst das Tempo und die Intensität unseres Kontakts bestimmen. Wenn ich nicht wollte, ließ er mich vollkommen in Ruhe. Er benutzte mich niemals auch nur einen Moment lang, für seine eigenen Interessen, auch wenn ich das manchmal erwartet und sogar akzeptiert hätte.

Alles, was er mir sagte und auf unterschiedliche Weise zeigte, diente letztlich nur der Förderung meiner eigenen geistigen Befreiung. Niemals war er übergriffig, gelenkt von Geistesgiften, Macht- oder gar Wahnvorstellungen. Er war der Meister aller Meister, voll unendlichen Mitgefühls, voller Kraft und Fähigkeit, voller Weisheit.

Wir hatten niemals einen Small Talk, auch wenn es äußerlich z.B. um das Bauprojekt ging. Wir rangen, wir kämpften. Er sah mich mit seinen weisen tausendjährigen Augen an und hatte mich schon in meiner gesamten Existenz erfasst, noch ehe ich ein einziges Wort gesagt hatte. Er kannte mich besser als ich mich selbst kannte. Er sah meine Schwächen und Stärken völlig barrierefrei. Er sah die Vergangenheit, die Gegenwart und die Zukunft. Eigentlich musste ich ihm nichts erzählen. Er wusste es bereits und reagierte mit seinem Blick und seiner Gestik noch bevor ich den Satz (der ja auch noch übersetzt werden musste) vollendet hatte.

Er war das ruhige Auge des Tornados, der entfacht wurde, je näher ich ihm kam. Ich war mitten im Sturm, hielt mich mühsam aufrecht, strampelte, schlug um mich. Nein, mein Ego gebe ich nicht preis! Das gehört zu mir, das gehört mir, das bin ich doch und nichts anderes. Das lasse ich mir nicht nehmen! Es ist alles, was ich habe!

Ihn zu sehen und zu erleben war unendlich faszinierend. Er hatte es geschafft, er war durch mit all diesen Problemen, die ich noch hatte. Du meine Güte, so etwas wie volle Erleuchtung gibt es ja wirklich! Sie ist keine Phantasie, keine Sache, die man einfach glauben muss und dann hofft, dass es sich wirklich so verhalten wird. Es ist grundsätzlich erreichbar, wenn man nur lange genug dranbleibt.

Ich darf, ja muss meine geistige Entwicklung selbst in die Hand nehmen. Ich habe keine Alternative dazu. Wenn ich mich nicht weiterentwickle, werde ich wie ein Blatt im Wind sein, getrieben von meinen Geistesgiften und dem darauf folgenden Karma, dem Echo meiner geistigen und körperlichen Handlungen.

Ich muss immer die Suppe auslöffeln, die ich mir selbst eingebrockt habe, auch wenn sie ungenießbar ist. Es muss ein Ende haben mit all den Ausreden, warum ich jetzt gerade nicht Dharma praktizieren kann. Die Zeit läuft mir davon, der Tod steht schon da und winkt mir zu. - Nein, jetzt noch nicht! Siehst du nicht, was ich mache? Lieber, lieber Karmapa, hilf mir bitte! Ich mache natürlich gerne weiter mit dem Erleuchtungs-Crash-Kurs…

Guru Yoga

Karmapas,
Emanationen
aus
Licht.

In jedem
Augenblick

spiegeln sie sich
in den Erscheinungen

meines
Gewahrseins.

Sie lächeln
mich an,
mit diesem
unwiderstehlichen

Lächeln,

sie ermahnen
mich,
wenn ich im Begriff
bin
eine
Dummheit

zu begehen,

von der ich noch nicht einmal ahne,
dass es eine Dummheit
sein könnte.

Sie sind einfach nur
da,

während ich mich
auf mein tägliches
Leben
konzentriere,

stumme,
mitfühlende

Begleiter.

Sie haben tausend

Gesichter.

Manchmal sind sie
jung,
ein Kind
vielleicht,

manchmal
alt,

Millionen
Jahre.

Ich sehe sie,
wenn du
mich ansiehst,

ich spüre
sie,
wenn du

hinter meinem
Rücken

über mich sprichst.

Jede
Schwierigkeit,

der ich begegne,

ist eine Tür zu
ihnen,
die ich öffnen
kann.

Ich freue mich
über die Wunder

jedes
Augenblicks

mit
ihnen.

Mögen die Karmapas
Immer wieder
erscheinen,

auch wenn
unser Kosmos

schon längst

vergangen
sein wird!

Die neue Schülerin

Mal angenommen

   in einem fernen Land lebte vor langer Zeit ein weiser, voll erleuchteter Meister, dem in einem seiner Vorleben himmlische Frauen eine schwarze Krone aus ihren Haaren gewebt hatten. Seitdem nannte man ihn in allen weiteren Leben **"Schwarzkrone"**.

Er hatte wunderbare Fähigkeiten, die er aber meistens verbarg, denn die Lehre, die er weitergab, war zu tiefgründig, als dass sich seine Schüler durch diese Wunderkräfte ablenken lassen sollten. Aber wenn er sie benötigte, um seine Schüler zu lehren, dann setzte Schwarzkrone seine Fähigkeiten auch ein.

Hast du schon mal einen solchen Meister getroffen? Wer weiß. Wenn du ihm irgendwo begegnet wärst, wo ihn niemand kannte: vielleicht hättest du gar nicht bemerkt, dass er so besonders war, denn er wirkte äußerlich wie jeder andere Mensch auch. Und man konnte nicht einmal ahnen, wie wunderbar er war. Meistens war er aber dort, wo alle wussten, wen sie vor sich hatten.

Eine der besonderen Kräfte von Schwarzkrone, die er auch häufig benutze, war die, dass er, wenn er meditierte, in einen Zustand kommen konnte, wo er in seinem Geist all die Wesen sehen konnte, die er sehen wollte, auch wenn er unendlich weit von ihnen entfernt war. Aber nicht nur das konnte er. Er war sogar fähig in die Herzen seiner Schüler zu sehen und er bemerkte auch, dass viele sich in Anwesenheit ihres Meisters oft ganz anders verhielten, als wenn sie sich unbeobachtet glaubten.

Sie zogen ihre besten Kleider an, wenn sie ihn besuchten, verhielten sich äußerst höflich und ehrfürchtig, redeten freundlich und lauschten seinen Belehrungen scheinbar mit Interesse. Auch sah es so aus, als ob sie all die Aufgaben, die ihnen ihr Lehrer für ihre spirituelle Praxis gab, äußerst gewissenhaft durchführten und es schien nur noch eine Frage der Zeit zu sein, bis sie genauso erleuchtet werden würden wie ihr Meister.

Aber kaum hatten sie sich aus seinem Umfeld entfernt, handelten sie so, als hätten sie nie etwas von der Lehre gehört, waren ohne Mitgefühl und ließen sich in ihren Handlungen nicht von edlen Motiven, sondern von Gier, Hass, Neid und Stolz leiten, ohne sich dafür zu schämen. Nicht mal bei anderen Schülern des Meisters waren sie freundlich, sondern sie traten, schlugen und betrogen ihre Mitschwestern und -brüder sogar, als wären sie miteinander in schwerer Fehde. Sie gönnten den anderen nicht den Schmutz unter den Fingernägeln. Doch sobald der Meiser nahe war, lächelten sie wieder huldvoll und spielten große Heilige.

Insbesondere drei Schüler (sie hießen **„Suus, Solld und Fott"***) waren sogar dabei, die Lehre und Schwarzkrone heimlich zu missbrauchen. Sie nutzen ihre Verbindung mit ihm dazu, Ansehen zu erlangen und Güter anzusammeln. Dabei gelang es ihnen meisterhaft, auch große Verwirklichte anderer Traditionslinien* *der Lehre zu täuschen. Wenn ihnen jemand bei ihren Vorhaben im Weg stand, dann wurden selbst wahrhaft Praktizierende und Schüler Schwarzkrones nach allen Regeln der Kunst kleingehalten, geschädigt und vom Meister ferngehalten, damit Suus, Solld und Fott ihren Einfluss auf die Traditionslinie nicht verloren. Auch nutzen sie ihre Macht und ihren Besitz dazu, Priester der Traditions-Line Schwarzkrones zu fördern, um selbst noch größeres Ansehen zu erhalten. Aber die Geistlichen mussten grundsätzlich bereit sein, die Geber höher zu achten als die Lehre, falls das nötig sein sollte. Und taten die Priester das nicht, dann wurden sie genauso traktiert wie alle anderen, die nicht von Nutzen schienen.*

Die Lehre, die ohnehin wegen anderer großer Schwierigkeiten kurz davor stand, ausgelöscht zu werden, wurde durch so ein Verhalten von sehr angesehenen Schülern Schwarzkrones noch weiter bedroht. Es war also dringend angesagt, diesem Treiben ein Ende zu setzen.

Kannst du die drei verstehen? Ihr wunderbarer Lehrer öffnete sein Herz, um sie zu fördern. Aber sie schätzen dies nicht wert, sondern hielten ihn deshalb sogar für dumm und nutzen die scheinbare Unwissenheit ihres Meisters, um ihn zu betrügen. Wer solche Freunde hat, braucht keine Feinde mehr.

Du kannst sicherlich verstehen, dass Schwarzkrone insbesondere diesen drei scheinheiligen Schülern unbedingt eine Lektion erteilen wollte, schon wegen der anderen ernsthaften Praktizierenden des Meisters. Er musste die Machenschaften des Trios aufdecken, damit sie endlich aufhörten sich selbst und andere zu betrügen. Aber wie sollte er das machen? Das war eine schwierige Frage. Doch Schwarzkrone sah in seiner unendlichen Weisheit zum Glück, wie das bewirkt werden konnte. Um dies zu erklären, muss ich ein wenig ausholen:

Seit langer Zeit war Schwarzkrone voll erleuchtet. Aber das wussten nur wenige, denn um dies erkennen zu können, muss man selbst voll erleuchtet sein. Ist man es noch nicht, dann kann man es nur vermuten. Aber definitiv wissen kann man es nicht. Der Meister hatte in seiner großen Weisheit gesehen, dass es günstig wäre, immer wieder freiwillig erneut Geburt anzunehmen, damit die Wesen ein lebendiges Vorbild der Lehre vor Augen haben konnten, das sie zu spiritueller Praxis ermutigte und inspirierte.

Deshalb kam Schwarzkrone also Leben für Leben wieder, oft begleitet von wunderbaren Zeichen, so dass die anderen Wesen eine Möglichkeit hatten, zu verstehen, wer da zu ihnen gekommen war.

Im Laufe der Jahrhunderte hatten dann manche hervorragende Schüler, die schließlich auch wenigstens schon die Verwirklichung erlangt hatten, bewusst und freiwillig Geburt annehmen zu können, es ihrem Lehrer gleichgemacht und waren auch immer wieder erschienen, um so den Wesen zu helfen. Aber es war nach ihrem jeweiligen Tod manchmal schwierig, diese Meister überhaupt wiederzufinden, obwohl ihre Schüler aus vergangenen Leben nach ihnen suchten.

Wie schön könnte es doch sein, wenn diese Meister sich in der Familie von Schwarzkrone inkarnieren könnten. Dann würde es viel leichter sein, sie nach ihrem Tod wiederzufinden. Am besten wäre es doch, wenn Schwarzkrone sich deshalb eine Gemahlin suchen würde, die möglichst selbst auch hoch verwirklicht wäre. Die könnte ihn von Leben zu Leben begleiten. Sie würden dann als Paar die großen Meister der spirituellen Traditionslinien ermutigen können, sich in ihrer Familie als ihre Kinder und Kindeskinder zu inkarnieren. Mit diesem Gedanken im Hintergrund sah der große Lehrer sich nun also nach geeigneten Kandidatinnen um, die als Gemahlinnen infrage kamen. Er ließ sich viele hundert Jahre Zeit mit dieser Suche und prüfte in Ruhe die Wesen, die für diese besondere Aufgabe in Betracht kommen konnten.

*Insbesondere eine Person kam dabei in die engere Wahl, (Schwarzkrone nannte sie in seinem Herzen „**Kleiner Vogel**"). Mit ihr hatte der Meister in der Vergangenheit gelegentlich sehr glückliche Zeiten erleben können, als er selbst noch nicht erleuchtet gewesen war. Immer wieder einmal waren die beiden sich begegnet und waren sich sympathisch gewesen. Einige Male waren sie auch ein Paar geworden, sei es als Mensch oder in anderen Daseinsformen.*

Schwarzkrone wusste auch, dass Kleiner Vogel ihn über Millionen von Jahren vermisst und seit dieser Zeit tief im Herzen gesucht hatte, weil sie mit ihm gemeinsam einmal die glücklichste Verbindung all ihrer bisher gelebten Existenzen verbracht hatte. Sie würde ihm als seine Gemahlin treu bleiben, über die Zeiten hinweg, wenn sie beide nun vielleicht wieder zusammenkämen.

Diese Treue und Sympathie von Kleiner Vogel waren schon eine gute Voraussetzungen für Schwarzkrones Projekt. Aber das reichte noch nicht, denn die Kandidatin musste auch die heilige Lehre kennen und nach bestem Vermögen praktizieren können, wollte sie in der Lage sein, die zukünftigen Kinder gemeinsam mit dem großen Meister lehren zu können.

Wir können uns die tiefe Liebe von Kleiner Vogel vielleicht nicht vorstellen, haben wir doch manchmal schon Schwierigkeiten, einem Menschen bei aufkommenden Schwierigkeiten weiterhin treu zur Seite zu stehen. Schon ein paar Jahre erscheinen uns da manchmal lang zu sein. Aber es gibt auch Wesen, die anders denken und fühlen. Sehen wir mal, wie sich die Dinge in diesem Fall entwickelten...

Eines Tages kam Kleiner Vogel, die sich auch in diesem Leben wieder einmal zeitgleich mit Schwarzkrone inkarniert hatte, zum Meister, weil sie von der Lehre angezogen worden war (Schwarzkrone hatte dabei auf einer geheimen Ebene ein wenig mit seinen Wunderkräften nachgeholfen, denn er wollte die Prüfung seiner zukünftigen Gemahlin vorantreiben). Kleiner Vogel entwickelte nun schnell großes Vertrauen und tiefe Hingabe zum Meister und seiner Lehre und wurde die Schülerin Schwarzkrones. Und weil sie von weither kam und einen unaussprechlichen Namen hatte, nannte man diese Frau jetzt einfach nur **"Weitgereist"**.

Niemand im Umfeld von Schwarzkrone ahnte auch nur von seinen Plänen, denn der Meister erzählte keinem davon. Nur zu Weitgereist nahm er auf einer geistigen Eben Kontakt auf und erzählte ihr dabei auch, dass er der von ihr so sehr gesuchte und geliebte Lebenspartner aus längst vergangener Zeit war. Die Schülerin verstand ihren Lehrer auf dieser Ebene sehr gut, war aber dadurch verunsichert, dass sich ihr Lehrer äußerlich fast nie so verhielt, als hätte er jemals auf einer geheimen Ebene mit ihr kommuniziert. Er verhinderte auch durch seine großen geistigen Kräfte, dass sie ihn einmal danach fragen konnte. Stattdessen bat er sie nur darum, ein Haus für ihn zu bauen. Dies tat er aber nicht auf eine eindeutige Weise, so dass er seine Schülerin dadurch zusätzlich verunsicherte. Er schickte ihr nur eine Vision von seinem Haus, das im Land von Weitgereist stehen könnte. Und als sie ihm von dieser Vision erzählte, sagte er lediglich: „Ja!"

Was hieß das denn nun? Sollte sie jetzt ein Haus für ihn bauen, ganz ohne offizielle diesbezügliche Papiere von ihm? Sie fragte einen erfahrenen Priester, der sie bei dieser Begegnung mit dem Meister begleitet hatte. Und der bestätigte ihre Annahme. Weitgereist war selbstverständlich bereit, alles zu tun, was dem Meister nutzte, denn sie hatte mittlerweile erkannt, wie wichtig der Meister und seine Traditionslinie für die Wesen waren. Aber sie dachte auch, dass sie den Bau des Hauses nicht allein bewerkstelligen konnte, sondern sie würde dazu die Hilfe der anderen Schüler des Meisters brauchen.

Weitgereist wohnte in dem Land, in dem auch die drei bösartigen Schüler Schwarzkrones Suus, Solld und Fott lebten. Und natürlich nahm sie gleich zu diesen geachteten Mitgliedern der Traditionslinie Kontakt auf und bat darum, sie bei ihrer diesbezüglichen Arbeit zu unterstützen. Man kann sich vielleicht vorstellen, dass die drei nicht begeistert waren, dass Weitgereist nun in diesem wichtigen Projekt über sie gesetzt worden war.

Sie waren scheinbar freundlich zu der Frau, trachteten jedoch in Wirklichkeit danach, sie nach allen Regeln der Kunst zu behindern, zu verleumden und zu schädigen, was ihnen auch gelang. Außerdem versuchten sie den Meister zu betrügen, indem sie selbst ein Haus für ihn bauten und sich dabei dachten, dass er ja gar keine andere Wahl haben würde, als bei einem Besuch in ihrem Land in dieser Bleibe zu wohnen. Und Weitgereist würden sie einfach gar nicht in dieses Haus hineinlassen wollen, so dass die Verbindung zwischen dem spirituellem Lehrer und seiner Schülerin gestört werden würde.

Ja, was denkst du nun, wie die Geschichte ausging? Das ist relativ einfach. Weitgereist verhielt sich gegenüber den Intrigen der drei vorbildlich im Sinne der heiligen Lehre. Sie dachte, dass durch die Bösartigkeit der Drei nur ihr eigenes schlechtes Karma aus vergangenen Zeiten reif wurde. Und als sie das Projekt dann durch die ihr zugefügten Behinderungen nicht mehr durchführen konnte, zog sie sich zu einer langen Meditation zurück, um ihren Geist zu schulen. Ihr Lehrer hatte ja nun ein Haus in ihrem Land und konnte dort bei Bedarf auch wohnen. Trotzdem tat sie alles, was möglich war, ihm trotzdem noch eine winzige Unterkunft auf ihrem eigenen kleinen Stück Land zu errichten.

Die Intrigen der drei kamen schließlich heraus und die scheinheiligen Schüler verloren deshalb ihren guten Ruf in der Gemeinschaft der Anhänger des Meisters sowie auch bei verwirklichten Praktizierenden anderer Traditionslinien.

Und was geschah mit Weitgereist? Schwarzkrone heiratete sie und zog zu ihr in ihre kleinen Räume. In zukünftigen Leben würde er viele Kinder mit ihr haben wollen, um so die großartige Traditionslinie von erleuchteten Meistern viel leichter fortsetzen zu können.

Und wenn du jetzt müde bist, von all den Dingen, die du gerade erfahren hast, dann lege dich eine Weile hin und träume was Schönes!

Das Herz

Der Meister,
ein Erleuchteter,
blickte eines Tages
in die Tiefe
seines Geistes

und sah,
wie einige
seiner Schüler
vom Weg
abgekommen
waren
und in die Dunkelheit
zu laufen
drohten.

Da manifestierte er dort,
wo sie hingelaufen waren,
ein Stück
von seinem Herzen,
um ihnen
wenigstens

ein bisschen

Licht
zu geben.

Das Mahl

Mal angenommen

der Bettler Herkan stand am Straßenrand, dort, wo die hohen Herrschaften wohnten, die das Land regierten. Hier, entlang der Mauer des Palastgartens, kamen immer viele Leute vorbei. Es gab also Hoffnung auf Almosen.

In der flimmernden Mittagshitze des indischen Subkontinents kam von Fern eine Gruppe von Leuten. Einer von ihnen schien heller zu sein, er leuchtete sogar. Der Bettler wendete seinen Kopf zufällig gerade in diese Richtung und heftete seinen Blick gebannt an den Führer der Gruppe.

Während sich der Buddha Shakyamuni näherte, geriet Herkan in eine Art Trancezustand. Seine erbärmliche Existenz verblasste langsam, während er den Meister beim Herannahen beobachtete. Der Buddha sah Herkan an, ihre Blicke begegneten sich.

Der Bettler vergaß für einen Augenblick Raum und Zeit. Er sah das Herz, den Geist des Meisters und er sah seine eigene Begrenztheit. Jetzt, in diesem Moment, hatte er nicht das Karma, den Buddha zu begleiten.

Der Buddha ging vorbei, doch im Herzen des armen Mannes blieb eine energetische Veränderung bestehen. Der Bhagawan hatte, ohne dass dies der Bettler damals verstand, durch Herkans Erbärmlichkeit hindurchgesehen in ferne Zeiten, wo der arme Mann bereit sein würde, seine Existenz ganz dem Dharma, der Lehre Buddhas zu widmen.

Er würde Avalokiteshvara, dem Schüler des Allwissenden, helfen, wenn jener als eine Manifestation mit Namen Karmapa bereit sein würde in Buddhas Namen unendlich viele Wesen zur geistigen Befreiung zu bringen. Die Hilfe Herkans würde nötig sein, wenn ein großer Herzensschüler Karmapas auf seinem geistigen Weg in eine tiefe Verwirrung fallen und den Sangha, die buddhistische Gemeinschaft, spalten würde. Dadurch bestünde die Gefahr, dass der Dharma Karmapas fast vollkommen zerstört würde. Das Problem war nur, dass Herkan auch in jener fernen Existenz nicht das erforderliche Karma dafür haben würde.

Der Herrscher der besagten Region und seine Gemahlin hatten den Buddha und seine Schüler zu einem großen Mahl eingeladen. Dadurch würden sie für unendliche Zeiten bestes Karma als Folge dieser Großzügigkeit erfahren. Es war üblich, dass der Bhagawan am Ende so einer Mahlzeit den Gastgebern die Verdienste dieser Handlung widmete.

Selbstgefällig saßen die Herrscher im Innenhof ihres Palastes, dort, wo das Mahl gerade stattgefunden hatte. Diese Wohltat stellte für sie keine Schwierigkeit da, denn sie waren reich genug. Es machte ihnen Vergnügen, zu sehen, dass der Buddha ja gar keine andere Wahl hatte, als ihnen nun für unendliche Zeiten Gutes zu wünschen und insgeheim verachteten sie den großen Meister, der zwar voll erwacht war, aber dennoch dadurch manipuliert werden konnte, dass er und seine Anhänger ja essen mussten. Nun war die Mahlzeit vorbei und es wurde Zeit für den Bhagawan und sein Gefolge aufzubrechen.

Als erstes erhob sich der Allwissende. Er wusste, dass in jener fernen Zeit auch die Herrscherin großen Einfluss auf den Dharma des Karmapa haben würde. Aber wozu würde sie ihren Einfluss nützen? Sie würde viel Gutes bewirken wollen, Dharma-Orte bauen und Geistliche der Lehre finanziell unterstützen. Aber im entscheidenden Moment würde sie den Karmapa ebenso wie gerade noch den Buddha für egoistische Ziele benutzen anstatt ihn in der kommenden schweren Krise des Dharmas zu helfen. Wenn sie durch diese anstehende Widmung des Buddha nun eine große Macht bekäme, dann würde ihr Egoismus den Dharma Karmapas weiter schädigen anstatt ihm zu nützen. Herkan aber würde dieses Karma dringend benötigen.

Der Buddha ergriff das Wort, bedankte sich für die Mahlzeit und widmete also die Verdienste aus ihr dem Bettler vor dem Tor. Dann verließ er gemeinsam mit seinen Anhängern das herrschaftliche Anwesen."

Trotz all der Schwierigkeiten, die ich durch das mir übertragene Projekt erfuhr, gab ich nicht auf. Das Bauen machte allerdings unter diesen Voraussetzungen aktuell keinen Sinn für mich und ich war auch ein wenig erleichtert darüber, denn ich konnte mich wieder mehr auf meinen spirituellen Weg konzentrieren, so wie ich es ja eigentlich ursprünglich vorgehabt hatte. Überhaupt war das Bauen ja kein Selbstzweck. Karmapa war mein spiritueller Lehrer. Alles, was er mir auftrug, war eine Möglichkeit zur Dharma-Praxis für mich. Das durfte ich nicht vergessen. Und nun es gab offenbar Hindernisse bei meiner Arbeit.

Wie beseitigt man Hindernisse? Zum Beispiel durch das Aufsuchen von Meistern, denen ich das Projekt vorstellen und bei denen ich um Segen dafür bitten konnte. Also machte ich mich auf den Weg und meine körperliche Kraft wuchs, während ich meine diesbezügliche Pilgerfahrt durchführte, gerade um so viel, dass ich diese Reisen machen konnte.

Ich suchte also im Laufe der Zeit alle mir bekannten Lamas und Rinpoches in Europa auf sowie in Indien Tai Situ Rinpoche, einen der vier Linienhalter der Traditionslinie Karmapas. Ich lernte auf diese Weise alle maßgeblichen Geistlichen kennen und sie mich ebenso.

Dabei kam es auch dazu, dass sie mich mit ihren Möglichkeiten geistig überprüften. War ich verrückt und/oder überheblich, wie so viele Westler, denen sie begegnet waren? Oder war ich ernst zu nehmen, denn wenn Karmapa mir ein solches Projekt übertrug, dann musste er sehen, dass ich eine besondere Person sein würde. Ich erinnerte mich durch das Verhalten der Meister ein wenig an ähnliche Fähigkeiten meinerseits in der Vergangenheit und so wuchs meine geistige Klarsicht an, und ich war bereichert durch die Begegnungen mit den wundervollen Lamas und Rinpoches.

Gleichzeitig wollte ich jede Gelegenheit wahrnehmen, mir Tempel im Tibetischen Baustil anzusehen, hatte ich doch, abgesehen von meinem Aufenthalt im Garten des Gästehauses in Sidbhari, bisher nirgendwo sonst etwas Vergleichbares gesehen. Ich musste wissen, ob es Regeln gab, wie solche Objekte gemacht würden. Ich wollte nichts falsch machen. Wo gab es solche Bauwerke in Europa? Ich nahm jede Möglichkeit wahr, dies zu erfragen, aber die meisten Leute wussten auch nichts Genaues.

Eines Tages besuchte ich ein zweiwöchiges Phowa-Retreat in Frankreich, das von Rinpoche DP geleitet wurde. Phowa ist eine Meditationspraxis, bei der man lernt, während des Sterbe-Prozesses sein Bewusstsein aus dem Körper herauszustoßen, um dadurch die Qualität und den Ort seiner nächsten Existenz beeinflussen zu können. Wieder nutzte ich die Gelegenheiten, mich unter den Teilnehmern der Veranstaltung nach im Tibetischen Stil erbauten Tempeln zu erkundigen, die ich einmal besuchen könnte.

Dabei wurden mir zwei Plätze genannt. Der eine befindet sich in Frankreich, der andere in Spanien. Dankbar notierte ich mir die Adressen. Den Ort in Frankreich konnte ich möglicherweise auf meiner Rückreise inspizieren. Aber der Ort im Norden von Spanien erschien mir dann doch zu weit zu sein. Andererseits, wenn man es recht bedachte, dann würde ich diesen Platz von Deutschland aus wohl erst recht nicht besuchen. Jetzt könnte ich meine Gesamt-Reisezeit vielleicht um zwei Tage verlängern. Die Zeit dafür hatte ich. Es war grundsätzlich möglich, dorthin zu kommen. Ich war ja mit dem Auto unterwegs.

Nachdem das Retreat zu Ende war, brach ich deshalb am nächsten Tag nach Spanien auf. Ich hatte offenbar einen langen Weg vor mir und wollte noch am Abend vor Ort sein, um dort zu übernachten. Schwungvoll setzte ich mich ans Steuer und strebte auf der Landstraße der ersten Autobahnauffahrt zu. Aber nach nur wenigen Kilometern kam ich nicht weiter. Vor mir fuhr ein Auto mit äußerst geringer Geschwindigkeit, das ich einfach nicht überholen konnte. Kilometer um Kilometer schlich ich hinter ihm her. Meine nervliche Verfassung war angespannt. Musste ich nun auch gerade jetzt losfahren? Eine wenige Augenblicke frühere Abfahrt meinerseits oder eine wenige Augenblicke spätere Abfahrt des anderen Fahrers: und dieser Stress wäre mir erspart geblieben! Aber was sollte ich machen…

Endlich bog das Auto nach links ab. Mir wurde klar: der Fahrer hatte sich nicht ausgekannt und hatte sein Ziel unsicher gesucht. Wohin der wohl wollte? Jetzt schien er jedenfalls die richtige Abbiegung gefunden zu haben, was für ein Glück!! Ich sah dem abbiegenden Auto nach. An der Straße stand ein Richtungspfeil mit der Aufschrift „Dhagpo Kagyu Ling". Ich fuhr weiter.

Aber während ich weiterfuhr, dachte ich immer wieder über diese Inschrift nach. Das hörte sich doch nach einem Dharma-Zentrum an. Vielleicht hatten die auch einen Tempel. Nun wollte ich deshalb extra nach Spanien fahren und vielleicht war auch hier ein solches Gebäude. Da wäre ich doch dumm gewesen, wenn ich es mir nicht wenigstens einmal angesehen hätte. Ohne das nervige Auto vor mir hätte ich diesen Platz nie entdeckt. Eigentlich musste ich dem Fahrer dankbar sein. Wie gut, dass wir beide genauso losgefahren waren und nicht anders! Wie gut, dass wir punktgenau zusammengekommen waren!

Ich bog um und fuhr zurück. Ich wusste ja nun, wo es langging. Nach einiger Zeit schien ich am Ziel zu sein. Dort standen viele Autos, waren viele Menschen. Ich hielt an und stieg aus. Schnell erkannte ich, dass es keine Gebäude gab, die der Untersuchung wert waren. Man sah nur einige kleinere Häuser und zwei größere, wegen der sommerlichen Hitze weithin offene Zelte zu beiden Seiten. In einem Zelt saßen Leute, die den Belehrungen eines Lamas zuhörten. Das andere Zelt war leer.

Etwas enttäuscht drehte ich wieder um. Der Besuch hatte sich für mich nicht gelohnt. Auf dem Rückweg zum Auto musste ich den Parkplatz überqueren, auf dem gerade ein paar Leute standen, die sich unterhielten. Ich sprach sie an, wollte gerne wissen, was denn hier stattfand. „Der Karmapa kommt morgen", antworteten sie. „Der Karmapa?" ich blickte die Leute völlig entgeistert an. Das war ja ungeheuerlich! Davon hatte mir niemand etwas gesagt. Und ich kam doch gerade von Rinpoche DP, der dem Karmapa so nahe stand. Warum hatte er das nicht angekündigt, zumal es nur wenige Kilometer entfernt von dem Retreat-Ort stattfinden würde, noch dazu nach Ende des Retreats? Und außerdem: durfte der Karmapa denn nun auf einmal doch aus Indien ausreisen?

Alle diese Gedanken schossen mir blitzschnell durch den Kopf. Ich sagte nichts dazu, rang nach Worten. Schließlich brach es aus mir heraus: „Ach, Karmapa Thaye Dorje?" Ja, genau um den würde es sich handeln. Das war der falsche Karmapa. Aber das musste ich den Leuten ja nicht sagen. Sie freuten sich. Wie schön für sie. Ich dankte höflich für die Auskunft und fuhr dann weiter Richtung Spanien.

Ich tanze

in grenzenlosen
Räumen

durch
die Zeit.

Manchmal
türmen sich

dunkle

Wolken

drohend
auf,

dann wieder
steht ein altes
Klageweib

am Wegesrand,

Hunde
bellen,

Menschen
rufen,

Arme
greifen
nach mir,

Hände
wollen
mich

festhalten.

Stimmen
werden
laut:

„Du musst
dieses

jetzt

unbedingt

tun!"

oder

„Verlasse
mich
nicht,

ich
bin
so allein!"

Manchmal
ist der Nebel
ganz dicht,

und ich sehe
die Hand
vor
Augen
nicht,
manchmal
ahne ich

die Weite
meines
Geistes.

Alles
ist

Illusion,

Theaterinszenierung,

kosmisches
Spiel.

Ich träume
mit offenen
Augen.

Manchmal

ändert
ein Fingerschnippen
die Szenerie,
ein Kopfnicken,
ein „Nein"

aus deinem
Munde.

Es wird hell
und dunkel

und wieder
hell.

Und wenn ich
an mir
herunterblicke,

sehe ich mich

wachsen
und altern
und sterben

und neu
geboren
werden,

immer
wieder.

Wie ein Blatt
treibe ich
im Wind

von Existenz

zu
Existenz.

Mal bin ich
oben,
mal unten,
mal
irgendwo.

Aber nie
wache ich
wirklich
auf.

Nie
wachst du

wirklich
auf.

Wir halten
uns
eng umschlungen

und merken es
nicht
einmal.

Ich spüre deinen Atem
und denke,
es sei ein
Wind.

Du spürst
meine Haut

und glaubst,
es sei die Erde,
auf der du
ruhst.

Lass uns
aufwachen,
mein
Herz!

Lass uns
einander
endlich

wirklich

in die Augen
sehen.

Lass uns
erwacht
gemeinsam
tanzen

im kosmischen
Feuer

des Augenblicks,

der in jedem
Moment
neu
entsteht!

Ich war etwa dreizehn Jahre alt. Meine Kindheit und Jugend waren bisher trostlos verlaufen. Obwohl einziges Kind meiner Eltern, war ich trotzdem eine Person zu viel in ihrer Beziehung. Psychisch war ich schon lange am Limit gewesen, aber mit meiner beginnenden Pubertät, als meine hormonelle Situation mich aufmischte, drohe ich innerlich abzustürzen. Die alte Schwarzauge-Geschichte kam wieder mehr an die Oberfläche. Ich war so unendlich einsam, verzweifelt, wusste aber nicht warum. Ich lag abends im Bett meines Zimmers in unserer Wohnung im ersten Stock. Das Haus gehörte meinen Eltern. Unten, im Erdgeschoß, war unsere Gaststätte, über unserer Wohnung begann das Stundenhotel.

Mein Zimmer war außerhalb der Wohnung umrundet von einer Steintreppe, wo die Damen oder als Damen verkleidete Herren mit spitzen Hackenschuhen während der Nacht auf und abgingen. Ich schlief, kam aber nicht wirklich zur Ruhe, war nervös, kränklich. Wenn ich in meinem Bett lag, schien die von Neonlichtern erhellte Nacht durch den Vorhang meines Fensters. Mein winziges Zimmer wurde nie wirklich dunkel.

Schon als Säugling, wo ich oft viele Stunden täglich allein gelassen wurde, begannen meine Visionen mich am Leben zu erhalten. Immer wieder waren sie da in entscheidenden Momenten. Auch jetzt, an diesem kritischen Punkt meines jungen Lebens, wunderte es mich nicht, dass ich Erscheinungen hatte.

Diesmal war es ein Mann. Er erschien jeden Abend, jahrelang. Kaum lag ich im Bett um einzuschlafen, war er da. Ich unterhielt mich mit ihm, war glücklich mit ihm. Er war sehr viel älter als ich. Anfangs störte mich das ein wenig, später war es mir egal. Ich war nicht allein, hatte einen Begleiter. Das tröstete mich. Aber irgendwann wurde mir das alles zu viel. Ich wollte meine Ruhe haben. Er verschwand daraufhin und kam nicht wieder. Es schien, als würden wir uns in Frankreich wiedersehen können. Irgendwann hatte ich ihn vergessen. Es war ja sowieso alles nur Phantasie gewesen. Was sollte es denn auch anderes gewesen sein?

Jahre später, während meiner Zeit mit Lama FIW, fand ich ein Bild in einem Buch. Der Mann kam mir irgendwie bekannt vor. Erst langsam dämmerte es mir, dass ich ihn schon einmal gesehen haben musste. Aber wo? Er war Asiat und ich hatte vor meinem Kontakt zum tibetischen Buddhismus noch nie einen Asiaten kennengelernt. Aber genauso hatte er doch ausgesehen! - War das nicht der Mann gewesen, der mir als junges Mädchen erschienen war? Ja, daher kannte ich ihn also. Ich hatte nie damit gerechnet, dass dieser Mann wirklich existieren würde.

Ich sah die Unterschrift unter dem Bild: es war der 16. Karmapa. Die Aufnahme war etwa zu der Zeit gemacht worden, als ich dreizehn oder vierzehn Jahre alt gewesen war. In der Folgezeit hatte sich der Karmapa äußerlich sehr verändert. Die Fotos von ihm in späteren Lebensphasen waren mir inzwischen bekannt. Hätte ich nicht das alte Foto gesehen, ich wäre nie darauf gekommen, dass der mir erschienene Mann der Karmapa gewesen sein konnte.

Nirwana

Frau H.
befand sich
seit längerem

auf dem
spirituellen
Pfad.

Das bedeutete,
dass sie nun
zusätzlich

zur Versorgung

ihres Haushalts,
der drei
Kinder

und ihres
unzufriedenen

Ehemannes

(er hatte ja Recht:
sie war einfach
nicht so
perfekt

wie
Ehefrauen
eigentlich

sein
sollten)

also zusätzlich
musste
Frau H.
nun

noch ihre
tägliche
Dharma-
Praxis
machen

d.h.

sie musste
sich irgendwie

noch
weitere Zeit
abknapsen,

denn sie wollte
ja weiterkommen,

auf ihrem
inneren

Weg.

Leider
ging dies

auf Kosten
des Schlafes.

Und schließlich

wurde Frau H.

so nervös,

dass sie gelegentlich
volle Gläser

umstieß
und so

die gerade frisch
gebügelte
Tischdecke

wieder waschen
musste.

Sie wollte
natürlich
deshalb
nicht verzweifeln,

sondern
versuchte,
diese
Zusatzarbeit

gelassen
und
dankbar

anzunehmen.

Ebenso

versuchte sie

es nun

mit ihrem
immer
unzufriedenerem

Ehemann
und den

quengelnden
Kindern

zu machen.

Aber die Erleuchtung

wollte sich
einfach

nicht

einstellen.

Deshalb beschloss
Frau H.

nach einer
Weile

wenigstens

ihrem
neuen
Hund

den Namen

Nirwana

zu geben.

Nachdem ich mit achtundvierzig Jahren die beiden spirituellen Bücher gekauft hatte, waren die Bilder des Buches vom jungen 17. Karmapa Ogyen Trinley Dorje offenbar lebendig geworden. Insbesondere seine Augen schienen sich auf den Bildern zu verändern. Manchmal hatte ich den Eindruck, ihn wie durch eine Fensterscheibe hindurch zu sehen, während ich auf ein Foto blickte. Erst glaubte ich meinen Augen nicht zu trauen, später aber erfuhr ich auch von anderen, dass sie manchmal so eine Beobachtung machten.

Der Karmapa erschien mir auch häufig mit seinem ganzen Körper. Mal sah ich ihn wie von fern. Da hatte er auch schon einmal seine schwarze Bodhisattwa-Krone auf, mal stand er lebensgroß im Raum. Insbesondere, wenn er in Realgröße im Zimmer stand, zerfiel er manchmal innerhalb kürzester Zeit und stattdessen sah ich den sechzehnten Karmapa in seinen späten Jahren lebensgroß vor mir stehen.

Ich war verwirrt darüber, verstand es nicht. Was sollte das? Erst später, als ich von den beiden Karmapas erfuhr und davon, dass Menschen verunsichert waren, welcher von beiden der gesuchte Nachfolger war, wurde mir klar: der Karmapa hatte mir die Frage schon beantwortet: der Richtige war Ogyen Trinley Dorje.

So hatte ich also niemals diesen Zweifel erfahren. Und der andere Karmapa interessierte mich deshalb auch überhaupt nicht. Er war offenbar ein netter Junge, den Shamar Rinpoche, einer der wenigen Linienhalter der Kagyüpas, zu seiner Marionette gemacht hatte, zu seinem Schild, hinter dem er die Scham seiner Machtgier verbergen konnte. Als ich nun in Frankreich erfuhr, dass diese Marionette am nächsten Tag kommen würde, verspürte ich keinerlei Interesse, ihn einmal aus der Nähe zu sehen.

Meine Fahrt nach Nordspanien dauerte viel länger als eingeplant. Ich musste die Pyrenäen überqueren. Nach neun Stunden kam ich an, es wurde schon ein wenig dämmerig. Zum Glück fand ich gleich ein Hotel, wo auch ein Zimmer frei war.

Ohne groß auszupacken fragte ich die Hotelbesitzerin nach dem gesuchten Tempel in der Nähe und machte mich gleich auf, ihn noch vor Sonnenuntergang zu sehen und zu fotografieren, was mir auch gerade noch so mit den letzten Lichtstrahlen gelang. Am nächsten Morgen wollte ich wieder zurückfahren.

Die neun Stunden, die ich allein im Auto auf dem Weg nach Spanien hauptsächlich auf Autobahnen zugebracht hatte, waren lang. Ich hatte also genügend Zeit über das zuvor Erlebte nachzudenken. Was für ein Zufall! Wäre dieses langsame Auto nicht gewesen, dann hätte ich nicht davon erfahren. Ob ich mir den anderen Karmapa einmal ansehen sollte? Nein, auf gar keinen Fall.

Als ich zum ersten Mal allein nach Indien zum Karmapa gefahren war, war es in seiner Gegenwart auf Englisch aus mir herausgebrochen: „Du bist mein Lehrer!" Und er hatte, noch bevor der Übersetzer meine Antwort übersetzen konnte, blitzschnell geantwortet: „Ja!"

Ich hatte damals zwar noch keine tantrischen Einweihungen vom Karmapa bekommen, empfand aber allein schon durch meine Bestätigung als Schülerin eine ganz tiefe Verbindung zu meinem Lehrer. Und außerdem war er ja auch mein Wurzel-Guru, weil er mich in die Natur meines Geistes eingeführt hatte. Wäre der Besuch des Kontrahenten nicht ein Bruch des Samayas gewesen, des Gelübdes zwischen Vajrayana (Diamant-Fahrzeug)-Lehrer und Schüler?

Ich durfte doch gar nicht zum anderen Karmapa, demjenigen, der die Spaltung des Kagyü-Sanghas durch seine Anwesenheit zementierte. Den Vollzug der Spaltung des Sanghas hat der Buddha als eine der drei Hauptverfehlungen bezeichnet, die das Potential haben, bei demjenigen, der die Tat ausführt, gleich nach dem jeweiligen Leben zu einer Wiedergeburt in einer Hölle zu führen. Ich wollte nicht mal in die Nähe so eines Wesens gelangen, das so etwas tat bzw. durch seine Anwesenheit die Spaltung aufrechterhielt.

Andererseits kann man alles machen ohne karmische Konsequenzen erwarten zu müssen, wenn die Motivation das höchste Wohl aller Lebewesen und die Sichtweise bei der Handlung die Illusionsgleichheit ist oder sogar die Leerheit von Inhärenz der Dinge, die dem Geist erscheinen. Wenn man wirklich so denkt, darf es einem allerdings auch nichts ausmachen, wenn das liebste Kind vor unseren Augen bestialisch getötet wird oder wenn wir selbst, vielleicht sogar durch Mörderhand, elendiglich umkommen. Dann können uns auch Existenzen in Höllen nichts ausmachen. Aber war ich schon so weit? Nein! Ich würde nicht ohne Not mit dem Feuer spielen wollen.

Und außerdem: ich wusste ja gar nicht, wann Thaye Dorje genau ankommen würde, um die Belehrungen zu geben. Danach hatte ich nicht gefragt. Es hatte mich auch nicht interessiert. Mal angenommen, ich würde hinfahren. Dann wäre die Veranstaltung vielleicht schon vorbei, wenn ich dort ankäme. Ich hätte ohne Not einen Umweg auf dem Weg nach Hause gemacht.

Aber konnte das mit dem langsamen Auto denn ein Zufall gewesen sein? Vielleicht sollte ich mir den anderen Karmapa doch einmal ansehen. Vielleicht würde ich nie wieder so anonym und bequem zu ihm kommen können in dem offenen Zelt, fern von zu Haus, unter vielen Menschen. Ich könnte ihn einmal unauffällig beobachten und mir dadurch ein eigenes Urteil bilden. Wenn ich nur meinen Karmapa hätte fragen können, ob er mir die Genehmigung zu dieser Handlung geben würde! Ich wollte doch unser wunderbares Lehrer-Schüler-Verhältnis nicht trüben.

Ich betete zu Karmapa, sprach innerlich mit ihm. Hilf mir! Was soll ich machen? Was meinst du? Was willst du? Und im Laufe der vielen Stunden wurde mir klar: ich musste so schnell wie möglich nach meiner Tempel-Besichtigung wieder zurückfahren. Es war wichtig, dass ich dahin fuhr.

Am nächsten Morgen brach ich früh auf. Ich hatte ja meine Fotos von der Tempel-Anlage und ich hatte noch neuen Stunden Autofahrt vor mir. Neun Stunden? Wie spät war es jetzt? Das würde vermutlich nicht reichen. Wann würde Thaye Dorje reden? Falls morgens: das würde ich nicht mehr schaffen. Und am Abend? Die Zelte sahen nicht so aus, als wären sie für Abendveranstaltungen hingestellt. Er musste also am Nachmittag sprechen.

Auch dafür reichte meine Zeit aber nicht. Ich raste wie in Deutschland über die Autobahnen. In Frankreich ist die Geschwindigkeitsbegrenzung meist bei 130 km pro Stunde. So war ich ja hingefahren. Das war aber jetzt nicht schnell genug. Ich fuhr hoch konzentriert, den relativ entspannten Verkehr und mögliche Radar-Fallen im Blick. Wenn ich geblitzt würde, vielleicht sogar mehrfach: was würde das kosten? Gut, meinen Führerschein riskierte ich damals deswegen noch nicht, aber finanzielle Höchststrafen, die ich vielleicht gar nicht bezahlen konnte.

Natürlich achtete ich darauf, dass ich niemanden in Gefahr brachte. Nach sieben Stunden kam ich wieder in Dhagpo Kagyu Ling an.

Es war etwa zwanzig vor drei am Nachmittag, als ich mich dem Parkplatz näherte. Alles war voll geparkt, Absperrungen waren errichtet worden. Neue Autos sollten weit entfernt abgestellt werden. Ich fühlte, dass ich unter diesen Umständen nicht rechtzeitig zum Veranstaltungsbeginn im Zelt sein würde, zumal ich mir am Tag zuvor meine Kniescheibe ein wenig ausgekugelt hatte, als ich den Parkplatz überquerte. Es war nicht so schlimm gewesen, aber das Knie war nun nach der langen Fahrt dick und das Laufen fiel mir schwer.

Das Knie! Es war meine Rettung! Als der Aufpasser mich von dem kostbaren Parkgelände gleich neben dem Veranstaltungszelt weiter winken wollte, sagte ich, dass ich schlecht laufen könne, ich sei gehbehindert. Ja, wenn das so ist: da hinten sei noch ein Platz frei. Danke, Karmapa.

Ich strebte humpelnd dem Veranstaltungszelt zu. Ob ich denn eine Karte hätte, fragten mich die Organisatoren. Karte? Nein. Wo kann man die denn kriegen? Ja, da müsste ich zu den Gebäuden gleich nebenan. Ach du ahnst es nicht! Inzwischen wusste ich, dass Karmapa Thaye Dorje um 15 Uhr beginnen würde. Die Zeit rann mir davon. Schließlich fand ich in einem der Gebäude eine Frau, die gerade ihre Kasse schließen wollte. Man war allgemein im Aufbruch.

- Ob ich eine Karte kaufen könnte? -Karte? Ob ich denn Mitglied sei? - Mitglied? Nein. Ich wollte nur zu dieser einen Veranstaltung. -Das ginge nicht. Man müsste Mitglied sein, sonst könnte man nicht teilnehmen. Man müsste ein Formular ausfüllen, den Jahresbeitrag bezahlen und dann die heutige Veranstaltung.

Nein, das konnte ich nicht tun, Mitglied werden im Verein der Sangha-Spalter! Schlimm genug, dass ich zu dieser einen Veranstaltung ging. In der Hölle würde mir dieser Mitgliedsvertrag wieder gezeigt werden. Ah, da kommt sie ja, die Samaya-Brecherin! Du warst doch damals auch dabei! Hier steht es Schwarz auf Weiß. War das nicht deine Unterschrift?

Ich setzte alles auf eine Karte, sprach mit deutlichem deutschem Akzent. Ich käme von weit her, wollte mir mal den Karmapa ansehen. Und nun könnte ich das nicht. Vielleicht würde ich Mitglied werden wollen, vielleicht auch nicht. Ich könnte doch nicht einfach Mitglied werden, ohne zuerst einen Blick auf den

Karmapa zu werfen. Sollte mir die Sache zusagen, würde ich selbstverständlich Mitglied werden.

Es war schon kurz nach drei. Die Frau wollte auch zum Vortrag, die anderen Mitarbeiter waren schon gegangen oder standen in der Tür und würden jeden Moment fort sein. Was sollte sie sich jetzt lange mit einer dämlichen Ausländerin auseinandersetzen? Sie gab mir die Karte und das Mitgliedsformular, das ich dann später ausfüllen könnte, ich zahlte und humpelte zum Veranstaltungszelt.

Das Zelt war voll, ich stand in der Schlange, humpelte langsam vorwärts. Da sah mich eine Ordnerin und sagte mir, dass ich in der falschen Schlange stünde. Behinderte müssten nebenan anstehen. Was sollte ich machen? Ich tat, wie mir geheißen wurde. Hauptsache, ich bekam noch irgendwo einen Platz. Als ich das Zelt betrat, sah ich, dass ich mit diesem Zugang das große Los gezogen hatte. Ich durfte mich wegen meiner Knieverletzung in den Presseblock setzen, der sich seitlich neben dem Dharma-Thron befand. Hier standen Stühle. Im Übrigen Teil des Zeltes saßen die Leute meist auf dem Boden. Dort waren auch nur noch ganz hinten ein paar Plätze frei. Im Presseblock dagegen saß ich in der vierten Reihe, vielleicht vier oder fünf Meter von Thaye Dorjes Platz entfernt. Ich hatte beste Sicht und konnte mich bei Bedarf hinter denen verstecken, die vor mir saßen.

Wenn ein spiritueller Meister

seinen Schüler
nicht beim Namen
nennt,

obwohl er ihn erkennt,

mag das eine Belehrung
sein.

Wenn ein
außerordentlicher
Schüler

seinen spirituellen
Meister
nicht

beim Namen
nennt,
obwohl
er ihn erkennt,

baut er
Hindernisse
in der Dharma-Praxis
auf.

Mit dem Herzen
suchen,
mit dem Herzen
finden,
im Herzen
bewahren:

diese Linie
zu halten,

bringt die Früchte
der Reifung
hervor.

Als ich ankam, saß Karmapa Thaye Dorje bereits auf dem hohen Dharma-Thron. Er wirkte relativ unauffällig, ohne besondere Ausstrahlung. Neben ihm befand sich in Richtung des Presse-Blocks ein niedriger Dharma-Thron, auf dem ein älterer Lama saß. Er war vielleicht nur drei Meter von mir entfernt. Ich kannte keinen Lama oder Rinpoche aus diesem Teil des nun gespaltenen Kagyü-Sanghas, außer Shamar Rinpoche, den Herzensschüler der vorherigen Karmapas und Spalter der Linie. Ihn hatte ich bisher nur auf Fotos gesehen.

Konnte es sein, dass der Lama vor mir Shamar Rinpoche war? Ja, wirklich, er sah den Bildern ähnlich. Mich durchzuckte es: ich war offenbar mitten im Zentrum des Bösen angekommen. Das Monster saß zum Greifen nah. Aber Halt! Was machte ich denn da? Ich vorverurteilte beide Lamas. Ich wollte mir doch ein eigenes Urteil bilden. Wie konnte ich das denn mit so einer Geisteshaltung machen? Also: tief durchatmen, eine meditative Haltung des Gleichmuts erzeugen und das Herz so weit wie möglich öffnen. Das war ich dieser Begegnung schuldig.

Der junge Tulku wirkte blass und unbeholfen. Er leitete eine Puja, machte dabei spirituelle Handgesten, Mudras genannt. Damit habe ich meine Schwierigkeiten. Ich kann sie mir einfach nicht merken. Auch Thaye Dorje schien es so zu gehen. Er schielte andauernd zu Shamar Rinpoche, der die Mudras ebenfalls machte, aber verborgen, unter dem Tisch seines Dharma-Throns, während der Karmapa die Mudras für alle sichtbar ausführte. Mein Blick war ja seitlich auf die beiden gerichtet und deshalb hatte ich freie Sicht auf den nur vorne verdeckenden Tisch. Ich sah sozusagen hinter die Kulissen. Der Karmapa wirkte bei dieser Zeremonie wie die Marionette des Rinpoches.

Langsam begann ich mit meiner Meditation, um Shamar Rinpoche geistig zu prüfen. Der Meister schien diese Meditation sofort zu spüren und wendete sich suchend zum Presseblock um. Oh Mann, ich musste offenbar aufpassen. Ich wollte nicht rausfliegen, sondern so viel wie möglich mitbekommen. Ich nahm meine Meditation augenblicklich zurück und drehte meinen Kopf wie beiläufig aus seinem Blickfeld, um mich hinter meinem Vordermann zu verstecken. Kurz danach drehte der Rinpoche seinen Kopf wieder nach vorn. Vielleicht dachte er, dass er sich geirrt hatte. Nach einem ersten kurzen Eindruck, den ich auf diese Weise von ihm bekommen hatte, konzentrierte ich mich lieber auf Thaye Dorje.

Was war das für ein Mensch, der da auf dem Dharma-Thron saß? Ich ging innerlich in eine Art Versenkung. Da drehte sich Thaye Dorje auf einmal zu mir um und sah mir direkt in die Augen. Der unvermittelte kurze Blick des jungen Mannes traf mich mitten ins Herz. Ich war wie vom Donner gerührt: was für ein Blick, welche Kraft war darin, wie viel Liebe!

Ich brauchte eine Weile, um mich zu fassen. Damit hatte ich nicht gerechnet. Hatte er meine Gedanken mitbekommen so wie es mein Karmapa machte und genauso unmittelbar geantwortet? Das war doch nicht möglich. Das konnte der doch gar nicht, diese Marionette, dieser Fake! Aber kaum hatte ich mich innerlich wieder ein bisschen berappelt, da traf mich wieder ganz unvermittelt dieser Blick, aus dem laufenden Vortrag heraus, kurz und zielgerichtet zu mir umgedreht, in meine Augen gesehen und wieder weggedreht.

Viermal hintereinander passierte dies, genau gleich: Blick direkt in meine Augen, mein Herz öffnen und wieder wegsehen. Und jedes Mal spürte ich mehr: das ist Karmapa, Karmapa, Karmapa, mein Karmapa, unser aller Karmapa.

Oh, wie wunderbar! Es gab gar keine Spaltung auf der letzten Ebene. Shamar Rinpoche war spirituell in der Krise, aber sein Lehrer, der dies schon vor sechshundert Jahren vorhergesehen und angekündigt hatte (wie man an der schon genannten Prophezeiung erkennt), konnte doch nicht tatenlos dabei zusehen, wie die Linie dadurch zerstört würde. Es gibt einen **Gyalwa** Karmapa, der die Linie leitet und der offiziell als Karmapa bezeichnet wird und es gibt Milliarden anderer Emanationen von Karmapa in vielen Momenten, an vielen Orten, egal wie und als was diese Emanationen äußerlich erscheinen. Warum sollte der Karmapa es zulassen, dass ein Junge den abgespaltenen Teil der Linie offiziell führt, der keine Emanation von Karmapa ist? Das konnte und durfte er zum Wohle seiner Schüler und der Unverfälschtheit des Buddha-Dharmas nicht zulassen. Und er hat es nicht zugelassen, egal wie unbeholfen und marionettenhaft Thaye Dorje nach außen erschien.

Irgendwann viel später, als ich an meine Jugend dachte, wo mir der sechzehnte Karmapa jahrelang täglich erschienen war (ich habe Ogyen Trinley Dorje einmal danach gefragt und er hat es mir bestätigt) dachte ich an die alten geistigen Begegnungen mit dem sechzehnten Karmapa, wo mir u.a. klar geworden war, dass wir uns in Frankreich wiedersehen würden. Ja, wir haben uns in Frankreich wiedergesehen, auf wunderbare Weise zusammengeführt.

Blumen
erblühen

unter deinen
Lotosfüßen,

Meister meines Herzens,

Karmapa.

Möge ich
in all
meinen Leben

niemals

von dir getrennt
sein!

Möge mein Geist

dem deinen
gleichen

in der wortlosen
Weite
des Unsagbaren,

in der Kristallsonne
der Erleuchtung!

Möge mein Bodhicitta
nie
enden,

möge ich fähig werden,

wie du

die Samen
zu setzen,

die Reifung
bewirken!

Ich war erleichtert. Die Spaltung des Sanghas war schwerwiegend. Aber es gab Hoffnung. Noch am Abend fuhr ich weiter und besuchte auf dem Weg nach Hause noch eine wunderbare große Tempelanlage in Frankreich. Als ich in Deutschland meine E-Mails sichtete, fand ich wieder eine Nachricht einer Frau aus Österreich, die sich gemeinsam mit einigen anderen sehr für mein Tempel-Projekt interessiert hatte und offen schien für eine Zusammenarbeit.

Mit ihr nahm ich jetzt noch einmal Kontakt auf und berichtete ihr auch, dass ich bei Karmapa Thaye Dorje gewesen sei. Ich freute mich, ihr mitteilen zu können, dass die Dinge letztlich gut stünden. Doch sie freute sich nicht mit. Ganz im Gegenteil. Sie sagte, ich sei jetzt infiziert und deshalb könnten sie und ihre Bekannten mich nun nicht mehr unterstützen.

Ich fiel aus allen Wolken. Das hatte mir gerade noch gefehlt. Nun hatte endlich Aussicht auf ein Voranschreiten des Projekts bestanden, doch die wenigen Leute, die bereit waren, mir zur Seite zu stehen, sprangen nun schon teilweise ab. Vielleicht würden sie nicht die einzigen bleiben. Mein Besuch bei Thaye Dorje war ja nun bekannt und wer Gründe gegen mich suchte, hatte spätestens jetzt welche gefunden.

In Kürze würde ich nach Indien reisen. Eigentlich wollte ich ganz andere Dinge mit dem Karmapa besprechen. Aber nun musste das alles hintenanstehen. Erst mal musste ich die Sache mit Thaye Dorje klären. Ich musste wissen, wie Karmapa die Sache sah, damit ich meinen Kritikern Rede und Antwort stehen konnte.

Ich erzählte Ogyen Trinley Dorje, dass ich in Frankreich Thaye Dorje und Shamar Rinpoche getroffen hätte und dass nun Leute nicht mehr mit mir zusammenarbeiten wollten, mit der Begründung, ich sei infiziert. Wie würde er die Sache sehen? Karmapa machte eine Geste, so als würde er sagen: „Diese Leute kannst du in der Pfeife rauchen." Ich war mir nicht sicher, ob ich die Geste richtig verstanden hatte. Deshalb fragte ich den mir recht gut bekannten Lama, der auch die Übersetzungen machte und der auch ein persönlicher Adjutant von Karmapa war: „War das, was ich gemacht habe, o.k.?"- „Ja, es ist o.k.", übersetzte er die Geste.

Dann fragte ich Karmapa, ob ich aus Gründen der Dharma-Praxis weiterhin Thaye Dorje und Shamar Rinpoche aufsuchen dürfte und Karmapa genehmigte mir das ausdrücklich.

Danach sprach ich über meine Suche nach einem möglichen Bauplatz für das Projekt. Ich wohnte in einer teilweise recht schönen ländlichen Umgebung. Dort war das Ganze gut vorstellbar. Außerdem hatte es, kurz nachdem ich meine diesbezügliche Suche ernsthaft begonnen hatte, dort besondere Zeichen gegeben, wie ungewöhnliche Regenbogen und Wolkenformationen. Eine Wolke hatte ich sogar fotografiert, um sie Karmapa zu zeigen. Sie sah aus wie ein riesengroßer chinesischer Drachen.

Außerdem hatte es eine Wolkenwand gegeben, aus der drei Sonnen zu leuchten schienen. Die Erscheinung war etwa eineinhalb Stunden bestehen geblieben, ließ sich aber trotz größten Bemühens meinerseits weder fotografieren nach filmen.

Karmapa betrachtete das Foto mit der Drachenwolke eingehend ohne sich dazu zu äußern. Auch merkte ich nicht einmal, dass er sich nicht zu dem Ort äußerste. Seine geistige Präsenz schaffte eine Atmosphäre, wo Nachfragen nicht angebracht schien.

Später erfuhr ich, dass ein Großteil meiner Umgebung zum Landschaftsschutzgebiet gehörte und Bauen dort nur in extremen Ausnahmefällen erlaubt war. Ich sprach mit dem zuständigen behördlichen Sachbearbeiter über das Projekt und erfuhr, dass dort eine Bauerlaubnis mit Sicherheit nicht genehmigt werden würde.

Am Ort dieser wunderbaren Naturschauspiele machte ich später meine Meditationen vom Drei-Jahres-Retreat, gründete ein Dharma-Zentrum, baute einen Stupa und schaffte eine Wohnung für Karmapa. Vielleicht kommt er ja mal dorthin. Man kann ja nie wissen.

Der Kampf
zwischen dem tantrischen
Lehrer
und seinem Schüler
geht so:

Der Schüler stellt sich
auf die Seite
seines Egos,
seiner Konzepte
und Gewohnheiten.

Und der Lehrer stellt sich auf die Seite
der geistigen
Befreiung
und Erleuchtung.

Gewinnt der Schüler,
bleibt er weiterhin
im Samsara,

gewinnt der Lehrer,
wird der Schüler
befreit.

Wenn der Schüler Vertrauen
und Hingabe
hat,
lässt er den Lehrer

gewinnen.

Im Laufe meiner Schülerschaft bei Karmapa fiel mir langsam auf, dass mein Geist nicht in dem Maße klarer wurde, wie ich es erhofft hatte. Es gab Blockaden, die ich nicht überwinden konnte. Was sollte ich nur tun, was praktizieren? Also flog ich nach Indien, um Karmapa zu fragen. Ich hatte das Klare Licht in meinen Meditationen gesehen, ich hatte von Karmapa eine Einführung in die Natur meines Geistes erhalten mit einer Kraft, die mich für einen kurzen Moment erahnen ließ, wohin man denn kommen konnte, wenn man nur immer weiter praktizierte. Aber meine Meditationen blieben ohne Glanz, ich hatte keine Siddhi, keine Wunderkräfte, obwohl man das Erblicken des Klaren Lichts allgemein mit der höchsten Erleuchtung gleichsetzt. Auch Milarepa hatte damals von sich gedacht fast voll erleuchtet zu sein, bevor er geistig während seines Sterbeprozesses abstürzte. Und Shamar Rinpoche schien in einer vergleichbaren Krise zu sein.

Irgendetwas stimmte nicht. War es mein persönliches Versagen gewesen? Sicherlich. Aber was hatte ich denn falsch gemacht damals? Was konnte man denn überhaupt noch falsch machen, wenn man den Status von Milarepa erlangt hatte? Und warum konnte ich das durch meine jetzige, fortwährende, zum Teil recht hochkarätige Dharma-Praxis nicht bereinigen? Ich war ratlos, fragte Karmapa, was ich praktizieren sollte, um endlich weiterzukommen. Und was antwortete er mir? „Jede Art von Dharma-Praxis ist gut."

Ich fiel innerlich fast in Ohnmacht, als er mir das sagte. DAS wusste ich auch. War ich einige tausend Kilometer gereist, um meinen Lehrer auf meine ernsthafte Frage diese Banalität sagen zu hören? Das konnte doch nicht angehen. Er wusste doch mehr. Ich hatte vollstes Vertrauen zu seiner Weisheit. Warum sagte er mir nicht, was ich wissen wollte, und speiste mich stattdessen mit Allgemeinplätzen ab? Ich bedankte mich und ging, völlig verwirrt.

Im Laufe der Jahre verstand ich erst, dass es kein Zufall war, dass ich die Antworten Karmapas auf meine Fragen im jeweiligen Moment meist nicht verstand oder falsch deutete. Regelmäßig dauerte es etwas ein dreiviertel Jahr, in dem ich wiederholt über seine Äußerungen nachdachte, bis ich endlich die Antwort begriff. Karmapa hatte die Zukunft vorausgesehen und für die Zukunft geantwortet und dann, als der Moment kam, auf den die Antwort passte, war mir jeweils schlagartig klar geworden, was er gemeint hatte. Das war sehr oft so und doch war ich in dem Augenblick meiner Frage nie darauf vorbereitet. Ich fragte ja nicht: „Was siehst du in meiner Zukunft, Karmapa?" Aber seine Antwort bezog sich dessen ungeachtet meistens genau darauf.

Die Antwort: „Jede Art von Dharma-Praxis ist gut." verstand ich irgendwann so: „Haue rein, was das Zeug hält, lerne alles, wirklich alles, was du im Dharma nur lernen kannst. Es gibt nicht nur **eine** Praxis, die dir fehlt."

Irgendwann hatte ich die Nase voll von meiner Blockade und setzte alles auf eine Karte. Ich ging zu Karmapa, zeigte mit der Hand auf ihn und sagte: „Du bist ein wunscherfüllendes Juwel. Ich will die volle Erleuchtung so schnell wie möglich!!!" Was nun passierte, war für mich wie ein Erdrutsch. Kaum hatte ich diese Worte auf Englisch ausgesprochen, stand Karmapa auf. Meine Audienz war beendet. Ich musste auch aufstehen, der Übersetzer rappelte sich vollkommen verwirrt ebenfalls auf. Ich sah sein fragendes Gesicht. Offenbar hatte ich irgendetwas falsch gemacht. Offenbar durfte man den Karmapa so nicht fragen, das nicht erbitten. Aber wieso?

Ich ging hinaus, stand noch eine Weile oben vor dem Audienzsaal, um mich zu sammeln. Er hatte mich rausgeschmissen. Ich spürte, dass ich nicht mehr seine Schülerin war. Mein Schwarzauge hatte mich in meiner größten Not alleingelassen. Und doch hatte ich in seinem Aufstehen auch einen Respekt bemerkt: Endlich hört sie auf mit diesem Schwarzauge-Gesülze, endlich beginnt sie damit ihre Krise zu überwinden. Endlich fängt sie an, mit vollem Einsatz Dharma zu praktizieren. Er hatte sich vor meinem Herzenswunsch voller Hingabe erhoben, mit Hochachtung.

Wenn

tiefste

innere Verzweiflungen

aufbrechen:

was ist da zu tun?

Manche Menschen agieren

dann wild,
fügen anderen
Schaden zu,
wollen sie ins gleiche Boot,
in den gleichen
Abgrund ziehen,

nur um nicht allein
zu sein,

oder sie wollen herrschen,
um sich und anderen
vormachen zu können,
dass sie
alles
im Griff haben.

Andere verdrängen
Ihre Qual,
versuchen,

den Schmerz

mit allerlei Drogen

zu betäuben,
immer wieder.

Sie lenken sich ab,
stürzen sich ins Vergnügen,
wollen erfolgreich sein, reich, berühmt,
um jeden
Preis,

nur
um den Abgrund in sich
nicht zu
fühlen.

Oder sie hoffen auf Heilung,
Erlösung
durch andere.

Das mag sie manchmal
eine Weile
tragen.

Eine dauerhafte
Basis
ist das jedoch
nicht.

Denn die Verzweiflung
wird wiederkommen
irgendwann.

Wir können das ganze
Universum
durchqueren:

Nirgendwo werden wir ihr
dauerhaft
entkommen.

Also ist es besser
sich diesem inneren Abgrund
zu stellen,

ihm ins Auge

zu blicken.

Je mehr Mitgefühl
wir in unserem Herzen
haben,

desto leichter
können wir den Blick
auf unsere
eigene Not
ertragen,

je mehr Weisheit
wir entwickelt
haben,

desto eher
werden wir begreifen können,
dass unsere tiefste
innere
Dunkelheit,

so
wirklich

sie uns auch
erscheint,

aufgelöst werden kann,
wenn die Sonne
der Erkenntnis

in unserem Geist
aufgeht.

Aber bis dahin ist es meist
ein langer Weg.

Viele fühlen sich auch bedroht,
wenn

andere

den Pfad zur Befreiung
gehen.
Manchmal versuchen sie
deshalb
diese Menschen mit allen
ihnen zur Verfügung stehenden
Mitteln
von ihrem Weg abzubringen.

Aber trotzdem
kommen sie auch selbst
immer wieder
genau an diese
Weggabelung.

Und jedes Mal
werden sie sich erneut
entscheiden
müssen,

ob sie den Schritt zur Befreiung
vom Leid

wagen
wollen,

oder ob sie weiter
schaden,
verdrängen
und auf Befreiung von außen
hoffen wollen.

Und wenn sie irgendwann
den Mut
aufbringen können,
in die Freiheit
zu schreiten,

wird selbst die tiefste
innere Verzweiflung
vergehen
können

wie die Dunkelheit,
wenn die Sonne
aufgeht.

Lasst uns darum beten!

Rosenblüte

Mal angenommen

eine alte spirituelle Meisterin erzählte ihren Schülern einmal folgende Geschichte:

„Vor langer Zeit lebte in einem fernen Land eine junge Frau, Rosenblüte genannt, die sehr lieblich anzusehen und Tochter eines wohlhabenden Mannes war. Sie schätzte schöne Kleidung und kostbare Düfte und wenn sie in irgendjemandes Nähe kam, füllte sich der Raum mit Wohlgerüchen.

Obwohl Rosenblüte äußerlich eine Zierde der Gesellschaft war, in der sie lebte, war sie innerlich der Not anderer Menschen gegenüber gleichgültig. Wenn Bettler an die Tür kamen, wurden sie mit groben Worten vertrieben, und sogar

Mönche und Nonnen sah Rosenblüte als nutzlose Schmarotzer der Gesellschaft an.

Ihre Familie dachte nicht so und gab insbesondere spirituellen Menschen gern, die um Nahrung baten. Die Eltern hielten auch Rosenblüte an, ihnen etwas in die Bettelschalen zu geben, doch Rosenblüte gehorchte nur widerwillig, denn sie verachtete die Menschen, die ihre Hilfe brauchten.

Rosenblüte hatte keine Wahl und musste tun, was ihre Eltern sagten. Aber es fiel ihr immer schwerer, den Anordnungen zu folgen. Sie überlegte, was sie tun könnte, um den Menschen zu schaden, ohne dass ihre Eltern dies bemerkten.

Und eines Tages hatte sie eine Idee: Sie gab schlechte Körner in die Bettelschalen und so wurden die Menschen krank, nachdem sie die Nahrung gegessen hatten. Rosenblüte lachte in ihrem Herzen über diese Tat und erfreute sich an den Folgen ihrer Handlung.

Viele Leben später hatte Rosenblüte, die sich nicht an diese alte Existenz erinnerte, selbst den Wunsch, ein spirituelles Leben zu führen und, da sie u.a. Mönche und Nonnen genährt hatte, fand auch sie den Zugang zur Lehre. Seltsamerweise aber nahm niemand ihr spirituelles Streben ernst und hinter ihrem Rücken lachte man heimlich über sie.

Rosenblüte verstand ihre Schwierigkeiten nicht und versuchte durch allerlei Handlungen, endlich als geistig Suchende ernst genommen zu werden, aber je mehr sie sich bemühte, je perfekter ihr Verhalten war, desto mehr zogen sich andere spirituelle Menschen innerlich von ihr zurück. Das Geben von Gift an die Nonnen und Mönchen vor langer Zeit bewirkte nun, dass Rosenblüte als unglaubwürdige Person erschien. Sie wirkte wie eine Schauspielerin, die eine Nonne nur spielt, ohne es in ihrem Herzen zu sein."

Ein Schüler, der der Meisterin gebannt zugehört hatte, sagte nun: "Das geschieht Rosenblüte ganz recht! Warum war sie als Tochter einer wohlhabenden Familie ohne Not auch so bösartig!" Die Meisterin erwiderte daraufhin:" Mein lieber Sohn: seit anfangsloser Zeit sind wir alle in den Fäden gefangen, die wir selbst gewebt haben. Auch Rosenblüte ist da keine Ausnahme.

Es ist leicht, über andere zu urteilen, doch während wir mit einem Finger auf andere zeigen, weisen drei Finger auf uns selbst zurück."

Eine Schülerin sagte: *„Meisterin, sicherlich habe auch ich Ähnliches, ja vielleicht sogar Schlimmeres getan und nun graust es mich, wenn ich sehe, welche schwerwiegenden Folgen kleine Handlungen haben können! Was kann ich tun, damit mein diesbezügliches Karma nicht zur Reife kommt?"*

„Es gibt viele Möglichkeiten" sagte die Meisterin, "zunächst ist es wichtig, seine alten Taten zu bereuen, selbst, wenn man sich gar nicht mehr an sie erinnern kann. Bestimmte spirituelle Reinigungspraktiken könnten ebenfalls helfen und der Vorsatz, keine weiteren negativen Handlungen begehen zu wollen, auch wenn es nicht leicht sein wird, diesen Vorsatz umzusetzen. Sollte man seine alten schlechten Taten kennen oder erahnen, könnte man außerdem auch ganz bewusst das, was man vorher schlecht gemacht hat, gut zu machen versuchen. Für Rosenblüte könnte es z.B. günstig sein, spirituellen Menschen besonders gutes Essen zukommen zu lassen, auch wenn dies u.U. schwierig durchzuführen wäre. - Aber nun lasst uns für heute mit diesem Thema abschließen. – Ich habe vorhin, als ich von meiner Meditation im Wald zurückkam, gesehen, dass an den Büschen auf meinem Weg viele köstliche Beeren hingen. Da habe ich gleich eine große Schale voll gepflückt. Wir sollten die Früchte essen, solange sie noch frisch sind."

Jetzt
essen wir

die Früchte
der
Pflanzen,

deren Samen

wir
einst

selbst

gesät
haben.

Wenn die Früchte
ungenießbar
sind,

sollten wir
unsere
Gartengestaltung

überdenken.

Immer wieder fragte ich mich in der folgenden Zeit, ob es etwas gab, dass ich in diesem Moment bei Karmapa falsch gemacht hatte, aber ich konnte nichts finden, das meinen Rausschmiss rechtfertigte. Wollen nicht alle Buddhas und Bodhisattwas, möglichst alle Lebewesen zur vollständigen Erleuchtung führen? Das wollte doch Karmapa auch. War das nicht Vajrayana (Diamantfahrzeug des tibetischen Buddhismus) pur, um was ich meinen Lehrer in diesem Moment gebeten hatte? Musste er nicht vor lauter Freude innerlich jubeln: „Endlich nimmt Milarepa seine verpatzte höchste Erleuchtung als Ziel wieder ernst!" Aber warum dann diese ungeheure Härte? Erst später verstand ich: genauso hart musste er zu mir sein, wollte ich das erstrebte Ziel in kürzester Zeit erreichen. Das Händchenhalten hatte aufgehört, jetzt kam der Tritt in den Allerwertesten.

Ich wusste: bei Karmapa brauchte ich nicht wieder anzukommen. Das hatte sich erledigt. Bei ihm sah ich in erster Linie das lange gesuchte Schwarzauge. Der Lehrer kam erst an zweiter Stelle. Auf diese Weise würde meine Lehrzeit bei ihm ewig dauern. Wenn ich schnell vorankommen wollte, dann musste ich zu einem anderen Lehrer gehen. Aber zu welchem?

Eine tiefe Verzweiflung überkam mich. Der Karmapa war doch mein Lehrer! Ich wollte zu ihm, nur zu ihm! Aber er hatte ja Recht. Sobald ich ihn ansah, trübte sich mein Blick, Begierde kam auf, Schwärmerei, Verliebtheit, Bewunderung. Aber knallharte Dharma-Praxis konnte man so nicht machen. Doch zu wem konnte ich gehen, wer war verwirklicht genug, weise genug? Wen konnte ich nicht unterbuttern und mich damit selbst betrügen?

Vielleicht sollte ich zum anderen Karmapa gehen. Ich hatte ja die Erlaubnis und ich hatte das Vertrauen in seine Fähigkeiten. Für eine Weile ging ich also nun zum anderen Karmapa. Hier war ich nicht anerkannte Schülerin. Hier sah ich ihn nur in offizieller Funktion, erhielt Einweihungen, Belehrungen. Was für eine Kraft er hatte, was für eine Weisheit, was für ein Mitgefühl! Wieder war ich in Frankreich, um ihn sehen zu können.

Ich mischte mich unter die Menschen, niemand kannte mich. So lernte ich ein wenig die andere Seite des gespaltenen Sanghas kennen. Hier herrschte nicht Susi Sonnenschein, keine alteingesessene Dharma-Clique. Hier schien es offener zuzugehen, aber natürlich gab es auch hier Probleme. Ich erlebte ein wenig die Parallelwelt des gespaltenen Kagyü-Sanghas. Meine Ursprungsseite existierte hier nicht. Über sie wurde nicht gesprochen. Sie war den meisten Interessierten und Praktizierenden nicht bekannt. So war es umgekehrt auf meiner alten Seite ja auch gewesen.

Hier, auf der anderen Seite, konnte ich meine Wunden lecken, mich von meinem Schock nach dem Rausschmiss erholen und irgendwann verstand ich auch, dass ich immer noch Schülerin meines großen Lehrers war. Er, der Buddha, würde mich nie verlassen auf all meinen Wegen, im Leben und im Tod.

Jeder
Augenblick
enthält ein

Universum

von
Möglichkeiten.

Erleuchtung

erlaubt uns,
sie auch

zu nutzen.

In Hamburg sah ich Jigme Rinpoche zum ersten Mal bei einem Vortrag, den er in der angemieteten Aula einer Schule hielt. Ich wollte mir den Lama, der den Verräter Shamar Rinpoche bei der Spaltung des Sanghas unterstützte, einmal näher ansehen. Wo ging das besser als bei einem öffentlichen Vortrag? Ich saß in einer der vorderen Reihen und stellte mich geistig auf ihn ein. Würde er bemerken, dass ich ihn während seiner Worte unauffällig anmeditierte? Ja, er sah mich nach einer Weile bewusst an.

Mein Bestreben war gewesen, Kontakt zu Shamar Rinpoche aufzunehmen. Aber wie hätte ich das machen können? Ich kannte doch bis dahin niemanden, der ihm nahe stand. Ich suchte im Internet nach Namen und immer wieder war der Name Jigme Rinpoche aufgetaucht. Aber wie kam ich an ihn heran? Da erfuhr ich auf einmal, dass er in Hamburg einen Vortrag halten wollte. Das passte gut. Und so kam ich, ausgerüstet mit einem Schreiben an Shamarpa in die Aula.

Nachdem wir meditativ Kontakt zueinander aufgenommen hatten, war es für mich relativ leicht ihn alleine in der Pause abzufangen. Er war offensichtlich neugierig auf mich geworden. Ich sprach nur sehr kurz mit ihm, zumal wir in der Eingangshalle des Gebäudes in diskretem Abstand von vielen Menschen umgeben waren. Kurz und knapp übergab ich ihm ein Schreiben an Shamar Rinpoche. Der Umschlag war offen, so dass der Lama den Brief bei Bedarf selbst lesen konnte, was ich ihm auch sagte. Nachdem er den Brief angenommen hatte, trennten wir uns schnell. Weitere Worte waren nicht nötig gewesen.

Dies war einer meiner diversen Bemühungen, Shamarpa zu kontaktieren, weil ich versuchen wollte, die Prophezeiung des fünften Karmapas irgendwie erfüllen zu helfen. Dabei vertraute ich auf die Allwissenheit Karmapas. Er würde das schon richtig vorhergesehen haben. Und sollte ich die prophezeite Person sein, wollte ich gerne meine Aufgabe erfüllen, auch wenn ich nicht mal ahnte, wie das vor sich gehen sollte.

Wenn man Post nach Indien schickt, weiß man nie, ob sie auch ankommt. Am besten man gibt sie jemandem, der den Brief zuverlässig übergeben wird, mit auf die Reise dorthin. Bei diesem Brief an Shamarpa hatte ich nun wenigstens in dieser Hinsicht Gewissheit. Sehr schnell erwähnte ich in den Briefen, die ich Jigme Rinpoche in der Folgezeit schickte, dass ich wohl einmal Milarepa gewesen sei. Ich wollte die Sache ja vorantreiben. Da musste ich schon mit größten Geschützen auffahren. Ich hoffte, er würde Shamarpa über den Inhalt informieren.

Manchmal hatte ich den Eindruck, dass sich Jigme Rinpoche in dieser schwierigen Gesamtsituation nicht wirklich wohl in seiner Haut fühlte. Er hielt die Spaltung des Sanghas durch die Unterstützung seines Bruders Shamar Rinpoche ja aufrecht. Vielleicht hatte er auch Angst, nach diesem Leben in der Hölle zu schmoren, falls er sich nicht richtig verhalten würde. Warum tat er das also? Ich fragte Karmapa innerlich nach dem Grund und er teilte mir auf meditativem Weg folgendes mit: Der sechzehnte Karmapa sei Jigme Rinpoche nach dem Tod erschienen und hätte folgendes zu ihm gesagt: „Bleib bei deinem Bruder!"

Damals konnte man die spätere Spaltung des Sanghas noch nicht einmal ahnen. So etwas hatte es ja auch noch nie zuvor in der Linie Karmapas gegeben. Nachdem Shamarpa nun immer weiter innerlich abstürzte und Gier und Machthunger noch mehr an die Oberfläche gekommen waren, erinnerte sich Jigme Rinpoche wohl wieder an die Erscheinung und tat wie ihm von seinem Lehrer dem sechzehnten Karmapa geheißen worden war. Nur besonders wohl schien er sich in dieser Position vermutlich nicht zu fühlen.

Viele Jahre später hoffte ich über einen anderen Rinpoche, der relativ leichten Zugang zu Karmapa Thaye Dorje hatte und der offenbar von meinem Geist-Terma beeindruckt war, auf eine offizielle Anerkennung als Milarepa, um von diesem Teil der Linie aus die Beendigung der Spaltung des Sanghas vielleicht leichter bewerkstelligen zu können, leider vergeblich. Auch baute ich einen Stupa, der der Überwindung der Spaltung des Kagyü-Sanghas gewidmet war und in den ich gesegnete Substanzen von großen Meistern der vier Linien des tibetischen Buddhismus sowie des Bön hineinlegte.

Außerdem habe ich versucht, mit Thaye Dorje direkt Kontakt aufzunehmen und das war folgendermaßen: Wie ich schon erwähnte, hatte ich nach unserem ersten Kontakt in Hamburg Jigme Rinpoche einige Briefe nach Frankreich geschrieben, wo er sich oft aufhielt. Die Adresse war korrekt und aus meiner langjährigen Erfahrung mit einer französischen Bekannten wusste ich, dass die Zustellung von Deutschland nach Frankreich zuverlässig funktionierte. Meine Briefe an Jigme Rinpoche mussten also angekommen sein.

Trotzdem hatte ich das Gefühl, dass er die ausführlichen Schreiben an ihn auch deshalb nicht oder nur oberflächlich las, weil sein Englisch vielleicht nicht so gut war, zumindest, was den schriftlichen Teil der Sprache anging. Dieses Problem haben vermutlich manche tibetische Lamas. Ich musste also Tibetisch mit ihm sprechen oder ihm auf Tibetisch schreiben, wollte ich ihn erreichen, aber das vermochte ich nicht. Ich hatte mich seit Jahren bemüht, immer wieder einmal diese Sprache wenigstens ansatzweise zu lernen, war aber jämmerlich gescheitert. Dennoch hatte es sich nicht vermeiden lassen, dass doch ein wenig von der Sprache an mir haften geblieben war, jedoch war ich fern davon, mich auch nur annähernd verständlich artikulieren zu können.

Später habe ich dann mit größter Mühe in wochenlanger Arbeit Briefe mit Hilfe eines Computer-Schreibprogramms auf Tibetisch zu unterschiedlichen Rinpoches geschickt, um die Überwindung der Spaltung mit allen mir zur Verfügung stehenden Mitteln voranzutreiben. Ich unterschrieb dann immer mit „Lama Heike, einst Milarepa". Da es vermutlich nicht allzu häufig vorkam, dass Westler so wie ich Briefe auf Tibetisch an asiatische Lamas schrieben, hoffte ich zu mindestens darauf, dass die Angeschriebenen sich die Briefe wenigstens einmal durchlasen, sofern ihre jeweiligen Sekretäre diese Schreiben überhaupt weiterleiteten.

Zu der Zeit, als ich hoffte, den Karmapa Thaye Dorje persönlich zu kontaktieren, um dadurch bei der Überwindung der Spaltung mithelfen zu können, war mein Tibetisch noch weit von dieser späteren Leistung entfernt. Mir war aber klar, dass Jigme Rinpoche, der bei den Belehrungen Thaye Dorjes in Frankreich die Leitung hatte, nur durch Tibetisch überhaupt zum Zuhören gebracht werden konnte.

Ich hatte mich zu Unterweisungen in Frankreich angemeldet und beobachtete vor Ort, wie, nachdem der Karmapa das Veranstaltungszelt verlassen hatte, auch Jigme Rinpoche eine Weile später mit einigem Gefolge den Weg vom Zelt über eine Wiese zu den festen Gebäuden des Dharmazentrums von Dhagpo Kagyu Ling hinüberging. Deshalb packte ich für den nächsten Tag meinen damals noch am Anfang befindlichen Geist-Terma in Form einer mit etwas Aufwand zu Papier gebrachten geistigen Schau in meinen Rucksack. Ich hatte den Terma sicherheitshalber von zu Hause mitgebracht. Außerdem lernte ich im Hotelzimmer mit Hilfe eines Tibetisch-Wörterbuchs, das ich ebenfalls eingepackt hatte, einige neu erstellte Sätze auswendig.

Als der Tross des Rinpoches dann über die Wiese ging, näherte ich mich von der Seite und sprach den Rinpoche auf Tibetisch an. Sofort machten die westlichen Begleiter Platz, obwohl sie mich ja gar nicht kannten. Ich durfte alleine neben dem Rinpoche im Tross weiter mitgehen. Ich machte meine mitgebrachte Mappe auf, wo der Rinpoche den Terma sehen konnte, und sagte, während ich auf einzelne Teile der Darstellung zeigte: „Das ist der Dharmakaya, das der Sambhogakaya usw." Und dann fügte ich noch hinzu: „Ich möchte eine Audienz beim Karmapa haben!" Dann gab ich dem Rinpoche die Mappe mit dem Terma.

Jigme Rinpoche sagte etwas auf Tibetisch. Der Tross war am Ziel angekommen. Besucher warteten auf dem Hof vor den Gebäuden auf den Rinpoche. Sie baten um die Erlaubnis, vom Karmapa gesegnet zu werden, der einige Meter entfernt stand. Ich zog mich augenblicklich zurück, beobachtete Thaye Dorje aber intensiv mit der mir möglichen Kraft meines Geistes von schräg hinten. Er blieb lange Zeit stehen, sah sich aber nicht zu mir um. Trotzdem hatte ich den Eindruck, einer entstehenden energetische Verbindung zwischen uns.

Die ganze Zeit über dachte ich auch: „Was hat Jigme Rinpoche nur gesagt?" Ich hatte es deutlich verstanden, nickte auch, nachdem er es gesagt hatte, denn es war klar, dass er mir auf meine Bitte eine eindeutige Antwort gegeben hatte. Aber was war es nur gewesen? Ich hatte keine Zeit mehr, mich auf Englisch zu vergewissern und fühlte auch, dass, wenn ich es getan hätte, vielleicht mein Treffen mit Thaye Dorje infrage gestellt werden könnte.

Immer wieder überlegte ich. Ja, die Worte hatte ich schon einmal gehört. Aber das einzige Wörterbuch, dass ich mit dabei hatte, übersetzte nur vom Englischen ins Tibetische und nicht umgekehrt. Ich hatte keine Chance, die Begriffe nachzuschlagen. Moment mal, könnte er vielleicht gesagt haben: „Nach der Einweihung?" Es sollte nämlich nach der Veranstaltungspause eine Einweihung geben. Das machte Sinn. Ich hatte schon einige Dharma-Worte zu lernen versucht. Einweihung war sicherlich dabei gewesen. Was sollte es? Entweder er hat gesagt „Nach der Einweihung." Oder er hat es nicht gesagt. Also dann: nach der Einweihung!

Mir ging es während dieses Frankreichaufenthaltes mal wieder besonders schlecht. Ich wusste gar nicht, wie ich die Zeit bis nach der Einweihung ohne gesundheitlichen Zusammenbruch überstehen sollte. Außerdem hatte ich da ja dann noch die Privataudienz vor mir. Und dann wusste ich ehrlich gesagt gar nicht, was ich dem Karmapa hätte sagen sollen. Was konnte ich denn in dieser Situation überhaupt sagen? Aber ich musste es wenigstens versuchen.

Ich legte mich irgendwo abseits auf die sommerliche Wiese. Ich war einfach zu fertig. Ich musste liegen. Bevor ich dorthin kam, legte ich noch eine Mala (Gebetskette), die ich mir vor Ort gekauft hatte, in einen großen Sammelbehälter, weil dort zu lesen war, dass der Karmapa die hineingelegten Dinge nach der Einweihung segnen würde. Ich dachte darüber nach, dass ich dann vielleicht gesegnete Dinge beider Karmapas zusammenbringen könnte, um so die Überwindung der Spaltung wenigstens „magisch" unterstützen zu können.

Ich war an diesem Tag so unendlich schwach. Gleich würde die Einweihung beginnen, aber ich kam einfach nicht hoch. Die Zeit verstrich. Hatte die Initiation schon angefangen? Ich wollte doch dabei sein. Ich raffte mich auf, schlich zum Zelt. Nein, die Pause schien noch anzudauern. Ich fragte Ordner nach der genauen Zeit für den Beginn: ja, dreizehn Uhr ist korrekt, aber der Karmapa ist noch nicht da. Also wieder zurück auf den Rasen. Wie gut, ich konnte mich noch ein wenig ausruhen. Vielleicht würde ich ja nun nachher doch noch die Audienz körperlich bewältigen können. Aber was fragte ich den Karmapa nur?

Die Pause zog sich hin. Eine gewisse Unruhe breitete sich allmählich zwischen den Teilnehmern aus. Warum kam Thaye Dorje denn nicht? Schließlich schritten einige resolute Leute in das Zelt. Neugierig kam ich hinzu. Eine Frau aus der Gruppe ergriff das Mikrophon: Der Karmapa müsste vor der Einweihung nach eine Puja machen. Mit der sei er leider viel zu spät angefangen. Nun würde es noch einige Zeit dauern, bis er kommen könnte. Sie empfahl uns, bis dahin das Mantra Karmapa chenno (Karmapa, denke an mich) zu rezitieren.

Nach wenigen Minuten, begann die Menge zu rezitieren. Ich verzog mich wieder auf die Wiese. Ich konnte jetzt auch von fern hören, ob Thaye Dorje schon das Zelt erreicht haben würde oder nicht. Er kam schließlich mehr als eineinhalb Stunden später als ursprünglich vorgesehen. Nach der Einweihung verschwand er zügig in einem der Gebäude, ohne die Malas zu segnen. Ich hatte mich an Jigme Rinpoche geheftet, der dies zuließ. Also doch: Audienz nach der Einweihung! Ich wartete sehr lange geduldig vor dem Gebäude, in dem irgendwann auch der Rinpoche verschwand. Dann, auf einmal, erschien der Karmapa in Begleitung einiger Lamas. Auch der Rinpoche war dabei. Ich löste mich aus der Gruppe der Leute, die sich vor dem Haus aufhielten und eilte Jigme Rinpoche hinterher. Dann stieg der Karmapa gemeinsam mit den Lamas in ein wartendes Auto. Jigme Rinpoche sah mich hilflos an und stieg dann auch ein. Dann fuhr der Wagen davon.

Ich war wie vor den Kopf gestoßen. Was war das denn??? Zwei Verantwortliche aus dem Zentrum eilten auf mich zu. Sie hatten zu spät bemerkt, dass ich der Gruppe hinterhergelaufen war. Nun wollten sie mich stoppen. Ich musste offenbar verwirrt sein! Einfach dem Karmapa hinterherlaufen! Einer von beiden war ein Mönch, der ganz nett auf mich wirkte. Ich erklärte: Jigme Rinpoche hätte mir eine Privataudienz mit Thaye Dorje versprochen und ich hätte gedacht, dass ich nun wegen der Audienz hinter ihnen hergehen sollte.

Nein, der Karmapa würde heute keine Audienzen mehr geben. Er sei privat zu einem Essen eingeladen worden. Er würde erst spät am Abend wiederkommen. Aber dann sei es für Audienzen zu spät. Und morgen ginge es auch nicht mehr. Da würde er abreisen. Der Mönch empfahl mir, Wunschgebete zu machen, den Karmapa bald wiederzusehen…

Ich ging ein wenig zur Seite, um mich abzureagieren. Es hatte ja keinen Sinn zu lamentieren. Der Zug war abgefahren. Als die Lamas zum Auto gegangen waren, wäre ich am liebsten mit eingestiegen. Ich wollte so gerne wieder zu den Bodhisattwas dazugehören, am liebsten ganz offiziell. Ich sah das Auto wegfahren und hatte ich das Gefühl, dass mein Herz mitfuhr. Das zerriss mich innerlich fast, denn ich musste ja zurückbleiben.

Ich ging allein über die Wiese, war ratlos. Aber ich war auch erleichtert, dass ich die Audienz nicht bekommen hatte, wo ich ja doch gar nicht gewusst hätte, was ich hätte sagen sollen. Meine Gedanken gingen durcheinander. Als sie sich setzten, bemerkte ich, dass mich der Karmapa im Vorbeigehen mal eben so in die Natur meines Geistes eingeführt hatte, anders als Karmapa Ogyen Trinley Dorje, viel sanfter. Aber ich behielt für eine Weile danach die Fähigkeit, diese Einführung wildfremden Leuten nur durch Blick in ihre Augen weitergeben zu können.

Die netten
Leute:

Sie kehren dir alle
den Rücken,
wenn du den Pfad
des Dharmas

ernsthaft

beschreitest.

Die Besserwisser,
Spötter,
die Warner,
die samsarischen
Freunde:

Sie machen dir das Leben
schwer.

Und wenn du dann
in deiner Todesstunde
darauf hoffst,

dass sie dir zur Seite
stehen, weil du ja
ihretwegen

den Pfad zur Befreiung
nicht
gegangen
bist,

sind sie die ersten,
die dich
allein
lassen
und noch auf dich treten,
wenn du am Boden
liegst.

Die Leerheit

ist wie
ein Spiegel,
auf dem sich

die Illusion

des Daseins-
Kreislaufs

zeigt.

Mit SH Gyalwa-Karmapa Ogyen Trinley Dorje

Milarepa Karma Dungkar Ling: Dharma-Zentrum in Valluhn

Mit Chödje Lama Gawang Rinpoche

Milarepa Karma Dungkar Ling: Dharma-Zentrum in Hamburg

Mit SE Gangteng Tulku Rinpoche

Mit Lama FIW vor dem Gyuto-Kloster (Karmapas derzeitiger Residenz) in Sidbhari, Indien

Milarepa Karma Dungkar Ling Valluhn: Stupa

Die Geschichte vom Herzen des Meisters

Mal angenommen

GA-KHA und HA-A, zwei sehr fortgeschrittene Schüler eines spirituellen Meisters setzten sich eines Tages im Schatten eines Baumes nieder und diskutierten über die Leerheit. „Alles ist leer von inhärenter Existenz", sagte HA-A. „Ja", sagte GA-KHA, „und deshalb gibt es keinen Unterschied zwischen den Dingen, egal, wie sie sind. Alles ist bloß von einem Geschmack."

In diesem Moment ging ihr Lehrer vorbei. „Das ist ja großartig, über was ihr beide da redet" sagte er. "Denkt ihr wirklich, dass ihr die Bedeutung dieser Worte verstanden habt?" Und als die Schüler mit dem Kopf nickten, sah er tief und prüfend in ihre Augen mit einer sehr besonderen Intensität, während er fortfuhr zu reden. „Dann ist es offenbar der richtige Moment für euch beide, dies auch zu praktizieren."

Danach gab er HA-A Meditationsanweisungen für einen langen Aufenthalt in einer Höhle hoch in den Bergen, wo er in der Einsamkeit praktizieren sollte. Aber zu GA-KHA sagte er das Folgende: „Ich möchte, dass du weit weg zu einem Land reist, wo noch niemand je das Wort „Leerheit" gehört hat. Dort sollst du alles tun, was du möchtest, aber egal, was dir passiert: vergiss nie, dass alles bloß von einem Geschmack ist."

Die beiden Schüler stimmten voller Freude zu und deshalb suchte HA-A nach einem schönen Meditations-Platz, wohingegen sein spiritueller Bruder alles für seine Reise vorbereitete. Und nach einer langen Zeit kam GA-KHA schließlich in dem Land an, über das sein Lehrer gesprochen hatte.

Kannst du dir vorstellen, wie dieses Land aussah? Es war wunderbar mit einer schönen Landschaft und freundlichen Leuten, die, obwohl sie noch nie das Wort „"Leerheit" gehört hatten, sehr offen für einen spirituellen Pfad waren. GA-KHA war so glücklich darüber, hierhergekommen zu sein und fühlte sich gleich zu Hause. Und er hatte schließlich viele Freunde und heiratete eine schöne junge Frau, mit der er viele Kinder bekam. Er wurde Bauer und lebte ein einfaches, aber sehr glückliches Leben. Er war so froh darüber, dass er das getan hatte, was sein Meister ihm gesagt hatte!

Zum Glück hatte er seine heiligen Bücher mitgenommen, sodass GA-KHA so oft in ihnen lesen konnte, wie er wollte. Er lehrte sogar seiner Familie und einigen nahen Freunden etwas von dem wunderbaren Inhalt. Auch hatte er ein Gemälde mitgenommen, das seinen Meister zeigte wie er saß und mit offenen Augen meditierte. Es sah so realistisch aus, dass man das Gefühl hatte, dass es gar kein Bild war, sondern dass der Lehrer lebendig vor einem saß. Und der Meister, der ihm dies geschenkt hatte, hatte ihm gesagt, dass das Bild wirklich sehr besonders wäre, weil es durch die Kraft von Magie immer mit dem Herzen des Meisters verbunden war. Egal, was man mit dem Bild machte, der Meister konnte es sofort fühlen. Und, obwohl der Schüler sich weit entfernt von seinem Lehrer aufhielt, war der also durch das Bild immer anwesend.

Über die Jahre wurde GA-KHA ein geschätzter Lehrer in der Umgebung, in der er lebte. Er baute sogar einen kleinen Tempel auf einem seiner Felder, wo er und manchmal sogar seine Familie, einige Freunde oder Schüler saßen und meditierten. Jeder Tag war ein glücklicher Tag und es gab so viel Freundschaft und Liebe zwischen GA-KHA und den Leuten seiner Umgebung. Offensichtlich wirkte der Segen seines Lehrers gut.

Aber die Dinge verändern sich immer. Langsam, sehr langsam wurde GA-KHAs Leben ein bisschen schlechter. Zuerst gab es eine Krankheit, die einige seiner Tiere tötete, dann gab es eine schlechte Ernte, die ihn und seine Familie ein bisschen ärmer machte, dann wurde eines seiner Kinder sehr krank und starb schließlich, dann fiel ein anderes, während es auf einem Baum spielte, herab und blieb danach gelähmt. Doch dies alles war noch nicht schlimm genug:

Ein anderes Land mit zu vielen Menschen begann einen Krieg und konnte schließlich das Land, in dem GA-KHA lebte, übernehmen. Diese Fremden zeigten sich langsam überall. Die meisten von ihnen waren bewaffnet, während sie in diesem bis dahin sehr friedlichem Land umhergingen. Sie bauten ihre großen hässlichen Häuser überall und sie spielten fast jeden Tag sehr laute und aggressive Musik. Sie respektierten die wunderbare Natur nicht und aßen zu viel Fleisch, ohne sich darum zu kümmern, ob dadurch die Tiere in dieser Gegend Gefahr liefen auszusterben. GA-KHA ging nun öfter in seinen kleinen Tempel und betete um Hilfe, obwohl seine Gebete vergeblich zu sein schienen.

Aber alles ist ja sowieso leer von inhärenter Existenz, nicht wahr?

Die Fremden waren recht brutal und verstanden die Toleranz der einheimischen Bevölkerung nicht, die obwohl sie immer stärker unter der

Regierung ihrer Feinde litten, mehr oder weniger mit ihrer Art von Gewaltfreiheit fortfuhren. Aber weil die Fremden selbst aggressiv waren, konnten sie sich andere nur als ebenfalls aggressiv vorstellen. Deshalb warteten sie jederzeit und überall auf einen Angriff. Und sie wollten diesen Kampf gewinnen und im Lande bleiben. Und weil sie zeigen wollten, dass es ihnen damit ernst war, begannen sie immer mehr damit, die Einwohner zu quälen.

Jeder, der eine verdächtige Person zu sein schien, musste unter unvorstellbarer Grausamkeit leiden. Und weil GA-KHA ein geachtetes Mitglied der Gesellschaft der ursprünglichen Bevölkerung gewesen war, brauchte es nicht lange, bis die Fremden versuchten an ihm ein Exempel zu statuieren.

Langsam aber kontinuierlich begannen sie damit, GA-KHA, seine Familie, Freunde und Schüler zu quälen. Ihr Besitz wurde immer mehr weggenommen, Männer und Frauen wurden ins Gefängnis gebracht, missbraucht und sogar getötet. Und die Fremden waren so grausam, dies selbst Kindern anzutun.

Und schließlich kam es sogar zu einem bewaffneten Angriff auf GA-KHAs Familie mit dem Ziel, alle zu töten. GA-KHA, dem es während des Angriffs gelungen war wegzulaufen, bevor die Fremden auch ihn ermorden konnten, versteckte sich in einer Höhle irgendwo in einem großen Wald. Er hatte alles verloren: seinen Besitz, seine Schüler, seine Freunde und alle Mitglieder seiner Familie. Nur das Bild seines Lehrers hatte er retten können. GA-KHA weinte so viel und betete vor ihm: „Hilf mir, Meister, hilf mir!" schrie er, indem er sich jeden Tag vor dem Bild auf die Erde warf. Aber es gab kein Zeichen und keine Hoffnung mehr.

Von nun an lebte GA-KHA einige Jahre lang mehr oder weniger wie ein Tier. Er hatte Hunger und Durst und seine Kleidung zerfiel. Seine Haare und sein Bart wurden lang. Nur das Bild seines Meisters erinnerte ihn an bessere Zeiten. GA-KHA wagte nicht, seine Umgebung zu verlassen und in das Land zurückzugehen, woher er ursprünglich gekommen war, weil die Fremden das ehemals so wunderbare Land, in dem er jetzt lebte, schon vor seiner Flucht zu einem großen Gefängnis gemacht hatten. Jedermann, der fliehen wollte, wurde an der Grenze getötet. GA-KHA wusste nicht, warum er überhaupt in der Lage war weiterzuleben. Vielleicht war es nur deshalb, weil die Fremden es durch ihre Grausamkeit geschafft hatten, seine Persönlichkeit irgendwie zu brechen.

Aber alles ist ja von einem Geschmack, nicht wahr?

Eines Tages verirrte sich eine Frau der Fremden in dem großen Wald und traf wie auch immer GA-KHA, der gerade dabei war, sich vor dem Bild seines Meisters niederzuwerfen. Zuerst war sie geschockt und dachte GA-KHA wäre ein Monster, aber dann bemerkte sie, dass er ein Mensch war und ein gutes Herz hatte, was sie tief berührte. Und er war nach all diesen Jahren einfach nur glücklich, wieder einem anderen Menschen zu begegnen. Gemeinsam gelang es ihnen, aus dem Wald herauszukommen und weil er ihr Leben gerettet hatte, konnte er nun weiterhin unbehelligt im Land der Fremden leben. Die Zuneigung der beiden zueinander wuchs und schließlich beschlossen sie, zusammenzubleiben.

Aber da war ja noch dieses seltsame Bild mit dem machtvollen Blick seines Lehrers. Die Frau hatte solche Angst davor. Sie bat ihren Ehemann GA-KHA so oft es wegzuwerfen oder es irgendwie zu zerstören. Aber GA-KHA konnte dies nicht tun und er wollte es auch gar nicht, denn es war das Herz seines Meisters. Egal, was ihm in all diesen Jahren passiert war und egal, wie gering die Hilfe seines Meisters auch gewesen sein mochte (vielleicht hatte er seinem Schüler sogar überhaupt nicht geholfen), GA-KHA bestand darauf, das Bild zu behalten und vor ihm zu praktizieren.

Und deshalb beschwerte sich seine Frau einmal bei ihrer besten Freundin und die erzählte es ihrer besten Freundin usw.. Und schließlich wusste jeder in der Umgebung, dass GA-KHA dieses Bild hatte und sich vor ihm niederwarf, obwohl die Regierung ausdrücklich verboten hatte, religiös zu sein. Und so blieb es schließlich nicht aus, dass auf einmal Soldaten kamen und GA-KHA und seine Familie in Gefahr waren, deshalb ihr Leben zu verlieren. In diesem Moment der tödlichen Bedrohung schrien seine Frau und seine Kinder GA-KHA an, das Bild zu zerstören, damit sie weiterleben konnten.

Was würdest du in solch einer Situation tun? Würdest du deine ganze Familie, dich eingeschlossen, töten lassen, um ein Bild zu retten?

Aber andererseits war das ja kein normales Bild. Das war das Herz seines Meisters! Wenn er seinen Meister tötete, würde er direkt nach diesem Leben in der Hölle wiedergeboren werden! Und sich selbst töten? Das war in GA-KHAs Religion ausdrücklich verboten und würde auch sehr schlechte Ergebnisse in weiteren Existenzen haben!

GA-KHA musste schnell handeln, aber wie, wie??? Jeder um ihn herum wartete dringend auf seine Entscheidung. Seine kleine Lieblingstochter kam weinend zu ihm: „Papa, bitte töte uns nicht!" Und in diesem Augenblick kamen die alten Bilder wieder in seinen Geist zurück. Er sah wie er aus einem vorübergehenden Versteck heraus beobachten konnte, dass seine erste Familie einer nach dem anderen getötet worden war. Und er hatte ihnen nicht helfen können. Er hatte nur weglaufen und versuchen können, sein eigenes Leben zu retten. Wie schuldig hatte er sich all die Jahre gefühlt! Und dann hatte er es auch noch schaffen können, das Bild seines Meisters zu retten! Er hätte stattdessen lieber eines seiner Kinder mitnehmen sollen!

Er war jetzt sicher, dass er nicht wollte, dass sich die alte Tragödie wiederholen sollte. Sein Meister war sowieso weit weg. Vielleicht lebte er noch nicht einmal mehr. Es ging doch nur um ein Bild. Und sicherlich hatte es niemals irgendwelche Magie gehabt! GA-KHA griff sich plötzlich ein Schwert von einem der Fremden und ohne viel zu denken, zerschnitt er das Bild genau an der Stelle, wo das Herz seines Meisters aufgemalt war!

Und was glaubst du, was passierte? Was auch immer. Aber weil GA-KHA in diesem Moment instinktiv praktizierte, an die Leerheit von inhärenter Existenz zu denken, und weil er so voller Mitgefühl war, verstand er plötzlich wirklich, dass alles nur von einem Geschmack war. Er sah plötzlich, dass jedermann zu seiner Familie gehörte, nicht nur seine Frau und seine Kinder. Das Herz seines Meisters war überall, sogar in den Soldaten, die um ihn herum standen, den Bewohnern des Landes, waren sie nun Einheimische oder Fremde, in dem Hund und der Katze, den Pferden und den Kühen, ja es war sogar in den kleinen Insekten, die um seinen Kopf herumflogen.

Und wer wird sich denn schon wegen eines Bildes aufregen?

Sie kämpfte
pausenlos

mit den bösen
Nachbarn,

mit Geistern,

den widrigen
Umständen.

Schließlich,
als sie kraftlos
und müde
war,

sah sie sich
die Dunkelheit,

die sie umgab,
genauer
an.

Und die Frau
fand nur

ihren eigenen

Schatten.

E twa ein Jahr nach meinem Rausschmiss bei Karmapa Ogyen Trinley Dorje fand ich einen Flyer über eine Ausbildung in der Nyingma-Tradition. Ich hatte nun schon einige Jahre intensiv als Fernstudentin bei den Gelugpas studiert, wobei ich kaum las, sondern in erster Linie die Belehrungen und Arbeitskreise auf Kassette gehört hatte. Auch hatte ich einige Einweihungen und ergänzende Unterweisungen dort erhalten. Und dann lernte ich natürlich bei Lama FIW und anderen Lamas und Rinpoches der Kagyü-Linie. Von den Nyingmapas hatte ich bisher nur am Rande etwas gehört. Manche

Kagyü-Meister waren auch in dieser Tradition ausgebildet worden, aber entsprechende Belehrungen hatte ich von ihnen noch nicht erhalten.

Der besagte Flyer interessierte mich, obwohl ich ihn kaum verstand. Die meisten Fachtermini waren mir unbekannt. Es wurde eine mehrjährige Ausbildung im Dzogchen angeboten und vorher musste man verpflichtend an einigen Initiationen teilnehmen. Man sollte sich bei Interesse zu diesen Einweihungen anmelden.

Das hörte sich für mich interessant an. Es war mir sehr an einer kontinuierlichen Ausbildung im Dharma gelegen. Dieses Hin- und Her-Reisen von Rinpoche zu Rinpoche mit schlaglichtartigen Belehrungen machte mich auf die Dauer nervös. Dadurch wurden für mich mehr Fragen aufgeworfen als beantwortet.

Nun also hatte ich so eine Chance gefunden. Es war etwa im Februar des Jahres und die Einweihungen waren für Dezember geplant. Na, das würde ich doch irgendwie einrichten können. Ich wollte gerade die Anmeldung ausfüllen, als ich sah, dass die Veranstaltungen schon im Dezember des bereits vergangenen Jahres stattgefunden hatten. Man hatte den alten Flyer offenbar vergessen auszusortieren. Ich war traurig. Wie schade. Ich war so nahe an einer unglaublichen Chance gewesen. Nun war sie verstrichen und wer wusste, ob und in welcher Form sie jemals wiederkommen würde. Aber halt: da war ja noch eine Ankündigung zu einigen Belehrungen des ausbildenden Rinpoches. Ich wollte ihn mir wenigstens mal ansehen, jetzt, wo ich den Flyer schon mal gefunden hatte.

Inzwischen gab es noch ein anderes Projekt, an dem ich Interesse hatte: ein Drei-Jahres-Retreat, eine Meditation von drei Jahren, drei Monaten und drei Tagen innerhalb der Kagyü-Linie. Dies war eine kontinuierliche Meditation in täglich mehreren Sitzungen gemäß der bewährten Tradition. Diese Methode hatte bis zum heutigen Tag zu Verwirklichungen bei den so Praktizierenden geführt. Man machte diesen Meditationsrückzug üblicherweise sehr streng irgendwo in abgeschiedener Umgebung und kam normalerweise vor Ablauf dieser Zeit nicht aus dem Retreat heraus, außer man starb vorher. Auftretende Krankheiten wurden nicht extern behandelt. Da wurde eben altes Karma reif und das galt genau wie der Tod während des Retreats als gutes Zeichen.

In Deutschland hatte es so ein langes Gruppen-Retreat schon ein- oder zweimal zuvor gegeben. Die Teilnehmer waren strikt nach Männern und Frauen getrennt gewesen. Ich kenne eine Geschichte, wo eine Teilnehmerin des Meditationsrückzugs unerträgliche Zahnschmerzen bekommen hatte und wo dann schließlich eine andere Teilnehmerin die Erlaubnis erhalten hatte, mit einem Zahnarzt wenigstens am Telefon zu sprechen. So hatte sie den Zahn schließlich bei der Leidenden ziehen können. Der Zahnarzt hatte nur wenige Kilometer entfernt seine Praxis gehabt. Aber Retreat war eben Retreat, da gab es keine Ausnahme. Natürlich wurde niemand vor Ort festgehalten, er hätte jederzeit freiwillig gehen können. Aber zurückkehren konnte man danach nicht mehr. Und Lama, buddhistischer Priester, wäre man dann auch nicht mehr geworden. Ich hatte immer mal wieder von so einer Praxismöglichkeit gehört. Aber ich war verheiratet, hatte Kinder zu versorgen. Ich konnte nicht so lange am Stück von zu Hause fortbleiben.

Inzwischen hatte sich aber einiges bei mir geändert. Meine Kinder waren größer geworden, wir hatten meist ein Au-pair Mädchen im Haus und meine Ehe lief immer mehr auf Sparflamme. Trotzdem wäre mein dreijähriges Fortbleiben insbesondere für die Kinder zu viel gewesen. Und außerdem: ich war ja nicht gesund. Ich konnte mich schon aus körperlichen Befindlichkeiten heraus nicht diesem täglichen strengen Praxis-Reglement unterwerfen. Ich war viel zu schwach dazu. Und ich musste nachts in einem Bett schlafen und das auch noch möglichst lange, um einigermaßen über den Tag zu kommen. Während des Retreats würden die Schlafzeiten begrenzt sein und Betten für die Teilnehmer gab es nicht. Stattdessen machte man seine Meditationen in einer großen, halb offenen Kiste, in der man nur sitzen konnte. Dort musste dann irgendwie auch geschlafen werden, die ganze lange Zeit über.

Nun war ich zwar ein Extremfall, was so ein Retreat anging, aber es gab auch andere Westler, die gerne so einen Rückzug machen wollten, aber ebenfalls nicht so lange am Stück von zu Hause fortbleiben konnten. Durch das Retreat entstanden ja auch Kosten für den Aufenthalt, die Mahlzeiten und die Belehrungen. Und Geld konnte man während der Zeit ja nicht verdienen.

Da hatte Thrangu Rinpoche, einer der höchsten Gelehrten und verwirklichten Praktizierenden der Kagyü-Linie und/oder Karmapa eine Idee: Man könnte so ein Retreat anbieten und die Teilnehmer konnten selbst entscheiden, wie lange sie am Stück dabei sein wollten. Es mussten mindestens vier Wochen auf einmal sein. Dadurch würden einige schneller fertig werden, bei anderen konnte es dagegen vielleicht viele Jahre dauern. Aber man konnte diese wunderbare Möglichkeit der Meditationsschulung nutzen unter Aufsicht von erfahrenen Lehrern.

Um sich und sein Interesse zu testen, sollte man ab Juni ein zweimonatiges Retreat vor Ort machen, wo man die Meditationen erlernen konnte. Es würden alle notwendigen Einweihungen für das Retreat gegeben werden und es würde auch jeweils eine Woche lang die dazu gehörige Praxis geübt werden können. Im November sollte es dann definitiv mit dem Drei-Jahres-Retreat losgehen. Ich spielte also ernsthaft mit dem Gedanken, zwei Monate lang von zu Hause fortzugehen, um dieses Einführungsretreat zu machen, hatte aber noch Bedenken, insbesondere wegen meines Mannes, der dies vermutlich nicht gut heißen würde. Meine Kinder allerdings hielt ich durch meinen Mann und das damalige Au-Pair für ausreichend versorgt.

Als ich zum Vortrag des Nyingma-Rinpoches ging, war ich auch mit den Gedanken an das Kagyü-Retreat beschäftigt. Der Rinpoche, ich nenne ihn mal Großer Glanz (abgekürzt GG), saß auf dem Dharma-Thron und gab Belehrungen über Dzogchen, die große Vollendung.

Kurz vor Ende der Unterweisung sprach er über die geplante mehrjährige Ausbildung bei ihm, wofür man ja bestimmte Einweihungen von ihm erhalten haben müsste. Wer von den Anwesenden aber noch Interesse an der Ausbildung haben würde und noch keine Einweihung erhalten hätte, könnte ausnahmsweise von ihm im Anschluss an den Vortrag eine Übertragung erhalten. Die Übertragung sei aber nur für solche Leute gedacht, die bereit waren, im Herbst für drei Wochen nach Frankreich zu gehen, um dort den ersten Teil der Ausbildung zu beginnen. Alle anderen müssten den Raum während dieser Übertragung verlassen.

Ich war völlig aus dem Konzept gekommen: du meine Güte, ich kann die Ausbildung ja doch noch machen, wie wunderbar. Aber ich würde auch gerne zwei Monate zum Kagyü-Retreat gehen. Die nächste Gelegenheit, dabei mitzumachen, würde erst in einigen Jahren wiederkommen. Bei dem Dzogchen-Retreat war es allerdings genauso. Wenn ich an beidem teilnehmen wollte, dann müsste ich meine Familie kurz nach meiner Rückkehr vom zweimonatigen Retreat schon wieder für drei Wochen verlassen. Das war zu viel. Das würde nicht gehen. Andererseits hatte ich jetzt eine einmalige Chance durch die bevorstehende Übertragung. Ich schwankte innerlich, wusste nicht, was ich tun sollte.

Ich blieb erst mal sitzen, als die Belehrung vorbei war. Ein paar andere taten es mir gleich. Als die übrigen Teilnehmer den Raum verlassen hatten, meldete ich mich zu Wort: ich würde diese Ausbildung sehr gerne machen, wüsste aber nicht, ob es mir möglich wäre, an dem Retreat im Herbst teilzunehmen. Daraufhin sagte der Rinpoche: „Man kann auch vorher sterben!" Ich widersprach nicht und erhielt die Übertragung. Ich wusste nicht, wie ich das alles unter einen Hut bringen konnte. Aber ich hatte offenbar gerade meine Fahrkarte nach Frankreich gebucht. Letztlich kam heraus, dass niemand der anderen Beteiligten bei der damaligen Übertragung später auch an der Ausbildung teilnahm. Offenbar hatte der Rinpoche die Zeremonie letztlich nur für mich gegeben.

Dharma-
Praxis

ist eine
innere
Reise.

Man beginnt
irgendwo

als
großer
grober
und
egoistischer
Eis-Klotz,

voller
Prinzipien
mitten

im
Samsara.

Und dann
geht

irgendwann
langsam
in dir

die
Rigpa-
Sonne

auf

und
schmilzt

den Eisklotz,
bis

nichts mehr

von ihm
übrig
ist.

Welche
großen

Ängste

löst
dieser Prozess

aus!

Vielleicht versteht man erst,

wenn das letzte

Eis

geschmolzen ist,

welcher Schatz

im Innern verborgen war.

Auch wenn Karmapa mich als Schülerin rausgeschmissen hatte, so hatte ich ja noch das mir übertragene Objekt, eine Residenz, einen Tempel und ein Kloster für ihn in Deutschland zu bauen. Das konnte ich doch nicht einfach aufgeben, nur weil mir in meiner Beziehung zu meinem Lehrer jetzt der Wind um die Ohren pfiff. Außerdem lief das Intrigenprogramm führender Mitglieder des deutschen Kagyü-Sanghas gegen mich gerade auf Hochtouren. Ich musste zu Karmapa, um ihn über die Schwierigkeiten zu informieren.

Ich buchte eine Indien-Reise für Ende März. Bei meiner Privataudienz beschwerte ich mich über das hindernde Verhalten meiner Gegner. Auf diese

Weise könnte ich das Projekt nicht wie vorgesehen vorantreiben. Karmapa schien die mir gemachten Schwierigkeiten ebenfalls nicht gut zu heißen und äußerste sich entsprechend. Ich hatte offensichtlich Rückendeckung durch ihn. Er war freundlich, verständnisvoll. Auch war ich offenbar noch oder wieder erwünscht. Und außerdem hatte ich doch damals gar nichts Negatives gewollt, ganz im Gegenteil. Er schien nicht an die alte Begebenheit anknüpfen zu wollen.

Es gab außerdem auch Wichtiges zu besprechen. Ich wollte so gerne seine Erlaubnis erhalten, das Drei-Jahres-Retreat zu machen. Aber ich brauchte noch weitere Ausnahmegenehmigungen als die anderen Teilnehmer, weil es langfristig gar nicht anders gegangen wäre: Einzel-Retreat, Meditation im Nebenhaus meines Wohnhauses. Dort würde ich alleine und ungestört praktizieren können. Tagesretreat dort, abends Rückkehr in die Familie und Erfüllung der anliegenden häuslichen Verpflichtungen. Unterbrechung des Retreats jederzeit, z.B. um Belehrungen zu erhalten, nach Indien zu Karmapa zu reisen usw. Und außerdem würde ich gerne parallel die Ausbildung bei den Nyingmapas machen wollen.

Nachdem der Übersetzer meine Wünsche formuliert hatte, wartete ich gespannt auf Karmapas Antwort. Sein Blick verfinsterte sich, er äußerte sich zornvoll. Der Übersetzer klärte auf: „Aber du musst ernsthaft praktizieren!" Mit einem Jubelschrei riss ich meinen Arm hoch: ich hatte die Genehmigung!! Und natürlich wollte ich ernsthaft praktizieren! Ohne Karmapas Segen würde ich nicht erfolgreich praktizieren können. Jetzt aber standen mir die Türen für diese Dharma-Praktiken offen.

Ich schwebte wie auf Wolken. Das war ja großartig, ungeheuerlich! Mir war nicht bekannt, dass schon jemals irgendjemand auf diese Weise ein Drei-Jahres-Retreat machen durfte. Ja, natürlich würde ich von ganzem Herzen ernsthaft praktizieren und unter diesen Bedingungen konnte ich es auch. Ich würde die zwei Monate in der Gruppe Probe-Retreat machen und meine Einweihungen erhalten. Danach konnte ich loslegen.

Aber je mehr ich darüber nachdachte, desto mehr kam folgender Gedanke auf: ich war noch in Indien in der Nähe vom Karmapa. Er war mein Lehrer. Ich wollte die erforderlichen Einweihungen von ihm haben. Seine reine Energie würde meiner Praxis Flügel verleihen. Ich hoffte, dass er sich darauf einlassen würde.

Ich kämpfte um einen Termin für eine weitere Privat-Audienz. Wieso wollte ich denn schon wieder zu Karmapa? Da waren doch so viele andere, die ihn auch noch sehen wollten. Ich hatte schon meine kostbare Privataudienz gehabt! Ich legte meine Karten auf den Tisch und erzählte dem Mönch, der die Termine machte, dass ich von Karmapa die Genehmigung zum Drei-Jahres-Retreat erhalten hätte. Er sei mein Lehrer und ich wollte ihn um die dafür erforderlichen Initiationen bitten. Der Mönch sah mich etwas verwundert an, aber ich bekam meine Audienz.

Als ich das Zimmer schließlich betrat, machte ich vor Karmapa zum ersten Mal Niederwerfungen. Ich warf mich dreimal der Länge nach vor ihm auf den Boden. Karmapa sah mich etwas verwundert an und wartete auf meine Worte. Nachdem ich mich gesetzt hatte, sagte ich zu ihm: „Du hast mir die Genehmigung für das Drei-Jahres-Retreat gegeben. Dafür benötige ich Einweihungen. Du bist mein Lehrer. Ich wünsche mir die Einweihungen von dir. Ich brauche dafür keine großen Zeremonien. Sag nur ein Wort und dann habe ich sie."

Karmapa antwortete daraufhin: „Wenn Schüler großes Vertrauen, haben, kann eine Einweihung erfolgen." Und dann gab er mir alle erforderlichen Einweihungen für das Drei-Jahres-Retreat in einem Moment.

So fing ich noch während meines Aufenthaltes in Indien im Hotelzimmer mit den 100 000 Niederwerfungen an, die das Retreat traditionsgemäß eröffnen. Als ich Lama FIW in Deutschland davon erzählte, bot er sich sofort an, mich während meines Retreats zu betreuen. Ich fuhr also etwa alle vier Wochen einmal zu ihm, um die jeweils anliegende Übungen und Meditationen zu besprechen. Auch gab es für mich die Möglichkeit eines telefonischen Kontakts zu ihm. Wir kamen überein, dass ich die beiden Monate des Probe-Retreats mitmachen sollte. Da könnte ich noch einmal sehen, wie die Einweihungen traditionellerweise gemacht würden und die Praktiken könnte ich dort auch adäquat erlernen.

Ich hatte ja aber noch das Bauprojekt für Karmapa. Es erschien mir inzwischen wie ein Klotz am Bein. Ich hätte mich von nun an viel lieber nur auf meine Dharma-Praxis konzentriert. Aber Karmapa hatte ja in seiner Weisheit beschlossen, dass ich das Bauprojekt machen sollte. Ich konnte es doch nicht einfach schleifen lassen.

Doch die Dinge regelten sich wunderbar: ich hatte nach meiner Beschwerde bei Karmapa noch in Indien dem Soldaten eine Mail über mein diesbezügliches Gespräch zugesendet und hatte gedacht, dass er nun endlich mit seinen Aktionen Ruhe geben würde. Aber weit gefehlt: als ich von Indien zurückkam, erfuhr ich, dass der Soldat alle Register gezogen hatte und mir insbesondere durch seine öffentlichen Verleumdungen jegliche weitere diesbezügliche Tätigkeit so gut wie unmöglich gemacht hatte.

Ich musste dringend Karmapa erreichen. Aber nach Indien konnte ich aus den verschiedensten Gründen nicht gleich wieder zurückkreisen. Und meine anderen Kontakte in Indien funktionierten gerade aus den unterschiedlichsten Gründen nicht. Es half alles nichts: ich musste das Projekt erst mal auf Eis legen. Und eigentlich kam mir dieser Stopp ganz gelegen. Ich war zwar nun durch meine Kontrahenten in Kagyü-Kreisen als Betrügerin gebrandmarkt worden, aber ich konnte, ja musste mich nun ganz auf meine beiden Retreats konzentrieren, die ich, wie genehmigt, parallel machte.

Loslassen,

auch
den

letzten

Strohhalm.

Und

dann...

fliege ich

los!

Mein Drei-Jahres-Retreat-Programm machte ich nun mit großer Begeisterung, wenn mich auch das mehrstündige Üben und Meditieren anfangs sehr anstrengte. Egal, wie hoch motiviert ich war und wie ungeduldig ich auf den Anfang meiner täglichen Sitzungen wartete: kaum war ich an meinem Retreat-Platz angekommen, überfiel mich eine tiefe, bleierne Müdigkeit.

Ich hatte nicht die körperliche Kraft, lange ohne Lehne aufrecht zu sitzen. Am liebsten meditierte ich ohnehin im Liegen. Nun hatte ich mir anlässlich meines Retreats einen sehr bequemen Gartenstuhl gekauft, auf dem ich mit geradem Rücken sitzen und dabei meinen Kopf anlehnen konnte. Durch eine winzige Bewegung konnte ich ihn kippen und in jeder gewünschten Schräglage stehen lassen. Man konnte auch wunderbar auf ihm schlafen.

Schon nach wenigen Minuten auf dem Stuhl wurden meine Augenlider unendlich schwer. Egal, was ich machte, ich konnte meine Konzentration nicht halten. Der Körper war stärker und ich schlief ein. Ich schlief und schlief, manchmal drei oder mehr Stunden lang. Aber irgendwann war ich wach und dann begann ich und ich hörte nicht auf, bevor ich mein angestrebtes Pensum absolviert hatte, auch, wenn ich natürlich nach dem Aufwachen dringend zur Toilette musste und/oder fürchterlichen Hunger oder Durst bekam, der keinen Aufschub duldete. Na gut, dann befriedigte ich eben auch noch diese Bedürfnisse. Aber dann hatte mein Körper keine Ausrede mehr.

Am Anfang dauerten diese Störungen viele Stunden lang täglich an. Aber ich ließ nicht ab von meinem Meditationsvorsatz. Und irgendwann wurde das Schlafbedürfnis im Gartenstuhl weniger lang und meine Meditationen fielen leichter. Gleich in Indien hatte ich noch im Hotel mit den Niederwerfungen begonnen, aber bei meiner körperlichen Schwäche, zwei steifen Fußgelenken und einem geschädigten Knie dauerte es nicht lange, bis ich an meine Grenzen stieß. Das Knie schwoll außerdem an und ich konnte kaum noch laufen. Ich musste diese Übung abbrechen, wollte ich noch fähig für die Rückreise nach Europa sein. Zum Glück gibt es Alternativ-Praktiken. Die machte ich dann in Deutschland.

Ich begann sehr langsam mit meinen Praktiken, nahm meine körperlichen Eingewöhnungs-Schwierigkeiten an, war geduldig mit ihnen. Ich hatte noch einen langen Weg vor mir. Es war gut, nicht zu früh außer Atem zu kommen. FIW brachte mir aus Amerika ein dickes Buch mit, das nur für Praktizierende des Drei-Jahres-Retreats gedacht war. Er schwor mich darauf ein, es niemandem zu zeigen, was ich auch tat. Irgendwann stellte ich fest, dass es inzwischen in Deutschland regulär über den Buchhandel zu beziehen war.

Meine Abfahrt in das zweimonatige Probe-Retreat gestaltete sich bis zur letzten Minute schwierig. Das Befinden meines betagten Vaters verschlechterte sich auf einmal und meine Mutter schien nicht begreifen zu wollen, wie schwerwiegend seine Erkrankung war. Mit Engelszungen versuchte ich sie zu überzeugen, schnell noch eine gegenseitige Vorsorgevollmacht und eine Generalvollmacht mit notarieller Hilfe zu erstellen, aber meine Mutter sagte diesen Termin in letzter Minute ab, weil mein Vater ins Krankenhaus eingeliefert werden musste. Dies erfuhr ich per Handy-Anruf meinerseits, während ich mich schon auf der Straße zum Retreat-Ort befand. Es gelang mir, meine Mutter davon zu überzeugen, die Notarin anzurufen und ihr zu sagen, dass meine Eltern den Termin doch wahrnehmen wollten, allerdings müsste die Notarin dazu ins Krankenhaus kommen. Es ginge um Leben und Tod.

Dies war dann die letzte halbwegs klare Entscheidung meines Vaters, bevor die dann festgestellten Metastasen im Gehirn eines offenbar schon länger vorhandenen Bronchialkrebses die Regie übernahmen. Meine Mutter konnte sich nun wenigstens um die finanziellen Belange kümmern. Ohne diese Maßnahme im allerletzen Moment wäre die diesbezügliche Situation nicht ohne weiteres in den Griff zu bekommen gewesen.

Ich fuhr ins Retreat, wollte endlich die weltlichen Belange hinter mir lassen, die an mir bis zur letzten Minute geklebt hatten. In der Ferne erfuhr ich erst, wie ernst es um meinen Vater stand. Ich unterbrach deshalb nach einiger Zeit den Meditationsrückzug, um meinen Vater noch einmal zu sehen und um mich von ihm zu verabschieden und ich unterbrach das Retreat erneut, um ihn zu beerdigen.

Meine Mutter dekompensierte unerwartet psychisch. Erst jetzt, wo mein Vater tot war, wurde klar, wie sehr er meine Mutter durch seine Anwesenheit gestützt hatte, denn meine Mutter war offenbar schwerer psychisch gestört als ich bis dahin gedacht hatte. Sie wollte mich nach der Beerdigung nicht wegfahren lassen, obwohl wir vorher jahrelang kaum Kontakt gehabt hatten und ich ihr und meinem Vater trotzdem in aller Ausführlichkeit erklärt hatte, warum ich ins Retreat fuhr und dass ich dorthin fahren müsste. Es gab nur diese eine Chance für mich.

Für meine Mutter war ja bestens gesorgt, andere Familienmitglieder kümmerten sich um sie. Aber offenbar schien auch niemand vom Rest meiner Familie zu verstehen, warum ich auf diesem Retreat bestand und wieder hinfuhr, obwohl ich auch mit den anderen Familienmitgliedern zuvor alles einverständlich geklärt hatte.

Niemand in meinem sozialen Umfeld konnte verstehen, was ich tat, selbst dann nicht, als ich später im Nebenhaus saß. Deshalb erzählte ich den meisten Menschen auch nicht davon. Ich war einfach nicht anwesend, fertig, aus. So konnte ich mich deshalb auch bei Familienfeiern nicht auf meinen Rückzugsstatus berufen. Ich zog mich gut an, schminkte mich, gab, falls erforderlich, die strahlende Gastgeberin, regelte alles, was zu regeln war, und verschwand danach wieder in meiner „Meditationshöhle".

Mein Mann interessierte sich schon längst kaum noch für mich. Solange die häusliche Versorgung weiterlief, konnte ich so ziemlich machen, was ich wollte. Meine Kinder wohnten zwar noch zu Hause, waren aber mittlerweile schon auf der Schwelle zum Erwachsenensein. Sie respektierten, was ich machte. Sie störten mich nie, während ich im Nebenhaus saß. Sie wussten, dass sie mich im Notfall erreichen konnten. Dieser Notfall trat aber zum Glück nie ein.

Im Laufe der Zeit merkte ich, wie schwierig es für mich wurde, stundenweise in tiefste Meditationen zu gehen und davor und danach wieder im Alltag zu funktionieren. So ein Retreat in Abgeschiedenheit war grundsätzlich schon sehr sinnvoll. Man durchlief dabei ja oft tiefgreifende innere Prozesse, die Zeit zur Verarbeitung brauchten und nicht schon gleich wieder in Alltagssituationen eingeordnet werden konnten. Irgendwann, als ich merkte, dass mich dieser tägliche Wechsel zu überfordern begann, sagte ich mir: eigentlich bin ich immer im Retreat. Ich gehe einfach gar nicht mehr aus meinen Prozessen heraus. Ich nehme sie mit, bei den täglichen Verrichtungen außerhalb meiner Höhle. Dieser Wechsel der inneren Einstellung erleichterte meine Situation wesentlich.

Diese Weite

des Geistes,

Sicht

bis zur

Unendlichkeit!

Auch die
kleinsten

Gedankenwirbel

kommen
zur
Ruhe,

Konzepte
schmelzen

wie Eis

in der
Sonne,

Ängste,
Schmerzen,

der
ganze

Daseinskreislauf

aufgelöst.

„Ich",

wo

bist
du?

Sätze

bleiben

unvollendet,

das Unsagbare

drückt
sich

aus.

Bei seinen Belehrungen sprach Rinpoche GG einmal auch von Dharma-Schätzen, Termas genannt. Guru Rinpoche (manche nennen ihn auch Padmasambhava) hatte erkannt, dass manche Belehrungen, die er geben konnte, dem damaligen Zeitgeist nicht entsprachen. In späteren Zeiten würden sie dagegen von Nutzen sein. Deshalb versteckte er Statuen und Texte an geheimen Orten, wo sie im rechten Moment von denen gefunden werden sollten, die ihre Botschaft entschlüsseln und verbreiten könnten. Auch gab es Schätze, die er im Geistkontinuum seiner Schüler durch Übertragung versteckte. Die späteren Schatzfinder wurden Tertöns genannt (weibliche Form: Tertönma). Immer wieder einmal hörte man bis zum heutigen Tag von solchen Tertöns und ihren Schätzen. Das sogenannte Tibetische Totenbuch ist auch so ein Terma, gefunden von Tertön Karma Lingpa.

Bis zu diesem Zeitpunkt hatte ich im Rahmen meiner Beschäftigung mit dem Buddhismus gelegentlich von diesen Schätzen erfahren. Ich konnte mir so etwas aber einfach nicht vorstellen. Vielleicht gab es ja manchmal Leute, die sich solche Dinge ausdachten oder sich einfach wichtigmachen wollten. Wer konnte das denn beurteilen, ob die Schätze echt waren oder nicht? Innerlich stand ich dieser Angelegenheit sehr skeptisch gegenüber.

Der Rinpoche sagte, dass immer noch nicht alle versteckten Schätze gefunden seien. Wer wüsste denn, ob nicht schon der nächste Schatz hier im Norden Deutschlands gefunden würde? Die Zuhörer lachten. Was für ein Scherz! Aber ein Teilnehmer fühlte sich offenbar mehr angesprochen. Er fragte, woran man denn merken könnte, ob man vielleicht selbst so ein Schatzfinder sein würde. Die Übersetzerin, ein alter Hase im Dharma, hatte sichtlich Mühe, diese Frage ernsthaft zu übersetzen. Der Frager wirkte nicht gerade besonders intelligent. Der wäre doch vermutlich der Letzte, der so einen Schatz finden würde. Und dann noch Deutschland! Wie sollte Padmasambhava denn nach Deutschland gekommen sein?

GG, der den Frager vermutlich auch nicht für einen der Auserwählten hielt, antwortete sachbezogen: das sei unterschiedlich, das müsste im Einzelfall geprüft werden. Der Ort Deutschland würde aber nicht dagegen sprechen. Guru Rinpoche hatte viele Wunderkräfte und es wäre grundsätzlich durchaus möglich, dass sich ein solcher Schatz auch in Deutschland befinden könnte.

Der Rinpoche wirkte auf mich ein wenig hölzern, er sprach mich zunächst nicht besonders an. Seine Übersetzerin aber schwärmte von ihm und strahlte ihn an, sie trug ein T-Shirt auf dem sein Kloster abgebildet war. Dort hatten die Termiten offenbar ganze Arbeit geleistet und vieles musste wieder erneuert werden. Die Arbeiten dafür waren äußerst schwierig, da man vor Ort keine

Elektrizität hatte. Größte Spenden würden für die Arbeit benötigt. Die Übersetzerin klärte uns unaufgefordert darüber auf.

Am nächsten Tag hatte ich auf dem Weg zum Vortrag eine Vision, die mir bedeutsam schien. Ich malte sie zu Hause auf und wollte sie dem Rinpoche am folgenden Tag zeigen, ohne dass andere die Vision sahen. Nach dem neuen Vortrag ging ich nach vorn, um den Rinpoche zu bitten, einmal allein mit mir zu sprechen. Aber das war nicht möglich. So etwas machte der Rinpoche nicht. Die Übersetzerin, die GG schon lange kannte, sagte mir, dass ich doch hier am Dharma-Thron über mein Problem sprechen könnte. Doch das wollte ich nicht. Es war sehr schade, denn ich war nicht damit einverstanden, dass dadurch auch Leute die Vision erblicken konnten, die um den Dharma-Thron herumstanden. Es gab also offenbar Hindernisse und ich nahm deshalb meine Unterlagen wieder mit.

Später verstand ich langsam, dass ich damit begonnen hatte, einen Terma zu finden, der in meinem Geist abgespeichert zu sein schien und der sich über die folgenden Jahre langsam immer deutlicher entfaltete. Irgendwann dachte ich, dass ich vielleicht einmal eine Dienerin von Yeshe Tsogyal, einer Gefährtin von Guru Rinpoche gewesen sein konnte und ich glaubte mich auch daran zu erinnern, dass und auf welche Weise Padmasambhava diesen geistigen Schatz in meinem Geist-Kontinuum versteckt hatte.

Der kosmische
Tanz

von

Form

und
Leerheit

ist wie ein

Schwingen

um eine
unsichtbare

Mitte.

So wie der

Strand

die Wellen
bricht,

die aus dem Ozean
entspringen,

so bringt
Samsara

das Schwingen
um diese
Mitte

zum
Stillstand.

Während meines langen Retreats versuchte ich mich anfangs sehr genau an die Vorschriften beim Meditieren zu halten. Aber ich merkte, dass die Dinge eine Eigendynamik nahmen. Ich war in einen Bereich eingetreten, der meine Alltagserfahrungen und –konzepte immer wieder einmal sprengte. Die mystische Welt, die ich erfuhr, kam mir bekannt vor und ich fühlte mich in ihr wohl.

Visionen waren mir vertraut. Bereits als junges Mädchen hatte ich nach der kurzen Einführung in den Buddhismus durch Stephan Gottheiten gesehen, die mich damals aber mangels Verstehens meinerseits in große Ängste gebracht hatten. Nun aber war ich informiert. Das Erscheinen von Gottheiten galt als positiv und ich ließ es zu, dass sie sich meldeten, während ich ihre Pujas rezitierte. Wenn ich sie wahrnahm, kam es mir immer sinnloser vor, sie in Rezitationen anzusprechen. Warum redete ich nicht direkt mit ihnen, wenn das möglich war?

Ich erzählte dies Lama FIW und er hatte nichts dagegen einzuwenden. Das ist ja das eigentliche Ziel dieser Meditation. Wenn es erreicht ist, erübrigt sich die Praxis eigentlich. Schon während meines Proberetreats (das für mich ja schon ein echtes Retreat war, da ich bereits etwa zweieinhalb Monate vorher mit meinem Einzel-Retreat angefangen hatte) waren die angerufenen Gottheiten nach wenigen Tagen da und ich konnte mich anderen Praktiken zuwenden. Bei der Milarepa-Praxis war das anders. Niemand erschien. Meine spirituellen Begleiter sagten mir, dass ich dies ja selbst einmal gewesen sei.

Da ich so sehr schnell mit den eigentlich Monate lang dauernden Praktiken fertig war (nur die Niederwerfungen hatte ich ja nicht machen können), ergab sich für mich viel Zeit, um andere Meditationen durchzuführen, denn ich spürte, dass ich noch viel lernen konnte und musste. Ich machte Shamata (geistige Ruhe)-und Vipashyana (höhere Einsicht)- Übungen, bis ich die Übungen der entsprechenden Dharma-Bücher durchmeditiert hatte. So war ich nach etwa eineinhalb Jahren mit allem fertig, was ich bekommen konnte.

In diese Zeit fiel auch ein Teil meiner Dzogchen-Ausbildung, die aber hinterher noch weiterging. Außerdem fand ich den Geist-Terma, den ich FIW Stück für Stück zeigte, solange der Lama in Deutschland war. Ich wusste nicht wirklich, wann ich mein Retreat offiziell beenden konnte. Eigentlich hatte ich alles gemacht, was gemacht werden sollte, auch wenn die dafür vorgesehene Zeit noch lange nicht erreicht war.

Einmal, während meiner Retreat-Zeit, hatte ich Lama FIW und Lama AT gemeinsam zum Essen eingeladen. Beide nannten mich da vor anderen „Lama", obwohl ich noch weiter üben wollte. Vielleicht war es in Ordnung, mich einige Monate später nach Ende meiner Meditationszeit auch Lama zu nennen. FIW konnte ich nicht mehr diesbezüglich fragen. Ehe ich mich versah, brach er noch vor Ablauf meines Retreats auf und verließ das Land. Ich sah ihn nie wieder.

Als der Fotograf davon erfuhr, dass ich mich nun Lama nannte, setzte er alle Hebel in Bewegung, um herauszufinden, ob das stimmte. Er fragte den Lama, der gerade das Gruppen-Drei-Jahres-Retreat in Deutschland leitete, ob ich denn bei ihm ein diesbezügliches Retreat gemacht hätte. Und als dieser verneinte, wurde ich noch einmal mit Verachtungskübeln wegen meiner ungeheuerlichen Behauptung von verschiedenen Seiten überhäuft. Man sprach nicht offen mit mir darüber, denn dann hätte ich ja aufklären können. Aber im Hintergrund glaubte man nun endlich etwas gegen mich in der Hand zu haben, um mich klein zu halten.

Als mir klar wurde, was offenbar geschehen war, schrieb ich an die in Deutschland lebenden tibetischen Kagyü-Lamas und teilte ihnen, die ja wirklich etwas von der Sache verstanden, mit, wie mein Retreat verlaufen war und wie meine diesbezüglichen Meditations-Ergebnisse gewesen waren. Ich schrieb ihnen, dass sie mir bitte schnellstmöglich mitteilen sollten, wenn sie meinten, dass ich den Titel Lama zu Unrecht führen würde. Ich erhielt niemals einen solchen Brief. Stattdessen kommen die Lamas seitdem immer wieder auf mich zu, wenn sie mich sehen, um mir die Hand zu schütteln und um mich zu begrüßen.

Nachdem ich dann viel später, im Rahmen meines spirituellen Coming-outs einige Briefe auch an den Soldaten und andere Leute des Kagyü-Sanghas schickte, die ich mit „Lama Heike **(einst Milarepa)**" unterschrieb, blieb eine Angriffswelle aus. Ich begriff dies nicht gleich. Irgendwann wurde mir klar, dass die führenden Mitglieder des Sanghas natürlich wegen dieser angeblichen Ungeheuerlichkeit sofort in Indien angerufen haben mussten. Aber von dort aus war mir diese Art der Unterschrift offenbar zugestanden worden.

Was die Verleumdungskampagne gegen mich wegen meines Bauprojekts für Karmapa betraf, so ist noch folgendes zu berichten: Nachdem ich etwa ein Jahr im Retreat gewesen war, erhielt ich eine Einladung per E-Mail vom Karma-Kagyü-Verein zu einem Treffen aller deutschen Dharma-Zentren. Ich las die Mail und hielt sie für ein Versehen. Erstens hatte ich damals ja noch gar kein Dharma-Zentrum und dann würden meine Intim-Gegner mich wohl kaum zu so einem Treffen einladen, zumal die für Deutschland zuständigen beiden höchsten Rinpoches auch zugegen sein würden.

Ich ließ also die Mail auf sich beruhen und meditierte weiter. Aber einige Zeit später erhielt ich eine weitere Mail, die mich an das Treffen erinnerte. Ich hätte noch nicht rückgemeldet, ob ich kommen würde oder nicht. Es war wie ein Witz: meine Gegner, die alles dafür taten, mich innerhalb des deutschen Sanghas zu hindern und zu verleumden, luden mich zu einem Treffen ihrer Dharma-Zentren ein, obwohl ich diesem Mindestkriterium ja gar nicht entsprach.

Warum sollte ich dahin fahren, in die Höhle des Löwen sozusagen? Und außerdem wollte ich während meines Retreats ja auch keine unnötigen Reisen machen. Andererseits: ich war offiziell eingeladen und Karmapa hatte mir dieses Projekt übertragen. Eigentlich war ich ja wohl sogar verpflichtet, das Projekt zu vertreten. Dem konnte ich mich doch gar nicht entziehen, wollte ich meiner diesbezüglichen Aufgabe gerecht werden.

Ich schrieb also zurück und bestellte auch gleich ein Zimmer im Dharma-Zentrum während des Aufenthaltes vor Ort. Ich wartete immer noch darauf, dass mir mitgeteilt würde: alles sei nur ein Versehen gewesen, ich sei leider nicht eingeladen. Aber stattdessen erhielt ich eine Zusage für ein Zimmer innerhalb des Dharma-Zentrums. Das war ja ungeheuerlich! Ich musste einfach hinfahren.

Am Abend vor meiner Abfahrt kam mir plötzlich folgender Gedanke: in der Einladung hatte gestanden, dass jedes Dharma-Zentrum sich mit ein paar Worten vorstellen sollte. Ich hatte zwar kein Dharma-Zentrum, war aber eingeladen und hatte deshalb Rederecht. Das konnte mir niemand nehmen, zumal, wenn die Rinpoches anwesend waren.

Die Geistlichen verstanden kein Deutsch. Da die Teilnehmer sich insbesondere auch den Rinpoches gegenüber vorstellen sollten, würde die Sprache innerhalb des Treffens sicherlich Englisch sein. Ich musste mich also auf Englisch äußern, am besten schrieb ich mir meine Worte vorher auf. Ich setzte mich an den Computer, obwohl ich kaum noch Zeit vor meiner Abfahrt hatte. Die Rede floss mir dabei zu, ich musste sie fast nicht korrigieren.

Sinngemäß schrieb ich folgendes: ich bedankte mich für die Einladung, die mich ja eigentlich nicht beträfe, denn ich würde ja gar kein Dharma-Zentrum vertreten. Andererseits hätte ich doch etwas vorzustellen, nämlich das Bauprojekt, das Karmapa mir übertragen hätte. Dies hätte sich aber offenbar jetzt wohl erübrigt, weil, wie man mit einem Blick durch die Fenster feststellen könnte, bereits andere diesen Bau übernommen hätten. Offenbar hätte das Projekt wohl keinen Aufschub geduldet. Ich endete mit dem Wunsch, dass Karmapa bald nach Deutschland kommen würde.

In dem Text war keine Abrechnung mit meinen Gegnern enthalten. Auch gab es keine Vorwürfe wegen ihrer Intrigen. Der Text war aber durchaus ironisch gehalten und es durfte gelacht werden. Er war ein gelungener Wurf, wie ich ihn selbst, und dann auch noch unter höchstem Zeitdruck, so normalerweise nicht zustande gebracht hätte. Ich hatte beim Schreiben gespürt, wie ich von Karmapa gehalten und getragen wurde.

Als ich vor Ort ankam, stellte ich erstaunt fest, dass ich eines der besten Zimmer erhalten hatte, die es gab. Auf einer metaphysischen Ebene war ich also wohl willkommen. Ganz anders war es dagegen bei meinen Gegnern und den von ihnen beeinflussten Leuten, die mich kannten. Manch entsetzter Blick traf mich, als ich durch die Räume des Zentrums ging inmitten der anderen Besucher: Was will die denn hier? Hat die auch eine Einladung bekommen?

Als nun der Moment kam, wo sich die Dharma-Zentren vorstellen sollten, saßen die wichtigen Leute des Sanghas vorne auf dem Boden des Tempel-Raumes, der Rest der Teilnehmer hatte sich dahinter platziert. Die beiden Rinpoches saßen auf Stühlen vor allen und sahen in Richtung der Teilnehmer.

Ein Mikrophon wurde weiter durch die Reihen gereicht, nachdem der Soldat ein paar Begrüßungsworte gesprochen hatte. Jeder, der etwas zu sagen hatte, nahm sich das Mikro, das von Teilnehmer zu Teilnehmer von vorne nach hinten durch die Reihen gereicht wurde. Während dieses Vorgangs drehten sich diejenigen in den vorderen Reihen zu dem jeweiligen Sprecher um. Irgendwann hatten mich auf diese Weise alle meine Gegner gesehen. Sie sahen nicht sehr glücklich aus, als sie mich erblickten.

Ich saß am Rand meiner Reihe am Gang, relativ weit vorne. Als das Mikrophon in meiner Reihe weitergereicht wurde und ich es ergriff, wurden einige Leute blass. Ich nahm meinen Zettel und las mit einem heiteren Unterton vor. Nun wussten alle von meinem Projekt, die Englisch verstanden. Die Rinpoches gehörten dazu. Besser hätte es für mich gar nicht laufen können. Auf einmal war ich rehabilitiert. Alle erfuhren so indirekt von den Intrigen und auch davon, dass Karmapa eigentlich mir das Projekt übertragen hatte. Auch widersprachen meine Gegner nicht (wozu sie natürlich in aller Öffentlichkeit Gelegenheit gehabt hätten).

Die Rinpoches atmeten tief durch, schienen nach Fassung zu ringen. Mit so einem Knaller hatte bei dieser Veranstaltung offenbar niemand gerechnet. Einer der Rinpoches sagte ein paar Worte, die sein Erstaunen ausdrückten und dass man an meinen Worten erkennen könnte, wer Führungsqualitäten innerhalb des Sanghas hätte. Dann ging das Mikrophon an den nächsten Eingeladenen weiter. Am Ende der Veranstaltung strebten die Rinpoches an den Teilnehmern entlang nach draußen. Einer der beiden sprach, während er an mir vorbei ging, mich mit ein paar anerkennenden Worten kurz an.

Der Meister
zeigte

die Leerheit

seines
Körpers

vor den Augen
der Welt.

Warum
verstand ihn
niemand?

Dann,
nach seinem
Tod,

manifestierte er sich

zweimal.

Warum stritten
seine

Schüler

In den Pfützen
spiegelt
sich

der Mond,

warum
verzweifelt

mein Herz?

Rinpoche GG hatte eine große Zahl Schüler, sowohl in Europa als auch in Asien und Amerika. Ich begann ihm nachzureisen, da mir die Ausbildung im Dzogchen in Frankreich nicht schnell genug voranging, denn auch hier kam ich rasch vorwärts, erreichte das zu übende Ziel der Belehrungen meist schon während der zwei- bis dreiwöchigen Retreats, bzw. verstand die Belehrungen recht schnell. Manchmal hatte ich wegen meiner körperlichen Einschränkungen Schwierigkeiten, anderen Teilnehmern bei den Übungen weit genug in die Einsamkeit der Berge zu folgen. Manchmal meditierten wir auch an Orten, die ich erreichen konnte.

Es war eine wunderbare Zeit der Praxis. Wir waren Yogis und Yoginis und übten den Dharma mit Kraft und effektiven Methoden. Obwohl ich das Klare Licht mit einer Methode der Sechs Yogas schon vor meinen Drei-Jahres-Meditationen erblickt hatte, konnte ich doch nie die innere Hitze erzeugen, die ja nur eine Vorstufe dieser Meditation ist.

Ich war chronisch krank und mein Körper konnte ohnehin die Wärme nicht halten. Da half auch die Übung des Tummo nicht. Doch bei einem Lama von Rinpoche GG machte ich einmal so ein Retreat im Winter und konnte dann tatsächlich während dieser Zeit gelegentlich in einem eiskalten Raum mit weit offenem Fenster eine Weile mit fast nacktem Oberkörper aushalten, ohne mir den Tod oder irgendeine Krankheit zu holen. Diese Erfahrung beflügelte mich sehr, auch wenn sie nicht anhielt. Nicht lange nach diesem Retreat war ich wieder bei jeder Gelegenheit warm vermummt und das blieb auch so.

Manche der Gruppen-Übungen wurden in Einsamkeit gemacht, um sie geheim zu halten. Manchmal fragte ich mich, warum unser Lehrer dies von uns forderte, andere konnten doch nicht in unseren Geist sehen. Aber natürlich respektierte ich diese Anweisungen, selbst wenn ich die jeweilige Meditation alleine durchführte. Erst nach einer bestimmten Begebenheit sah ich endlich ein, warum es diese Auflage gab:

Wir waren in Frankreich, hatten unsere Tages-Belehrung erhalten und begaben uns dann an einen verabredeten Ort, um dort zu praktizieren. Zwei der französischen Teilnehmer hatten ihn ausgesucht, nachdem sie vorher das umgebende Gelände erkundet hatten. Der besagte Platz war an einem teilweise bewaldeten Berghang gelegen, von dem man eine gute Fernsicht auf die Umgebung hatte. Jeder suchte sich einen Platz, der etwa zwei bis drei Meter von seinen Nachbarn entfernt war und setzte sich dann mit gekreuzten Beinen hin. Man sah mit offenen Augen in die Ferne und bewegte sich möglichst wenig.

Ich kam ein bisschen später an und war noch dabei, mir meinen Übungs-Platz zu suchen. Dazu ging ich ein bisschen umher und probierte diesen und jenen Ort aus. Oben auf dem Bergkamm stand ein Gebäude, das wie eine Art Leuchtturm aussah. Interessiert ging ich um das Gebäude herum, um es zu begutachten. Als ich an ihm herauf sah, war mir für einen Moment so, als hätte sich von innen ein Schatten an einem der Fenster bewegt. Konnte das sein?

Ich ging zu den beiden Personen hin, die den Ort ausgewählt hatten, und wies sie darauf hin, dass sich möglicherweise doch Fremde in dieser Umgebung aufhielten. Dieser Gedanke meinerseits wurde mit großer Geste empört abgewehrt. Als ich sie nicht überzeugen konnte, verließ ich trotzdem den Ort mit meinem Auto und meditierte allein weiter an anderer Stelle.

Am nächsten Tag erfuhr ich dann, was nach meinem Verlassen des Platzes passiert war: es waren doch einige Personen in dem „Leuchtturm" gewesen. Sie hatten zunächst mit Interesse und dann mit zunehmender Sorge unsere Gruppe beobachtet. Obwohl die Teilnehmer alle ruhig nebeneinander gesessen hatten, war das ja eben nicht die Art, wie eine Gruppe von Menschen normalerweise zusammensitzt. Was machte unsere Gruppe da? Waren wir vielleicht Angehörige einer Sekte? Wollten wir die Umgebung dieser tief katholischen ländlichen Umgebung möglicherweise sogar verhexen? Man rief die Polizei, die auch kam und die Teilnehmer des Retreats verhörte. Man wollte wissen, wer sie veranlasst hatte, hier so zu sitzen. Der Name des Rinpoches musste genannt werden. Es war fraglich, ob er mit seinen Schülern in der Zukunft je wieder in dieser Umgebung als Gäste wohnen und meditieren könnte, ohne Feindseligkeiten von Seiten der Bevölkerung zu riskieren. Ich war froh, dass ich gegangen war, bevor das Spektakel losging. Die beiden Personen unserer Gruppe hatten ihr Gelübde zur Geheimhaltung fahrlässig gebrochen und man konnte gut sehen, was aus so einer Verfehlung für Lehrer und Schüler resultieren konnte.

Ich dachte diesbezüglich auch an die Kagyü-Linie, wo Shamar Rinpoche eines seiner tantrischen Gelübde, gebrochen hatte und wo nun der Karmapa und seine Linie die verschiedensten Hindernisse erfahren mussten.

Die Dämonen
des Augenblicks:

kennst du ihre Natur?

Du siehst sie wie
dunkle

Wolken
am Himmel.

Doch hinter
ihnen

scheint immer
die Sonne.

Karma ist das Echo der eigenen Gedanken und Handlungen. Mein Terma besagt, dass man es als Potential in seinem Allbasisbewusstsein, dem Alaya Vijnana, speichert. Entscheidend für die Art der Ansammlung ist die Motivation, mit der die geistigen und körperlichen Aktionen erfolgen, so wie es auch sonst im Dharma gelehrt wird.

Dass die Motivation wichtig ist, um Handlungen zu bewerten, entspricht durchaus auch dem natürlichen Empfinden eines nicht spirituell orientierten Menschen. Ein Beispiel soll dies veranschaulichen: Wenn wir z.B. einen anderen Menschen mit einem Messer verletzen, so begehen wir damit den Straftatbestand einer Körperverletzung. Dies ist eine unheilsame Tat. Wenn wir aber Chirurg sind und diese Verletzung mit dem Messer durchführen, um das Leben eines Menschen bei einer Operation zu retten, so bleibt dies zwar eine Körperverletzung, aber unsere Motivation wird uns zugutegehalten und wir werden in den meisten Fällen auch noch durch Anerkennung und finanzielle Unterstützung belohnt.

Das günstigste Karma sammelt man an, wenn die eigene Motivation die bestmögliche ist. Diese bezieht das höchste Wohl aller Lebewesen mit ein. Man nennt diese Motivation den Erleuchtungsgeist (Bodhicitta).

Der Erleuchtungsgeist ist ein zweifacher Wunsch:

- Man will allen Lebewesen nutzen. Sie sollen glücklich sein. Das höchste Glück erfahren die Wesen, wenn sie die vollkommene Erleuchtung (Buddhaschaft) erlangen. Dies ist ein Zustand, wo das in unserem Geist als Samen angelegte geistige Potential voll entfaltet ist. Dieses Potential wird z.T. in anderen Religionen auch als das Göttliche angesehen, das in uns verborgen ist. In der Bibel steht z.B., dass der Mensch zum Ebenbild Gottes geschaffen wurde.

- Bei dem zweiten Teil des Wunsches vom Erleuchtungsgeist strebt man danach, zum Nutzen der Wesen selbst geistig möglichst weit voranzukommen, am besten sogar die Buddhaschaft zu verwirklichen. Denn je weiter man auf seinem spirituellen Pfad vorangekommen ist, umso besser kann man den anderen dabei helfen, ebenfalls weiterzukommen.

Der Erleuchtungsgeist setzt voraus, dass man das Wohl der anderen über sein eigenes Wohl stellt. Wenn man mit reinem Herzen nach dieser Motivation handelt, ist man nicht vom Lob und der Anerkennung anderer abhängig, sondern man wird von wunderbaren Kräften gehalten und getragen. So kann man auch die Schwierigkeiten, die aus diesen Handlungen erfolgen können, oft besser ertragen. Aber natürlich sind wir keine unbeschriebenen Blätter. Seit anfangsloser Zeit haben wir leider nicht immer nur Gutes getan. Dieses alte Karma kann unser diesbezügliches Erleben trüben oder zunächst sogar unmöglich machen. Langfristig gesehen werden wir aber durch Handlungen, die aus einer Bodhicitta-Motivation erfolgen, glücklicher werden.

Die erwähnte Art des Erleuchtungsgeistes wird auch relativ genannt. Das absolute Bodhicitta ist etwas anderes. Um diese Motivation überhaupt im Geist ermöglichen zu können, braucht man hohe meditative Vervollkommnungen. Einerseits muss man ein allumfassendes Mitgefühl haben und andererseits braucht man eine möglichst hohe Verwirklichung der erleuchteten Schau der Leerheit, zumindest aber die von Mahamudra, dem großen Siegel.

Beim relativen Bodhicitta hinterfragen wir die durch unseren Geist wahrgenommenen Dinge nicht und halten sie für realistisch. Wir können annehmen, dass es uns selbst gibt und im Gegensatz dazu gibt es die anderen usw.. Die Welt ist dualistisch. Diese Sicht erzeugt Karma, sowohl heilsames als auch unheilsames in Abhängigkeit von heilsamen oder unheilsamen Handlungen.

Beim absoluten Bodhicitta sind wir in der Lage mit unserem Geist in einen Erkenntniszustand jenseits von Dualität zu gehen. Je nach Verwirklichungsgrad des meditierenden Yogis kann es möglich sein, dass dabei weniger unheilsames Karma bei unseren Handlungen entsteht, bestenfalls sogar gar keines.

Es gibt unterschiedliche Ziele bzw. Fahrzeuge im Buddhismus. Der Erleuchtungsgeist unterscheidet das kleine Ziel (Hinayana, Theravada) vom großen Ziel (Mahayana). Hat man Bodhicitta, dann strebt man das große Ziel an und wird als Bodhisattwa (Erleuchtungswesen) bezeichnet. Hat man kein Bodhicitta und ist Buddhist, wird man zu denen gezählt, die das kleine Ziel anstreben. Das kleine Ziel ist ein glücklicheres Leben, eine gute Wiedergeburt in weiteren Existenzen und/oder die Überwindung der groben Geistesgifte (Abneigung, Anhaftung, Unwissenheit). Dieser letzte Zustand wird auch als geistige Befreiung oder Nirwana bezeichnet.

Das große Ziel ist die vollständige Erleuchtung. Hierzu braucht man Mitgefühl mit den Lebewesen, je mehr desto besser.

Es ist

unwichtig

auf welche Art
dein Herz
lernt

zu erwachen.

Das Vajrayana (auch Mantrayana oder Diamantfahrzeug genannt) gehört zum großen Fahrzeug, zum großen Ziel. Hier ist das Mitgefühl besonders groß. Der Bodhisattwa will so schnell wie möglich auf seinem inneren Weg vorankommen, um das Leiden der Wesen beenden zu helfen. Egal, wie glücklich die Wesen gerade sein mögen: das Glück wird irgendwann vergehen. Wenn der eigene Geist dagegen befreit ist oder wenn man gar erleuchtet ist, dann versteht man erst, welche Dimensionen Glück haben kann. Dieses Glück kann wie im Fall der vollkommenen Erleuchtung dauerhaft sein. Auch der eigene Tod unterbricht diesen Zustand dann nicht.

Wenn jemand nun ganz allgemein besonders großes Mitgefühl mit den Wesen hat und aus diesem Mitgefühl heraus handelt, dann kann er manchmal sogar Dinge tun, die unheilsam sind, ohne allzu große karmische Konsequenzen befürchten zu müssen. Das ist auch aus unserer Alltagserfahrung heraus verständlich, wie das obige Beispiel des Chirurgen zeigt.

Nehmen wir nun mal ein anderes Beispiel: eine Mutter stößt ihr kleines Kind heftig weg. Ein neutraler Beobachter wird dies vermutlich als unheilsame Handlung einstufen. Diese Einschätzung wird sich aber vermutlich augenblicklich ändern, sobald der Beobachter versteht, dass die Mutter durch diese Aktion verhindern wollte, dass das Kind von einem schnell herannahenden Auto überfahren worden wäre.

Ein Außenstehender, der schließlich versteht, dass diese Mutter offenbar ein Mensch ist, der das Wohl des Kindes im Sinn hat, wird sich vermutlich entspannt zurücklegen, wenn er bemerkt, dass die Mutter wieder einmal eine unheilsame Handlung an dem Kind verübt. Er wird aus seiner eigenen Erfahrung heraus annehmen können, dass es hinter dieser Handlung sicherlich einen Grund gibt, der das höhere Wohl des Kindes im Auge hat.

Sobald der Beobachter aber berechtigten Grund zu der Annahme hat, dass die Mutter nicht mehr zum Wohl des Kindes handelt, bleibt, egal, wie gut die Motivation der Mutter in der ganzen Zeit vorher auch immer gewesen sein mag, jetzt jedoch einfach nur noch eine unheilsame Handlung übrig.

Wenn man das Ganze nun auf den Dharma-Weg überträgt, dann sammelt jemand, der sich für den Weg als Bodhisattwa (und vielleicht sogar auch noch als hochkarätiger tantrischer Praktizierender) entschieden hat, nur so lange kein oder wenig negatives Karma bei seinen unheilsamen Handlungen an, solange seine Motivation großes Mitgefühl für andere ist oder besser sogar, wenn sein Geist in der Erfahrung der Weite weilt oder die (konventionelle oder erleuchtete) Sicht der Leerheit hält. Sobald er aber, und sei es auch nur für einen kurzen Moment, diese Motivation ändert und vielleicht sogar selbstsüchtig handelt, dann gibt es für seine diesbezüglichen Handlungen keine Rechtfertigung mehr und natürlich sammelt er dann unheilsames Karma an.

Auch große Bodhisattwas wie Shamar Rinpoche, die durch ihre Vorgeschichte gezeigt haben, dass sie hohe und höchste meditative Verwirklichungen erreicht hatten, bilden hier keine Ausnahme. Sobald sie ihre Motivation ändern, müssen sie anders bewertet werden.

Jemand, der auf seinem inneren Weg noch nicht so weit ist, dass er die geheime Geisteshaltung anderer beurteilen kann (und wer ist das schon?), wird vielleicht bei einem hohen Bodhisattwa wie Shamar Rinpoche zunächst einmal darauf vertrauen, dass dieser seine Motivation zum höchsten Wohl der Wesen zu handeln, unverändert beibehält, auch wenn der Rinpoche äußerlich höchst unheilsam handelt (wie z.B. als Resultat seiner Handlungen den Sangha, die buddhistische Gemeinschaft, spaltet). Denn bei den bisher traditionell vermittelten Belehrungen wird davon ausgegangen, dass man ab einem bestimmten hohen Grad der Verwirklichung gar nicht mehr in niedrigere Stufen zurückfallen kann. Daraus könnte man dann schließen, dass ein hoher Bodhisattwa grundsätzlich alles tun kann, ohne karmische Konsequenzen befürchten zu müssen, denn seine Motivation wird schon stimmen.

Der Buddha lehrte, dass die Spaltung der buddhistischen Gemeinschaft, des Sanghas, eine Wiedergeburt in einer Hölle zur Folge hat. Dieser Handlung folgt also ein sehr negatives Karma, was in seiner Schwere sogar über das eines Massenmörders hinausgeht. Der Massenmörder wird vielleicht auch aufgrund seiner Taten irgendwann in einer Hölle wiedergeboren werden können, aber vielleicht wird er auch nur als Mensch oder Tier immer wieder *vor* dem möglichen natürlichen Ende seines jeweiligen Lebens so oft sterben, bis dieses angesammelte Karma verbraucht ist. Es gibt also grundsätzlich unterschiedliche Möglichkeiten, wie das Karma eines Massenmörders reif werden kann. Bei der Spaltung der Dharma-Gemeinschaft dagegen gibt es aber offenbar einzig und allein eine Höllen-Existenz als Konsequenz.

Warum ist die Spaltung des Sanghas so schwerwiegend? Vermutlich wird hierbei folgendes eine Rolle spielen können: Die nach geistiger Befreiung und Erleuchtung Dürstenden werden verunsichert und auf diese Weise möglicherweise davon abgebracht, dem unendlich kostbaren und seltenen Weg weiter zu folgen. Die Quelle des Glücks wird vergiftet, der Geist derer, die davon trinken, wird verwirrt.

Bei Religionen und Weltanschauungen gibt es das ganze Spektrum von schwarz über unterschiedliche Grautöne bis zu weiß und es ist oft schwierig, eine bestimmte Lehre oder bestimmte Lehrer diesbezüglich genau zuzuordnen. Es gibt z.B. Weltanschauungen und Religionen, wo spirituelle Führer ihren Anhängern ein gutes Leben nach dem Tod versprechen, wenn sie ausschließlich den Regeln dieser Tradition folgen. Solange die Regeln heilsamer Natur sind, kann diese versprochene Konsequenz auch nach der buddhistischen Lehre durchaus möglich sein. Wenn die Vorschriften aber unheilsamer Natur sind (z.B. dass man anderen schaden soll, weil sie die Regeln nicht einhalten, die man selbst oder die eigene Religion oder Weltanschauung für richtig hält), dann ist aus buddhistischer Sicht nichts Gutes als Konsequenz dieser Handlungen zu erwarten.

Anzunehmen, dass ein erwachtes Wesen, das hinter einer Religion oder Weltanschauung steht, unheilsame Handlungen seiner Gläubigen oder Anhänger billigen wird, insbesondere wenn diese Handlungen aus der Motivation des Hasses entstehen, ist für Buddhisten allgemein schwer nachzuvollziehen. Hass, insbesondere wenn er im Moment des eigenen Todes aufkommt, kann sogar bewirken, dass man in niedersten Existenzen wiedergeboren wird. Welches erwachte Wesen wird dies seinen Gläubigen oder Anhängern wünschen?

Versprechen, dass diese unheilsamen Handlungen paradiesische Existenzen zur Folge haben könnten, sind aus buddhistischer Sicht nicht einhaltbar, denn unheilsame Handlungen können nur durch die Motivation von Mitgefühl für die Wesen neutralisiert werden, niemals aber durch Hass.

Dämonische Kräfte, die sich von der Macht nähren, die sie über andere haben, könnten vielleicht fähig sein, bestehende heilsame spirituelle Strukturen zu unterwandern und ins Gegenteil zu verkehren. So könnten ahnungslose oder verwirrte Gläubige und Anhänger zum Hass und zur Intoleranz anstelle von Respekt, Liebe und Toleranz anderen Wesen gegenüber verleitet werden, so nach dem Motto: Begeht heute unheilsame Taten! Nach dem Tod wird es euch schon gelohnt werden! Wenn dann aber der Tod kommt und sich die Dinge anders darstellen, als erhofft, sind diese Kräfte vermutlich die letzten, die einem beistehen werden.

Auch wird ein solcher spiritueller (Ver-) Führer zu den ihm Nachfolgenden wohl kaum sagen: es ist gut, wenn ihr euch kritisch mit mir und meiner Lehre auseinandersetzt. Sondern er wird eher blinden Gehorsam ihm selbst und seiner Lehre gegenüber und Intoleranz anderen und ihrer Lehre gegenüber fordern. Mit jedem Anhänger, der sich von ihnen abwendet, verlieren diese Führer ihren Einfluss. Hier ist die Verantwortung jedes einzelnen gefragt.

Wo das

Ego

anfängt,
hört die

Kompetenz
auf.

Was nun die Angelegenheit mit Shamar Rinpoche angeht, so ist die Bewertung seiner Person, seiner Motivation und seiner Handlungen schwierig. Zunächst war er ja einer der höchstverwirklichten Bodhisattwas der Kagyü-Linie. Gemeinsam mit dem jeweiligen Karmapa und anderen Haltern der Linie hat er den Dharma würdevoll und äußerst kompetent vertreten. Kann so jemand plötzlich die Seite wechseln, kann so jemand vom Bodhisattwa zum Dämon werden?

Die traditionelle Lehre würde dem widersprechen, selbst wenn der äußere Anschein dafür spräche. Ab einer bestimmten Verwirklichungsstufe kann man angeblich nicht mehr zurückfallen. Mein Geist-Terma und meine persönliche spiritueller Entwicklung über die Zeiten stehen dieser Lehre allerdings entgegen.

Der Buddha hat so manche Dinge gelehrt, die einander widersprechen. Bei dem Versuch, diese Widersprüche scheinbar aufzuklären hat der Buddha seinerseits auch manchmal neue Verwirrung erzeugt. Ja, wie gerne hätten viele von uns so eine absolut richtige Aussage, an der niemand vorbeikommt und dann ist es so, genauso und nicht anders.

Wer schon einmal ein Kind über viele Jahre erzogen hat, weiß, dass selbst die besten Regeln für einen Zweijährigen nicht lange halten können, eben deshalb, weil sich das Kind ständig verändert, weil es älter und reifer wird. Warum sollte es denn bei der spirituellen Entwicklung anders sein? Manch einer ist noch tief im Geisteszustand des Samsara, ein anderer befindet sich dagegen kurz vor der Erleuchtung.

Warum erzählen also viele Menschen ihren Kindern von der Existenz des Weihnachtsmannes, obwohl sie doch wissen, dass es ihn nicht gibt? Vielleicht spüren wir manchmal, dass diese Märchen-Gestalten das Leben kleiner Kinder bereichern können, sie glücklich machen. Aber irgendwann blockieren genau diese Figuren die weitere Entwicklung. Das Kind wird unsicher, versteht und erlebt Dinge, die mit den erzählten Märchen nicht übereinstimmen. Darf man denn überhaupt denken, dass es den Weihnachtsmann gar nicht gibt? Kann es sein, dass die eigenen wunderbaren Eltern einen belügen? Und sieht man andererseits nicht zur Weihnachtszeit rund um den Globus überall Vertreter dieser Gestalt? Durch diese Zweifel und Verzweiflungen muss das heranwachsende Kind hindurch. Es nabelt sich langsam von der so dargestellten Welt ab, es findet heraus, dass es eine andere Welt hinter der Kinderwelt gibt, es reift heran, wird erwachsen.

Kann es denn nicht bei unserer spirituellen Reifung auch so sein, dass wir langsam zu immer neuen Ufern aufbrechen und dass der Lehrer Buddha uns entsprechend unserer Reife die Dinge lehrte, die uns voranbringen können? Natürlich kann es dem Betrachter aus der Ferne helfen, zu denken, dass man irgendwann nicht mehr zurückfallen kann, wenn man spirituell nur weit genug ist. Aber wenn man dann tatsächlich vor Ort ist, auf den Bodhisattwa-Bhumis, den unterschiedlichen Stufen der Erleuchtung, darf man es auch gerne etwas präziser wissen.

Mein Terma setzt genau dort an. Die Erleuchtung wird präzisiert und die zu erwartende Krise kurz vor der vollen Erleuchtung erläutert. Man erfährt: ja, selbst kurz vor dem Ziel kann sich der Geist noch verwirren, kann man als Konsequenz davon u.U. noch sehr tief abstürzen. Ein derart verwirrter Yogi befindet sich etwa auf dem neunten Bodhisattwa-Bhumi. Das ist eine unvorstellbar hohe Stufe. Aber selbst da kann man noch straucheln.

Als Milarepa starb, kam er auf den neunten Bhumi. Die Verwirrung, die sich daraufhin bei ihm einstellte, ließ ihn geistig abstürzen. Darum inkarnierte er sich so lange nicht als Yogi, aber er inkarnierte sich, nur eben nicht als erleuchteter Meister. Shamar Rinpoche ist seit einigen Existenzen ebenfalls auf dem neunten Bhumi. Deshalb ist sein Geist z.Z. verwirrt. Er intrigiert, unterstützt Gewalt und jetzt spaltet er sogar den Sangha. Und wenn er nicht aufpasst, wird er aufgrund dieser Verwirrung noch im Abgrund landen, vielleicht sogar gleich nach diesem Leben.

Die Lebensgeschichte des Buddha zeigt, wie die Maras, dunkle Kräfte, den Meister kurz vor seiner vollen Erleuchtung noch einmal so richtig in die Mangel nahmen. Dabei fuhren sie alle schweren Geschütze auf, die ihnen zur Verfügung standen. Erst als der Tathagata (der Vollendete) diese Kräfte mit seiner Geistesstärke umgewandelt hatte, begab er sich nach Bodh Gaya in Indien, wo er die volle Erleuchtung durch weitere Meditationen erlangte.

Der Terma zeigt nun, dass wer im Augenblick der Verwirrung des neunten Bhumis nicht stark genug ist, die Meditation der erleuchteten Sicht der Leerheit zu halten, aus seiner hohen Verwirklichung herausfallen wird, bis er sich spirituell wieder erholt hat. Und das kann lange dauern. Patrul Rinpoche sagte: „Den Dharma hat niemand gepachtet. Er gehört dem, der sich am meisten bemüht." Dies gilt selbst für höchste Bodhisattwas.

Hast du
die volle

Kontrolle

über dein Glück?

Nein.

Ist es möglich,

die volle Kontrolle
über sein
Glück
zu haben?

Ja.

Wann

hat man die volle
Kontrolle
über sein

Glück?

Wenn man

das ganze

Potential
seines Herzens
erschließt

und

wenn man das ganze
Potential

seiner Weisheit

erschließt.

Bei bestimmten Einweihungen ist das Gelübde (Samaya) des Erleuchtungsgeistes enthalten. Solche Einweihungen hat Shamar Rinpoche bekommen. Man kann aber auch ganz unabhängig von einer Einweihung dieses Gelübde nehmen oder ohne Gelübde diese Motivation erzeugen. Hat man den Erleuchtungsgeist als Buddhist nicht oder gibt ihn auf, dann ist man kein Bodhisattwa (Erleuchtungswesen) mehr. Man befindet sich entweder ohnehin im kleinen Fahrzeug oder man fällt aus dem großen Fahrzeug auf das kleine herab. Wenn man darüber hinaus noch seinen Geistesgiften folgt, dann ist man einfach nur mitten im Samsara, egal, als was man sich bezeichnet.

Shamar Rinpoche hat in seiner aktuellen Verwirrung zumindest das Gelübde des Erleuchtungsgeistes gebrochen, vielleicht, weil er irrtümlich glaubte, aufgrund seiner hohen spirituellen Verwirklichung alles tun zu können, ohne karmische Konsequenzen befürchten zu müssen. Er weilte im Zustand des Mahamudra, einer nichtdualen geistigen Sicht. Auf dem neunten Bhumi fiel er aber durch die einsetzende geistige Verwirrung aus diesem Zustand wieder heraus. Und nun muss er erneut kleine Brötchen backen, wie man so schön sagt.

Natürlich weiß er als großer Dharma-Lehrer genauestens darüber Bescheid, was heilsame und was unheilsame Handlungen sind. Aber er täuscht sich und andere über seine Motivation hinter den Handlungen, die er begeht. Auf dem neunten Bhumi gelangt der Yogi nämlich auf seine geistige Festplatte, das Alaya Vijnana, wo die karmischen Potentiale gespeichert sind. Hier regieren die Maras, die dunklen Kräfte, in Form von Geistesgiften. Hier schlägt das Ego noch mal so richtig zu. Hass und Gier können in unerwarteter Heftigkeit das Regiment übernehmen.

Die Pfründe Karmapas ebenso wie seine hohe spirituelle Stellung und die damit verbundene Macht erscheinen auch bei einem verwirrten Yogi des neunten Bodhisattwa-Bhumis u.U. wieder begehrenswert. Die Weisheit des Yogis verwandelt sich in Schläue, das Mitgefühl in Egoismus, die nonduale Sicht in eine duale Sicht.

Ein anderer Karmapa musste her als Feigenblatt für die Anhänger der Traditionslinie, ein netter, nicht zu schlauer Junge aus guter spiritueller Familie. Den würde er sich schon zurechtbiegen. Und dann würde er seinen Größenwahn ausleben können. Wie gut, dass diese Rechnung nicht aufging.

Mancher, der mächtig
und voller Bosheit
andere Menschen
unterdrückt,

ausbeutet,
quält
und verleumdet:

denkt er nie
an seine Todesstunde?

Was erwartet er
als Ergebnis
seiner Taten?

Hofft er,
es würde schon alles
gut
gehen?
Positive Mächte
würden ihm gnädig
verzeihen
und dann voller Liebe
in paradiesische Gefilde
leiten?

Oder sie würden nur
die Anhänger
ihrer eigenen Religion

bevorzugen
und gutheißen,

die Anhänger anderer
religiöser Richtungen dagegen

in der Hölle
schmoren lassen,
einfach,
weil sie sich unglücklicherweise
für den falschen

Pfad zur Erlösung
entschieden haben?

Wie kann denn das Paradies
auch nur einen
Moment lang
Frieden
schaffen,

wenn der Geist derer,
die darin weilen,
voller Hass
und Gier ist?

Würden diese Menschen denn nicht auch dort
wieder
weiter
in ihren verwirrten geistigen
Mustern
leben und wirken?

Also sollten wir beizeiten
lernen,
zum Wohl anderer
zu handeln

und damit den Boden
für innere

Paradiese schaffen,

die dann natürlich auch
nach
unserem Tod
in uns

und mit uns
weiterleben
können.

Die Geschichte vom Löwenkönig und vom Schlangenkönig

Mal angenommen

es gab irgendwo eine Gegend, wo alles möglich war. Und dort lebte ein mächtiger König, ein wundervolles Wesen, der gut für seine Untertanen sorgte. Er war wie ein Wünsche erfüllendes Juwel.

Alles in seinem Land verlief hervorragend, es gab überhaupt keine Beschwerden, welcher Art auch immer. Im Gegenteil: die Leute waren sehr, sehr glücklich und jedermann schätzte und liebte den König außerordentlich. Wie auch immer sein Name gewesen sein mag: die Leute nannten ihn Löwenkönig.

Eines Tages wollte ein anderer mächtiger König der Umgebung ihn treffen. Dieser war auch ganz wunderbar. Er war sehr stark und schlau, und weil er auch sehr listig war, wurde er der Schlangenkönig genannt.

Als der Schlangenkönig erfahren hatte, dass das Königreich des Löwenkönigs so viel besser war als sein eigenes, hatte er nicht aufhören können, darüber nachzudenken, wie er und sein Königreich genauso werden könnten. Er hatte so viel versucht, aber weil er sein Ziel nicht erreicht hatte, ging er schließlich zum Löwenkönig und fragte ihn nach dessen Geheimnis.

Der Löwenkönig stimmte zu, es ihn wissen zu lassen, und er erzählte ihm, dass er ein Buch hatte, was bewirken konnte, dass jeder, der es las und seinen Inhalt anwendete, genauso werden konnte wie er. Natürlich tat der Schlangenkönig von nun an alles, um den Löwenkönig davon zu überzeugen, ihm das Buch zu geben.

Und weil der Löwenkönig wie ein Wünsche erfüllendes Juwel war, bekam der Schlangenkönig schließlich, was er wollte. Und er wurde sogar ein Schüler dieses großen Meisters. Als der Löwenkönig dem Schlangenkönig eine Kopie seines eigenen Buchs gab, sagte er ihm folgendes: "Mein lieber Sohn, ich gebe dir nun etwas ganz Besonderes und sehr, sehr Kraftvolles. Wenn du es richtig benutzt und meinen

Anweisungen gut folgst, wirst du eines Tages so werden wie ich. Aber wenn du nicht machst, was ich dir sage, wirst du schneller als du denkst in den tiefsten inneren Abgrund fallen. Also höre gewissenhaft zu bei dem, was ich dir jetzt erkläre. Es ist nicht viel, aber wesentlich: Immer wenn du dieses Buch liest und egal, was du daraus praktizierst, du muss immer diese Brille tragen, die "Brille des Mitgefühls" genannt wird. Sie ist sehr schwer und es wird anstrengend sein, sie zu tragen. Wenn du das aber machst, werden deine guten Eigenschaften zunehmen und deine schlechten abnehmen. Deine Augen werden klarer werden, dein Verstand heller und dein Herz wird sich öffnen. Aber wenn du diese Brille nicht trägst, werden deine schlechten Eigenschaften zunehmen, während deine guten nicht anwachsen werden. Deine Augen werden trübe werden, dein Geist wird sich verdunkeln und dein Herz wird wie Stein werden. "

Der Schlangenkönig, der nicht abwarten konnte, das Buch zu öffnen, versprach alles, was sein Meister wollte. Und sobald er wieder zu Hause in seinem Palast war, schloss er sich in einem Zimmer ein, setzte die Brille auf und las und praktizierte so viel es ihm möglich war. Er konnte wirklich erkennen, dass das Wissen dieses Buches etwas Magisches war und über die Zeit sah er auch, dass alles in seinem Königreich besser wurde.

Manchmal besuchte er seinen Meister, um ihm die eine oder andere Frage über den Inhalt des Buches zu stellen, und der Löwenkönig war immer gerne bereit ihm zu helfen. Obwohl der Schlangenkönig dankbar über die Belehrungen war, die er erhielt, kam er immer auch ein wenig traurig von seinem Meister nach Hause zurück, weil er gesehen hatte, dass der Löwenkönig in seiner Entwicklung immer noch so viel weiter war als er selbst.

Der Schlangenkönig wollte schneller vorankommen, aber es war so schwierig das alles ordentlich zu machen, was in dem Buch gesagt wurde. Und auch die Brille war so schwer. Und er dachte, dass es vielleicht etwas leichter wäre, wenn er manchmal ein kleines bisschen ohne die Gläser praktizieren würde. Das würde ja überhaupt niemals irgendjemand erfahren. Und deshalb nahm der Schlangenkönig die Brille manchmal eine kleine Weile ab, wenn sie wieder einmal so schwer auf seine Nase drückte.

Am Anfang hatte er ein bisschen Angst, als er dies tat, aber weil er keinen Unterschied im Ergebnis fühlte, nahm er die Brille immer öfter ab. Deshalb wurden seine Augen langsam etwas trübe und es war immer schwieriger in dem Buch zu lesen ohne dass der Schlangenkönig verstand warum. Er begann stattdessen zu denken, dass das Licht in dem Raum nicht hell genug war und wollte immer größere und hellere Lichter haben. Dann dachte er wieder, dass er ein bisschen alt wurde und er wollte deshalb immer stärkere und stärkere Vergrößerungsgläser. Aber schließlich begriff er, dass das alles passierte, weil er die Brille seines Meisters nicht benutzt hatte.

Er wurde sehr ärgerlich über das Ergebnis seiner Bemühungen, und weil sein Geist dunkler geworden war und sein Herz härter (was er selbst nicht bemerkte), beschloss er, das Königreich seines Meisters zu übernehmen, so dass er auf diese Weise doch bekam, was er durch seine eigene Praxis nicht bekommen konnte.

Und während er Tag und Nacht darüber nachdachte, wie er seinen Plan verwirklichen konnte, rief er sich auf einmal eines der Geheimnisse ins Gedächtnis, das sein Meister ihm einst erzählt hatte. (Kannst du dich erinnern: dies war eine Gegend, wo alles möglich war?)

Der Löwenkönig war ein großer Zauberer, der schon viele Jahrhunderte lang lebte. Aber obwohl er unvergleichlich gut war, musste er von Zeit zu Zeit seinen Körper erneuern. Während er dies tat, war er in einem todesähnlichen Zustand, sehr schwach und verletzbar. Er musste sicher sein, dass ihm niemand während dieser Zeit schaden konnte. Deshalb zog er sich während dieses Erneuerungsprozesses in eine Höhle zurück, die an einem geheimen Ort war und von Soldaten bewacht wurde. Ein anderes Problem war, dass er sich immer durch diesen Vorgang so sehr veränderte, dass es sehr schwierig war, den König danach zu erkennen. Und weil es so wichtig für jedermann war, wieder den richtigen König zu bekommen, durften die Soldaten niemanden hereinlassen, bevor der König wieder herausgekommen war und sie hatten den Befehl, den Löwenkönig mit ihrem Leben zu beschützen.

Der Geist des Schlangenkönigs war inzwischen schon recht dunkel, aber er war immer noch listig. Der Schüler war bei seinen vergangenen Besuchen immer ein geehrter Gast im Palast seines Meisters gewesen und er hatte sich auch oft sogar in den privaten Räumen des Löwenkönigs aufhalten dürfen. Deshalb sahen ihn viele Leute als guten Freund oder sogar wie einen Sohn des Löwenkönigs an. Als er nun darauf bestand, den Platz zu erfahren, wo sein Meister sich dieses Mal regenerierte und als er sogar sagte, dass es eine geheime Anweisung seines Lehrers gab, der er folgen sollte, misstraute niemand dem Schlangenkönig. Und auf welche Weise dies auch immer geschehen sein mag: es gelang ihm schließlich, den sich erneuernden Löwenkönig in eine andere Höhle zu bringen, wo der Schlangenkönig hinterher den Eingang verschloss, sodass niemand je herauskommen konnte, und stattdessen brachte er einen der Diener des Schlangenkönigs, der ein bisschen so aussah wie der Löwenkönig, in die Höhle seines Lehrers,. Und als die Soldaten die Höhle öffneten, kam der falsche König heraus und wurde auf den Thron gesetzt.

Von nun an regierte der Schlangenkönig zwei Länder, sein eigenes und das des Löwenkönigs gemeinsam mit dem falschen König, der daran gewöhnt war, das zu tun, was der Schlangenkönig ihm sagte. Aber ob du es nun glaubst oder nicht: Das Königreich des Löwenkönigs war nicht mehr so wie früher. Die Dinge liefen plötzlich immer schlechter und die Leute wurden immer weniger glücklich. Zunächst merkte dies niemand wirklich, aber als die Leute es schließlich begriffen, verstanden sie diesen

Wechsel nicht. Was war passiert? Sogar die wunderbare leuchtende Krone des Löwenkönigs schien nicht mehr so hell zu sein wie zuvor.

Der Schlangenkönig, der nun ohne seinen Meister war, hatte keine Skrupel mehr, in dem wunderbaren Buch ohne die "Brille des Mitgefühls" zu lesen. Und so wurde er immer stärker, aber unglücklicherweise auf eine bösartige Weise. Und dies wurde schließlich so offensichtlich dass die Leute immer mehr glaubten, dass **er** der Grund für all das Unglück war, welches zu ihrem Land gekommen war.

Jetzt frage ich dich: wie ging die Geschichte weiter? Man kennt im anfangslosen Kreislauf der Existenzen verschiedene Versionen von ihr. Vielleicht liegt das auch an den unterschiedlichen Menschen, die sie weitererzählt haben und daran, ob sie nun Meister oder Schüler gewesen waren, König oder Diener, Löwe oder Schlange. Wir alle spielen diese Rollen ja manchmal in irgendeinem Leben Und wenn wir nicht aufpassen, werden wir damit fortfahren, sie immer wieder zu spielen, werden in einem Leben oben und in einem anderen unten sein wie Blätter, die der Herbstwind umherwirbelt.

Eine Version der Geschichte mag ich sehr gerne und die werde ich dir jetzt erzählen. Erinnerst du dich? Dies war eine Gegend, wo alles möglich war...

Der Löwenkönig war ein großartiger Meister und wirklich sehr, sehr stark. Deshalb meisterte er auch das Leben und den Tod und all die anderen Geheimnisse des wunderbaren Buches. Natürlich hatte er gleich von Anfang an gemerkt, was mit seinem Schüler vor sich gegangen war und dass er die Brille nicht wie geheißen getragen hatte. Der Löwenkönig konnte einfach so und ohne irgendeine Anstrengung im Geist der Leute lesen und natürlich hatte er die bösartigen Gedanken des Schlangenkönigs bemerkt. Er hatte auch gesehen, dass sein Schüler eine sehr begabte Person war, aber nichtsdestotrotz war er in Gefahr wegen seiner Gier und anderer schlechter Qualitäten in den Abgrund zu fallen.

Der Löwenkönig hatte schon so viele Jahrhunderte lang durch die „Brille des Mitgefühls" gesehen, sodass eines Tages während einer seiner Erneuerungsprozesse seine Augen mit der Brille verschmolzen waren. Und ob er nun wollte oder nicht: er konnte nicht mehr in anderer Weise sehen. Und er hatte natürlich mit diesen wunderbaren besonderen Augen des Mitgefühls auch den Schlangenkönig gesehen.

Der Schlangenkönig litt tief im Innern letztlich genauso wie alle anderen Wesen auch, solange sie die Geheimnisse von Leben und Tod noch nicht gemeistert hatten. Deshalb würde dieses Buch eine große Hilfe für jedermann sein, nicht nur für den Schlangenkönig. **Er allein** hatte den Löwenkönig um Hilfe gebeten, die anderen nicht. Weshalb also hätte der Löwenkönig verweigern können, seinen Schüler soweit wie möglich auf seinem inneren Weg voranzubringen, damit sein Leiden schließlich wenigstens ein bisschen aufhören würde?

Weil nun der Schlangenkönig nicht sehr weise war, hatte er nur den Wunsch gehabt äußere Macht und andere weltliche Dinge zu erlangen. Natürlich ist Gier immer ein Weg in eine schlechte Zukunft, das wusste der Löwenkönig. Und deshalb musste der Meister dem Schüler eine Chance geben, seine inneren Qualitäten auch ein bisschen mehr zu entwickeln.

Der Schlangenkönig dachte zum Beispiel, dass Macht gut ist und Schwäche schlecht. Das war einer der Gründe, warum er so mächtig werden wollte. Aber dies war verkehrtes Denken. Dinge sind nicht aus sich selbst heraus gut oder schlecht. Abgesehen davon ist es niemals weise, nur nach seinem eigenen Wohl zu suchen und sich aus selbstsüchtigen Gründen nicht um andere zu kümmern oder sie sogar zu schädigen. Wenn du wie der Löwenkönig werden willst, musst du bereit sein, zu anderen besser zu sein als zu dir selbst (zumindest manchmal).

Könnte es vielleicht möglich sein, dass der Schlangenkönig ein wenig aus seiner Selbstsucht herauskommen und den Besitz einer schwachen Person respektieren würde, die das besaß, was er haben wollte? Konnte er wenigstens einmal auf Macht verzichten und seine inneren Augen ein bisschen mehr für die letzte Wirklichkeit öffnen, die voller unbegrenztem Mitgefühl und Weisheit war? Falls ja, würde er dadurch die Chance bekommen, ein wirklich großer König zu werden.

Deshalb hatte der Löwenkönig, nachdem Meister und Schüler sich ein bisschen besser kennengelernt hatten, über das Geheimnis seiner Erneuerungszeit gesprochen und hatte seinen Schüler glauben lassen, dass der Löwenkönig in dieser Zeit sehr schwach sein würde, was aber nicht stimmte. Wenn der Schlangenkönig seinen Lehrer geliebt oder wenigstens ein bisschen respektiert hätte, wäre er nie in die Falle gelaufen, zu versuchen seinen Lehrer zu schädigen, der ihm das wunderbare Buch gegeben hatte.

Aber wie ich schon sagte: der Schlangenkönig war nicht mehr sehr schlau. Und weil sein Geist dunkler und sein Herz härter geworden waren, tat er das Schlimmste, was er tun konnte: er versuchte sogar seinen Meister zu töten. Das hat natürlich die Lehrer-Schüler-Beziehung beendet und der Schlangenkönig war nun sogar noch mehr in Gefahr, in den inneren Abgrund zu fallen. Zum Glück waren die Augen des Löwenkönigs schon eins geworden mit der "Brille des Mitgefühls", sodass er sogar dann seinen Schüler nicht wirklich aufgab.

Um das alles zu Ende zu bringen: der Löwenkönig kam zur rechten Zeit zurück auf seinen Thron und jedermann konnte sehen, dass er der Richtige war. Und was war mit dem Schlangenkönig? Verstand er seine Belehrung? Warf er sich mit Tränen in den Augen vor seinem Lehrer nieder? Gab er seine Selbstsucht wenigstens ein bisschen auf und ging zurück zu dem wunderbaren Buch und trug **die ganze Zeit über** die „Brille des Mitgefühls"?

Das ist eine andere Geschichte und kann ein anderes Mal erzählt werden.

Von der Geschichte es gibt noch eine andere Version, und die mag ich am liebsten:

Es gab keinen Löwenkönig. Er existierte nie auf inhärente Weise. Es gab auch keinen Schlangenkönig, kein Drama, keine Lösung des Dramas. Alles war und ist leer von wirklicher Existenz, wie Dampf, der aus einem Topf steigt. Ich sehe ihn, ohne ihn greifen zu können.

Wo ist er hin? Wo war er vorher? Haben meine Augen richtig gesehen? Können meine Augen richtig sehen? Habe ich mir das alles nur ausgedacht? Habe ich das alles nur geträumt?

Ich schnippe mit dem Finger und: du wachst auf! Willst du mal aufwachen???!!! Was siehst du? Was fühlst du? Schreib mir eine Postkarte und lass es mich wissen!

Glück im Samsara

„Ich liebe dich",
sprach er
zu ihr.

„Wie
liebst
du mich?",
fragte sie.

„Wie
einen Teil
von deinem
Körper,

wie ein
Stück
Apfelkuchen

oder
einen guten
Wein,

wie ein Möbelstück,
ein Auto,
ein Haus,

wie eine schöne
Reise
zum Ende
der Welt,

wie
ein Priester
die
Gläubigen,

wie ein Staatsmann
seine
Untertanen,

wie ein Bauer
sein
Vieh,

wie ein Kind
seine
Spielsachen,

wie etwas,
dass man ablegt,
wenn man es

nicht mehr

braucht?"

Er sprach:

„Ich liebe dich
wie ein Wassertropfen
den Ozean,

wie ein Lichtstrahl
die Sonne,

wie ein Herz
das
Herz."

Also
blieb sie

bei
ihm.

Leid im Samsara

Sie tat alles,
um ihm zu gefallen.

Sie probierte immer andere Frisuren
aus,
kleidete sich nach der neusten Mode,
hielt Diäten ein,
um ihre wunderschöne Figur
möglichst lange
zu erhalten,

hielt sich sportlich fit.

Sie ließ sich ihre Zähne
richten,
das eine oder andere Fettpölsterchen
absaugen bzw.
an fehlender Stelle ergänzen.

Sie machte Kochkurse,
damit sie leckere Gerichte
kochen konnte,
Ihre Wohnung war sauber,
aufgeräumt
und geschmacklich hochwertig
eingerichtet.

Sie bildete sich fort,
um ein möglichst interessanter
Gesprächspartner
für ihn sein zu können.

Aber auch bei der Erotik
sollte er nicht zu kurz kommen.

Doch eines Abends,
als sie gerade
vom Einkauf
zurückkam,

fand sie einen Zettel,
auf dem stand:

„Bin ausgezogen.
Habe eine andere,

Suche mich nicht.
Jürgen"

Menschen aus Ländern westlicher Kultur haben oft die Vorstellung, dass man nur einmal lebt. Man kommt als unbeschriebenes Blatt auf die Welt (vielleicht wurde man vorher noch während der sexuellen Vereinigung der Eltern von einem höheren Wesen mit einer Seele ausgestattet) und danach lebt man sein Leben. Die Erbanlagen prägen uns, die Gesellschaft beeinflusst uns. Man hat ein gewisses Spektrum eigener Entwicklungs- und Entfaltungsmöglichkeiten und irgendwann kommt der Tod.

Geht das Leben danach in irgendeiner Weise weiter und falls ja: wie? Gibt es mächtige Wesen, die entsprechend ihrer Laune fähig sind, die Seele, die nach dem Tod des Körpers übrig bleibt, zu ewiger Freude oder ewigem Leid zu bringen usw.? Es gibt unterschiedliche Theorien und Glaubenssätze über die Zeit nach dem Tod und auch darüber, wie man, falls man nach diesem Leben noch in irgendeiner Weise weiterexistieren sollte, die zukünftige Zeit vielleicht schon jetzt beeinflussen kann. Und immer wieder hört man in diesem Zusammenhang den Satz: „Es ist noch keiner zurückgekommen!" Dies soll wohl bedeuten: man weiß einfach nicht, was nach dem Tod passieren wird und ob es so sein wird, wie uns erzählt wird.

Im tibetischen Buddhismus glaubt man zu wissen, wie es weitergeht: Eine neue Existenz wird folgen und danach noch eine und noch eine und noch eine, ohne Ende. Und es gibt auch keinen Anfang, denn vor diesem Leben war noch eines und davor noch eines und davor noch eines usw.

Was geht nun von Leben zu Leben? Eine sehr subtile geistige Energie, ein geistiger Körper und - wie auch mein Terma sagt- natürlich das in diesem geistigen Körper befindliche Allbasisbewusstsein. Solange das Alaya Vijnana getrübt ist, haben wir das Gefühl eines absoluten, wirklichen Ich, und wenn man diese „angeborene" Einstellung untersucht, dann wird man meistens feststellen können, dass dieses Ich als etwas gefühlt wird, dass teilelos, unabhängig und beständig ist.

Diese Ich ändert sich scheinbar nicht. Wir denken es unabhängig von der Zeit. Wir sagen z.B.: „Damals, mit drei Jahren, war ich ein dickes Kind, jetzt, als alter Mensch, bin ich schlank." Und obwohl im Laufe dieser Zeit nicht eine einzige Zelle unseres Körpers mehr vorhanden ist, die in Kindertagen da war, obwohl unser Geist sich von einem unwissenden Kind vielleicht sogar zu großen Höhen weiterentwickelt hat, bleibt unser Gefühl vom Ich davon im Regelfall unberührt.

Wenn wir nun sterben und danach vielleicht eine Ameise werden, bleiben unsere Anlagen im Allbasisbewusstsein weiterhin erhalten. Vielleicht kommen sogar noch neue Trübungen hinzu. Und bei dem Leben nach der Ameisenexistenz wird es wieder so sein usw. usw.

In welche Existenzform wir nach einem Leben auch gelangen, sei sie nun höher oder niedriger als unsere jetzige, hängt insbesondere davon ab, welche von unseren karmischen Anlagen im Moment des Todes reif wird. Dabei ist die Zeit des Todes nicht zu eng zu sehen. Wie der Terma des tibetischen Totenbuchs zeigt, kommt nach dem Sterben eine Phase, die man allgemein das Bardo nennt, jenen Zwischenzustand zwischen dem alten und dem neuen Leben. Hier entscheidet sich meistens erst, welchen Tendenzen wir nachstreben und wo wir uns demzufolge erneut inkarnieren werden.

Nun kann man ja viel erzählen. Die Frage, die sich stellt, ist trotzdem genauso, wie bei den zuvor geschilderten Modellen: wo ist der Beweis, dass es stimmt?

Und diesbezüglich haben die tibetischen Buddhisten wirklich etwas anzubieten. Dort gibt es nämlich die Tulkus (bewusst wiedergeborene Meister). Ich meine hier nicht diejenigen, die sich für Tulkus ausgeben, ohne es zu sein, sondern diejenigen, die es wirklich sind. Und davon gibt es zum Glück einige. Der Dalai Lama gehört dazu, der Karmapa, Shamar Rinpoche und andere hohe Lamas und Rinpoches unterschiedlicher Traditionen.

Diese Meister haben es durch lange Meditationen geschafft, ihren subtilen Geistkörper so zu entfalten und zu schulen, dass er fähig ist, im Lauf des Sterbeprozesses oder im Bardo bewusst eine neue Existenz anzunehmen und zwar diejenige, die ihnen als die beste erscheint, um den Lebewesen am meisten zu nutzen. Aber davon abgesehen, nehmen sie ihr Allbasisbewusstsein natürlich auch in die neue Existenz mit und so kann es sein, dass Wesenszüge des neuen Meisters ähnlich sind wie die des alten und dass man eine Fortsetzung der verstorbenen Persönlichkeit erlebt, auch wenn das Aussehen und sogar das Geschlecht sich vielleicht verändert haben.

Natürlich sind solche geistig hoch verwirklichten Menschen sehr kostbar, auch deshalb **weil** sie zurückgekommen sind. Sie zeigen, dass es möglich ist, dem Tod seinen Schrecken zu nehmen. Er ist eine Phase im Laufe der Existenzen, mehr nicht.

Im tibetischen Buddhismus kennen und erkennen die Meister sich teilweise wieder und es ist nichts Ungewöhnliches, dass alte Weggefährten den angefangenen Weg gemeinsam weiter beschreiten oder alte Konflikte fortsetzen, und dass spirituelle Lehrer und Schüler sich wiedererkennen. Da gibt es viele Geschichten darüber, manche sind neuerdings auch filmisch dokumentiert.

Der Karmapa gehört zu den sehr wenigen Meistern, die vor dem jeweiligen Tod schon fähig sind, ganz präzise das Jahr der neuen Geburt, den Ort und die Namen der künftigen Eltern zu benennen und den seine Schüler dann entsprechend seiner Angaben im neuen Leben finden können. Der Karmapa kann darüber hinaus auch immer wieder in seinem Geist erkennen, wo andere verwirklichte Meister geboren worden sind und er kann auch erkennen, wenn er einem alten Meister wie Milarepa begegnet. Darum war ja auch bei Gyaltsab Rinpoche sofort das Interesse an mir erloschen, als Lama FIW ihm mitgeteilt hatte, dass ich schon beim Karmapa gewesen sei. Ich konnte also kein Tulku sein, sonst hätte der Karmapa mich ja gleich anerkannt.

Mancher
mag sich
manchmal im Leben
fragen:

wie
konnte der andere
mir nur dieses
und jenes

antun?

Manch verwirklichter
spiritueller
Meister
wird sich stattdessen fragen:

Wie konnte ich
nicht erkennen,

dass ich vieles,
was ich wahrnahm,

nur deshalb

so wahrnahm,
weil mein Geist

getrübt
war?

Nun will ich ein wenig auf Teile der mir bekannten Geschichte des tibetischen Buddhismus eingehen:

Wie ich bereits erwähnte, scheint der große Meister Shamar Rinpoche von seinen Geistesgiften eingeholt zu werden, so wie es den Yogis auf dem 9. Bhumi ergehen kann, und das wohl schon seit einigen Leben. Er kämpft offenbar um finanzielle Pfründe, um Macht und Einfluss mit List und Gewalt. Er hat sogar indirekt an kriegerischen Auseinandersetzungen teilgenommen bzw. diese beeinflusst, weshalb er von der tibetischen Regierung für ca. 160 Jahre nicht mehr offiziell anerkannt wurde. Man sieht also, dass Tibeter, was die Existenzdauer einer Person angeht, in ganz anderen Zeiträumen denken können als viele westliche Menschen.

Auf der Ebene der konventionellen Sicht spielt in dieser Angelegenheit offenbar auch ein Konflikt zwischen zwei unterschiedlichen Schulen des tibetischen Buddhismus und ihrer Anhänger (Gelugpas und Kagyüpas) eine

Rolle. In diesem einige Jahrhunderte währenden Prozess wurden dem Karmapa und auch dem Shamarpa (Kagyüpas) Klöster konfisziert und nicht mehr zurückgegeben. Auch wurde u.a. einmal Shamar Rinpoches Bruder getötet sowie ein sehr großzügiges Geschenk des chinesischen Kaisers an Shamarpa von einem Gelug-Kloster nicht an ihn herausgegeben mit der Begründung, er wäre ein Verräter, da er eine Rebellion gegen die tibetische Regierung angezettelt hätte, um seine Klöster zurückzubekommen usw., usw.

Da gab sicherlich ein Wort das andere und negative Handlungen der einen Seite schienen negative Handlungen der Gegenseite erforderlich zu machen. Die tibetische Regierung wurde schon seit 1642 von den Dalai Lamas (Gelugpas) bzw. von seinen Regenten geleitet. Zur Vorherrschaft der Gelugpas (auch über die daraufhin quasi entmachteten Kagyüpas) kam es ursprünglich durch die Hilfe des Mongolenfürsten Gushri Khan. Der Konflikt gipfelte u.a. darin, dass die tibetische Regierung ein Verbot der offiziellen Anerkennung von Wiedergeburten Shamarpas erließ.

Der derzeitige Dalai Lama scheint dieses bis zum heutigen Tag zumindest unterschwellig wohl noch bestehende Misstrauen von manchen Anhängern der einen Seite gegenüber manchen Anhängern der anderen Seite überwinden zu wollen. Er machte wohl auch deshalb sowohl den Gelugpa Ling Rinpoche als auch den Kagyüpa Karmapa zu seinen offiziellen Nachfolgern. Dieser große versöhnende Schritt wurde natürlich nicht von allen Anhängern der beiden Richtungen verstanden und gut geheißen und so wundert es nicht, wenn nicht jeder Gelugpa-Anhänger sich wie ein Engel mit dem Flammenschwert hinter den Karmapa stellt, wenn unberechtigte Korruptionsvorwürfe gegenüber Ogyen Trinley Dorje erhoben werden und wenn Hindernisse auftreten, die Reisen Karmapas ins Ausland erschweren oder gar unmöglich machen.

Dieser ganze Konflikt und die damit im Zusammenhang stehenden Intrigen zeugen von Wesen, deren Geist noch tief im Samsara verstrickt ist, egal, ob sie nun Buddhisten sind oder nicht, egal ob sie nun zu dieser oder jener Traditionslinie gehören oder nicht.

Nun kommen wir aber mal zu den großen Meistern beider Richtungen. Handeln die auch heute noch genauso wie ihre unerleuchteten Anhänger? Dies kann sowohl für den Dalai Lama (wie z.B. das obige Beispiel beweist) als auch den Karmapa verneint werden.

Was den Karmapa Ogyen Trinley Dorje betrifft, so gibt es da z.B. zwei Begebenheiten, die mir zu diesem Thema gerade einfallen: als der chinesische Staatspräsident den ihn besuchenden noch sehr kleinen Karmapa nach dessen größtem Wunsch fragte (wohl um ihn dem jungen Tulku dann anschließend mit großer Geste zu erfüllen und damit einzuwickeln), zögerte das Kind zunächst mit seiner Antwort. Als der Staatspräsident aber jovial insistierte, meinte der Karmapa, dass er gerne den Dalai Lama sehen würde… Wer sich mit totalitären Systemen auskennt und weiß, wie schnell ein falsches Wort zur Vernichtung der persönlichen Existenz führen kann, ahnt, wie hochgewichtig die Antwort des erleuchteten Kindes gewesen ist, insbesondere deshalb, weil der Dalai Lama in China als Staatsfeind Nr. 1 gilt.

Auch suchte und fand der Karmapa nach seiner Flucht aus Tibet die Hilfe des Dalai Lamas. Man sieht also, dass wahrhaft große Meister sich nicht in die Niederungen von Geistesgiften begeben müssen, um mit Schwierigkeiten und Konflikten umzugehen.

Was die chinesische Regierung und ihren Umgang mit den Tibetern und dem tibetischen Buddhismus angeht, so will ich in diesem Zusammenhang noch eine kleine Begebenheit erzählen, die ich selbst erlebt habe: ich bin ja schon in Hongkong (damals noch britisch) und auf Taiwan gewesen. Auf Taiwan verbrachte ich insgesamt einige Wochen und ich interessierte mich deshalb ein wenig für die chinesische Sprache. Mein Sprachschatz ging hinterher aber nicht über „Guten Morgen", „danke" usw. hinaus, denn ich unterhielt mich mit meinen Kontaktpersonen nur auf Englisch.

Trotzdem interessierten mich Chinesen weiterhin und manchmal, wenn ich sie irgendwo reden hörte, dachte ich: „Das hört sich chinesisch an. Das könnten Chinesen sein" usw. So kam ich einmal über die paar Brocken, die ich verstand bzw. sprach auf einem internationalen Flughafen während einer sehr langen Wartezeit auf meinen nächsten Flug mit zwei jungen Reisenden vom chinesischen Festland ins Gespräch.

Nachdem wir ein paar freundliche Oberflächlichkeiten ausgetauscht hatten, spürten wir wohl gegenseitig ein größeres Interesse für die andere Seite. Schnell kamen wir in tiefere Gesprächsgewässer. Die beiden gehörten zu einer Gruppe, die in Europa irgendeinen beruflichen Schulungskurs machen sollte, und danach gleich wieder nach China zurückreisen würde. Vermutlich waren sie junge Kader oder Kinder von hochrangigen Kadern, sonst hätten sie vermutlich nicht mit dem Segen staatlicher Autorität diese lange Reise und die daraufhin folgende Ausbildung im Ausland machen dürfen. Ich fragte sie nicht danach. Darauf hätten sie mir vermutlich auch nicht wahrheitsgemäß geantwortet und ich hätte sie mit dieser Frage wohl auch in größte Verlegenheit gebracht.

So tat ich also ein wenig ahnungslos gegenüber den Gebräuchen in totalitären Systemen (einige meiner Bekannten haben lange in der DDR gelebt) und ging völlig „unschuldig" auf das Thema Buddhismus ein, zeigte auch ein Foto von meinem Lehrer Karmapa und mir, das ich zufällig gerade dabei hatte. Besonders die Frau schien sehr interessiert zu sein. Aber auch sie verstand eigentlich gar nicht, wovon ich redete. Buddhismus??? Beide sahen sich fragend an, überlegten angestrengt, was ich darunter verstand. Vielleicht sprach ich das Wort nicht richtig aus. Meinte ich vielleicht Taoismus?? Nein. Nein, Buddhismus. Tibet. Dalai Lama.- Ahh, ahnungsvoll erschien ihnen ein Begriff: ich meinte offenbar den Tibet-Hinduismus!

Nicht einmal das Wort Buddhismus war den Tibetern offenbar in der öffentlichen Propagandadarstellung geblieben. Hinduismus ist eine vollkommen andere Religion als der Buddhismus. Welcher Christ würde denn damit einverstanden sein, dass seine Religion als lokaler Teil des Islam verstanden würde oder umgekehrt?

Wir alle
haben
die Buddha-Natur.

Aber was
ist

die Buddhanatur?

Kann das die Leerheit sein?

Wenn das so wäre, hätte auch ein Stein
die Buddha-Natur
oder ein
Kleidungsstück.

Auch sie sind doch

leer

von einer
Eigennatur.

Also ist die Buddhanatur
der Klarheitsaspekt

des
Geistes.

Nun komme ich wieder zu Shamar Rinpoche, der seit vielen Jahrhunderten als spiritueller Freund an Karmapas Seite zum Wohle der Lebewesen wirkt. Je nachdem, wer von den beiden gerade erwachsen war: er wurde der Lehrer des neuen jungen Tulkus des jeweils anderen Meisters. Einmal war der Karmapa sogar der Vater von Shamar Rinpoche. Wieso stellt Shamarpa sich auf einmal gegen seinen alten spirituellen Weggefährten?

Nun muss man sagen, dass beide Meister höchst verwirklichte Wesen sind. Leider ist der Blick von Shamarpa aber z.Z. getrübt. Darum verfügt er nicht mehr über das volle Potential vergangener Zeiten. Er kann und will wohl auch nicht erkennen, dass seine Schwierigkeiten nicht dadurch behoben werden können, dass er nun seinen wunderbaren Lehrer bekämpft, und sei es auch nur auf einer geheimen Ebene. Stattdessen sollte er versuchen, in dieser Krise wieder eine stabile Sicht der Illusionsgleichheit, und/oder der Leerheit seiner Wahrnehmungen zu erlangen. Das könnte ihn vielleicht davon abhalten, weiterhin unheilsam zu handeln.

Der Karmapa ist spirituell sehr viel weiter als Shamar Rinpoche, den er einmal als eine Emanation (Ausstrahlung) von sich vorausgesagt und später anerkannt hat. Karmapa ist voll erleuchtet, ein Buddha. Er erscheint jedoch zum Wohle der Wesen als noch mit Fehlern und Mängeln behaftet, denn so können mehr Wesen ihn erleben.

Nur wenige haben das Karma, einem voll erleuchteten Buddha in seiner besonderen äußeren Erscheinung als voll erleuchteter Buddha zu begegnen. Buddha Shakyamuni hatte besondere Körpermerkmale, die normale Menschen nicht haben. Er wurde zwar als Mensch wahrgenommen, aber wenn man genau hinsah, erschien er mehr wie eine Mutation zu einer höheren Entwicklungsstufe. Das betraf seine Körperform, die Farbe der Haut, die Körper- und Kopfhaare, Füße und Hände mit besonderen Merkmalen usw. Die heute vorhandenen Statuen und Bilder seiner ehemaligen Erscheinung können das nur sehr reduziert wiedergeben.

Voll erleuchtete Buddhas sind jedoch nicht darauf beschränkt nur so in die Welt zu kommen wie Siddharta Gautama. Sie können im Gegenteil auch als alles erscheinen, was den Wesen hilft. Sie können sich als Gegenstände manifestieren, als Menschen, Tiere, Wettererscheinungen usw. Ihr Alaya Vijnana ist kristallklar, weil all die dort einmal eingelagerten karmischen Potentiale inzwischen nicht mehr existieren. Sie wurden gereinigt, transzendiert, eliminiert. Deshalb existiert Ihr Ich, ihr Ego auch nicht mehr. Sie sind auch noch weitere Schritte auf dem Weg zur Erleuchtung gegangen, denn ein gereinigtes Allbasisbewusstsein ist noch nicht das Ende des spirituellen Prozesses. Buddhas sind allwissend, voll unendlichen Mitgefühls für die Wesen. Anstrengungslos wirken sie zum Wohl aller, manifestieren sich dort, wo sie gerade gebraucht werden und genau in der passenden Form und im richtigen Ausmaß.

Aber wie wunderbar sie auch sind, sie können den Wesen die erforderliche spirituelle Entwicklung nicht abnehmen. Das müssen die schon selbst in Angriff nehmen. Und so lange der geistige Blick getrübt ist, werden die Wesen leiden, einfach deshalb, weil ihre Wahrnehmungen durch diesen getrübten Bick verzerrt und unvollkommen und weil sie nicht im Besitz ihres vollen Potentials sind.

Wenn man sich nun auf den Weg zur geistigen Befreiung begibt, heilsame Handlungen ausführt, seinen Geist erforscht und schult, dann kann man sehr langsam bemerken, dass man glücklicher und geistig freier wird. Wenn diese geistige Erleichterung nicht eintritt, macht man irgendetwas falsch in seiner Praxis. Darum ist es wichtig spirituelle Lehrer zu haben, die einem geistig zumindest ein Stück vorausgegangen sind. Aus Büchern allein kann man den Dharma nicht lernen.

Erst, wenn man voll erleuchtet ist, braucht man keine Lehrer mehr, aber erst dann. Ein leuchtendes Ego ist nicht mit der vollkommenen Erleuchtung eines Buddhas gleichzusetzen, ganz im Gegenteil. Und auf dem neunten Bhumi kann das Ego noch mal so richtig sein trübes Licht zeigen. Karmapa ist weit jenseits davon, Shamar Rinpoche nicht.

Shamarpa will sich seinen fehlenden inneren Glanz mit List und Gewalt holen und so durch äußeren Glanz ersetzen. Und mit unschuldiger Miene sagt er deshalb nun ganz offiziell, dass er in seinem Geist den wahren Karmapa gefunden hätte und dieser sei eben nicht Ogyen Trinley Dorje. Ja, und deshalb müsse er natürlich auch die Pfründe seines verstorbenen alten Meisters verwalten und die Pfründe seines lebenden und von ihm anerkannten Meisters wohl auch gleich mit. Und die gibt er auch nicht wieder her. Ein Schelm, der Schlechtes dabei denkt.

Der 16. Karmapa hatte vor seinem Tod einen Prophezeiungs-Brief geschrieben, in dem genauestens die Umstände der Geburt des 17. Karmapas angegeben wurden wie Name der Eltern, Ort und Jahreszahl. Die Echtheit dieses Briefs wird vom Shamarpa nun bezweifelt, obwohl er der Interpretation dieses poetischen Dokuments zunächst zugestimmt hatte, die gemeinsam mit drei anderen sehr hochrangigen Tulkus offiziell gegeben wurde.

Wenn man zu Gunsten Shamar Rinpoches nun einmal annimmt, dass er Recht hat mit seiner jetzigen Sicht: wie erklärt er sich dann, dass der 16. Karmapa bereits mit siebzehn Jahren (er starb erst etwa vierzig Jahre später) in einem spirituellen Gedicht seinen zukünftigen Geburtsort damit beschrieb, dass dieser zwischen zwei Tälern des Shukra-Flusses liegen würde? Ogyen Trinley Dorje wurde genau dort geboren, während Trinley Thaye Dorje, der andere Karmapa, in Lhasa das Licht der Welt erblickte.

Der sechzehnte Karmapa hatte sich ja beim Dalai Lama dafür eingesetzt, den offiziellen Bann der tibetischen Regierung gegen Shamar Rinpoche aufzuheben und daraufhin wurde Shamarpa wieder offiziell als Tulku anerkannt. Karmapa tat dies, obwohl er, wie die Prophezeiung des fünften Karmapas belegt, seit sechshundert Jahren wusste, dass der Rinpoche bereit war, später die Kagyü-Linie zu spalten und dadurch fast vollständig zu zerstören. Warum tat der Buddha Karmapa das?

Nur der Meister selbst kann dies letztlich erklären. Shamar Rinpoche hätte doch wenigstens, aus der zu erwartenden Dankbarkeit über die erneute offizielle Anerkennung heraus, dem Karmapa gegenüber von seinem heimlichen Vorsatz Abstand nehmen können, die Macht innerhalb der Kagyü-Linie (und die damit verbundenen Pfründe seines Lehrers) zu übernehmen. Aber er nutzte stattdessen den Moment der scheinbaren Schwäche seines Meisters, um nach dessen Tod und dem Warten auf die nächste Inkarnation seine Pläne durchzusetzen, zumal der Rinpoche ja zu diesem Zeitpunkt auch gar keine eigenen Klöster mehr hatte.

Natürlich wird das karmische Konsequenzen für Shamar Rinpoche haben und er wird sich dadurch langfristig als spiritueller Meister aus der Kagyü-Linie hinauskatapultieren. Es bleibt zu hoffen, dass seine Schüler die Krise ihres Lehrers erkennen werden und sich von ihm nicht weiter ins Verderben ziehen lassen.

Shamar Rinpoche hätte es in seiner spirituellen Krise ja auch so machen können wie Milarepa es im Verlauf seines Sterbeprozesses tat, als er auf den 9.

Bodhisattwa-Bhumi kam. Milarepa verließ die Linie von sich aus, um sich dem auftauchenden Problem (Schwarzauge) zu stellen. Allerdings ließ er es tausend Jahre offen, inwiefern er dabei mit einer Bodhisattwa-Motivation handelte.

Wenn Shamarpas jetziges Leben beendet sein wird, dann wird wieder mehr Ruhe in die Kagyü-Linie eintreten und damit wird eine bessere Voraussetzung für fruchtbare Dharma-Praxis gewährleistet werden können. Manchmal ist auch im Dharma ein Ende mit Schrecken besser als ein Schrecken ohne Ende. Diesen schwelenden Unruheherd innerhalb der Linie Karmapas galt es wohl zu bekämpfen. Dem Shamar Rinpoche wurde offenbar von seinem Meister eine Falle gestellt, in die er dann auch mit seinem von den Geistesgiften im Allbasisbewusstsein verwirrten Geist hineingetappt ist.

Shamarpa sah wohl die ihm fehlende Macht und den ersehnten Reichtum. Er vergaß die Sicht der Leerheit und wurde so von einem großen verwirklichten Meister zu einem mächtigen Dämonen, aus weiß wurde schwarz. (Eine Übersetzung der Prophezeiung des fünften Karmapas bezeichnet den Unheilsbringer als Dämonen.) Shamarpas verstorbener Meister erschien nicht so schnell wieder wie sonst, um dem Schüler Gelegenheit zu geben, die gewünschten Dinge in Ruhe an sich zu nehmen. Aber jetzt, nach dieser Aktion, die sogar eine Spaltung des Sanghas zur Folge hatte, wartet leider eine Höllenexistenz auf den Schüler. Der Absturz ist vorprogrammiert, der Countdown läuft.

Wie schön wäre es, wenn Shamar Rinpoche nun schnellstens damit beginnen würde, von seiner Gier abzulassen und die Spaltung des Sanghas wieder rückgängig zu machen. Er sollte Ogyen Trinley Dorje als die Inkarnation des Gyalwa Karmapas anerkennen und ihn in seinem Wirken nach bestem Vermögen unterstützen. Die wunderbare Herzens-Emanation Karmapa Thaye Dorje könnte dann gemeinsam mit all den anderen großartigen Meistern der Linie weiterhin das Licht der Kagyüpas hell erscheinen lassen. Lasst uns dafür beten!

Religionen,
Weltanschauungen:

Welche ist
die richtige?

Egal,
wie sie sich darstellen:
es gibt Schafe
und Wölfe
in ihnen.

Das erwachte Herz
sprengt

alle

Religionen
und Weltanschauungen

und alle Konzepte
von Wölfen
und Schafen.

Wir weben
oft
die Fäden
unseres Lebens

wie Spinnen

ihr Netz.

Andere
Menschen
erscheinen dann

als Nahrung

für unsere
Wünsche.

Sie werden
eingewickelt,
gebissen
und betäubt,

wenn nötig,

damit wir sie
beherrschen,
manipulieren
und
uns
einverleiben

können.

Wir fühlen uns dann
sehr

stark,
weil wir glauben,

dass wir
dadurch

Sieger

über die Unberechenbarkeiten
unseres Lebens

geworden
sind.

Doch spätestens
im Moment unseres
Todes

müssen wir erkennen,
dass all
unsere

Spinnenfäden
den inneren

Stürmen

nicht wirklich

Stand halten
können.

Lasst uns also
beizeiten

bedenken,

was uns
in der Todesstunde

nützen
könnte,

damit wir uns
in diesem Moment

aufschwingen können
wie Vögel,

die dem Licht
entgegenfliegen.

Bezüglich der Prophezeiung des 5. Karmapas möchte ich in diesem Zusammenhang auf folgenden Teil hinweisen:

In der Folge der Karmapas, gegen Ende seines sechzehnten Lebens und am Anfang des nächsten, wird jener auftauchen, der das Samaya gebrochen hat, als der Lama, der Natha genannt wird. Er wird den Thron besteigen. Durch die Macht seines Strebens, das niemand begreifen kann, wird der Dharma des Karmapas fast gänzlich zerstört werden.

Wenn man diese Worte einmal mit den heutigen Erkenntnissen vergleicht, kann man sagen:

Der jetzige Shamar Rinpoche wurde 1952 geboren. Zu dieser Zeit lebte der sechzehnte Karmapa noch. Er starb 1981. Der siebzehnte Karmapa Ogyen Trinley Dorje wurde 1985 geboren, Karmapa Thaye Dorje wurde 1983 geboren. In jedem Fall können diese Zeitangaben der Prophezeiung also auf Shamar Rinpoche zutreffen (aber nicht nur auf ihn).

Jener der das Samaya gebrochen hat und den Thron der Kagyü-Linie bestiegen hat, ist nur Shamar Rinpoche. Er brach zumindest auf einer geheimen Ebene das Gelübde des Erleuchtungsgeistes, wodurch er vom großen Ziel bzw.

großem Fahrzeug auf das kleine herabfiel Außerdem nahm er „den Thron" zunächst kommissarisch ein und gab ihn danach nicht wieder ab. Thaye Dorje war nur als Feigenblatt gedacht.

Durch die Macht seines Strebens, das niemand begreifen kann, wird der Dharma des Karmapas fast gänzlich zerstört werden:

Der Dharma Karmapas wird durch die vollzogene Spaltung seines Sanghas schwer bedroht, aber auch durch unberechtigte Korruptionsanschuldigungen, Ausreisebeschränkungen usw. Wer das zu verantworten hat (Beziehungsklüngel, Bestechung, Verleumdung, das volle Programm eben), wissen nur die Buddhas. Aber es wird vermutlich Shamar Rinpoche nicht ungelegen kommen. Dieses Streben kann natürlich niemand begreifen, es sei denn er kennt meinen Geist-Terma. Erst jetzt wird die Sache verständlicher. Shamar Rinpoche ist auf dem 9. Bhumi bei seinem Eintritt in sein zumindest noch teilweise verdunkeltes Allbasisbewusstsein offenbar abgeschmiert, wie man so schön sagt.

Der Lama, der Na-tha genannt wird:

Der Name Na-tha wurde zunächst als „Neffe" übersetzt. Das würde ja hundertprozentig passen, denn Shamar Rinpoche war ein Neffe des 16. Karmapas. Aber dann gab es bei einigen Leuten Zweifel, ob man das Wort so übersetzen kann. Ich denke mal, man sollte sich hier nicht mit solchen Spitzfindigkeiten aufhalten. Wenn alles andere der sechshundert Jahre alten Prophezeiung stimmt, sollte man sich nicht an der fraglich richtigen Übersetzung eines Namens festbeißen.

Und vielleicht wird sich eines Tages sogar das aufklären. Karmapa wurde z.B. nach seiner Geburt zunächst Apo Gaga genannt bis er dann seinen endgültigen Namen erhielt. Eine Schwester Karmapas hatte nach der Geburt ihres Bruders den Ruf einer Elster gehört und hatte ihn lautmalerisch nachgeahmt. Apo Gaga bedeutet so viel wie „glücklicher, glücklicher Bruder". Eine provisorische Namensgebung durch die Familie ist bzw. war in Tibet nicht unüblich. Der endgültige Name wird oft von einem Lama gegeben. Wer kann uns sagen, ob nicht Shamar Rinpoche, zunächst (auch) Na-tha genannt wurde, und sei es als Kosename? Er selbst wird vermutlich, insbesondere in dieser angespannten Situation, keinerlei Interesse daran haben, dies kundzutun, sollte es bei ihm der Fall gewesen sein, denn die Prophezeiung ist insbesondere in Kagyü-Kreisen recht bekannt.

Häuser

aus Sand
baut mein Geist
manchmal.

Leerheit…

Ich sehe
in deine
Augen,

ich höre

die Hunde
bellen.

Gedanken
tauchen
auf,

Assoziationen.

In alter
Gewohnheit
will
ich sie

weiterdenken.

Aber mein Herz

verweigert

die Geschichte
dazu.

Leerheit...

Ärger taucht auf,
Freude.

Leerheit...

Mein Bauch
schmerzt

für einen Moment,

ich handele,
weil er
schmerzt.

Leerheit...

Ich sehe
meinen

Lehrer,

er ist
mein

Herz.

Er ist still
und wach.

Leerheit…

Mein Lehrer
hat
eine
Knollen-Nase.

Leerheit…

Ich putze

meine
Zähne

und meditiere
dabei.

Leerheit…

Meine Meditation
löst sich
auf,

meine
Zähne

lösen sich auf,

meine Schmerzen
lösen sich auf.

Meine Freude

und mein Ärger

lösen sich auf.

Die Welt
löst sich auf.

Alles
wird zu

meinem
Lehrer.

Die Knollen-Nase
meines Lehrers

löst sich auf.

Mein Lehrer
lächelt.

Ich nehme ihn

in mich
auf

und bin eins
mit ihm.

Er ist ich,
ich
bin er.

Leerheit…

Häuser
aus Sand
baut mein Geist
manchmal,

einen

Moment
lang.

Die Einweihung

Mal angenommen

zwei wunderbare unvergleichliche Meister der heiligsten Lehre trafen sich hin und wieder, um ein wenig miteinander zu plaudern. Der eine, San-Gye, hatte gerade eine weite Reise gemacht und nutzte die Gelegenheit, seinen Freund Kar-Ma auf dem Rückweg zu seiner Residenz zu besuchen. Nachdem sie sich herzlich begrüßt hatten, nutzte Kar-Ma die Gelegenheit, um über zwei seiner Schülerinnen zu sprechen.

„Manchmal denke ich, sie könnten nicht unterschiedlicher sein", sagte Kar-Ma zum anderen Meister. „Sie haben sich nie getroffen und wenn sie einander begegneten, würden sie wohl nicht verstehen, dass sie Schülerinnen desselben Lehrers sind."

San-Gye setzte die Teetasse ab, aus der er gerade getrunken hatte. „Ja, unsere Lehre ist so vielfältig. Es ist für manche Menschen schwierig, das zu verstehen. Was für den einen Schüler hilfreich ist, hindert den anderen. Vielleicht erzählst du mir mal ein wenig über die beiden. Das würde mich schon sehr interessieren."

Kar-Ma lehnte sich in seinen reich bestickten Ehrenstuhl zurück. Ein Diener kam, um ein wenig Gebäck zu bringen, das er auf den Tisch vor die beiden Meister stellte. San-Gye folgte der Aufforderung seines Gastgebers und nahm ein Stück, das er kurz in seinen Tee tunkte, bevor er es mit Genuss verspeiste. Auch er lehnte sich nun in seinen Ehren-Sitz zurück und schloss dabei kurz seine Augen. Er hatte schon fast sein ganzes langes Leben lang täglich viele Stunden lang meditiert. Dadurch war er gewohnt, sich augenblicklich in höchste Meditationszustände zu begeben, egal, wo er war und was er tat. Nun wollte er sich auch jetzt in diesem tiefen Bewusstseinszustand ganz auf die Geschichte einlassen.

Auch Kar-Ma konnte ebenso mühelos meditieren wie sein Freund und während er sprach, prüfte er das Gesagte ganz selbstverständlich mit seinem wachen Geist, der in vielen seiner schon als erwachtes Wesen gelebten Leben geschult war.

„Die eine Schülerin heißt Tsültrim und ist eine Frau aus dem Westen. Sie liebt die heilige Lehre sehr und unterstützt sie mit großer Kraft. Sie hat sogar eine Zeitlang den Wunsch gehabt, als Nonne zu leben. Gerne habe ich sie aus dem Stand heraus voll ordiniert. Ich sah ihr Potential und ihren Willen dies durch ernsthafte Praxis zu entfalten. Aber der Weg zum Ziel ist lang und hart, wie wir beide wissen."

San-Gye nickte zustimmend. „Ja, viele westliche Menschen werden neuerdings von der Lehre angezogen, die interessant für sie ist und Denkanstöße gibt. Und manche suchen wohl auch wirklich nach einer inneren Befreiung, sind unzufrieden mit ihrem bisherigen Leben."

Auch Kar-Ma nahm nun ein Stück von dem Gebäck. Dann fuhr er fort: „Tsültrim ist eine sehr ernsthafte Person. Sie praktiziert mit großem Engagement und inspiriert viele Menschen dazu ihr ein Stück auf dem Weg der Lehre zu folgen. Doch obwohl sie schon einen Geschmack der Erleuchtung gespürt hat, ist sie doch noch ganz am Anfang dieses schwierigen Weges. Aber das hat sie nicht verstanden. Sie glaubt stattdessen schon am Ende des Weges angekommen zu sein. Wenn ich ihr dies sagte, wäre sie vermutlich sehr enttäuscht und wäre in diesem Leben wohl kaum noch in der Lage weiter mit so großem Einsatz wirken zu können wie zuvor. Das wäre auch sehr schade für die vielen Menschen, die karmisch mit ihr verbunden sind. Auch sie könnten entmutigt werden."

Der Diener kam erneut. Er brachte frischen Tee und tauschte die alte Kanne mit dem schon abgekühlten Getränk aus. Hier, auf der Dachterrasse der Residenz hatte man an diesem Frühlingstag einen wunderbaren Fernblick auf die nahen Schneeberge, die den Himmel zu berühren schienen. Die Luft war noch ein wenig frisch, zumal wenn wie jetzt, ein paar dunklere Wolken die Sonne verdeckten. Die beiden Meister schwiegen eine Weile, beobachteten die Wolken, die, von einem leichten Wind bewegt, langsam vorüberzogen. Manchmal konnte man den Duft erster Blüten riechen.

Schließlich unterbrach Kar-Ma das Schweigen: „Und jetzt hat Tsültrim mich gebeten, eine hohe Einweihung in eine Praxis zu geben, die sie selbst und ihre Schülerinnen seit langem ausüben. Diese Einweihung wollte ich ihr nicht verweigern. Aber ich weiß auch, dass sie mich nicht mit reinem Herzen darum gebeten hat. Sie erhofft sich durch das Ereignis indirekt eine Anerkennung als erleuchtete Meisterin durch mich. Und ihre Schülerinnen scheinen dies, inspiriert durch Tsültrim, ebenso zu sehen.

Zu allem Überfluss kommt nun noch hinzu, dass sie zwar offiziell diese Einweihung auch für viele andere Menschen ermöglichen will, aber sie will das für ihre Großzügigkeit benötigte Geld auf besondere Weise beschaffen. Sie verlangt nämlich von denen, die während der Einweihungs-Tage und danach räumlich näher und länger mit mir zusammen sein wollen, dass sie eine unglaublich hohe Summe dafür zahlen sollen. Das, was nach Abzug ihrer Kosten übrig bleibt, will Tsültrim dann wohl mir geben.

Aber ich habe die Zusage zu der Einweihung mit reinem Herzen gegeben. Niemand muss dafür bezahlen, wenn er für Belehrungen meine Nähe sucht. Ich spürte schon, was diese Schülerin im Schilde führte. Deshalb machte ich zur Bedingung für meine Zusage, dass nur ernsthaft Praktizierende daran teilnehmen sollten. Nun glauben vielleicht einige von ihnen, ich sei käuflich, was sehr bedauerlich ist und Wege zur Befreiung zuschütten kann."

„Ja, das Ego ist stark. Wir alle müssen die Motivation unseres Handelns immer wieder neu überprüfen. Wollen wir wirklich das höchste Wohl aller Lebewesen oder wollen wir stattdessen in erster Linie bloß unser eigenes Wohl, und sei dieser Wunsch auch noch so subtil? Trotz aller ernsthafter Praxis scheint mir Tsültrim spirituell doch noch sehr unreif und fern davon, eine echte Meisterin zu sein", antwortete San-Gye.

Kar-Ma trank ein wenig Tee. „Ja, so sehe ich das auch. Einerseits praktiziert sie sehr intensiv, andererseits verkauft sie ihren Lehrer und die Lehre für ihre Inszenierung als angebliche Meisterin. Auf jeden Fall wird dieses Vorgehen große Hindernisse auf ihrem weiteren spirituellen Weg schaffen, was sehr schade ist."

Die dunklen Wolken waren vorübergezogen. An ihrer Stelle kamen hellere. Sogar die Sonne schien ein wenig hindurch.

"Und was ist mit der anderen Schülerin?"-*"Sie heißt Drölma und kommt auch aus dem Westen. Sie ist eine große Meisterin. Aber ich trete nach ihr wie nach einem Hund und nehme all die Ergebnisse ihrer ernsthaften Praxis nicht offiziell zur Kenntnis. Doch das erschüttert sie nicht wirklich. Sie weiß, dass sie noch viel lernen muss und nimmt jeden meiner Tritte als Belehrung an. Dadurch kommt sie schnell in ihrer Praxis voran. Als sie mich einmal während einer sehr kurzen Audienz um ein Bündel von hohen Einweihungen gebeten hat, habe ich sie ihr alle aus dem Stand heraus in einem Moment gegeben, denn Drölmas Hingabe zu mir ist sehr groß."*

"Drölma würde ich gerne einmal kennenlernen", sagte Sang-Gye. Es war Zeit für ihn zu gehen. Er hatte noch einen langen Weg vor sich. Als er sich von Kar-Ma verabschiedete, kam die Sonne mit ganzer Kraft hervor. *"Lass uns darum beten, dass alle Wesen schnell die Verschleierungen ihres Geistes verlieren werden und das erleuchtete Herz in sich entdecken!"*, sagte er zum Abschied.

Karmapa wusste also seit spätestens sechshundert Jahren, was sein Schüler Shamar Rinpoche vorhatte. Um sich in die Lage des erleuchteten Meisters hineinversetzen zu können, stelle man sich einmal vor, dass man die bösartige Absicht eines nahen Verwandten oder guten Freundes ganz sicher voraussahen würde, z.B. das eigene kleine Geschäft zu übernehmen und einen selbst als Chef abzusetzen. Was würde man da tun? Ihn gewähren lassen? Ihm eine Falle stellen? Ihn ausschalten, bevor er zur Tat schreiten könnte?

Eine Firma ist eine weltliche Angelegenheit. Spätestens wenn wir tot sind, nützt sie uns nicht mehr. Trotzdem kann eine zerstörte finanzielle Existenz auch schon sehr wehtun, insbesondere dann, wenn ein Mensch, dem man vertraut hat, dies bewirkt und wenn er sich dann auch noch auf Kosten von einem selbst bereichert. Dieser Verrat würde insbesondere einem einzigen Menschen sicher schaden, nämlich uns selbst. Vielleicht würden dabei direkt oder indirekt auch noch ein paar andere Menschen betroffen werden.

Wenn jetzt jemand etwas globaler denkt, nicht nur sein eigenes Wohl im Auge hat, vielleicht deshalb, weil er eine caritative Organisation leitet, und wenn dann ein führender Mitarbeiter vielleicht Unterschlagungen begeht, um sich selbst zu bereichern, dann ist die Sache schon komplizierter. Hier wird ja nicht nur die Organisation finanziell geschädigt, sondern auch noch der gute Ruf. Wenn die Sache herauskommt, wird man in der Öffentlichkeit nicht sagen: Herr X hat die Organisation betrogen, sondern man wird sagen: die Organisation ist korrupt, wie man ja am Verhalten von Herrn X erkennen kann.

Und so würden dann vermutlich für eine längere Zeit viel weniger Spenden für die Bedürftigen fließen, die von der Organisation unterstützt werden. Diese Unterschlagung würde vielen Menschen schaden.

Wenn wir nun im Dharma sind, hat die Angelegenheit dagegen noch ganz andere Dimensionen. Hier wird die geistige Befreiung gelehrt. Das ist nicht nur eine Illusion oder ein vages Versprechen, sondern eine reale Möglichkeit. Wenn Meister hier nicht sauber arbeiten, verunreinigen sie das reine Wasser, das zur Gesundung führen kann.

So ein Handeln ist viel schlimmer, als wenn man einem Verhungernden bewusst vergiftete Nahrung gibt. Der Verhungernde wird qualvoll sterben und damit ist sein Leiden beendet. Aber derjenige, der in Äonen vielleicht nur ein einziges Mal die Gelegenheit hat, durch den Dharma dauerhaft aus seinem Elend herauszukommen und dann einen falschen Meister trifft, wird vielleicht für weitere Äonen ins Leiden des Daseinskreislaufs zurückgeworfen werden.

Wenn es einem Meister einer reinen Linie nun gelänge, den höchsten Lehrer abzusetzen und selbst diese Stellung zu übernehmen, obwohl er eine egoistische weltliche Motivation hat wie das Streben nach Macht und Reichtum, und wenn er so den weißen Dharma in schwarze Magie umwandelt, dann kann es einen nur grausen. Dieses Handeln könnte unendlich vielen Wesen für endlos lange Zeit schaden.

Der neue Meister würde vermutlich genau wie Shamar Rinpoche nicht offen sagen, was er vorhat, denn er würde die anderen täuschen wollen. Er würde sich stattdessen als wahrer Halter der Lehre ausgeben und vielleicht verdeckt darauf hinwirken, dass der alte Meister am besten noch durch irre geleitete andere verleumdet würde, z.B. seinerseits korrupt zu sein usw.

Was könnte also ein wahrer Meister, der dies alles lange vorhersehen würde, am besten tun? Die Fakten im Fall Shamarpa sind bekannt. Ich fasse sie noch einmal kurz zusammen:

Karmapa hat sich zunächst einmal darum bemüht, dass sein Herzensschüler von Seiten der tibetischen Regierung wieder in Amt und Würden gesetzt wurde. Dann bildete der Bhagawan (der Erhabene) ihn wieder bestens aus. Und schließlich ließ ihn wissen, dass der große Lehrer todkrank war. Karmapa hatte die bösartige Entgleisung der Linie auf sich genommen in Form seiner Krebserkrankung, an der er schließlich starb.

Karmapa sorgte nun dafür, dass seine neue Inkarnation nicht gleich gefunden wurde. Es entstand scheinbar ein Machtvakuum. Die führenden Rinpoches der Kagyü-Linie hatten nach dem Tod des 16. Karmapas gemeinsam mit Shamar Rinpoche eine Vereinbarung getroffen dass die Führung der Linie jeweils für zwei Jahre kommissarisch von sich abwechselnden Rinpoches übernommen werden sollte. Shamar Rinpoche sollte den Anfang machen. Er ergriff seine Chance und ließ daraufhin die Macht nicht wieder los.

Er weigerte sich später außerdem, den neuen, infolge des alten Prophezeiungsbriefes des 16. Karmapas gefundenen 17. Karmapa Ogyen Trinley Dorje anzuerkennen, obwohl alle Zeichen für den jungen Tulku sprachen. Stattdessen suchte Shamarpa sich einen netten Jungen aus guter spiritueller Familie und hatte vor, diesen als Feigenblatt für seine Machtübernahme zu benutzen, so nach dem Motto: Seht her! Ich bin nicht größenwahnsinnig geworden! Ich habe stattdessen durch meine Verwirklichung den richtigen Meister wiedergefunden, ihr hingegen nicht.

Aber Karmapa, der das alles schon lange vorhergewusst hatte, schaffte es, dass dieser nette, zunächst manchmal sehr unsicher und unbeholfen wirkende Junge in Wirklichkeit ein hochkarätiger Meister war, eine Herzens-Emanation seiner selbst.

So war Karmapas Traditionslinie auf einer geheimen Weise letztlich niemals in Gefahr gewesen. Den gespaltenen Sangha gab es nur an der Oberfläche. Shamar Rinpoche konnte seine spirituelle Krise erleben und richtete dabei großen Schaden an, weil er sich eben nicht so wie einst Milarepa erst mal für lange Zeit zurückzog, sondern stattdessen den Weg zur Befreiung auf dem Altar seiner egoistischen Wünsche opferte.

Karmapa verließ weder Milarepa während der vergangenen tausend Jahre, noch wird er Shamarpa verlassen. Aber Milarepa musste in nachfolgenden Leben manchmal großen Schwierigkeiten begegnen, weil sein Geist verwirrt war. Und Shamar Rinpoche wird auch durch den Prozess seiner Verwirrung hindurchdurchgehen müssen. Milarepa fiel in einer späteren Existenz einmal sogar auf das Leben eines Insekts zurück und Shamarpa, der durch seine Aktionen den Sangha spaltet, wird wohl insbesondere wegen dieser Tat noch eine Höllenexistenz erleben müssen.

Egolos

ereignen sich die Dinge

im richtigen

Moment.

Solange wir
im dualistischen

Denken
verweilen,

bedeutet

Dharma

den Tod

auf allen

Ebenen.

Wenn wir
aber

das
erleuchtete

Herz

tief
in uns
entdecken,

werden
wir

die Tod-
Losigkeit

schmecken.

Nun gibt es bei der Angelegenheit mit Shamar Rinpoche noch eine andere Ebene:

Der zweite Karmapa sagte voraus, dass er in seinem nächsten Leben in zwei Nirmanakaya- (Tulku) Formen erscheinen würde. Eine davon war Shamarpa. Der dritte Karmapa bestätigte diese Nirmanakaya-Form und überreichte dem 1. Shamarpa einen roten Hut, der seinem schwarzen Hut vollkommen glich. Deshalb wird Shamarpa manchmal auch als Rothut-Karmapa bezeichnet.

Nun kann man sich natürlich fragen, was das bedeutet. Heißt es, wie der aktuelle Shamar Rinpoche mehr oder weniger deutlich durchblicken lässt, dass er eigentlich auch Karmapa ist und deshalb natürlich am besten beurteilen kann, welcher Schwarzhut-Karmapa der richtige ist? Außerdem könnte dies möglicherweise bedeuten, dass er dem Karmapa ja dann auch viel näher stünde als selbst höchste andere Rinpoches.

Dabei möchte ich folgende Frage in die Debatte werfen: sind wir nicht alle letztlich Emanationen irgendeines Buddhas? Manche Dzogchen-Meister meinen, dass wir alle Emanationen des allerersten Buddhas Samantabhadra sind. Er erkannte in einem Moment, dass alles, was er wahrnahm, nur eine Illusion seines Geistes war. Er erkannte es nicht nur, sondern verwirklichte es auch. Das wäre dann der schnellste Weg zur Buddhaschaft, der jemals erreicht wurde. Er konnte also von jenem Moment an unbegrenzt viele Ausstrahlungen von sich ins Universum aussenden, so vielleicht auch den Buddha Shakyamuni. Dieser brauchte aber, nachdem er den Entschluss gefasst hatte, die Buddhaschaft anzustreben, noch etwa drei Milliarden Jahre, in denen er in jedem Leben Gutes tat und Schlechtes vermied, bevor er sein Ziel, die volle Erleuchtung, auch tatsächlich erreichte.

Wir haben alle die Buddha-Natur in uns, weil wir eben alle eine Emanation von Samantabhadra oder irgendeines anderen großen Meisters sind, der die Fähigkeit dazu hatte, Emanationen auszusenden. Vielleicht spüren manche diesen Ursprung sogar, erleben das Wesen, von dem sie emaniert sind, als eine Art Schöpfer.

Wir haben also einen Samen in uns, den Samen der Buddha-Natur, der vom „Baum" eines erleuchteten Meisters fiel. Aber wir bemerken allgemein diesen Samen noch nicht einmal. Egal wie wunderbar das Wesen war, das unsere Existenz ermöglicht hat: es kann uns nicht abnehmen, unser Erleuchtungspotential selbst zu entfalten.

Wenn nun Shamar Rinpoche eine Emanation des ersten Karmapas ist, dann hat er natürlich eine ganz nahe Beziehung zu ihm. Aber wenn er sie nun nicht mehr im Dharma lebt und stattdessen auf dem 9. Bhumi in den Größenwahn rauscht, dann wird er natürlich dafür das entsprechende Karma ansammeln, genauso wie alle anderen Emanationen dies in so einem Fall tun würden, von welchem erleuchteten Meister auch immer.

Auch Shamar Rinpoche hat die Anlagen, die ihn zur vollkommenen Buddhaschaft führen können. Aber er muss ebenso wie alle anderen Dharma-Praktizierenden irgendwann die Ochsentour durch sein Allbasisbewusstsein gehen. Und wenn das getrübt ist, dann hat er erst mal ein Problem, genau wie alle anderen Meister in so einer Situation auch.

In diesem konkreten Fall steht eine furchtbare Existenz direkt nach diesem Leben als Möglichkeit für ihn an. Lasst uns darum beten, dass er noch beizeiten sein diesbezügliches Karma bereinigt und damit sein zu erwartendes Horror-Schicksal abwenden kann. Unser aller Leben ist letztlich kurz. Der Tod kann schon im nächsten Moment kommen, wer weiß. Vielleicht leben wir ja auch noch sehr lange. Das ist grundsätzlich ebenfalls möglich. Aber wer würde denn, wenn er definitiv wüsste, dass ihm nach diesem Leben eine elende Daseinsform drohte, die er durch bestimmte Maßnahmen abwenden könnte, auch nur eine Minute zögern wollen, mit diesen Maßnahmen sicherheitshalber heute noch zu beginnen?

Wenn man natürlich im Größenwahn gefangen ist, glaubt, schon voll erleuchtet zu sein, weil man die Natur seines Geistes erfahren hat und sogar diesen Zustand stabil halten kann und weil man deshalb meint, sich nun alles erlauben zu können, ohne karmische Konsequenzen befürchten zu müssen, dann versäumt man vielleicht, die einem sogar bekannten Gegenmittel überhaupt anzuwenden. Milarepa wusste es ja trotz seiner hohen Verwirklichung auch nicht besser. Das Resultat ist bekannt.

Das Pferd

Ein Geschäftsmann
kaufte sich
einst

ein Pferd,

um in seiner
Freizeit

ein wenig
zu
reiten.

Und schon bald
wurde
der Pferdesport
sein
Hobby.

Der Mann
kaufte
immer mehr

Pferde
und nannte
schließlich sogar

einen Reiterhof
sein eigen.

Dann entdeckte
er
den Tourniersport.

Er selbst
war schon
zu alt,

um noch aktiv
daran

teilzunehmen.

Aber
sein Hof

wurde
zum Austragungsort
vieler

Tourniere

und der Geschäftsmann
fand immer mehr

Anerkennung

bei Pferdefreunden
von nah
und
fern.

Dann starb er
überraschend

und seine
Besitztümer

wurden schnell
in alle
Himmelsrichtungen
verkauft.

Er selbst
wurde als Pferd
wiedergeboren,

diente später als
Zuchthengst

und

ritt erfolgreich

auf so manchen
Tournieren.

Aber nun will ich weiter mit meiner eigenen Geschichte fortfahren: Ich folgte dem Rinpoche GG einige Jahre lang um die Welt, war in einigen Ländern Europas, in den USA, auf Taiwan und Singapur. Ich reiste alleine, hatte aber dadurch, dass ich Schülerin desselben Meisters war, in dem jeweiligen Land immer Ansprechpartner, an die ich mich im Notfall wenden konnte. Ich wurde auch manchmal hinzugebeten, wenn es eine Feier oder ein Essen zu Ehren des Rinpoches gab.

Karmapa hatte mit seinem Rausschmiss grundsätzlich die Tür auch für andere Lehrer bei mir geöffnet, selbst dann noch, als er mir bereits die Einweihungen für das Drei-Jahres-Retreat gegeben hatte. Auf der Suche nach einem oder mehreren neuen Lehrer(n) hatte ich also auch Rinpoche GG daraufhin immer wieder geprüft. Einmal in Frankreich, ging er um einen Stupa, während ich in der Nähe auf der Wiese meditierte. Ich hatte Schwierigkeiten mit der stillen Übung und es ging mir nicht gut dabei. Da fing er auf einmal an, mit seiner wunderschönen Stimme laut zu rezitieren, genau in dem Moment und in dem Maße wie ich es brauchte, um mich zu stabilisieren. Ich war so überwältigt von dieser punktgenauen Wahrnehmung meiner Not und der sofortigen Hilfe mit adäquaten Mitteln, dass ich augenblicklich eine unendliche Hingabe zu dem Meister empfand. Wie wunderbar. Ich hatte offenbar die Hilfe gefunden, die ich brauchte!

Auch er schien von meiner grenzenlosen Hingabe, die er spürte, überwältigt. Es gab einen Initialfunken zwischen uns beiden, der einige Jahre trug. Es entwickelte sich parallel zu der Lehrer-Schüler-Ebene eine Art Liebesbeziehung zwischen uns, die rein platonisch blieb, aber sexuelle Elemente auf einer geistigen Ebene enthielt. Dies war zeitweilig so intensiv, dass auch die Frau und die Tochter einer seiner Lamas vor Ort dies bemerkten und ich spürte ihre diesbezüglichen Gedanken. Schnell wurde ich von insbesondere der Frau des Lamas immer herzlich umarmt, wenn sie mich sah, obwohl sie mich vorher kaum beachtet hatte. Offensichtlich wollte sie sich gut mit mir stellen, weil sie sich durch meine Beziehung zum Rinpoche Vorteile für ihre Familie versprach.

Ich genoss die Zeit der Verliebtheit. Sie kam auch meiner Dharma-Praxis zugute und half mir, weite Wege zu ihm sowie Schwierigkeiten vor Ort zu überwinden. Aber den Rinpoche umgab immer auch eine Art Eisschicht. Er ließ mich nie wirklich in seine Nähe, versuchte zu vermeiden, dass wir ganz allein sein würden. Inzwischen konnte ich mir teilweise ein Leben an seiner Seite vorstellen, obwohl mich der Aufenthalt in einem mir fremden asiatischen Land, dessen Sprache ich nicht einmal sprach, doch schwierig erschien. Aber diese unsichtbare Wand zwischen uns wollte er offenbar nicht durchbrechen und deshalb litt ich auch immer wieder wegen dieser Distanz.

Als ich zufällig erfuhr, dass er mit einer jungen Frau verheiratet war und zwei kleine Kinder hatte, erlitt ich einen Herzinfarkt. Die asiatische Ehefrau, die ich dann viel später kennenlernte, begriff auch, dass zwischen ihrem Mann und mir ein tiefes Band bestand. Wir waren bereit, uns gegenseitig zu akzeptieren.

Irgendwann war die Lehrzeit beim Rinpoche zu Ende. Und das geschah folgendermaßen: Ich war möglichst nahe an den Ort dieses letzten Retreats geflogen und hatte mir einen Leihwagen genommen, um die restlichen hundert Kilometer mit dem Auto zurückzulegen. Es war vor Ort erstaunlich kalt für diese Jahreszeit, ich musste ein Gebirge überqueren, auf dem Schnee lag. Ich war schon viele Male an diesem Retreat-Platz gewesen, aber dieses Mal kam ich einfach nicht dorthin, weil ich mich kurz vor dem Ziel vollkommen verfahren hatte, und nicht wusste, wie ich zu dem nur wenige Kilometer entfernten Ort gelangen sollte. Es war ein großer Aufwand, doch noch hinzukommen.

Ich hatte mir wie gewohnt eine Ferienwohnung in der Nähe gemietet. Die Heizung war schlecht und ich wurde krank. Ich schleppte mich zu den Belehrungen, wollte nichts versäumen, zumal man ständig anwesend sein sollte. Aber ich fühlte mich immer wieder so elend, dass ich begann, einzelne Stunden oder Tage auszulassen. Ich lag in meinem Appartement im Ausland, so nahe am Retreat-Platz. Dort war es etwas wärmer als in meinem Schlafraum. Aber selbst mit dem Auto wurde mir der Weg zu beschwerlich.

Nun hatte ich viel Zeit nachzudenken. Was für ein blöder Zufall, dass ich gerade hier und jetzt krank wurde! Ich lag in der Kälte, die meine Krankheit verstärkte, statt sie zu bessern. Ich musste hier so schnell wie möglich weg! Vielleicht sollte ich besser zum Flugplatz fahren und vorzeitig zurückfliegen. Aber ich war gar nicht mehr in der Lage dazu, diese Fahrt zu unternehmen. Zum Glück hatte ich gleich zu Anfang genug zu essen eingekauft. So litt ich keine Not, denn gebracht hätte mir niemand etwas.

Was sollte ich in meinem kalten Zimmer nur machen? Ich war auf diese Umstände überhaupt nicht vorbereitet gewesen. Aber schließlich besann ich mich darauf, genau dort in dieser Situation damit zu beginnen zu meditieren, auf meine Weise, so wie ich es in meinem langen Retreat ja gelernt hatte. Mein Geist wurde klarer: das war kein Zufall. Die Zeichen bedeuteten, dass ich hier bei dem Rinpoche aufhören sollte. Deutlicher konnte man es mir doch nicht sagen! Der Aufenthalt und die Reise waren ja wieder recht teuer gewesen. Schade, dass ich das nicht vor der Reise erkannt hatte. Dann hätte ich wenigstens viel Geld gespart. Andererseits hatte ich ja wenigstens am Anfang noch an den Belehrungen teilnehmen können und dadurch eine neue tiefe Erkenntnis erhalten. Diese war wohl noch erforderlich gewesen, bevor meine Lehrzeit beim Rinpoche zu Ende gehen konnte.

Je mehr ich nun über diese Erkenntnis nachdachte, desto klarer wurde mein Entschluss, nicht mehr zu weiteren Belehrungen zu gehen, selbst wenn ich mich wieder besser fühlen würde. Kurz danach hörte meine Krankheit langsam auf. Ich fuhr in einer Pause des Retreats vor Ort, holte meine Sachen und fuhr wieder davon. Ich blieb bis zum Ende der gebuchten Zeit in meinem Appartement, meditierte dort oder ging ein wenig spazieren. Danach fuhr ich zum Flugplatz und kam wie ursprünglich geplant zu Hause an.

Gebet

O ihr erleuchteten Lehrer!
Lasst mich stets
im rechten Moment
das Richtige tun,
um den Wesen zu helfen,

mit klarem Geist,
mit offenem Herzen
und ruhiger Hand.

Lasst mich die,
die sich mir anvertrauen,
wie ein guter Fährmann
über die aufgewühlten Fluten
tragen,

damit sie das Ufer erreichen,

möge es auch
mein eigenes Leben
kosten.

Weicht nicht von meiner Seite,
wenn die Zweifel
über mich kommen
und segnet mich
auf allen Wegen.

Lasst euer Licht
durch mich leuchten,
damit ich die Dunkelheit
der Unwissenheit
vertreiben kann,

zeigt mir Wege
in allen Daseinsbereichen,
die aus dem Leid
herausführen.

Lasst mich die Stufen
der Leiter
sein,

über die
die Wesen
ein dauerhaftes
Glück
erreichen.

Ihr Buddhas der drei Zeiten,
ich gebe euch
meinen Körper,
meine Rede
und meinen Geist
in allen
Leben,
die ich von nun an
leben werde.

Ich widme
alle meine Verdienste
dem höchsten Wohl
aller
Lebewesen.

Der Meister

Mal angenommen

in einem fernen Land lebte vor langer Zeit ein Meister der höchsten und heiligsten Lehre, die zu jener Zeit bekannt war. Er hatte das ganze Wissen seiner Tradition und er kannte auch alle anderen spirituellen Traditionen seiner Zeit in Vollkommenheit. Er hatte hervorragendste Fähigkeiten in einer Weise, die alle erstaunte, die davon hörten oder sie sogar selbst erlebten. So konnte er z.B. mühelos die Gedanken anderer Menschen lesen. Auch konnte er Krankheiten nur durch die Kraft seines Geistes heilen. Und er konnte sogar den Tod besiegen, denn er konnte sich in jedem neuen Leben wieder als der Meister zu erkennen geben, der er in dem vorhergehenden Leben gewesen war.

Es war ganz natürlich, dass er im Laufe der Zeit eine riesige Zahl von Schülern hatte. Überall, wohin er kam, öffneten sich ihm die Herzen derer, die ihm zuhörten, und sein Ruf eilte ihm voraus, wenn er sich wieder einmal auf den Weg in Regionen machte, die er bis dahin noch nicht besucht hatte. Sein geistiges Licht schien heller zu scheinen als das hellste Tageslicht und er wurde deshalb der Sonnengleiche genannt.

Die Menschen, die ihm folgten, unterstützen ihn gerne mit dem Geld und dem Gut, das sie hatten. Bei allen seinen Aktivitäten wurde er stets eingeladen und die Klöster und Einrichtungen seiner Anhänger erblühten und hatten keinen Mangel. Auch das weltliche Vermögen des Meisters wuchs ins Unermessliche und es war kein Ende davon abzusehen.

Der Sonnengleiche war auch unter den anderen Meistern seiner Zeit hoch geehrt, und dank seiner Fähigkeit, den Tod zu besiegen, gelang es ihm mühelos in jedem neuen Leben wieder als Angehöriger der jeweiligen Königsfamilie des Landes, in dem er leben wollte, zu erscheinen, so dass ihm auch große weltliche Ehre durch Könige und Adelige vieler Länder zuteilwurde.

**Seifenblasen
wunderschön
schwebten vorüber:
Hast du sie geseh`n?**

Da der Meister das ganze spirituelle Wissen seiner Zeit hatte, kannte er natürlich auch die geheimsten Schriften und Belehrungen. Und es gab dabei doch tatsächlich welche, die verkündeten, dass Mitgefühl auf einer letzten Ebene als solches nicht wahrhaft existierte, ja dass dieses genauso zu bewerten sei wie sein Gegenteil.

Der Sonnengleiche begriff aber nicht, dass diese Schriften und Belehrungen zwar einerseits richtig waren, weil ja auf einer letzten Ebene überhaupt nichts wahrhaft existierte, dass andererseits aber diese Unterweisungen nur für Heilige gedacht waren, die ohnehin schon ein unendliches Mitgefühl hatten. Diese besonderen Lehren sollten den Heiligen helfen, an nichts anzuhaften (nicht einmal an einer konventionellen Sicht von Mitgefühl), sondern stattdessen sollten die Meister spontan ganz aus ihrem erleuchteten Herzen heraus handeln. Wesen, die nicht so hoch verwirklicht waren, konnten diese Lehren natürlich gründlich missverstehen, so dass großer Schaden daraus hätte entstehen können, und deshalb wurden diese Schriften auch höchst geheim gehalten.

Da der Sonnengleiche aber so großartig war, erschien es seinen eigenen Lehrern nur allzu selbstverständlich, auch ihm diese höchst geheimen Unterweisungen zu geben, denn wer außer ihm schien würdig genug zu sein, sie überhaupt zu erhalten? Und der Meister nahm dieses Wissen begierig in sich auf.

Leider war der Geist des Sonnengleichen aber trotz seiner unglaublichen Fähigkeiten und Verdienste noch ein winziges Bisschen von Hass, Gier und Unwissenheit getrübt und dieser Teil seines Geistes zog nach dem Hören dieser äußerst geheimen Lehren den Schluss, dass man selbst letztlich problemlos ohne Mitgefühl sein konnte, wenn es einem gerade so beliebte. Und er befürchtete sogar nun auch keinerlei negative spirituelle Konsequenzen mehr aus diesem Verhalten.

Man könnte meinen, dass es ab einem bestimmten Grad der Verwirklichung eines spirituellen Meisters keine Bedeutung mehr haben mag, welche geheime Motivation hinter seinem Handeln steht. Aber wie würden wir den besten Arzt aller Zeiten beurteilen, wenn wir erführen, dass er im Geheimen den Menschen, die sich von ihm vertrauensvoll behandeln ließen, nach Belieben mit seinem Wissen entweder schadete oder nützte?

Vermutlich würden wir uns mit Grausen von so einem Arzt abwenden und vielleicht sogar versuchen, ihn für alle Zeiten an der Ausübung seines Berufes zu hindern. Und wir würden lieber zu einem weniger fähigen Vertreter seines Standes gehen, bei dem wir aber sicher sein könnten, dass seine Motivation nur die wäre, uns nach besten Möglichkeiten zu helfen.

Warum sollte also bei einem spirituellen Meister die Motivation hinter seinem Handeln unwichtig sein?

Seifenblasen
wunderschön
schwebten vorüber:

Hast du sie geseh`n?

Am Anfang fiel diese geheime Änderung der tiefsten inneren Einstellung des Sonnengleichen in seiner Umgebung nicht auf, denn er war bis dahin als ethisch völlig unbefleckt und voller Mitgefühl erschienen. Und als er auf einmal gelegentlich in seinem Verhalten davon abzuweichen schien, konnte man diesem Anschein nicht wirklich glauben, sondern man suchte nach Erklärungen, die näher zu liegen schienen, wie z.B. diese:

Auch ein solcher Meister wie der Sonnengleiche hat manchmal Momente, wo es ihm vielleicht nicht immer so gut geht oder aber wo er ganz unabhängig von irgendwelchen Befindlichkeiten einfach aus seiner erleuchteten Erkenntnis heraus Dinge äußerlich scheinbar negativ hervorbringt, die aber letztlich positiv zu bewerten sind usw., usw... Welcher andere Mensch konnte denn überhaupt den hohen Grad der Verwirklichung des Meisters immer entsprechend verstehen und zuordnen? Niemand war ihm auch nur annähernd ebenbürtig und es hätte lächerlich und bösartig gewirkt, wenn man das, was im Geheimen ja wirklich passiert war, ernsthaft in Betracht gezogen hätte.

Doch es blieb trotzdem nicht aus, dass sich durch das veränderte Verhalten des Sonnengleichen immer wieder einmal Schüler enttäuscht von ihm abwendeten. Aber ein paar enttäuschte Schüler gab es ja bei jedem Meister und außerdem überwog der Strom der neu hinzukommenden Lernenden bei Weitem den Strom derjenigen, die den Meister verließen. Und so hätte es eigentlich ewig bleiben können, wenn nicht - ja, wenn nicht die äußerst geheimen Lehren wirklich nur für die Heiligen geschrieben worden wären, für jene Heiligen, deren Mitgefühl so groß ist, dass sie ihr ganzes Hab und Gut und sogar ihr Leben geben würden, wenn es nötig wäre, nur um ein einziges Wesen vor dem Leid des Daseinskreislaufs zu bewahren, bzw. um ein einziges Wesen zu dem heiligsten aller Pfade und damit auf den Weg zur inneren Befreiung zu bringen.

Der Meister war zwar wunderbar, aber durch winzige Makel noch kein wirklicher Heiliger, auch wenn er äußerlich genauso erschien.

Der Sonnengleiche wurde nun also durch diese geringe Veränderung seiner geistigen Einstellung langsam immer unberechenbarer und Menschen, die ihm vertrauten, konnten sich allmählich immer weniger sicher sein, ob er nicht schon im nächsten Moment sein bisheriges Verhalten ihnen gegenüber wieder ändern würde.

Heute noch schien man sein Freund zu sein, doch morgen ließ er einen u.U. einfach stehen und kümmerte sich nicht um Zusagen und Verabredungen. Später konnte er dann aber wieder herzensgut zu derselben Person sein. Niemand traute sich, ihn deshalb zur Rede zu stellen. Meistens hätte dies ohnehin keinen Sinn gemacht, denn der Sonnengleiche vergaß schnell das, was ihn nicht interessierte.

Kannst du dir vorstellen, wie das für diese Menschen war? Sie hatten endlich einen großen Meister gefunden, der sie lehren konnte, die geistige Befreiung zu erreichen. Aber das spirituelle Erwachen seiner Schüler interessierte ihn nicht mehr wirklich. Möchtest du so einem Wesen folgen?

Dank seiner großen Verwirklichung hatte der Meister die Gabe, die Herzen der Menschen, die ihm begegneten, zu öffnen. Dies geschah in einer Weise, dass sie schnell bereit waren, ihm alles, was ihnen lieb und wert war, zu überlassen, und sie gaben ihm gerne und unaufgefordert ihre Kraft und ihre Zeit, wenn der Meister dies zu benötigen schien.

Der Sonnengleiche nahm das als selbstverständlich hin und hinterfragte nicht die Schwierigkeiten, die die Menschen deshalb auf sich nahmen. Man ging ihm gegenüber leicht an die eigenen Grenzen und sogar noch darüber hinaus für ein Lächeln, einen Blick oder gar einen Händedruck des Meisters. Er jedoch spielte mit diesen Menschen wie ein Künstler mit seinen Marionetten.

**Seifenblasen
wunderschön
schwebten vorüber:
Hast du sie geseh`n?**

Aber irgendwann erschien es den Edlen des Universums, die die Herzen der Menschen ergründen können, dann doch an der Zeit zu sein, das Verhalten des Sonnengleichen zu korrigieren (schon um der Bewahrung der heiligen Lehren willen, die durch den Meister immer wieder ein wenig verfälscht wurden). Und deshalb sorgten die Edlen dafür, dass dem Sonnengleichen ein anderer großer

Meister begegnete, der das Potential hatte, ihm überlegen werden zu können und so seine Macht zu brechen.

Um die Geschichte der Begegnung der beiden großen Wesen besser verstehen zu können, müssen wir zunächst einige hundert Jahre zurückgehen. In dieser Zeit hatte ein anderer sehr großer spiritueller Meister gelebt, der überwiegend allein in den Bergen meditiert und der schließlich auch den Tod besiegt hatte. Er hatte aber gespürt, dass seine geistige Entwicklung trotz all der Fähigkeiten, die er in jenem Leben als Meister gehabt hatte, noch nicht abgeschlossen war, und er hatte deshalb nach Bedingungen gesucht, um innerlich noch weiter zu kommen. Dazu hatte er schließlich alles losgelassen, sogar die heilige Lehre, weil er nach dem inneren Nadelöhr gesucht hatte, durch das er offenbar gehen musste, das er aber nicht fand. Und so hatte er deshalb schließlich fast alle seine wunderbaren Fähigkeiten verloren und war ein Sucher in der Dunkelheit geworden.

Auch zur Zeit des Sonnengleichen verkörperte er sich wieder und diesmal schienen seine Wunschgebete erhört zu werden und er fand den Lehrer, um den er gebeten hatte. Der alte Meister war jetzt ein kleines Mädchen mit Namen Nyingce geworden und der Ruf des Sonnengleichen erschallte irgendwann auch in ihrem Lande. So blieb es nicht aus, dass Nyingce später als erwachsene Frau eine Schülerin des Meisters wurde.

Und weil Nyingce solch unvergleichliche Hingabe zum Meister entwickelte, verliebte der Meister sich in sie. Und weil der Meister so wunderbar war, verliebte auch Nyingce sich in ihren Lehrer. So wurden die beiden schließlich ein Paar, zumindest auf einer geistigen Ebene, denn Nyingce konnte ihrem Meister auch in einer körperlosen Sphäre als Frau begegnen.

Und da der Sonnengleiche ein großer spiritueller Meister war und da Nyingce ihre eigene spirituelle Geschichte aus der Vergangenheit ein wenig kannte, erhoffte sie sich durch diese Verbindung viel Nutzen für den Meister, sich selbst, die Lebewesen und für die heilige Lehre. Deshalb war sie auch grundsätzlich bereit, sich mit dem Sonnengleichen auch äußerlich zu verbinden, obwohl es viele Hindernisse zu geben schien und Nyingce deshalb Schwierigkeiten erwartete.

Seifenblasen
wunderschön
schwebten vorüber:

Hast du sie seh'n?

Nyingce hatte in diesem Leben als Frau schon manche geistigen Kontakte mit den Edlen des Universums gehabt und auf diese Weise kostbare Unterweisungen der heiligen Lehre empfangen. Dies galt unter den Weisen jener Zeit als Zeichen für eine hohe Offenheit und Reinheit des Geistes. Natürlich offenbarte Nyingce diese geheime Erfahrung ihrerseits schließlich ihrem geliebten Meister, woraufhin er die Lehren, die sie erhalten hatte, ohne Wissen seiner Schülerin auf äußerst geheimen Wegen schnellstmöglich überprüfte. Und er verschwieg ihr gegenüber auch, dass er dadurch Beweise erhalten hatte, dass Nyingces Worte stimmten.

Anders als Nyingce erhofft hatte, war diese Erkenntnis aber keinesfalls erfreulich für ihren Meister gewesen. Denn die Belehrungen, die sie erhalten hatte, waren viel kürzer und besser als die Belehrungen gewesen, die der Sonnengleiche in längst vergangenen Leben von den Edlen des Universums bekommen hatte.

Auch hatte der Lehrer herausgefunden, dass seine Schülerin wirklich einmal dieser alte Meister gewesen war, von dem man glaubte, dass er die allerhöchsten Ziele bereits verwirklicht hatte. Das letzte stimmte zwar nicht, aber trotzdem schien der alte Yogi dem Sonnengleichen mindestens ebenbürtig zu sein.

Der alte Meister wurde immer noch sehr geschätzt und eine Preisgabe von Nyingces Geheimnis hätte bei unendlich vielen Menschen höchstes Interesse geweckt und größte Verehrung für Nyingce zur Folge gehabt. Vielleicht wären sogar letztlich mehr Menschen Nyingce gefolgt als dem Sonnengleichen, denn es wäre schnell klar geworden, dass Nyingces Belehrungen, die sie von den Edlen erhalten hatte, klarer und einfacher waren als die des Sonnengleichen und dann hätte man vielleicht ein wenig mehr zu Nyingce aufgeschaut als zu ihm. Vielleicht hätte man sich auch ganz von ihm abgewendet und seine Schätze gering geachtet, denn es gab Bereiche in Nyingces Schätzen, die die Lehren des Sonnengleichen zu korrigieren schienen. Dieser Art waren zumindest die geheimsten Befürchtungen des Sonnengleichen und er fühlte sich immer mehr durch seine Schülerin bedroht.

Hätte der Sonnengleiche nicht diese winzige Trübung in seinem Geist gehabt, hätte er die Begegnung mit Nyingce als Chance sehen können, seine Grenzen zu erweitern. Aber er konnte diese wunderbare Möglichkeit nicht erkennen und nutzen, und so wurde aus dem Tanz zweier Liebenden verbunden mit dem Ringen um die letzten Wahrheiten der heiligen Lehre stattdessen von seiner Seite her sehr schnell ein mit tödlichem Ernst ausgetragener Kampf, bei dem es nur einen Überlebenden geben konnte.

Der Sonnengleiche kannte ja die allergeheimsten Lehren. Und angesichts der Gefahr, die ihm durch Nyingce zu drohen schien, hatte er nun keinerlei Skrupel mehr, selbst dieser fortgeschrittenen Schülerin gegenüber unethisch und ohne Mitgefühl zu handeln. Und so versuchte er nun, sie mit allen ihm zur Verfügung stehenden Mitteln, ja selbst mit Magie, an sich zu binden und möglichst unfähig zu halten und zu bekämpfen.

Hättest du gedacht, dass der Sonnengleiche so an seiner Macht hängen würde? Man möchte es nicht glauben. So war es aber und nun war der Meister auf diese Weise dabei, von einem erleuchteten Lehrer zu einem Dämon zu werden. Aus der heiligen Lehre, die er offiziell lehrte, wurde im Geheimen stattdessen schwarze Magie.

Seifenblasen
wunderschön
schwebten vorüber:
Hast du sie geseh`n?

Kann man sich überhaupt aus den Fesseln schwarzer Magie befreien, zumal wenn der Meister, der sie anwendet, so überaus mächtig ist wie der Sonnengleiche? Nyingce gelang dies schließlich. Sehen wir mal, wie es dazu kam:

Nyingce merkte sehr lange nichts von den Gedanken ihres Meisters und sie spürte auch nicht, dass seine Liebe zu ihr längst erloschen war und dass er sie stattdessen inzwischen als seinen schlimmsten Feind ansah; denn sein Verhalten ihr gegenüber änderte sich fast nicht und er folgte ihr weiterhin mit seinen Blicken, wo immer er ihr begegnete. Auch verhielt er sich ihr gegenüber weiterhin wie ein Geliebter auf einer geheimen Ebene, denn er hatte große Fähigkeiten, Menschen durch Erwecken von Begierde an sich zu binden und *auszusaugen und diese Eigenschaft erschien ihm im Umgang mit seiner Schülerin sehr nützlich.*

Nyingces Vertrauen und die Liebe zu ihrem Meister waren grenzenlos. Sie spürte, dass er sie und ihre Fähigkeiten immer wieder einmal prüfte und sie spürte auch, dass sie diese Prüfungen bestand. Das machte sie glücklich, denn sie glaubte, dass der Meister ihr als Konsequenz davon in ihrer spirituellen Entwicklung weiterhelfen wollte. Der Sonnengleiche hatte jedoch keinesfalls die Absicht gehabt, seine Schülerin zu unterstützen, sondern er wollte nur wissen, welche Fähigkeiten sie überhaupt hatte, damit er sie daraufhin besser bekämpfen konnte.

Nyingce akzeptierte ihren Meister so wie er war, selbst als sie merkte, dass er offenbar seine sexuelle Anziehung auf Frauen auch bei anderen Schülerinnen auf geheime Weise benutzte. Der Meister band diese Frauen an sich, indem er ihre diesbezüglichen Phantasien und Träume beeinflusste. Männer beeindruckte und band er dagegen insbesondere mit seiner reinen Energie, die wunderbare Wirkungen hervorrufen konnte.

Auch wendete der Sonnengleiche selbstverständlich magische Techniken an, um jeden Schüler, der ihm persönlich nutzen konnte, in seinen Bann zu bringen. Und - wollte sich einmal einer dieser Schüler von diesem Einfluss befreien- so scheute der Meister sich nicht, den Schüler wenn nötig mit all seiner Zauberkraft daran zu hindern. Meistens gelang es dem Sonnengleichen auch, sein Ziel zu erreichen, und die Menschen blieben wie in einem unsichtbaren Spinnennetz von ihm gefangen. Auch diejenigen, die ihm gefährlich werden konnten, bannte er mit Zauberei in seinem magischen Kreis und er freute sich, wenn er sie von sich abhängig und hilflos machen konnte.

**Seifenblasen
wunderschön
schwebten vorüber:
Hast du sie geseh`n?**

Der Sonnengleiche hatte auf einer letzten Ebene schon lange Zeit kein Mitgefühl mehr gehabt und schützte die Menschen, die sich ihm anvertrauten, nicht. Ja, er fühlte sich nicht einmal an die heiligsten Eide gebunden, die ihn mit einigen Schülern verbanden. Der Meister hatte dabei nicht das geringste Unrechtsbewusstsein, denn er glaubte ja, die allergeheimsten Lehren verstanden zu haben.

Diese Art des Meisters, die kein Mitgefühl kannte, kostete natürlich ihren Preis. Der Sonnengleiche musste nämlich im Laufe seiner Existenzen allmählich einen immer größer werdenden Teil seiner Kraft dafür aufwenden, um die Menschen zu beherrschen, die ihn umgaben. Aber da er sich ja schon auf einem Stand der geistigen Entwicklung befand, der stabil und fast nicht mehr zerstörbar war, erneuerte er seine Kraft auch täglich wieder aus dieser scheinbar unerschöpflichen Quelle.

Trotzdem war er durch diese geringe Trübung seines Geistes im Laufe seiner Leben als Meister langsam geistig etwas unflexibler geworden und er hatte sich auch irgendwann nicht mehr weiterentwickelt, was aber der Fall gewesen wäre, hätte er mehr Mitgefühl gehabt. Er erkannte jedoch nicht, dass dies ein innerer Stillstand war, sondern er glaubte sogar, dass seine Vollkommenheit nicht weiter zu übertreffen war, was ja erklärte, warum er sich nicht weiterentwickelte. Und außerdem kannte er niemanden, der ihm in seiner Verwirklichung gleich oder gar überlegen war.

So machte er auch durch diese falsche Ansicht wieder einen Fehler. Und während der vielen Existenzen, die er in diesem einerseits erwachten, andererseits aber auch leicht getrübten Geisteszustand verbrachte, begannen die schlingernden Nebel der Verwirrung sehr langsam das Licht in seinem Geist immer ein wenig mehr zu trüben.

Dieser innere Entwicklungsprozess war für seine Umgebung völlig unbemerkt verlaufen, denn niemand hatte die geistigen Hintergründe des Sonnengleichen durchschauen können. Aber die Edlen des Universums, deren Verwirklichung weit höher war, als die des Meisters, erkannten seine Fehler, die langfristig verheerend gewirkt hätten, denn die Menschen setzten selbstverständlich den Meister und die heilige Lehre gleich, was ja schon längst nicht mehr stimmte.

**Seifenblasen
wunderschön
schwebten vorüber:
Hast du sie geseh`n?**

Glaubst du, dass Nyingce den Meister besiegen konnte? Sie ahnte ja nichts von seiner Bosheit. Auch wusste sie nicht, weshalb die Edlen des Universums sie und den Meister zusammengebracht hatten.

Wie sah ihre spirituelle Praxis aus?

Sie konzentrierte sich in dem magischen Kreis ihres Meisters fast nur auf die gelehrten Anweisungen und die waren großartig gewesen. Und sie schöpfte auch viel Kraft und Vertrauen aus ihren Begegnungen mit dem Meister in der geistigen Sphäre. So vergingen einige Jahre und in dieser Zeit reifte die von Ihrem Meister im Geheimen gebundene und bekämpfte Nyingce spirituell heran und ihr Wissen und ihre Kräfte wuchsen sehr langsam aber stetig.

Warum machte Nyingce spirituelle Fortschritte, obwohl ihr Meister doch alles tat, um genau das zu verhindern? Das lag an der Motivation, mit der Nyingce praktizierte, die mit ganzem Herzen dem höchsten Wohl aller Wesen gewidmet war. Und wegen ihres grenzenlosen Mitgefühls für die Lebewesen und ihrer großen Hingabe zu ihrem Lehrer konnte sie diese gegen sie gerichtete Energie als Kräftetraining für ihre innere Weiterentwicklung nutzen.

Je mehr ihr Meister sie also wegen ihrer Fortschritte bekämpfte, desto stärker wurde sie nun und deshalb freute sie sich über seine Schikanen, denn sie dachte dabei auch: "Er ist ja mein Meister. Alles, was er mit mir macht, wird mir helfen, mich geistig weiterzuentwickeln." Und deshalb verneigte sie sich innerlich achtungsvoll vor den Stricken, die der Sonnengleiche ihr anlegte, und Nyingce half ihm sogar noch dabei, sie recht fest zu ziehen.

Obwohl die Beziehung zu ihrem Meister am Anfang derart war, dass auch eine äußere Bindung als Mann und Frau infrage zu kommen schien, spürte Nyingce langsam, dass diese Möglichkeit offenbar immer unwahrscheinlicher wurde, obwohl die Schülerin gar nicht recht verstand, warum dies so war. Doch andererseits war es so, dass immer, wenn Nyingce ihre Gedanken an eine gemeinsame Zukunft deshalb losließ, der Sonnengleiche augenblicklich die gegenteilige Sicht verstärkte, denn er konnte die Gedanken seiner Schülerin lesen und tat alles, um sie weiterhin an sich zu binden.

**Seifenblasen
wunderschön
schwebten vorüber:
Hast du sie geseh`n?**

Aber dann kam irgendwann doch der Tag, wo Nyingce spürte, dass der Meister ihr spirituell nicht mehr weiterhelfen konnte und wo sie dachte, dass sie ihn zumindest als Schülerin nun bald verlassen müsste, um noch weiter zu kommen. Nur ihre spirituelle Höherentwicklung war ja der ursprüngliche Grund dafür gewesen, diesen Meister überhaupt aufzusuchen. Der Verlauf der äußeren Beziehung war ihr dagegen anfangs als noch offen erschienen.

Sie sagte dem Sonnengleichen deshalb auf der geistigen Ebene, dass ihre Lehrzeit bei ihm nun wohl zu Ende sei. Sie würde deshalb fortgehen wollen, zumal eine Verbindung auf einer äußeren Ebene für ihn wohl doch nicht gewünscht wurde. Sie wusste, dass er jedes Wort verstand, das sie auf diese Weise an ihn richtete. Und gleich danach, noch ehe sich der Lehrer versah, begann seine Schülerin nun fast mühelos die Fesseln zu lösen, die der Meister ihr mit großer magischer Kraft angelegt hatte.

*Dies machte ihren Lehrer panisch vor Entsetzen, denn er erwartete nun, dass Nyingce ihn vernichten würde, weil **er** dies im umgekehrten Fall ja auch getan hätte. Nyingce aber erwartete nach dieser Selbstbefreiung nur, dass der Sonnengleiche sich über ihre Stärke nach all ihrer Praxis mit ihm freuen würde.*

Zu diesem Zeitpunkt begriff Nyingce die Absicht ihres Meisters noch nicht, die er ihr gegenüber all die Jahre gehabt hatte. Sie wunderte sich nur darüber, dass sie keinerlei Freude in seinen Augen sah.

**Seifenblasen
wunderschön
schwebten vorüber:
Hast du sie geseh`n?**

Und dann kam schließlich doch der Moment, wo Nyingce bezüglich der Motivation ihres Meisters aufwachte. Und das kam so:

Während einer Belehrung des Sonnengleichen vor einer großen Anzahl von Schülern erzählte der Meister blumenreich von einem äußerst wichtigen geistigen Schatz, den er in einem vergangenen Leben von den Edlen des Universums erhalten hatte, und Nyingce dachte dabei die ganze Zeit an einen ihrer eigenen Schätze, den sie ebenfalls von den Edlen des Universums erhalten hatte. Deshalb verstand sie den Schatz des Sonnengleichen fast augenblicklich. Danach begann sie sich zum ersten Mal während der weiteren Belehrung ihres Meisters zu langweilen und hörte kaum noch den Worten des Sonnengleichen zu.

Ihre Gedanken wurden fortgetragen und dabei kam sie zu dem Schluss, dass all das, was der Meister in äußerst komplizierten Sätzen erklärte, vereinfacht und besser in einem einzigen Satz gesagt werden konnte. Aber natürlich wollte sie dazu die Meinung ihres Lehrers hören. Dieser Wunsch wurde schließlich so dringend, dass sie in einem günstigen Moment laut und vor allen anwesenden Schülern diese Frage stellte.

Der Meister hatte schon längst die Gedanken der gelangweilten Nyingce gelesen und er fürchtete ihre Frage, da dadurch die geistige Größe seiner unterdrückten Schülerin hätte offenbar werden können. Deshalb hatte der Sonnengleiche diese Frage mit allen magischen Mitteln verhindern wollen, aber es war ihm offenbar nicht gelungen. Auch wollte er die Antwort keineswegs geben, aber er konnte sie schon deshalb nicht verweigern, weil so viele Schüler anwesend waren, die diese Frage gehört hatten.

Er kochte innerlich vor Wut, obwohl er sich äußerlich nichts anmerken ließ. Ob er wollte oder nicht: Er musste die Ansicht seiner Schülerin bestätigen, um nicht seine Glaubwürdigkeit als Lehrer vor den anderen Schülern zu verlieren.

Nyingce freute sich nach der Antwort ihres Lehrers zunächst nur darüber, dass sie mit ihrer Annahme offenbar Recht gehabt hatte. Und da sie in vergangenen Leben viel die heiligen Lehren praktiziert hatte und nun auch in diesem Leben gelernt hatte, selbst die widrigsten Umstände, die ja auch der Meister ihr bereitet hatte, als Hilfen auf ihrem spirituellen Weg zu erkennen und zu nutzen, und da sie auf ihrem inneren Weg inzwischen sehr viele Verdienste angesammelt hatte, verstand sie nun diese Antwort des Meisters auch gleich auf einer sehr tiefen Herzensebene und verwirklichte diese Erkenntnis im nächsten Moment. So kam sie schnell auf die gleiche Weisheitsstufe wie ihr Meister und konnte sofort auch seine Gedanken lesen.

Doch was sie da in seinem Geist las, erstaunte sie, denn statt sich über ihre spirituelle Entwicklung zu freuen, schien er sich im Gegenteil aufs Äußerste darüber zu ärgern, was sie zunächst nicht verstand.

**Seifenblasen
wunderschön
schwebten vorüber:
Hast du sie geseh`n?**

Erst als die Belehrung längst vorbei war, wurde Nyingce endlich klar, dass ihr Meister in der Vergangenheit schließlich alles versucht hatte, um seine Schülerin in ihrer spirituellen Weiterentwicklung zu hindern. Nyingce wusste durch ihre Verwirklichung nun auf einmal, dass der Meister in diesem Moment auch in ihrem Geist lesen konnte und dass er dort deshalb ebenfalls Nyingces Erkenntnisse über den Sonnengleichen sah. Und sie erkannte außerdem, dass er nichts bereute, sondern dass er stattdessen starr und wie mechanisch versuchte, sie weiterhin mit seinen magischen Kräften in ihren geistigen Fähigkeiten zu hindern.

Aber sie sah auch, dass er auf einmal keine Macht mehr über sie hatte und deshalb konnte Nyingce ihn und seinen magischen Kreis nun ohne Probleme verlassen. Auch die Edlen des Universums gaben ihr Kraft, sich von ihrem Meister zu trennen. Und es gelang ihr, diese Trennungs-Erfahrung ebenfalls in ihre spirituelle Praxis einzubringen.

Obwohl Nyingce nun sehr große Fortschritte in ihrer geistigen Entwicklung gemacht hatte, spürte sie aber auch, dass sie auf ihrem inneren Weg noch längst nicht das Ziel erreicht hatte, das sie einst als alter Yogi in einem anderen Leben angestrebt hatte. Und sie begann deshalb, nach neuen Lehrern zu suchen, die sie schließlich auch fand.

Der Sonnengleiche aber hatte sich durch seine bösartige Absicht sogar dieser fortgeschrittenen Schülerin gegenüber schließlich selbst in den Abgrund gerissen. Sein Fall begann langsam und war nicht mehr aufzuhalten. Zunächst begann dieser Prozess im Geheimen und später war er auch äußerlich zu erkennen.

Seine Zauberkräfte, mit denen er seine Schüler gebunden hatte, wurden schwächer und verließen ihn schließlich ganz. Seine geistige Klarsicht wurde immer geringer und seine Schülerzahl wurde immer kleiner. Geld floss immer spärlicher und schließlich wandten sich selbst die letzten Schüler von ihm ab und folgten anderen Lehrern.

Und dann verschwand der Meister irgendwann in der Bedeutungslosigkeit und die geistigen Schätze, die er von den Edlen erhalten hatte, mussten von anderen gelehrt werden, denn einige dieser Lehren waren weiterhin sehr hilfreich für die Lebewesen.

Der Sonnengleiche war aus dem anfangslosen Ozean des Seins aufgetaucht wie eine große starke Welle, doch da er sein Mitgefühl für die Wesen verloren hatte, fand man diese Welle schließlich nicht mehr.

Aber irgendwann, wenn sein Mitgefühl wieder erwacht sein wird und wenn es endlich groß genug sein wird, die geheimsten Lehren mit dem erleuchteten Herzen zu verstehen, wird er uns vielleicht einmal wiederbegegnen. Und dann wird er sein wie die Heiligen, ein Sucher nach der Befreiung vom Leid für alle Wesen, ein wahrhafter Meister eben.

**Seifenblasen
wunderschön
schwebten vorüber:
Hast du sie geseh`n?**

Blubb!...

Manche Beziehungen
zu anderen
Menschen

sind so,

als ob eine Biene
den Honig

aus einer
Blüte

saugt.

Gibt es keinen
Honig
mehr,

ist die Beziehung
zu

Ende.

Wie wäre
es,

wenn man
stattdessen

versuchen
würde,

mit den
anderen
wie ein Goldgräber

umzugehen?

Man könnte dann
vielleicht

über vieles
hinwegzusehen,

in dem Bewusstsein

dass sich das Wertvollste

noch zeigen
wird.

Bei Rinpoche GG lernte ich das Dzogchen kennen. Es hat als Besonderheit die drei inneren Tantras, die die Spitze der diesbezüglichen Belehrungen bilden. Der Traum, den ich Rinpoche DP einst erzählt hatte, deutete nach der Interpretation dieses Meisters ja daraufhin, dass ich die inneren Tantras praktizieren sollte.

Auch nach diesem Kontakt mit Rinpoche DP war ich wie schon zuvor auf der Suche nach weiterführenden Belehrungen gewesen. Ich hatte inzwischen aus den mir bekannten Schriften erfahren, dass ich offenbar schon die volle Erleuchtung erlangt haben musste, zumindest was die meditativen Resultate meiner Praxis betraf. Aber ich war keineswegs schon am Ziel gewesen. Das war sehr leicht festzustellen. Es musste doch noch weiterführende Praktiken geben. Wo waren sie? Und wie konnte ich sie schnellstmöglich erlernen?

Im Dzogchen hatte ich nun etwas Neues gefunden, das ebenfalls sehr gut funktionierte, wenn man die richtigen Einweihungen und Belehrungen erhalten hatte. Ich hielt mich nicht lange mit der Breite des Weges auf, sondern versuchte so schnell wie möglich die Spitze zu erklimmen. Und schließlich hatte ich dann auch die höchsten Belehrungen innerhalb des Dzogchens in sehr kurzer Zeit gemeistert. Aber von voller Erleuchtung war immer noch nichts bei mir zu spüren gewesen. Was war falsch gewesen? Was fehlte noch? Es musste doch noch irgendetwas geben, was mich dem gewünschten Ziel näher brachte. Und Siddhi, Wunderkräfte, hatte ich auch noch nicht.

Ich bat um einen Gesprächstermin bei Rinpoche GG. Wir waren auf Taiwan und ein mir bekannter Lama übersetzte. „Zuerst will ich mal über meine Praxis sprechen", begann ich das Gespräch. Und dann zeigte ich dem Rinpoche all die wesentlichen Erscheinungen, die ich in meinem Geist während der Praxis gehabt hatte. Wir waren angehalten worden, diese in Form von Zeichnungen zu dokumentieren. Sehr zügig war ich von den anfänglichen Erfahrungen der neuen Praxis zum Ende der möglichen Erscheinungen fortgeschritten. Dies wusste ich, weil wir zuvor ausführlich darüber belehrt worden waren.

Danach sagte ich: „So geht es mir auch sonst. Ich komme relativ schnell zu den höchsten Erfahrungen. Aber ich habe keine Siddhi. Was kann ich tun?" Der Rinpoche antwortete nicht. Vielleicht kannte er die Antwort auch nicht. Dann sagte ich zur Erklärung: „Kennen Sie Khenpo Tsültrim Gyamtso Rinpoche?" Er ist einer der höchsten Gelehrten der Kagyü-Linie und ein hoch verwirklichter Yogi. Er war ja auch der Lehrer von Lama FIW. „Ja", antwortete der Rinpoche, dem die Kagyü-Linie und deren Meister bestens vertraut waren, „den kenne ich!" „Er sagt, ich sei eine Tertönma (weibliche Form von Tertön, Schatzfinder) und einmal Milarepa gewesen." Sofort war die Situation klar. Rinpoche GG wunderte sich nicht mehr über meine Erfahrungen.

„Und dann", fuhr ich fort „möchte ich Sie auch noch um Unterstützung bei der Überwindung der Spaltung des Kagyü-Sanghas bitten."- „Was soll ich machen? Mich dazwischenwerfen?"-„Ich bitte sie trotzdem darum", antwortete ich. Kurz nach diesem Gespräch wurde Rinpoche GG sehr krank. Hatte er praktiziert, um das Leiden der Spaltung durch die Tonglen- Praxis auf sich zu nehmen? Dies ist ja fortgeschrittenen Praktizierenden manchmal möglich. Es gibt einige Geschichten darüber.

Es wurde täglich fragwürdiger, ob der Rinpoche das Retreat noch beenden konnte. Er brauchte dringend ärztliche Behandlung. Ich saß mit den wenigen Teilnehmern im Raum, während er sprach. Irgendjemand musste ihm doch helfen. Ich betete von ganzem Herzen zu den Buddhas: „Helft meinem Lehrer! Lasst es ihm wieder besser gehen!" Und auf einmal hatte ich das Gefühl, dass ich eine Energie von den Buddhas auf ihn richten konnte. Die Energie wurde stärker und ich konnte sie mit Kraft während seines Vortrags in seine Richtung lenken.

Um das folgende besser zu verstehen, muss ich ein wenig ausholen: Außer dem Rinpoche und dem Lama war noch ein Khenpo (ein Gelehrter im Dharma) anwesend. In den Retreat-Pausen waren die drei Geistlichen oft zusammen, abgesondert von den Teilnehmern des Meditationsrückzugs. Natürlich hatten sie sich gemeinsam über das ungewöhnliche Gespräch unterhalten, das ich mit dem Rinpoche geführt hatte. Vielleicht hatten sie sogar gemeinsam darüber nachgedacht, warum ich keine Siddhi hätte, ich, die ich eine Wiedergeburt von Milarepa sein sollte, einem Yogi, der vor Siddhi nur so gestrotzt hatte. Aber niemand von ihnen hatte darüber mit mir gesprochen.

Der Rinpoche hielt seinen Vortrag auf Tibetisch. Dieser wurde stückweise zuerst von einem Laien ins Chinesische und anschließend von dem mir bekannten Lama ins Englische übersetzt. Als ich dabei war, die Energie auf den Rinpoche zu richten, wurde gerade ins Chinesische übersetzt. Inzwischen hatte ich ein wenig Tibetisch gelernt und konnte manchmal ein paar Worte verstehen. In meine Aktion hinein sagte der Rinpoche auf einmal auf Tibetisch zu den beiden Geistlichen: „Aber die große Phowa kann Milarepa!" Woraufhin sich beide Angesprochenen augenblicklich zu mir umblickten und mich mit ängstlich aufgerissenen Augen ansahen.

„Aha", dachte ich nur. „Das, was ich hier gerade mache, ist offenbar die große Phowa." Niemand hatte sie mir beigebracht. Angeblich sollte das wohl einer der höchsten Siddhis ein, die man haben kann. „Na großartig. Die Blockade scheint sich ein wenig aufzulösen." Aber das war es dann auch schon. Keine weiteren Siddhi kamen hinzu. Wo lag das Problem und wie konnte ich es beseitigen?

Ziemlich von Anfang an hatte ich bei meinen buddhistischen Studien immer wieder einmal das Gefühl gehabt, dass irgendetwas inhaltlich gefehlt hatte, das ich beharrlich und manchmal verzweifelt gesucht hatte, aber es war mir verborgen geblieben. Als ich auch bei den Nyingmapas fertig war, hatte ich auf einmal die Idee, dass die fehlende Information vielleicht bei den Sakyapas liegen könnte. Von ihnen erzählte man sich, dass Praktizierende bis zum heutigen Tag immer wieder Siddhi gezeigt hätten. Wie kam ich an sie heran? Wo würde ich sie finden? Ich hatte keinerlei Kontakt zu ihnen.

Ich überlegte, welche von den Initiationen, die Milarepa damals bekommen hatte, mir jetzt in diesem Leben fehlten und vielleicht helfen könnten meine Blockade zu überwinden. Da war z.B. die Hevajra-Einweihung. Die hatte ich noch nicht erhalten. Also los! Im Internet danach suchen, und: oh, wie wunderbar! Es wurde eine solche bevorstehende Initiation angekündigt. Aber wo? In Berkeley. Das hörte sich englisch an. Oder war es in Amerika??? Ach, du meine Güte: Berkeley lag in der Nähe von San Francisco!!!! Ich hatte so viele Wunschgebete gemacht, um endlich weiterzukommen und um diese Einweihung zu erhalten. Und nun hatte ich sie gefunden: herzlichen Glückwunsch! Es geht nach Amerika!

Mir ging es zu dieser Zeit wieder einmal gesundheitlich sehr schlecht. In so einer Situation war ich doch gar nicht reisefähig, zumal ich mich wieder allein auf den Weg machen würde. Ich kannte einfach niemanden, der mich auf meinen diesbezüglichen Reisen hätte begleiten wollen oder können. Meine Tochter sagte zu mir: „Mama, andere Leute gehen in deiner Situation ins Krankenhaus. Du reist um die Welt!" Und mein Mann, der sich kaum noch um mich kümmerte und genervt war, weil ich einfach nicht aufhörte fast pausenlos krank zu sein und das, seitdem ich etwa 15 Jahre alt war, fragte mich besorgt: „Willst du übermorgen wirklich reisen?" Spätestens seit dieser Bemerkung wusste ich, dass es derzeit nicht so gut um mich stand.

Ja, eigentlich war es ein wenig leichtfertig, jetzt nach Amerika zu fliegen. Aber ich hatte eine gute Auslands-Krankenversicherung und die USA hatte ein kompetentes Gesundheitssystem. Ich nahm für etwa 200 Euros ein seltenes Antibiotikum mit, da ich zahlreiche Allergien hatte und nicht das Risiko eingehen wollte, dass ich von den Ärzten vor Ort ein falsches Mittel bekommen würde. Außerdem deckte ich mich mit reichlich homöopathischen Medikamenten ein.

Wenn ich das Ganze einmal von Seiten der Dharma-Praxis aus betrachtete und darüber meditierte, war diese Verschlechterung meines gesundheitlichen Befindens wohl ein aufkommendes Hindernis, wie ich es bei meiner tantrischen Praxis des Öfteren erlebt hatte. Offenbar war ich also innerlich auf dem richtigen Weg. Wenn ich jetzt aufgab, dann wäre diese Chance vertan und würde vielleicht niemals in diesem Leben wiederkommen. Ich hatte einen der wenigen abgezählten Plätze bei der Einweihung bekommen und so eine weite Reise zu dieser Initiation war ja auch wie eine Pilgerreise, sehr verdienstvoll und brachte gutes Karma als Folge mit sich. Das würde insbesondere Hindernisse bei meiner zukünftigen Dharma-Praxis abbauen und genau das brauchte ich ja. Also: aufgerafft und losgeflogen!

Ich kam nach langem Flug am Nachmittag in San Francisco an. Bei uns war es zu dieser Zeit schon weit nach Mitternacht. Die Sonne schien, es war fast sommerlich warm. Ich setzte mich in ein Straßencafé und bestellte mir etwas zu essen. Ich kam mit meinen Tischnachbarn ins Gespräch. Die Atmosphäre war heiter. Ich übernachtete in einem Hotel in China-Town, sah mir am nächsten Tag die Stadt ein wenig an und fuhr dann mit einem gemieteten Wagen über den Highway nach Berkeley. Meine gesundheitliche Verschlechterung war wie weggeblasen, ganz ohne medizinische Versorgung, und das blieb auch während des mehrtägigen Aufenthaltes dort so. Wie gut, dass ich geflogen war!!

Ich erhielt die Einweihung und war unter den wenigen sehr freundlichen Teilnehmern eine kleine Sensation. Was, ich war extra von Deutschland hierhergekommen?? Und ich hatte vorher noch gar keinen Kontakt zu den Sakyapas gehabt?? Natürlich wurde mir ein Interview-Termin mit Jetsün Kushok Chimey Luding, der Schwester des obersten Linienhalters Sakya Trizin angeboten, die die Initiation gab. Diese Möglichkeit nahm ich gerne an.

Als ich zu ihr kam, liefen im Hintergrund noch einige der Teilnehmer, die die Organisation der Veranstaltung übernommen hatten, im Zimmer umher. Zu gerne hätten sie wohl gewusst, was ich zu besprechen hatte. Aber ich wartete geduldig, bis sie gegangen waren. Offenbar war die Meisterin vorinformiert worden. Ich käme aus Deutschland? Oh, wieso denn? Dort geben wir diese Initiation recht häufig...

Nun kam ich relativ schnell zur Sache: ich sei wohl einmal Milarepa gewesen, hätte aber keine Siddhi. Wer? Milarepa. Wer?? Milarepa. Sie verstand überhaupt nicht, schien den großen Yogi Tibets nicht zu kennen. Ja, was hieß das denn auch? Milarepa war lange tot. Er war genauso eine Illusion meines Geistes, wie alles andere auch. Sie hatte recht: Es war vollkommen unbedeutend, wer ich einmal gewesen war. Jetzt saß ich hier und konnte nichts. Das war es, was zählte. Ich bedankte mich für die Unterweisung und ging. Was für eine Belehrung! Wie wunderbar! Dafür hatte sich die weite Reise gelohnt. Aber mein Problem bestand nach wie vor, leider.

So viele
Stufen
stieg ich nun schon
Richtung
Erleuchtung
empor.

Unendlich viele
wunderbare
meditative Zustände

habe ich
erfahren.

Die Natur
meines Geistes

habe ich erkannt,
spätestens
seitdem mein Lehrer
sie mir aufgezeigt
hat.

Jeden Tag wieder
mühe ich mich
mit meiner
ganzen
Kraft,

auf diesem Weg
nun endlich
einmal

ans Ziel
zu gelangen.

Ich denke,
es könnte vielleicht sein,
wie wenn man oben
auf einem Turm ist

und in die Ferne
schaut.

Aber immer
wenn ich einen
wunderbaren

Moment
erlebte,

spürte ich,
dass er wieder
nur

eine weitere
Stufe

auf dem Weg
war.

Wüsste ich nicht tief
in meinem
Herzen,

dass der Buddha
das Resultat

der vollkommenen

Erleuchtung
wirklich
erlangt
hat,

würde ich womöglich
glauben,

dass dieses Ziel

nicht
zu erreichen
ist.

Mein Geist-Terma entwickelte sich über viele Jahre. Nach der ersten deutlichen Vision kamen im Laufe der Jahre Details hinzu, die schließlich immer klarer machten, in welchem Zusammenhang das Ganze stand. Ich will hier einmal einen Text von Milarepa, den ich samt Überschrift irgendwann in einem Buch fand, als Basis dafür nehmen, den Terma ein wenig umfangreicher zu erklären:

Die vortreffliche Beschreibung des Mittleren Weges

(Vajra-Gesang der Verwirklichung vom höchsten Yogi Milarepa)

Vom Standpunkt
der natürlichen
Wahrheit aus gesehen
gibt es keine
hindernden Geister,
nicht einmal Buddhas,
keine Meditierenden
und nichts,
worüber meditiert
werden könnte,

keine Pfade
oder Stufen,
auf denen wir uns
fortbewegen,
keine Anzeichen,
keine Stufen der Verwirklichung
oder Weisheiten.

Deshalb
gibt es auch kein
Nirwana-
nur Kennzeichnungen,
die für Namen
und Meinungen

stehen.

Alles Leben und die Dinge-
die drei Bereiche,

sind ungeboren,
nicht existent,

keine Grundlagen,
um sich abzustützen-
auch simultan erscheint nichts.

Es gibt kein
karmisches Handeln,
kein Reifen-
sogar das Wort
"Samsara"
gibt es nicht.

So
sieht es
letztendlich
aus.

Oh, wenn es nun keine
Lebewesen gibt,
woher
stammen die Buddhas
der drei Zeiten?

Und Verwirklichung
ohne
Ursache-
unmöglich
sich vorzustellen!

So
bildet der Standpunkt
der konventionellen
Wahrheit
weiter
das "Rad von Samsara"
und
"Nirwana- jenseits von Schmerz".

Sie existieren doch,
so
lehrt es der große Weise.

Was nun als Ding
zu existieren
scheint
und auch nicht,

als nur
leere

Wahrheit,

ist untrennbar-
ein Geschmack.

Deshalb gibt es
weder
Selbst-Gewahrsein
noch
etwas Anderes.

Dies alles ist eins, weit und räumlich.

Und jene,

welche dies
verwirklichen können,
nehmen
keine
Bewusstheit
wahr,

nur
pure
Weisheit,

keine Lebewesen,
nur Buddhas.

Sie nehmen
keine
Phänomene
wahr,
sondern
erkennen
ihre Essenz.

Und aus diesem Mitgefühl
entsteht
die Beibehaltung,
die Kräfte
und die Furchtlosigkeit.

Alle Qualitäten,
die ein Buddha
verkörpert,
manifestieren sich
als wunscherfüllendes
Juwel.

Dies habe ich, der Yogi,
verwirklicht.

Hier wird eine geistige Schau beschrieben, die weit jenseits einer normalen Alltags-Erfahrung liegt. Immer wieder berichten hoch verwirklichte Yogis und Yoginis von ähnlichen Wahrnehmungen. Allerdings gibt es unterschiedliche Darstellungen dessen, was erlebt werden kann und es gibt auch innerhalb dieses Spektrums keinen Wegweiser. Der Terma schafft hier Abhilfe, ordnet zu, und auf einmal erscheinen selbst verschiedenste Darstellungen richtig zu sein und Sinn zu machen.

Als Beispiel für diese Klarstellung will ich einen Elefanten nennen. Stellen wir uns mal vor, dass er sich in einem vollkommen dunklen Raum befindet. Nun gehen nacheinander Mutige hinein und versuchen durch Abtasten das Wesen, das sich dort befindet, zu ergründen.

Der erste erspürt ein Bein. Er kommt zu den anderen heraus, die die Tür zu dem Raum nicht öffnen können, weil sie noch zu schwach dazu sind. „Was hast du bemerkt?", fragen sie ihn neugierig. Er antwortet: „ich kann definitiv sagen, dass das Wesen wie eine Säule ist."

Nun geht ein anderer hinein. Er ertastet den Rüssel. Als er heraus kommt, sagt er: „Es ist wie eine Schlange." Der nächste ertastet den Rumpf. „Es ist wie eine Tonne." ist seine Erkenntnis. Nun kommt ein anderer heraus, der einen Stoßzahn gefühlt hat. Er sagt, dass es wie ein Stock sei. Der, der ein Ohr anfasst, sagt, dass das Wesen wie Papier sei. Und derjenige, der den Schwanz angefasst hat, meint, dass es wie ein Seil sei.

Erst, wenn jemand kommt, der sagt, es sei ein Elefant, sieht man, dass alle Recht gehabt hatten. Das Problem war nur, dass sie dachten, es gäbe keine Erkenntnisse, die höherwertiger wären, als ihre eigenen.

Ähnlich geht es offenbar immer wieder in den unterschiedlichen buddhistischen Schulen zu. Alle beziehen sich auf die vom Buddha gegebene Lehre und alle haben Recht, denn genau das hat er gesagt. Bei den Sutras (Lehrreden des Buddha) wird zum Glück angegeben, wer gefragt hat. Das macht schon klar, dass die Antworten oft ganz speziell auf den Frager abgestimmt gewesen waren. Darüber hinaus hat der Buddha aber auch allgemeingültigere Aussagen gemacht, die sich an eine Gruppe von Leuten richteten. Dies nennt man das Drehen eines Rades. Es gibt unterschiedliche Ansichten darüber, wie viele Räder der Buddha gedreht hat. Da er ca. fünfzig Jahre lang nach seiner vollen Erleuchtung Belehrungen gegeben hat, ist das kein Wunder.

Manchmal hat der Buddha auf diese Weise völlig gegensätzliche Aussagen gemacht. Und dann gab es auch mal eine Belehrung, die unterschiedliche Inhalte zusammenzufassen schienen, aber dann auch wieder eine Aussage, die die Zusammenfassung aufhob, usw.

Nun kann man natürlich sagen, so wie es einige buddhistische Meister auch machen, dass die Unterweisungen Buddhas ähnlich wie in einer Dorfschule alten Stils gegeben wurden, in welcher es nur wenige Schüler gab und wo in einem Raum Lernende unterschiedlicher Schulklassen saßen. Die einen mussten z.B. erst mal das Alphabet üben, während die anderen schon kleine Texte lesen und schreiben konnten. Wieder andere konnten und mussten ganze Bücher lesen. Der Lehrer war im gleichen Raum, alle hörten ihn, aber wenn er konkret von einem Schüler oder einer Gruppe von Schülern gefragt wurde, dann antwortete er entsprechend ihrer unterschiedlichen geistigen Entwicklung.

Das Beispiel greift aber nur teilweise, denn in einer Schule baut üblicherweise das Wissen der höheren Klassen auf dem der niedrigeren Schulklassen auf und es werden in der Regel keine sich grundsätzlich widersprechende Aussagen vom Lehrer gemacht. Beim Buddha hingegen war es so. Aber auch so eine Art der Belehrung kennen wir aus unserem Alltag. Wenn ein informierter Mensch z.B. gefragt würde, wie man sich auf der Straße verhalten soll, dann wird man von ihm auf die gleiche Frage unterschiedliche Antworten erhalten, da sie vom Fragesteller abhängt. Die Frage lautet also: „Wie soll ich mich auf der Straße verhalten?"

Zu einem zweijährigen Kind sagt er: „Du darfst die Straße überhaupt nicht betreten. Und falls es doch einmal nötig sein sollte, dann darfst du es nur an der Hand eines Erwachsenen tun."

Ein Erstklässler erhält die Antwort: „Wenn du zur Schule gehst, musst du an manchen Stellen die Straßen überqueren. Aber gehe möglichst nur dort, wo Ampeln oder Zebrastreifen sind. Schaue dann in beide Straßenrichtungen und gehe erst hinüber, wenn keine Autos zu sehen sind bzw. wenn sie anhalten.

Ein Achtzehnjähriger, der im Besitz des Führerscheins ist und Autofahren will, hört: „Du kannst die Straße benutzen. Achte aber darauf, dass du niemanden schädigst und halte dich an die Verkehrsregeln."

Und dem Fahrer eines Rettungsfahrzeugs sagt er: „Du kennst die Regeln. Wenn du aber jemanden fährst, dessen Leben du retten musst, bist du verpflichtet, notfalls alle diese Regeln zu brechen. Natürlich musst du aufpassen, dass du niemanden durch deine Verhaltensweise schädigst."

Nun gibt es aber noch eine weitere Dimension im Dharma: die Transzendenz. Der Buddha hatte mehrere Ebenen des Lehrens. Er sah aus wie ein Mensch, wenn er auch einige besondere Körpermerkmale hatte, so wie es von den voll erleuchteten Buddhas allgemein prophezeit wurde, die in die Welt kommen, nachdem die Lehre des vorigen Buddhas vollständig verschwunden ist. Außerdem hatte Siddharta Gautama eine Lichtaura von ein bis zwei Metern um sich, er leuchtete also wirklich. Der Bhagawan wird üblicherweise mit einer besonderen Kopfform dargestellt. Sie sieht so aus, als hätte er eine Frisur mit einem auf dem Kopf befindlichen kappenähnlichen Haaraufbau. Und obendrauf ist oft noch mal eine weitere Wölbung, die manchmal auch als goldene Kugel oder als Flamme dargestellt wird.

Nehmen wir einmal an, dass diese kappenartige Erhebung keine aufgetürmte Frisur war, sondern eine Auswölbung des Schädels, die deshalb natürlich auch von Haaren bedeckt war. Das würde gut zu meinem Terma passen, denn der geht davon aus, dass über unserem Kopf noch zwei weitere Energiezentren, auch Chakras genannt, bestehen. Wir haben sie auch und können sie durch hochkarätige Meditationen aktivieren. Beim Buddha war das untere dieser beiden Chakras anders als bei uns innerhalb seines Körpers, nämlich innerhalb der oben auf dem Kopf befindlichen Auswölbung (Ushnisha genannt). Die Kugel oder Flamme über dem Kopf symbolisiert das zweite Chakra des voll Erleuchteten. Es ist oberhalb auch seines physischen Körpers. Hier beginnt der außerhalb des Körpers befindliche Teil der Ushnisha des Buddha.

Es gibt eine Geschichte, wo ein hoch verwirklichter Schüler Buddha Shakyamunis (ich glaube es war Ananda) mit Hilfe seiner Wunderkräfte versuchte, die Ausmaße der Ushnisha seines Meisters zu ermessen, aber es gelang ihm nicht. Selbst das ganze Universum war kleiner. Das obere Ushnisha-

Chakra ist also nicht ohne weiteres lokalisierbar. Wenn es aktiviert ist, werden zumindest uns bekannte Grenzen von Raum gesprengt.

Vielleicht ist es mit dem Wissen um diese beiden Chakras vorstellbar, dass der Buddha die Fähigkeit hatte, nicht nur das ganze Universum mit all seinen Teilen aus unmittelbarer Erkenntnis heraus zu erfahren, sondern er konnte u.a. auch noch Erscheinungen von sich aussenden, die dann an manchmal weit entfernt gelegenen Orten Schülern erschienen sind und sie so belehrten. So wird es jedenfalls berichtet. Der Tathagata (der in die letzte Realität (Soheit) Gegangene) soll dabei auch in Form von Meditationsgottheiten erschienen sein, die bei der Dharma-Praxis Impulse und Anleitungen für tantrische Praktiken geben können.

Die Arbeit mit Meditationsgottheiten ist eher eine Praxis für Fortgeschrittene, für Krankenwagenfahrer, um bei dem oben gegebenen Beispiel zu bleiben. Die Zweijährigen würden dadurch überfordert werden. Andererseits würde den Krankenwagenfahrern die Möglichkeit, ihrer Tätigkeit nachzugehen, vorenthalten werden, wenn sie nur Belehrungen für Zweijährige erhalten würden.

Heutzutage wollen natürlich die meisten Leute, die bei uns mit dem Dharma in Kontakt kommen, schon aus Prestige-Gründen zur Gruppe der Krankenwagenfahrer zählen, denn wer will schon als Anfänger gelten? Wer zum Buddhismus kommt, begegnet schnell dem tibetischen Buddhismus, einem Buddhismus für Fortgeschrittene. Da füllen große Meister wie z.B. der Dalai Lama und der Karmapa selbst mit schwierigen Belehrungen große Säle und riesige Arenen.

Wenn wir uns vom Buddhismus angesprochen fühlen, es ist aber wichtig, sich nichts vorzumachen, was unsere spirituelle Ausgangsbasis betrifft. Wir mögen nämlich z.T. abgeschlossene Hochschulstudien haben und intellektuell fähig sein, selbst höchste Dharma-Belehrungen zu verstehen. Aber wenn es dann ans Meditieren geht, können wir vielleicht nicht mal die Konzentration aufbringen, unabgelenkt 10 Minuten täglich Atem-Meditationen zu machen. Manch einfacher asiatischer Mönch, der vielleicht gerade mal lesen und schreiben kann, aber voller Hingabe und Vertrauen zum Dharma ist, kann da mühelos an uns vorbeiziehen.

Meditation ist eben eine Fähigkeit des Geistes, die mit Intellekt nicht unbedingt etwas zu tun hat. Sie ist eine bei den meisten westlichen Menschen vollkommen unbekannte und deshalb untrainierte Fähigkeit, die uns aber, sollten wir sie beherrschen, weit über den intellektuell erfassbaren Horizont unseres Geistes hinaus führen kann, wenn wir nur lange und beharrlich genug trainieren. Meditation nur zu verstehen, reicht nicht aus. Man muss sie auch üben.

Es gibt in diesem Zusammenhang eine Geschichte von Milarepa, der einen wunderbaren hochgelehrten und begabten Schüler mit Namen Gampopa hatte. Als dessen Lehrzeit zu Ende war, teilte ihm Milarepa dies mit. Die beiden Meister verabschiedeten sich also schließlich voneinander und Milarepa sah seinem sich entfernenden Schüler noch lange nach. Währenddessen überlegte der Lehrer die ganze Zeit, ob er Gampopa wirklich alles gezeigt hatte, was er ihm hatte zeigen können. Ja, der Schüler hatte alles erfahren. Doch nein! Etwas hatte Milarepa ihm noch nicht gesagt! Das musste er nun schnellstens noch nachholen!

Also rief er seinem kaum noch in der Ferne erkennbaren Schüler hinterher: „Gampopa, Gampopa, komm zurück! Das Wichtigste habe ich dir noch nicht gesagt!" Natürlich beeilte sich der Schüler daraufhin, wieder zu seinem Lehrer zurückzukommen, denn es fehlte offenbar noch eine elementare Belehrung. Und als Gampopa wieder da war, hob Milarepa sein Gewand und zeigte dem Schüler den nackten Allerwertesten, der vom vielen Meditieren voller Schwielen war. Auf diese Schwielen zeigte der Meister und sagte: „**Das** ist das Wichtigste, mein Sohn!"

Wer also nicht so lange meditiert, bis er Schwielen am Gesäß hat, der kann keine guten Resultate erwarten. Auch wenn wir heute im Gegensatz zu damals meistens gut gepolsterte Kissen haben, auf die wir uns setzen können, so ist der Sinn doch der gleiche geblieben. Wenn wir beharrlich bleiben, dann können wir im besten Fall Quantensprünge unserer geistigen Entwicklung machen, unseren Sterbeprozess günstig beeinflussen und zukünftige Daseinsformen in folgenden Leben bewusst gestalten. Wie gesagt: wenn wir beharrlich bleiben…

Natürlich ist diese Art der meisterlichen Meditation nicht an einem Wochenende zu erlernen, selbst wenn wir hoch motiviert und intellektuelle Genies sind. Wir brauchen Jahre, vielleicht sogar Jahrzehnte dazu und manchmal reicht ein Leben dafür noch nicht aus. Aber auch wenn wir zu diesen Höhen nicht kommen können, weil es eben so lange dauert, bis sich diesbezügliche Erfolge einstellen können, heißt das aber nicht, dass wir bis dahin nichts erreichen können. Wir lernen z.B. uns besser zu konzentrieren, wir lernen, unseren Geist besser zu kontrollieren usw. Meditation ist aber nur ein Aspekt der Dharma-Praxis, allerdings ein sehr wichtiger.

Der Dharma ist insgesamt sehr komplex. Nicht ohne Grund lernen interessierte Mönche und Nonnen in Ländern, in denen der Buddhismus schon Jahrhunderte lang praktiziert wird, meist über viele Jahre die theoretischen Hintergründe der Lehre kennen, bevor sie sich fähig fühlen, tiefgründigere Meditationen zu beginnen. Diese Ausbildung fehlt den westlichen Menschen oft, sie haben meist nicht annähernd richtige Vorstellungen von der buddhistischen Lehre und Praxis.

Wenn man den Dharma nämlich nur von außen ansieht und bewertet ohne Lehrer zu haben, die sich auskennen, und ohne ihn anzuwenden (vielleicht aus einem allgemeinen philosophischen Interesse heraus), dann können Missverständnisse entstehen, die u.U. schwerwiegend sind.

Ich nehme mal das Beispiel eines Urwaldmenschen, der zufällig einen Film über eine Operation am offenen Körper sieht. Wie soll er das in seinem Erfahrungsschatz interpretieren? Er wird vermutlich denken, dass der aufgeschnittene Mensch gerade von einer Gruppe von Mördern grausam zugerichtet wird. Vielleicht wird er sich sogar aufmachen, die Operateure zu finden und zu bestrafen. Und falls ihm das gelingt, wird er vermutlich auch noch das Gefühl haben, eine gute Tat getan zu haben. Sollte die Aktion noch während der Operation stattfinden, könnte es sein, dass dieser Urwaldmensch in bester Absicht zu helfen, als Ergebnis das Leben des Patienten gefährdet oder sogar vernichtet.

Im praktizierten Buddhismus geht es dem Ego an den Kragen. Das kann manchmal wehtun. Die gute Nachricht: es gibt etwas Besseres, nämlich unsere eigene Buddha-Natur. Manche mögen sie auch als das Göttliche in uns bezeichnen. Wenn dieses innere Potential entfaltet wird, dann werden wir eine Dimension unserer Existenz erleben können, die letztlich alles Vorstellbare sprengt und zwar vielleicht noch in diesem Leben. Das Auffinden unserer eigenen Buddha-Natur kann ein sehr lohnenswertes Ziel sein. Aber um fähig zu sein, sich diesbezüglich geistig weiter zu entfalten, brauchen wir vor allem Mitgefühl mit anderen, denn sonst kann das Ganze zum bloßen Ego-Trip werden. Wenn wir unser Herz für andere öffnen, seien sie uns nah oder fern, egal, ob wir sie mögen oder nicht, dann können wir damit die Basis für unsere innere Weiterentwicklung schaffen.

Mein Terma stellt einen Zusammenhang dar zwischen den unterschiedlichen Erfahrungen auf dem spirituellen Weg. Er lässt den Elefanten erahnen, der die Einzel-Erlebnisse auf dem Pfad zur Erleuchtung zusammenfassen kann. Die Erfahrung Milarepas, so wie sie in seiner Beschreibung des mittleren Weges ausgedrückt wird, ist ein sehr wichtiger Teil davon. Der ganze Elefant ist sie jedoch nicht.

Der Komiker
starb Sonntagabend
in einer Luxusklinik
in der Schweiz.

Viele hatten ihn gern
gesehen.
Eigentlich
kann man sagen,
dass er
weltweit
bekannt
und geschätzt
worden war.

Die englische
Königin
hatte ihn
sogar

geadelt.

Er war auch
in der einen
oder anderen
Organisation tätig

gewesen.
Ein Tausendsassa
eben.

Aber leider
hatte er vergessen
 - vielleicht hatte er
auch gar nichts
über diese Möglichkeit
gewusst-

sich
mit der Situation
und der Weiterentwicklung
seines Geistes
zu beschäftigen.

Deshalb war er
irgendwie
im Laufe seines Lebens
innerlich
immer härter

geworden,
und
bösartiger

(auch wenn
Außenstehende
davon
nichts
erfuhren).

Mehrere Ehefrauen
hatte er
gehabt
(meist

Prominenz).

Jetzt standen sie gemeinsam
an seinem
Grab
und weinten
(oder
sie taten
zumindest
so).
Die Presse
war auch
geladen.

Im Fernsehen
wurden nun wieder
verstärkt
die Stücke
gezeigt,
in denen er
mitgewirkt
und sein Publikum
damit
bestens
unterhalten
hatte.

Nur er
selbst
hatte leider
nichts mehr
davon.

Sein Leben
ging
anders
weiter

(denn Leben hört ja nie
auf).

Die Umstände,
unter denen er
weiterlebte,
will ich hier lieber
unerwähnt lassen,

wegen der
Pietät.

In meinem Terma gibt es den von Milarepa beschriebenen Zustand als Erfahrung innerhalb des Bewusstseins des Klaren Lichts, jenes erleuchteten Potentials in unserem Geist, das wir alle grundsätzlich erschließen können. Gelangt man mit Hilfe der Meditation dorthin, dann erlebt man einen außergewöhnlichen Zustand, den man kaum beschreiben kann, weil diese Erfahrung so ganz anders ist, als unsere Alltagswahrnehmung.

Manchmal denke ich, dass Menschen, die Drogen nehmen, auf der Suche nach eben diesen Erfahrungen sind. Leider haben sie meist weder das dafür benötigte Mitgefühl mit anderen noch die dazu erforderliche Konzentrationskraft des Geistes. So werden sie möglicherweise von allerlei außergewöhnlichen Erfahrungen in Bann gehalten, die durch die Droge fremdgesteuert und nicht durch denjenigen beeinflussbar sind, der die Droge nimmt. Der Geist dieser Menschen wird ein wenig durcheinandergewirbelt mit Erlebnissen, die es schwierig machen können, mit den Alltagserfahrungen in Einklang gebracht zu werden.

Die Erfahrung von der Milarepa spricht als Quantensprung der weiteren geistige Entwicklung kann dagegen selbstgesteuert und in großer Klarheit und Sicherheit erlebt werden, wenn man nur lange und intensiv genug praktiziert. Dieser Zustand kann sehr tiefe und stabile Erfahrungen von Glückseligkeit erzeugen. Das Alltagsbewusstsein wird transformiert. Man erlebt eine grenzenlose geistige Weite und Stärke, manchmal verbunden mit besonderen Fähigkeiten, die aus dieser Erfahrung erwachsen können. In dieser geistigen Verfassung erscheint einem alles möglich. Man kann glauben, am Ziel der vollen Erleuchtung angekommen zu sein. Man meint irgendwann, nie wieder aus diesem Zustand herausfallen zu können, insbesondere wenn man in der Lage ist, dieses Niveau schließlich ununterbrochen zu halten.

Es gibt im Innern des menschlichen Körpers einen feinstofflichen Kanal, den man Zentralkanal nennt. Er steht in keinem medizinischen Lehrbuch, ist aber beim Meditieren wahrnehmbar, wenn man nur weit genug in seiner Praxis fortgeschritten ist. Der Zentralkanal befindet sich im Köperinnern fast unmittelbar vor der Wirbelsäule. Im Schlaf und im Sterbeprozess zieht sich die feinstoffliche Energie des Körpers in den Zentralkanal zurück. Diesen Zustand und die damit verbundenen Erscheinungen können wir auch bewusst erleben, sofern unser Geist entsprechend trainiert wurde.

Manche Nahtoderlebnisse, wo ein Licht am Ende eines Tunnels gesehen wird, könnten vielleicht mit dem Eintreten des Bewusstseins in den Zentralkanal erklärt werden und das Licht könnte der sogenannten „weißen Erscheinung" entsprechen. Dies ist aber noch nicht die letzte Wahrnehmung beim Durchlaufen des Zentralkanals. Wenn man wirklich stirbt, geht es noch weiter.

Falls es einem gelingt, durch intensive und langjährige meditative Praxis bewusst und zu jeder gewünschten Zeit schließlich geistig in den Zentralkanal einzutreten und alle damit verbundenen Erfahrungen willentlich zu erleben, dann kann man schließlich den Zentralkanal irgendwann auch bewusst nach oben durch die Scheitelöffnung verlassen (wobei der Kanal eigentlich dort gar nicht endet) und gelangt dann schließlich zu einem Erlebnis von Raum. Manche Meister bezeichnen dies auch als die Erfahrung der Leerheit, jener geistigen Schau, die sich einstellen kann, wenn man durch entsprechend lange und intensive geistige Schulung den Begriff der Leerheit vollkommen verstanden hat. Dies ist aber nach meinem Geist-Terma nicht vollkommen korrekt.

Zunächst einmal möchte ich deshalb nun die geistige Schau der Leerheit ansprechen, wie sie üblicherweise verstanden wird. Zu ihr kann man durch folgende Gedankengänge kommen, die zunächst ganz banal erscheinen mögen:

Man erkennt, dass die Dinge abhängig bestehen: 1) Wirkungen sind von Ursachen abhängig, 2) Phänomene bestehen nur in Abhängigkeit von ihren

Teilen und 3) Phänomene sind abhängig von der Benennungsgrundlage durch sprachliche und gedankliche Begriffe.

Diese Leerheit ist eine Negation. Der Verstand, der sich lange und intensiv genug mit dieser Leerheit beschäftigt (meist braucht man viel Zeit dazu), wird irgendwann einfach ausgehebelt und streikt. Denn so einfach diese Aussagen auch erscheinen, sie stehen dem, wie wir die Welt üblicherweise gefühlsmäßig wahrnehmen, entgegen. Das Ergebnis der Auseinandersetzung mit diesen Aussagen ist eine zunehmende Transparenz erstarrter Strukturen in unserem Geist. Transzendenz wird leichter ermöglicht. Es wird eine andere geistige Ebene merkbar, die vom Alltagsbewusstsein normalerweise übertönt wird. Man erlebt eine grenzenlose Weite, einen hoch energetischen leeren Raum.

Weil man durch die philosophische Auseinandersetzung mit der Leerheit in diesen Zustand kommt, glaubt man, dass man die Leerheit mit seinem Geist gesehen hat. Wie ich weiter oben geschrieben habe, war meine erste Begegnung mit dieser spirituellen Ebene aber eine andere. Ich sah einen geistigen Raum und in ihm einen Stupa, jenes Bauwerk, das den Geist der Buddhas repräsentieren kann. Man kann auch viele andere Dinge wie Lichtpunkte usw. in ihm wahrnehmen, wenn man bestimmte Praktiken erlernt.

Hier sieht man schon, dass es wichtig ist, präzise zu sein. Das ist gewöhnlich schwierig, da die diesbezüglichen Erlebnisse sehr intensiv sein können und nicht ohne weiteres zuzuordnen sind. Diese Schau beruht nämlich auf einer Erfahrung jenseits des konventionell agierenden Geistes, unseres Alltagsbewusstseins. Wir erkennen auf einmal, dass wir noch ganz andere Erfahrungen in unserem geistigen Potential haben, als wir je für möglich hielten. Dies ist aber nicht die erleuchtete Schau der Leerheit. Die gibt es auch, aber sie sieht anders aus. Hierauf werde ich später eingehen. Diese Erfahrung ist nicht ausschließlich buddhistischen Praktizierenden vorbehalten, sondern sie kann auch als Sicht des Göttlichen beschrieben werden (und es mag andere Praktiken geben, die dieser Sicht vorausgehen).

In meinem Terma, wird das über unserem Kopf befindliche Energiezentrum unseres feinstofflichen Körpers (das untere Ushnisha-Chakra) von einer grundsätzlich transparenten Schicht umhüllt, dem Allbasisbewusstsein oder Alaya Vijnana. Leider ist diese Schicht aber meist durch Verdunkelungen getrübt, die durch Potentiale als Ergebnis karmischer Handlungen entstehen.

Egal, was man denkt und wie man handelt: es können Spuren davon im Alaya Vijnana hinterlassen werden. Manche sind nur flüchtig, andere bleiben auch über die Leben hinweg dort gelagert. Durch diese Verdunkelungen entsteht ein Gefühl von Persönlichkeit, vom Ich, dem Geistkontinuum, der Seele. Die Welt wird dual erfahren. Egal, in welcher Art Existenz wir uns befinden: unser Alaya Vijnana bleibt uns erhalten. Und solange es nicht vollständig gereinigt ist, leben wir in einer Art geistigem Dämmerzustand, auch Unwissenheit genannt.

Selbst die Erfahrung von Weite bedeutet noch nicht, dass auch schon alle Trübungen des Allbasisbewusstseins beseitigt sein müssen. Denn erst wenn die Reinigung des Alaya Vijnanas erfolgt ist, kann das untere Ushnisha-Chakra seine volle Kraft entfalten. Die samsarische Person mit ihren geistigen Trübungen und Begrenztheiten löst sich auf. Das Chakra beginnt ungehindert zu strahlen wie die Sonne am wolkenlosen Himmel (Rigpa-Sonne). Ein weiterer Quantensprung der geistigen Entwicklung auf dem Weg zur Erleuchtung ist erreicht. Man befindet sich nun auf dem 10. Bodhisattwa-Bhumi, der zehnten Stufe der möglichen Erleuchtungserfahrung. Aber auch das ist noch nicht das Ende der inneren Reise, denn es gibt ja noch ein weitere Chakra, das über diesem liegt. Es ist das obere Ushnisha-Chakra. Wenn der Yogi fähig wird, auch dieses ganz zu erschließen, hat er die volle Erleuchtung erlangt.

Ich seh`

Menschen,
die sind

wie dunkle
Wolken,

bei anderen
dagegen
gefriert mein Herz

zu Eis.

Dann seh´ ich Menschen,
die sind

wie Frühlingswinde
für mich

oder
wie Sommertage.

Das Glück,
das Leid,

was ich empfinde,

wirbelt
wie Schneeflocken

um mich
herum,
oder

wie
Blütenregen.

Doch
tief
in mir

sitzt ein Kristall

wie eine
Kugel,

lebendig, klar

und nie

berührt
von alledem.

Er wird
bestehen
bleiben,

wenn ich schon
längst

in andren
Sphären
weile.

Er war schon dort,
als meine
Eltern

Ihren Namen

noch nicht
kannten.

Es wird ihn geben,
wenn sich
der Kosmos

irgendwann

auflösen
wird,

als wär` er

nie
gewesen.

Auch wenn
die Kugel

sich ständig
neu

verkleidet
und

immer andre

Szenen
hervorzubringen
scheint,

ist es doch so,

als wär` das alles
nur ein Spiel

aus
Licht

im Lauf
der
Zeit.

In meiner Anfangszeit als Psychotherapeutin hatte ich einmal eine Patientin zu einem Vorgespräch für eine eventuell infrage kommende Psychotherapie bei mir in meiner Praxis. Die junge Frau erzählte mir nun einen Teil ihrer Lebensgeschichte. Ich hörte zu, fragte nach, machte mir Notizen. Ich war ganz auf die vorgetragenen Probleme konzentriert und suchte still für mich nach Möglichkeiten mit ihnen therapeutisch umzugehen. Erst langsam fiel mir deshalb auf, dass ich während dieser Zeit gelegentlich mit der Hand in meine Haare griff und sie dann um einen Finger drehte.

Diese Geste war neu für mich. So hatte ich mich wohl noch nie in meinem bis dahin doch schon über drei Jahrzehnte dauernden Leben verhalten. Hier, in Anwesenheit der Frau, machte ich diese Bewegung innerhalb einer knappen Stunde jedoch nun schon zum dritten oder vierten Mal. Als mir das auffiel, sagte ich spontan: „Wie Sie sehen, drehe ich ab und zu in meinen Haaren. Kennen Sie diese Geste?" Daraufhin antwortete die Patientin: „Ja, das kenne ich. Das mache ich auch immer!"

Während meines folgenden Lebens dachte ich manchmal über diese kleine Begebenheit nach und fragte mich nach dem Grund meines Handelns. Auch später in meinem Leben habe ich diese Geste nie wieder spontan gemacht. Sie gehörte einfach nicht zu mir und meinen Verhaltensweisen. Nur in der einen Vorgesprächsstunde, wo ich Kontakt mit dieser Frau hatte (ich sah sie später nie wieder), drehte ich meine Haare.

Nachdem ich sehr viel später zum Buddhismus gekommen war und etwas über Karma gelernt hatte, kam mir auch manchmal wieder diese kleine Geschichte in den Sinn: wäre es nicht möglich, dass Karma ein energetisches Potential sein könnte, dass in unserem Geist (nicht unserem Gehirn) gespeichert wäre und wie ein Sender in unsere Umgebung ausstrahlen könnte? Wer nun empfänglich für diese gesendeten Schwingungen wäre (und sei es als mitfühlende Psychotherapeutin), der träte sozusagen in Resonanz dazu.

Mit dem später von mir erfahrenen Wissen meines Termas stellt sich die Sache nun so dar: Wenn man in irgendeiner Existenz z.B. großzügig gewesen ist, dann wird im Alaya Vijnana ein diesbezügliches Potential gespeichert. Wird nun dieses Potential irgendwann thematisiert, aktiviert, wird das entsprechende Karma also reif, dann strahlt dieses Potential in die Umgebung aus. Wesen, die eine Resonanz dazu haben, auch die Umwelt, der Kosmos, setzen diese energetischen Schwingungen dann um, Handlungen, Materialisierungen können entstehen.

So kann man dann, wenn dieses Karma bei einem selbst reif wird, auch Großzügigkeit und dementsprechende Hilfe und Unterstützung erfahren. Vielleicht wird man materiell gut leben können, Wissen wird einem gerne gegeben werden, Menschen helfen einem so gut sie können, ja selbst das Wetter kann in der Umgebung so eines Menschen günstiger werden, seine Ernten werden besser ausfallen, er hat im richtigen Moment die passenden Ideen, die sein Leben reichhaltiger machen usw.

Irgendwann ist dann dieses Karma verbraucht und die diesbezüglichen günstigen Umstände hören auf: Egal, wie sehr man sich bemüht, der Reichtum wird versiegen, Wissen und anderweitige Hilfe werden einem verweigert, selbst die Natur begünstigt einen nicht mehr, die Muse küsst nicht mehr usw.

Natürlich gilt das auch für negatives Karma, das reif wird. Solange es aktuell ist, erlebt man nichts Gutes und wenn das Karma verbraucht ist, atmet man auf. Darum ist es günstig, heilsame Taten zu tun und unheilsame zu lassen. Die Folgen wird man selbst erfahren, wenn das diesbezügliche Potential im eigenen Geist reif wird und auszustrahlen beginnt.

Das Stück
ist
aus,

die Vorführung

ist
beendet.

Tu tobst
noch
ein wenig,

wirfst mir

vor,

ich hätte
falsch

gehandelt,

steigerst dich
in deine

persönliche

Geschichte
hinein,

die nun
aber

nicht mehr

meine
ist.

Ich liebe
dich

trotz
alledem,

so,
als hätte es

zwischen
uns

niemals

irgendein
Drama
gegeben.

Doch nun

will ich mit dir
lieber

einen Kaffee
trinken

oder

einen Tee.

Das macht man
doch
manchmal
so

nach der

Vorstellung?

Für Psychotherapeuten stellt sich bei dem Wunsch nach erfolgreicher Behandlung ihrer Patienten immer wieder die Frage nach geeigneten Modellen, die bewusste und unbewusste Anteile des Geistes in einen Zusammenhang bringen. Das therapeutische Ziel ist meist, wenigstens eine vermehrte geistige Gesundheit und Funktionsfähigkeit innerhalb des sozialen Umfelds zu ermöglichen und dadurch auch eine bessere Integration in die Gesellschaft zu fördern.

Hier spricht man von Ich-Stärke als Ausdruck der gesunden psychischen Anteile des Menschen. Als krank empfundene Anteile sollten grundsätzlich aufgespürt, bearbeitet und in die gesunden Anteile integriert werden. Das Ich selbst wird nicht infrage gestellt, auch wenn über die Struktur seiner definitiven Existenz grundsätzlich gerätselt wird.

Für den Meditierenden, der psychotherapeutisch interessiert oder vorgeprägt ist, stellt sich deshalb grundsätzlich die Frage, ob Gefahren dadurch entstehen können, dass das im Alltagsbewusstsein als existent empfundene Ich im Dharma infrage gestellt wird. Als Antwort darauf möchte ich das Beispiel des Sport-Treibens heranziehen: Sport ist grundsätzlich empfehlenswert, wenn er einfach nur der Unterstützung der körperlichen Gesundheit dient. Ist der Körper aber krank (Beinbruch), muss man sich vielleicht erst mal eine Weile schonen und sollte genau hinsehen, welche sportlichen Übungen in so einer Situation noch möglich und sinnvoll sind. Es ist deshalb günstig, insbesondere das Erlernen von tiefergehenden Meditationen und Praktiken nicht auf eigene Faust oder ausschließlich nach Anleitung von Büchern zu machen. Dazu braucht man stattdessen erfahrene Lehrer und oft auch bestimmte Einweihungen.

Insbesondere bei tantrischen Meditationen geht es nicht um Gesundheit und Krankheit, sondern um Transzendenz und geistige Weiterentwicklung und damit letztlich um eine möglichst langfristige und vielleicht sogar dauerhafte Befreiung vom Leiden, im Leben und über den Tod hinaus. Auch ein psychisch kranker Mensch kann bei dem Herzenswunsch dauerhaft sein Leid beenden zu wollen, vielleicht tiefergehende Kontemplationen und Meditationen durchführen und dadurch weiterkommen.

Ein entscheidendes Kriterium für erfolgreiche tantrische Meditationen erscheint mir vor allem das Ausmaß von Mitgefühl mit anderen Wesen zu sein. Je mehr davon vorhanden ist, desto eher kann selbst bei schweren psychischen

Störungen eine spirituelle Weiterentwicklung möglich sein (da möchte ich auch meine eigene psychische Geschichte als Beispiel nehmen). Wenn allerdings im ungünstigsten Fall überhaupt kein Mitgefühl mit anderen Wesen vorhanden ist, wird das Ergebnis von Meditationen im Diamantfahrzeug (Vajrayana) wohl höchstens in das Spektrum einer Wellness-Erfahrung passen oder vielleicht sogar Ängste erzeugen, einfach deshalb, weil man versucht, in zu großen Schuhen zu gehen..

Psychologen betonen manchmal, dass die Ursachen unseres Leids besonders im familiären Umfeld liegen und tatsächlich wachsen viele westliche Menschen unter emotional ungünstigen Bedingungen auf, was natürlich Spuren in der Psyche hinterlassen kann. Aber die Art der Störung ist nicht zwangsläufig bei allen Betroffenen gleich, die eine ähnliche Erfahrung gemacht haben. Bestimmte Bedingungen lassen z.B. einen Bruder zum Kriminellen werden, der andere wird dagegen Streetworker. Warum ist das so? Die äußeren Bedingungen sind manchmal stark prägend, aber sie treffen auf Menschen unterschiedlicher geistiger Struktur und Motivation, die sie von eigenen Vorleben mitbringen oder aber auch neu entwickeln können.

Die Beseitigung und Aufarbeitung ungünstiger Bedingungen kann natürlich sehr hilfreich sein. Aber erst die Arbeit mit unserem eigenen Geist kann uns Befreiung vom Leid bringen, weil wir hier sozusagen an die Festplatte unseres Erlebens und der geistigen Struktur gehen.

Wenn man dagegen in erster Linie gerade damit beschäftigt ist, sich selbst und seine Erfahrungen aus Vergangenheit und Gegenwart in den Mittelpunkt seines Erlebens zu stellen, etwa nach dem Motto: alles, was ich erlebe, ist real, und die böse Welt hat mir so viel angetan, dann braucht man wahrscheinlich erst mal jemanden, der einem dabei hilft, seine Wunden zu lecken und ein wenig Ordnung ins innere Chaos zu bringen. Psychotherapie kann dazugehören. Aber manchmal können auch hier durch geschulte spirituelle Lehrer Impulse für transzendente Sichtweisen gesetzt werden.

Was ich jetzt erlebe und wie ich es erlebe, ist doch in erster Linie das Ergebnis meiner eigenen Handlungen in der Vergangenheit. Wenn ich z.B. Gewalt erfahre, habe ich selbst vielleicht einmal genau so eine Gewalt gegen andere eingesetzt. Hätte ich das nicht, würde ich auch jetzt keine Gewalt erleben. Es gilt also bei aller Betroffenheit darüber, Opfer (gewesen) zu sein, zumindest gelegentlich ebenfalls daran zu denken, dass man im Moment ebenfalls das Echo seiner alten Taten erfährt, auch wenn man nicht einmal ahnt, solche Taten je begangen zu haben. Erst wenn man diese ehemaligen Aktionen bereut, egal, ob man sich an sie erinnert oder nicht, wenn man außerdem das alte diesbezügliche Karma bereinigt, und wenn man dann von nun an auch noch grundsätzlich auf den Einsatz von Gewalt verzichtet, egal, was man jetzt erlebt, kann in der Zukunft dauerhaft Gewaltfreiheit im eigenen Leben entstehen.

Tätern kann man in diesem Zusammenhang sagen, dass sie sich schon mal darauf vorbereiten können, das, was sie ihren Opfern angetan haben, ebenfalls erleben zu müssen, wann auch immer. Hier kann natürlich ebenfalls Reue über das Vergangene, Reinigung des Karmas und Unterlassen weiterer negativer Handlungen die zu erwartende Zukunft rosiger gestalten helfen.

Die auftauchende Frage bei erfahrenem Leid ist oft die nach der Gerechtigkeit. Es gibt Menschen, die glauben, eine höhere Macht würde nach Belieben schalten und walten, vielleicht aus einer verborgenen Weisheit heraus, die uns prüft, ob wir denn auch für die Zeit nach unserem Tod würdig genug sind, in paradiesische Gefilde einzugehen usw.. Womöglich müssen wir im ungünstigsten Fall diese Berechtigung auf zukünftiges Glück sogar durch unheilsame Taten für diese höhere Macht beweisen.

Buddhisten haben diese Probleme allgemein nicht, denn Gerechtigkeit geschieht ununterbrochen. Alle heilsamen und alle unheilsamen Handlungen haben ihre karmische Konsequenz, hundertprozentig. Nur geschieht aber das Reifwerden des entsprechenden Karmas oft sehr viel später als die Tat, manchmal sogar erst in folgenden Leben. Vielleicht kann man die Aussage „Auge um Auge, Zahn um Zahn" im Alten Testament ja auch als Hinweis des spirituellen Lehrers Jahwe auf die Gesetzmäßigkeiten des Karmas verstehen.

Die Frage bleibt natürlich, ob das auch bedeuten sollte, dass man die Vollstreckung des Karmas von anderen selbst in die Hand nehmen darf (vielleicht weil man glaubt, im Sinne der Gerechtigkeit zu handeln). So mancher hat diese Passage in der Bibel in erster Linie so verstanden. Dabei sollte man jedoch bedenken, dass man durch solche Vollstreckungshandlungen ja vor allem wieder Karma für sich selbst schafft, das man irgendwann erleben wird. Ein Henker tötet. Solange er kein voll erleuchteter Buddha ist, wird er das entsprechende Karma für seine Taten ansammeln und die Konsequenzen seiner Handlungen erleben, in welchem Leben auch immer. Und der Auftraggeber einer solchen Tötung sammelt das gleiche Karma an wie der Täter. Manchmal kann deshalb jedes Mitglied eines ganzes Volkes, das hinter der Todesstrafe steht, das gleiche Karma ansammeln wie der Henker. Bei Kriegen ist dies nicht anders.

Rachegelüste sind in solchen Fällen kein guter Ratgeber, denn das Gegenmittel gegen Hass ist Liebe und Mitgefühl. Auch unsere Gier wird durch egoistische Handlungen nicht dauerhaft befriedigt oder gar kuriert. Hier kann man Freigebigkeit als Gegenmittel einsetzen. Hass und Gier werden als Geistesgifte bezeichnet, weil sie unseren Geist verdunkeln und uns im Daseinskreislauf letztlich tiefer hinabziehen. Ihre Gegenmittel dagegen bringen uns langfristig zu lichteren Höhen.

Nun ist das alles ja nur dann schlüssig, wenn man die Existenz von vorherigen und späteren Leben annimmt. In meiner langen Zeit als Christin lehnte ich grundsätzlich so eine Sicht ab, einfach, weil ich niemals etwas Diesbezügliches in der Bibel gefunden hatte, in der ich oft las. Doch in meiner Zeit als spirituell suchende Psychologiestudentin erzählte mir dann einmal jemand davon, dass 553 n.Chr. auf *dem Konzil von Konstantinopel* der Glaube an Wiedergeburt „abgeschafft" wurde, was ja im Umkehrschluss bedeutete, dass es bis dahin innerhalb der christlichen Religion diese Annahme durchaus gegeben hat.

Als Beweis dafür wurde mir auch die Frage der Jünger an Jesus genannt. Dort fragten sie ihn einmal: „Wer bist du?" Und sie gaben danach auch gleich eine mögliche Antwort: „Bist du der Elias?". Elias ist zu diesem Zeitpunkt schon lange tot, hatte aber prophezeit, dass er einmal wiederkommen würde. Wie anders könnte man diese Zeilen verstehen, als einen Hinweis auf die selbstverständliche Annahme von weiteren Existenzen?

Ich klammerte mich damals in der Ausübung meiner Religion fest an den Text der Bibel, weil ich bloß nichts falsch machen wollte. Gleich nachdem ich auf diese Weise damals „grünes Licht" in dieser Frage bekommen hatte, fielen mir aus dem Stand zwei meiner Vorleben ein. Als ich also an diese Möglichkeit ohne Angst vor negativen spirituellen Folgen als Konsequenz denken durfte, waren offenbar auf einmal geistige Blockaden aufgehoben und diesbezügliches inneres Wissen konnte sich entfalten.

Was nun die Reife zu tiefgründiger spiritueller Praxis betrifft, so gelten dafür letztlich andere Kriterien als für die Voraussetzung zu psychotherapeutischer Behandlung. Auf dem Pfad des großen Ziels, des Mahayanas, schafft das Mitgefühl die Grundlage für weiteres Fortkommen. Oft beginnt man erst mal mit Achtsamkeit. Der Treibstoff für eine schnelle innere Entwicklung ist dann die

Motivation möglichst des Bodhicitta (relativ oder sogar absolut). Ein Dharma-Lehrer sollte diesen Weg lehren und begleiten. Wenn der spirituell Suchende dann noch Entsagung hat, wenn er also nicht mehr jedes Mal im Moment des Todes wie ein vom Wind bewegtes Blatt in eine nicht vorherplanbare neue Existenz mit all ihren Konsequenzen gelangen will, dann ist dies noch zusätzlich eine gute Voraussetzung für spirituelles Wachstum.

Ein fähiger tantrischer Lehrer ist wie ein guter Arzt, der den Kranken zur Genesung bringen will. Diese Art der Heilung geht aber weit über das hinaus, was Gesundheit (auch psychische) in unserer Gesellschaft bisher bedeutet hat. Sie ist die Öffnung für eine Dimension von dauerhaftem Glück, verbunden mit Weisheit und Mitgefühl, für eine Lebensqualität, die unsere allgemeinen Erfahrungen von Wohlbefinden sprengt, Erleuchtung eben.

Dharma-Praxis scheint äußerlich
gesehen
oft keinen
Nutzen zu haben.

Wir haben Mitgefühl: na und?
Wir schulen unseren Geist:
wen
interessiert das?
Wir unterstützen die Lehre
und die Lehrer:
wenn es uns denn Spaß
macht…

Wir erscheinen als romantische
Träumer
in einer Welt,
in der es um ganz andere
Dinge geht.

Aber die sogenannten
Realisten,
die sich dem Leben zu stellen
scheinen,

träumen

ihre Welt doch nur.

Schon morgen
kann alles,
was sie sich aufgebaut haben,
zerbrechen.

Dann stehen sie da
mit leeren
Händen.

Hätten sie Mitgefühl
gehabt:
vielleicht würde ihnen jetzt auch
geholfen
werden.

Hätten sie ihren Geist
geschult:
vielleicht würden sie jetzt besser
mit ihren Schwierigkeiten
fertig werden.

Hätten sie die Lehre und die Lehrer
unterstützt:
vielleicht würden sie jetzt
einen Weg
aus der Krise
finden.

Unser Geist produziert
pausenlos
Illusionen, die wir für wahr
halten,
die es aber nur selten
sind.

Der Dharma weckt uns auf,
lässt uns über unseren Tellerrand
blicken,
macht unseren Geist
klar.
Er hilft uns im Leben
und im
Sterben.

Sollten wir da nicht
auf ihn
setzen?

Wenn das Alaya Vijnana durch die karmischen Potentiale getrübt oder sogar verdunkelt ist, kann die Rigpa-Sonne des unteren Ushnisha-Chakras nicht scheinen und unsere Geist erlebt die an sich multidimensionale Welt nur als dual. Es gibt mich und mein sowie dich und dein als völlig unabhängige Einheiten. Es gibt Freunde und Feinde usw. „Und willst du nicht mein Bruder sein, so schlage ich dir den Schädel ein." Das ist eine besonders negative Variante dieser getrübten Sichtweise. Selbst politische und religiöse Strömungen können sich dieser Einstellung manchmal nicht entziehen, meinen sogar, dass sie ihre Probleme dauerhaft dadurch lösen können, dass sie denen schaden, die sie als Gegner empfinden. Doch eine getrübte innere Brille wird sich selbst nach Ausrottung der gesamten Menschheit nicht klären, ganz im Gegenteil.

Dauerhaft Abhilfe für Probleme, die aus einer dualistischen Sichtweise entstehen, schafft nur Transzendenz im Sinne geistiger Weiterentwicklung und Befreiung. Diese macht jedoch vielen Menschen erst einmal Angst, weil sie so etwas nicht kennen und verstehen. Und so versuchen sie manchmal sogar mit Gewalt diese Stimmen (vielleicht sogar in sich selbst) zum Schweigen zu bringen.

Aber Gewalt gegen was auch immer, erzeugt nur Karma, das bewirkt, dass diese Menschen wieder Gewalt erfahren werden. Durch Anwendung von Gewalt ist langfristig noch kein Problem gelöst worden, auch wenn es kurzfristig so ausgesehen haben mag. Stattdessen sind für den, der die Gewalt ausübt, nur noch neue Schwierigkeiten geschaffen worden, insbesondere wenn die hinter diesen Handlungen stehende Motivation nicht heilsam war (ob nun offen oder im Geheimen).

Je mehr unheilsame Handlungen man begeht, desto dunkler wird das eigene Allbasisbewusstsein und dauerhaftes Glück, wie es durch geistige Befreiung entstehen kann, ein Glück, das selbst in allen weiteren Leben (oder im sogenannten Jenseits) noch spürbar ist, rückt in immer weitere Ferne.

Negative karmische Handlungen trüben aber nicht nur das Alaya Vijnana, sondern sie führen auch dazu, dass in einiger Entfernung vom Allbasisbewusstsein noch eine weitere Struktur entsteht, die ich Eisring nennen möchte. Diese Struktur sieht so ähnlich aus wie ein Vogelnest. Es gibt harte, feste Strukturen und Zwischenräume ohne Struktur. Wenn man sich einmal eine Kristallkugel vorstellt (unteres Ushnisha-Chakra), das rundherum von einer Schicht umhüllt wird (Alaya Vijnana), dann befindet sich in einiger Entfernung noch eine runde Vogelnest-Hülle um das Ganze herum, die der beschriebene Eisring ist und dem Zustand unseres Alltagsbewusstseins mit seinen Begrenzungen, Konzepten und Geistesgiften entspricht. Das bedeutet, dass unsere Rigpa-Sonne durch zwei mehr oder weniger undurchdringliche Schichten verdeckt ist.

Wollen wir unsere Erleuchtungs-Sonne aktivieren, dann müssen wir uns also durch zwei Schichten hindurcharbeiten, ähnlich wie die Prinzen im Märchen

Dornröschen durch die Dornenhecke (nur dass wir in unserem Geist gleich zwei davon haben).

Bei der Traditionslinie der Cittamatras, der Nur-Geist-Schule des tibetischen Buddhismus, gibt es auch ein Alaya Vijnana sowie außerdem noch den sogenannten Klesha-Geist. Vielleicht ist der das Äquivalent zum Eisring meines Termas. Der wesentliche Unterschied zwischen dieser spirituellen Schule und meinem Terma ist der, dass dort der Geist eine letzte Realität darstellt, während in meinem Terma auch der Geist leer ist von inhärenter Existenz.

Wenn wir nun mit der Methode, unser Alltagsbewusstsein durch Logik ad absurdum zu führen, in Zwischenräume des Eisrings gelangen, gibt uns das schon einen ersten Geschmack von in uns befindlichen geistigen Qualitäten, die jenseits unseres Alltagsbewusstseins liegen.

Wohlgemerkt, der Terma zeigt auch mit diesem Eisring eine Schau unserer geistigen Struktur auf, nicht jedoch irgendetwas in unserem Gehirn. Das Gehirn ist lediglich vergleichbar mit einem Auto, das der Geist wie ein Autofahrer benutzt. Geist und Gehirn sind also keinesfalls identisch, wenn auch oft eng mit einander verknüpft wie beim Beispiel des Autos und des Autofahrers.

Die Erfahrung der Aushebelung des begrenzten Verstandes, der in seiner Sicht der Welt irrt, kann natürlich tiefgreifende Veränderungen in uns auslösen. Auf einmal erkennen wir aus eigenem Erleben, dass auch wir eine Dimension der Erfahrung in uns haben, die wir uns nicht hätten träumen lassen. Diese Erkenntnis zu wiederholen, zu vertiefen und zu halten ist die Aufgabe des Yogis und der Yogini, die auf dem Weg zur Erleuchtung voranschreiten wollen.

Im Thögal, einer Praxis des Dzogchens, sieht man ebenfalls Dinge im Raum des eigenen Geistes. Dazu könnte auch meine Schau der „Leerheit", der Stupa, gehört haben. Am Ziel dieser Thögal- Praxis angekommen, erblickt man das untere Ushnisha-Chakra. Wie ich schon erwähnte, sind Chakras Strukturen innerhalb unseres feinstofflichen Körpers. Er ist nicht identisch mit dem grobstofflichen Körper, deckt sich in seiner Ausbreitung aber zumindest teilweise mit diesem und hat Wechselwirkungen mit ihm. Bei normalen Menschen, die ja nicht wie Buddha Shakyamuni schon mit einer Erweiterung und Erhöhung des Schädels geboren werden, liegt das untere Ushnisha-Chakra außerhalb des grobstofflichen Körpers oben über dem Kronenchakra. Man nimmt in der höchsten Dzogchen-Klasse an, dass man die volle Erleuchtung erreicht hat, wenn man dieses Chakra in seinem Geist sieht, wobei nicht gewusst wird, um was es sich dabei handelt.

In Dharma-Kreisen
ging einst
ein Gerücht
um,

dass in der nächsten
Zeit

ein
unbekannter
lebender

Buddha

die Stadt
quasi inkognito

besuchen
würde.

Jeder
hätte den Buddha
gerne
entdeckt,

denn es wurde gesagt,
dass er nur
von wahrhaft

Praktizierenden

gesehen
werden
konnte.

Die örtlichen
Dharma-Zentren

wurden daraufhin
erst mal
in eine vorzeigbare
Ordnung

gebracht
und gründlich
gesäubert,

manche wurden
sogar
renoviert,
denn Spenden

flossen auf einmal
reichlicher.

Jedes Zentrum
versuchte
äußerlich

besonders schön

zu erscheinen
(was den meisten
auch gelang).

Doch
als der Meister
dann wirklich
kam,
bemerkte ihn
keiner.

Also reise er
schnell wieder
ab.

Er führte aber
ein längeres
sehr anregendes

und tiefgründiges
Gespräch

mit dem
Zugschaffner.

Gottheiten-Yoga gehört zu einer Art von Meditation, die den Geist auf eine höhere energetische Ebene bringen kann. Dabei stellt man sich erleuchtete Wesen vor, die menschenähnlich aussehen, aber auch bestimmte Attribute haben, die bei Menschen gewöhnlich nicht vorhanden sind. Die Gottheiten haben manchmal mehrere Köpfe, Arme und Beine usw. Wer sie zum ersten Mal unvorbereitet vielleicht auf Rollbildern (Thangkas genannt) sieht, kann erschrecken. Um über sie meditieren zu können, braucht man traditionell bestimmte Einweihungen.

Man kann durch solche Praktiken üben, seinen subtilen Geistkörper in eine Form zu bringen, die unabhängig von unserer derzeitigen Erscheinung ist. Üblicherweise identifizieren wir uns ja weitgehend mit unserem physischen Körper. Im Tod müssen wir uns aber davon trennen und werden in der nächsten Existenz eine ganz andere Erscheinungsform haben. Leben hört ja nie auf. Das Gottheiten-Yoga ermöglicht uns nun schon jetzt, diesem großen Wandlungsprozess viel von seinem Schrecken zu nehmen und ihn zu transzendieren.

Wenn wir lange genüg geübt haben, können wir uns immer besser vorstellen (gestützt von einer Segensübertragung bei der Initiation) diese meditierte Form selbst anzunehmen. Auch im Sterbeprozess können wir auf diese Weise meditieren und unseren sterbenden Körper so leichter loslassen, denn wir gehen ja nicht in eine Ungewissheit, sondern stellen uns vor, die neue, schon so oft geübte Form eines erleuchteten Wesens zu bekommen. Aber eine solche geistige Fähigkeit kann man nur als Ergebnis von Meditationen erreichen, deren Erlernen üblicherweise sehr viele Jahre dauert.

Üblicherweise beginnt man eine derart umfangreiche und komplizierte Meditation nicht gleich zu Anfang seines spirituellen Weges und falls doch, wird man vermutlich frustriert aufgeben. Zunächst sollte man am besten vorbereitende Meditationen und andere Praxisübungen machen und auf diese Weise eine gewisse geistige Stabilität gewinnen sowie Verdienste ansammeln. Wenn man z.B. bei den Meditationsübungen von geistiger Ruhe (Shine bzw. Shamata genannt) überhaupt mal versucht, seinen Geist konzentriert z.B. auf den Atem oder irgendein anderes Objekt auszurichten, kann man schnell merken, wie schwierig es sein kann, die Aufmerksamkeit auch nur für kurze Zeit ununterbrochen auf dem gewünschten Objekt ruhen zu lassen.

Gelingt es einem aber irgendwann, vielleicht erst nach langer und intensiver Übung, dann kann man damit beginnen, immer länger und präziser auf dem Objekt zu bleiben und schließlich schwierigere Meditationen durchzuführen. Die Objekte, auf die sich die Aufmerksamkeit richtet, können sich ändern, man beginnt damit, sich diese Objekte einzuprägen und vorzustellen und irgendwann ist man vielleicht auch fähig, Gottheiten-Yoga durchzuführen. Bei beharrlicher Meditationspraxis kann man dann die Kraft, die in unserem Geist verborgen ist, aus eigener Erfahrung heraus spüren. Man kann zu neuen Ufern aufbrechen, zu einer glücklicheren Zukunft.

Wenn man noch am Anfang seiner Meditationspraxis ist, geht es zunächst einmal um die zu erlernende Technik. Hierzu muss man nicht Buddhist sein. Jeder Interessierte kann diese Techniken grundsätzlich erlernen. Man beginnt, sich besser zu konzentrieren, unterbricht seinen Alltag mit einer bis dahin vielleicht noch nicht praktizierten Übung, schafft dadurch Raum für neues geistiges Erleben usw.

Aber man darf sich auch gerne fragen, warum man meditiert. Hofft man vielleicht auf eine Auszeit von der täglichen Tretmühle, will man ruhiger werden? Oder will man für die Schwierigkeiten des Lebens besser gerüstet sein, seine Karriere durch diesbezügliche Techniken vorantreiben, usw.? Solche und ähnliche Motivationen sind o.k., aber Dharma sind sie nicht. Erst wenn man damit beginnt, über dieses Leben hinauszudenken, und eventuell auch das Wohl anderer miteinzubeziehen, kann das Ganze eine spirituelle Dimension bekommen.

Es gibt so viele Arten, zu meditieren. Im Buddha-Dharma werden diejenigen Techniken gelehrt, die dafür genutzt werden können, die geistige Befreiung oder gar Erleuchtung erreichen zu können. Aber um diesen Effekt zu ermöglichen, braucht man über das Erlernen der Meditationstechnik hinaus noch spirituelle Motivationen.

Solange wir
im dualistischen

Denken
verweilen

bedeutet
Dharma

den Tod

auf allen
Ebenen.

Ich war noch ganz am Anfang meines Buddhistischen Weges, vernahm staunend die so noch nie gehörten allgemeinen Dharma-Belehrungen. Ich war Psychotherapeutin und war vollkommen überrumpelt, als ein asiatischer sehr hoher junger Rinpoche ganz nebenbei mit leichter Hand die Psychotherapie sinngemäß für Unsinn erklärte. „Der hat doch überhaupt keine Ahnung, wovon er spricht!", dachte ich. „Was maßt er sich da an? Er kann doch nicht Menschen, die therapeutische Hilfe brauchen und nun seinen Worten zuhören, so etwas erzählen! Vielleicht glauben die Zuhörer ihm auch noch und notwendige Hilfe wird nicht angenommen." Während ich dies dachte, zweifelte ich aber keineswegs an seiner hohen Verwirklichung, denn ich hatte ihn schon vorher bei anderer Gelegenheit kennen und schätzen gelernt.

Heute sehe ich die Sache anders als damals. Ich will das mal mit einem Beispiel erläutern: Nehmen wir einmal an, dass wir uns mitten im Meer auf einem Schiff befinden, von dem definitiv gewusst wird, dass es in einigen Tagen untergehen wird. Nun ist guter Rat teuer. Ein verantwortungsvoller Kapitän wird sich aufgrund dieser Erkenntnisse jetzt bemühen, dass bei dem zu erwartenden Untergang möglichst viele Menschen gerettet werden. Er wird alles stehen und liegen lassen, das für die Rettungsaktion unbedeutend ist. Er wird vieles von dem, was ihn vielleicht sonst beschäftigt und was wichtig zu sein scheint, hintenan stellen. Vielleicht wäscht er sich nun nicht mehr, zieht sich nicht mehr um, wenn seine Uniform schmutzig wird, isst im Stehen, mit den Fingern usw.

Unter normalen Umständen würde er so etwas nie tun, würde auch andere Mitglieder seiner Mannschaft für so ein Benehmen rügen. Aber jetzt geht es um ganz andere Dinge. Das Schiff und all die vielen Menschen auf ihm sind in Lebensgefahr. Nun sind ein sauberes Hemd und gute Tischmanieren vollkommen unwichtig geworden. Stattdessen geht es ums nackte Überleben.

Wenn wir nun überlegen, ob wir uns vielleicht irgendwann auf den spirituellen Weg begeben sollten oder nicht, können folgende Gedanken bei unserer Entscheidung helfen: Wir sehen unser Dasein an und fragen uns z.B.: Wie lange werden wir noch leben? Wie oft werden wir nach unserem Tod als Mensch wiedergeboren werden?

Der Buddha nimmt als Beispiel für die seltene Chance, einmal im endlosen Kreislauf der Geburten als Mensch existieren zu können, folgendes Beispiel:

In einem riesigen Ozean schwimmt eine blinde Schildkröte, die alle hundert Jahre einmal auftauchen muss, um Luft zu holen. Auf dem Wasser schwimmt irgendwo ein hölzernes Joch. Die Chance als Mensch geboren zu werden ist so groß, wie die Wahrscheinlichkeit, dass die besagte Schildkröte beim Auftauchen durch diesen Ring gelangt, also praktisch nahe null. Davor und danach wird man nicht als Mensch geboren. Vielleicht ist man ein Tier, ein Insekt sogar, oder kommt in andere Daseinsbereiche. Die meisten Existenzen sind schlechter als die menschliche bzw. ungünstiger für die Dharma-Praxis.

Als Mensch haben wir die Chance, den Geisteszustand des Samsara zu verlassen und Befreiung zu erlangen. Ein sauberes Hemd (Psychotherapie u.ä.) ist wichtig, um bei dem Beispiel des Kapitäns zu bleiben. Aber wenn schon morgen das Lebensschiff untergehen könnte, darf man gerne seine Schwerpunkte überprüfen. Eine bessere Integration in die Gesellschaft z.B. ist nur so lange wunderbar, wie die Gesellschaft aus erleuchteten Meistern besteht. Wenn ihre Mitglieder aber überwiegend samsarische Wesen sind, kann dadurch u.U. die eigene spirituelle Weiterentwicklung sogar gehindert und eine unendlich kostbare Chance zur geistigen Befreiung vertan werden.

Andererseits ist es wichtig, Menschen akut und dauerhaft nach bestem Wissen zu helfen, die sich in großen Verzweiflungen und psychischen Notsituationen befinden. Der Vergleich von Psychotherapie mit dem sauberen Hemd des Kapitäns bei einem sinkenden Schiff hinkt also ein wenig. Nur warum befinden sich die Menschen in einer psychischen Notsituation? Warum haben sie eine schlechte Kindheit und ungünstige Lebensumstände erlebt? Buddhistische Meister würden sagen: weil sie das entsprechende Karma angesammelt haben. Das darf man bei all der Hilfe für diese Menschen nicht vergessen.

Wenn die Menschen, die diese psychischen Probleme nicht haben, nun glauben, dass sie besser seien, weniger schlechte Taten getan hätten usw., müssen sie leider enttäuscht werden. Wer weiß denn, ob sich nicht schon im nächsten Moment ihr Leben zum Negativen wenden kann? Sich über andere zu erheben, weil es einem selbst gerade besser geht, zeugt lediglich von Dummheit und geistiger Unreife.

Es wäre also grundsätzlich günstig, nach dem Geben von akuter Hilfe zusätzlich Wege aufzuzeigen, wie die Betroffenen ihr diesbezügliches Karma in der Zukunft langfristig verbessern können. Das müssen sie dann aber selbst tun und werden danach auch die entsprechenden Resultate erfahren. Sie müssen genau wie alle anderen auch heilsame Handlungen durchführen, unheilsame unterlassen und ihren Geist schulen. Die ersten beiden Punkte stimmen mit vielen Religionen inhaltlich überein, der letzte Punkt mit der einen oder anderen auch.

Für die Anleitung zur Umsetzung der spirituellen Inhalte sind Psychotherapeuten allgemein nicht ausgebildet, obwohl sie natürlich Hinweise auf Meditationsmeister geben könnten, sofern sie kompetente spirituelle Lehrer kennen.

Ich will in diesem Zusammenhang auch noch auf einen Sonderfall eingehen, nämlich den, dass Meditationen und tiefergehende Dharma-Belehrungen kontraproduktiv zu sein scheinen, Ängste auslösen können usw. Zuerst einmal ist zu sagen, dass Dharma grundsätzlich nichts mit Wellness zu tun hat. Trotzdem kann man sich insbesondere zu Anfang des Weges manchmal wohler fühlen, ausgeglichener werden usw. Aber wenn man weiter in die Tiefe seines Geistes vordringt, kommen nicht nur Freundlichkeiten zu Tage. Man erkennt vielleicht, dass man auch dunklere Seiten hat. Vielleicht gibt es Gefühle und Erfahrungen aus vergangenen Tagen, die man lieber unter Verschluss halten will, Inhalte, die einen überfluten könnten, wenn man denn die innere Büchse der Pandora öffnet.

Hier ist es wichtig, in sich hineinzuspüren, Eigenverantwortung zu übernehmen, sich Zeit zu lassen. Nicht ohne Grund sagt man, dass, bevor man eine tantrische Beziehung zu einem Lehrer eingeht, diese Verbindung im Allgemeinen neun Jahre lang geprüft werden sollte. Drei Jahre prüft der Schüler den Lehrer, drei Jahre prüft der Lehrer den Schüler und drei Jahre prüfen sie sich gegenseitig. Natürlich gibt es auch hier Ausnahmen.

Wenn man psychisch nicht belastbar ist, möglichst nur Angenehmes braucht, um überhaupt über den Tag zu kommen, können Verfahren wie Autogenes Training u.ä. möglicherweise viel passender sein als Meditationen. Einfache Achtsamkeits-Übungen sind insbesondere für Menschen hilfreich (auch wenn sie psychische Störungen haben) die offen sind für Veränderungen. Ernsthafte tantrische Meditationen dagegen erfordern psychische Belastbarkeit, Freude an der Herausforderung durch Schwierigkeiten, größtes Mitgefühl und Entschlossenheit, dem Leid des Daseinskreislaufs dauerhaft entkommen zu wollen. Natürlich ist Mitgefühl und Entsagung auch bei Achtsamkeitsübungen hilfreich und auch ein psychisch schwer gestörter Mensch kann dadurch sehr bereichert werden. Aber erst mit der Entsagung beginnt ein spiritueller buddhistischer Pfad.

Eine ständige

Wiederholung
macht
falsche

Ansichten nicht

richtiger.

Pausenlos
liefert unser geistiger
Filmprojektor
Bilder.

Wir sitzen im Kino
unseres Lebens
und schauen
sie uns an.

Aber wir erkennen nicht,
dass wir in einem Kino
sitzen
und dass diese Bilder
grundsätzlich
wertfrei sind,

Projektionen
eben.

Zu allem Unglück
haben wir
beim Betrachten
auch noch
Brillen
auf,

durch die wir

diese Bilder
wahrnehmen.

Klar sind die Brillen
leider
nicht,

sondern getrübt
durch Ablagerungen,
die unser altes
Karma

bewirkt
hat.

O könnte es uns doch möglich sein,
wenigstens ein einziges
Mal

unsere Brillen
abzusetzen!

Dann könnten wir
uns
zukünftig

vielleicht gelegentlich
entspannt
in unserem
Sessel

zurücklehnen,

ahnend,
dass,
egal,
was in unserem Geist
erscheint,
kein Anlass besteht,
die geschauten Projektionen
für die

Wirklichkeit

zu halten.

In der buddhistischen Geistesschulung wird versucht, die im Geist zementierte duale Sicht der Welt (wie z.B. hier bin ich, dort sind die anderen und wir haben nichts miteinander zu tun) zu knacken, denn sie ist logisch nicht zu halten, eben weil sie nicht der Realität entspricht.

Solange wir diese realitätsferne Sicht haben, meinen wir ja auch manchmal, die eine oder andere Schweinerei begehen zu können, die uns nützt, aber andere schädigt. Wir erwarten zunächst einmal keinerlei negative Konsequenzen daraus. Doch leider verdunkelt sich unser Allbasisbewusstsein durch solche Aktionen noch weiter, denn es werden als Folge davon noch mehr negative karmische Potentiale im Alaya Vijnana gespeichert. So wird unsere verdunkelte duale Weltsicht durch egoistische Gedanken und Handlungen noch weiter unterstützt und unsere vollkommene geistige Befreiung rückt in immer weitere Ferne. Letztlich schaden wir uns also durch negative Aktionen langfristig selbst am meisten.

Und um es einmal drastisch zu formulieren, könnte man vielleicht folgende Aussage treffen:

Sage mir, wie du die Welt siehst, und ich sage dir, auf welchem geistigen Entwicklungsstand du bist.

Unsere eingefrorene realitätsferne Sicht (die uns ja so meistens gar nicht bewusst ist, die aber besteht) kann schon durch ein paar logische Betrachtungen ein wenig aufgelockert werden. Nehmen wir z.B. mal den Wahn zu glauben, dass einen andere nichts angehen, denn wir sind ja angeblich unabhängig von ihnen: Bei dem nächsten Streik der Mitarbeiter des öffentlichen Nahverkehrs oder der Müllabfuhr könnten wir diesbezüglich eigentlich schon eines Besseren belehrt werden.

Auch glauben wir, dass wir (bzw. unser Ich) von der Geburt bis zum Tod (und natürlich auch von Leben zu Leben) stets unveränderlich sind. Ein einfacher Blick auf Fotos, die kurz nach unserer Geburt gemacht wurden und ein vergleichender aktueller Blick in den Spiegel könnten bei den meisten Menschen den Irrtum der Beständigkeit sofort korrigieren, sofern man nur ein einziges Mal diesbezüglich seinen Geist aktiviert.

Auch dass das gefühlte Ich teilelos ist, könnte sich schon nach einem Friseurbesuch, bei dem einem die Haare geschnitten wurden, erledigen. Was ist mit den abgeschnittenen Haaren? Eben noch gehörten sie zu mir, zu meinem Ich, und nun auf einmal sind sie getrennt von mir. O weh! Aber zum Glück scheint unser teileloses Ich die gerade abgeschnittenen Teile gut verkraftet zu haben und davon unberührt zu bleiben.

Wenn man mit Logik an dieses Thema geht, ist unsere unbewusste Vorstellung vom Ich also nicht zu halten. Aber gefühlsmäßig ist die Sache nicht so einfach. Das Ich übersteht die meisten Attacken problemlos. Auch unsere erstarrte Sicht der Welt bleibt uns meist treu. Wenn wir z.B. denken, dass die Angehörigen einer bestimmten Rasse, eines bestimmten Volkes, einer bestimmten Weltanschauung oder Religion schlecht sind, dann bleibt uns diese Sicht lange erhalten, auch wenn wir inzwischen viele nette Vertreter der von uns abgelehnten Menschen kennen.

Manchmal spüren wir vielleicht, dass wir durch diese falsche Sicht der Dinge geradewegs in unser Unglück laufen, denn wenn man an der Realität vorbeilebt, dann sind keine günstigen Resultate zu erwarten. Auch wenn wir die wahren Hintergründe unserer Situation nicht verstehen, fühlen wir uns doch manchmal unwohl, mutlos, unfrei, kennen aber keinen Weg aus unserer Misere heraus (zumal sie ja aus Sicht unseres Umfelds meist gar keine Misere ist).

Unsere Sehnsucht nach Freiheit von unserer irgendwie verfahrenen Situation und der Versuch diese Freiheit zu erreichen, kann sich auf vielerlei Weise ausdrücken: Wir trinken Alkohol, nehmen Drogen, lenken uns mit Konsum, Unterhaltung und Sex ab, verändern uns körperlich, kleiden uns auf neue Weise, wechseln unseren Beruf, Partner, unsere Wohnung, reisen durch die Welt. Aber wir nehmen unsere geistigen Verdunkelungen immer mit und geistige Befreiung werden wir so nicht wirklich finden. Vielleicht geht es uns unter veränderten äußeren Bedingungen zeitweilig besser bzw. wir fühlen unsere Misere nicht mehr so, aber mit einem klaren und erwachten Geist können wir zu ganz anderen Dimensionen vordringen, auch wenn sich äußerlich nichts ändert.

Manchmal wünschen wir uns auch, dass andere Menschen, Bekannte, Freunde, Familienangehörige, Politiker, religiöse Führer, Ideen, Ideologien uns von unseren Problemen befreien. Kurzfristig können sie vielleicht helfen, unsere Situation zu verbessern, und sei es auch nur dadurch, dass sie uns Hoffnung geben. Langfristig kann uns aber nur das Ablegen unserer dunklen inneren Brille das Licht und die Befreiung in unserem Geist zeigen. Die Weisheit, die tief in unserem Innern verborgen ist, kann, wenn wir sie uns erschließen, helfen, die Welt, in der wir leben, auch äußerlich lebenswerter zu machen.

Manche Dinge erscheinen so:

An der Oberfläche:
ein Wespennest,
ein Machtkampf
und ein Bemühen darum,
dies zu verbergen.

Unter der Oberfläche:
Ängste,
Unsicherheit
und Hilflosigkeit.

In der Tiefe:
Ekstase,
Klarheit
und Leerheit.

Welche Ebene
wählst du?

Der Begriff der Leerheit wird von vielen Menschen, die den Dharma nicht oder nur oberflächlich kennen, oft falsch verstanden. Aber auch Buddhisten unterschiedlicher Traditionen interpretieren diesen Begriff auf jeweils andere Weise.

Aus der Sicht des Vajrayanas kann man folgendes sagen: Die samsarische Sicht der Leerheit ist kein Nichts, sondern sie ist ein philosophisches Konstrukt, das dabei helfen soll, ein Verständnis davon zu entwickeln, dass die Dinge nicht so sind, wie sie uns bei unkritischer Betrachtungsweise spontan erscheinen. Wenn wir nämlich ein wenig nachfassen, wie wir die Welt sehen, steht dahinter oft auch der Gedanke, dass die Dinge genauso sind, wie wir sie erleben und dass es hinter unseren Wahrnehmungen etwas Wirkliches, Absolutes, aus sich selbst heraus Bestehendes, Inhärentes gibt, das unsere Sicht untermauert.

Wir sehen z.B. unsere Nachbarin Frau X und empfinden vielleicht spontan Abneigung ihr gegenüber, überhören ihren an uns gerichteten Gruß und drehen uns weg. Wir haben uns schon so oft über diese bösartige Frau geärgert und wollen ihretwegen nicht schon wieder ein Magengeschwür bekommen.

Wenn wir nun aber in einem ruhigen Moment diese Situation noch einmal überdenken, fällt erst mal auf, dass wir Frau X für eine grundsätzlich bösartige Frau halten. Sie war so und wird immer so sein. Sie ist sozusagen aus sich selbst heraus (inhärent, wahrhaft) böse. Wer böse ist, hat das Potential, uns zu schädigen. Wer uns schädigt, vor dem müssen wir uns schützen, ihn vielleicht sogar bekämpfen. Diese ganze Gedankenkette hängt an der ursprünglichen Annahme, dass die Nachbarin wahrhaft böse ist. Sie ist ein Teil des inhärent Bösen.

Die Welt, wie wir sie ganz natürlich erfahren, erscheint ebenso wie die Nachbarin so zu sein, wie wir sie wahrnehmen. Mal sind die Dinge inhärent gut, mal schlecht, mal klein, mal groß usw.. Beim genauen Hinsehen merken wir aber, dass unsere spontane geistige Wahrnehmung und auch die Schlussfolgerungen, die wir daraus ziehen, eine Illusion sind, die nicht zu halten ist, denn bei genauer Untersuchung ist nichts so, wie es sich uns im ersten Moment darstellt. Es ist leer davon, so zu sein, wie es zunächst erscheint.

Wenn wir also nun noch mal die Begegnung mit Frau X beleuchten, dann können wir zunächst einmal auf unsere negativen Erfahrungen mit der Nachbarin zurückgreifen. Diese alten Muster trüben nun unseren aktuellen Blick auf sie. Sie hat uns gerade gegrüßt. Können wir ihren Gruß nicht wenigstens höflich erwidern? Vielleicht kann das der Beginn einer wunderbaren Freundschaft werden, vielleicht nicht gleich aber irgendwann. Die Nachbarin, die bei uns Magengeschwüre bewirkt hat, könnte im günstigsten Fall ein Quell von Freude und Glück für uns werden.

Ohne unsere Konzepte von etwas wahrhaft Innewohnendem in bzw. hinter den Dingen könnten wir jeden Moment weniger getrübt, weniger unwissend erleben und dadurch auch viel passender und situationsgerechter auf ihn reagieren. Sich auf die Leerheit einzulassen, bedeutet also letztlich, sich von einer erstarrten, eingefrorenen Welt, die ja vollkommen unrealistisch ist, zu verabschieden. Alles fließt, alles schwingt nämlich, verändert sich in jedem

Moment. Dazu gehören natürlich auch die Strukturen unseres Geistes, so wie sie z.B. in meinem Terma dargestellt werden.

Solange der „Eisring" besteht, ist unsere geistige Wahrnehmung von uns selbst, den anderen und der Welt starr, wie eingefroren. Wenn wir das Eis durch intellektuelle und meditative Schulung sowie Mitgefühl mit den Wesen „auftauen", kann mehr geistige Flexibilität entstehen.

So viel Freiheit von Konzepten kann unserem Ego Angst machen, denn es spürt, dass die Beschäftigung mit der Leerheit auch vor ihm nicht Halt machen wird. Aber je weniger Ego wir haben, desto mehr werden wir das grenzenlose geistige Potential in uns erahnen, das Genie, den Buddha. Wer wird also an einem faulen Ei (unserem Ego) festhalten wollen, wenn er stattdessen einen Klumpen Gold (unser erleuchtetes Potential) erhalten kann.

Doch wir müssen geduldig mit uns selbst sein: der Goldklumpen lockt, aber das faule Ei kennen wir und es ist uns doch sooo vertraut…

Hinter jedem
neuen
Vorhang

sehe ich mein Ego
schon wieder

sitzen.

Pausenlos
versuche ich

meine
alten
inneren

Verkleidungen

abzuwerfen.

Aber mein Ego
ist trickreich.

Es lässt sich nicht
so leicht

abstreifen.

Die leere
Hülle

erscheint
aufs Neue

mit

tausend

anderen
Gesichtern.

Die Geschichte eines Briefes

Angenommen

es gab mal ein verheiratetes Paar mit drei kleinen Kindern, das auf dem Lande lebte. An einem Nachmittag im Sommer rief der Mann seine Frau Eva und sagte das Folgende: „Mein Liebling, ich muss dir etwas sehr Schönes mitteilen: unser spiritueller Lehrer hat uns einen Brief geschrieben und ich würde ihn gerne öffnen und gemeinsam mit dir lesen." Seine Frau war sehr erfreut und *auch sehr neugierig. Ihr Lehrer war ein weiser Mann, vielleicht sogar erleuchtet oder zumindest nicht allzu weit davon entfernt. Man kann sich also vorstellen, was für ein wunderbarer Brief das war.*

Sie setzten sich draußen in den Garten, das Wetter war großartig und die Kinder Anne, Betty und Cecil spielten ruhig auf der anderen Seite des Hauses. Was für eine günstigere Zeit gab es also als jetzt, um den Brief zu öffnen? Und das, was Eva und ihr Ehemann lesen konnten, war das folgende:

„Lieber Adam, liebe Eva,

wir kennen uns nun schon viele Jahre lang. Als ihr mich letztes Mal besuchtet, konnte ich wirklich sehen, wie fortgeschritten ihr beiden in eurer Meditations-Praxis seid. Leider hatte ich nicht genug Zeit, um während eurer Anwesenheit mit euch zu sprechen, und weil ich weiß, dass ihr beide wirklich mit eurer spirituellen Entwicklung so weit wie möglich vorankommen wollt, schreibe ich euch jetzt diesen Brief.

Adam hatte mich vor einiger Zeit gefragt, über welchen nächsten Punkt er nachdenken und meditieren könnte, und weil ich denke, dass du Eva, mehr oder weniger auf dem gleichen Stand bist wie dein Ehemann, werde ich euch beiden nun einige Sätze für eure Praxis geben. Und wenn ihr beide glaubt, ein wenig von dem verstanden zu haben, worüber ich spreche, würde ich mich darüber freuen, wenn ihr mir eine Antwort schreibt."

Was war das für ein außergewöhnlicher Brief! Eva wurde so aufgeregt, dass ihr Mund trocken wurde. Deshalb bat sie ihren Mann, das Vorlesen zu unterbrechen. „Ich werde mir etwas Tee machen, Liebling", sagte die Frau „Willst du auch welchen haben?" Und weil Adam auch Tee wollte, ging Eva ins Haus und kam nach einer Weile zurück. „Die Tee-Maschine ist kaputt", sagte sie. Ich vermute, dass das Anne war. Ich habe ihr gesagt, dass sie die Maschine nicht anfassen soll, aber du weißt ja, wie sie ist. Sie hört einfach nicht zu. Ich habe stattdessen Fruchtsaft mitgebracht."

Nun las Adam weiter: *„Ich weiß, dass das Thema, über das ich jetzt schreibe, wirklich sehr anspruchsvoll ist. Wo soll ich beginnen? Vielleicht sollte ich euch zuerst zwei schwierige Begriffe geben:* **Abhängiges Entstehen und Leerheit**.*"*

In diesem Moment kam Betty angerannt: „Mama und Papa, wo ist mein Stück Kuchen, das ich gestern in den Kühlschrank gestellt habe? Gerade habe ich die Tür geöffnet und es war nichts mehr da. Jemand muss es aufgegessen haben! Ich glaube es war Cecil! Er wollte mein Stück schon gestern haben, weil er dachte, dass meins größer war."

O nein! Wieder die Kinder! Nun, wo Eva gehofft hatte in Ruhe über die Worte ihres Lehrers nachdenken zu können! „Bitte sei lieb Betty! Papa und ich haben gerade einen sehr wichtigen Brief von jemandem bekommen. Wir müssen uns jetzt wirklich konzentrieren. Wenn du aufhörst herumzumaulen, werde ich morgen einen andern Kuchen backen und du wirst ein sehr großes Stück davon bekommen. Versprochen!"

*Nachdem Betty weggegangen war, las ihr Vater weiter: „Nun bitte ich euch, über die folgenden Sätze nachzudenken und zu meditieren: 1) **Durch das Erscheinen von Phänomenen wird Nihilismus vermieden.**"*

Jetzt kam Cecil angerannt. Er hatte Tränen in den Augen: „O Mama! Betty ist eine Lügnerin! Ich habe ihren Kuchen nicht gegessen! Ich habe ihn auf einem Teller in ihrem Schrank gefunden! Sie wollte mich nur anschwärzen und mehr von euch bekommen!"- „Stört uns jetzt nicht, Kinder", sagte Adam. „Wir werden später darüber sprechen!"

*Und er fuhr mit dem Lesen fort: „2) **Durch die Leerheit von inhärenter Existenz wird das Extrem des Eternalismus vermieden.**"*

Nun kam auch Betty wieder an. „Ich kann mit meinem Stück Kuchen machen was ich will! Du nimmst sowieso immer meine Sachen weg und benutzt sie! Das darfst du nicht, aber sobald ich aus meinem Zimmer raus bin, nimmst du dir, was du willst!"-Meins, meins, meins! Ich kann diese Worte nicht mehr hören! Du denkst alles gehört dir! Aber das ist nicht wahr! Gestern habe ich nur die gelben Socken aus deinem Schrank genommen, die dir in der Zwischenzeit zu klein geworden sind. Die muss ich nun tragen, obwohl ich sie überhaupt nicht mag."

Arme Adam und Eva! Wie konnten sie in diesem Chaos über die Worte ihres Meisters nachdenken? Aber der Ehemann gab nicht auf und fuhr fort zu lesen: „Ich weiß, dass es sehr lange Zeit brauchen wird, um über diese Sätze nachzudenken. Und vielleicht sollte ich hier schließen. Aber in ein paar Tagen werde ich mich auf eine längere Reise begeben, die sicherlich einige Monate dauern wird. Und deshalb werde ich euch, nur für den Fall, dass ihr eure Meditationen schneller bewältigt, als ich denke, noch etwas mehr geben:

Wenn man Leerheit und abhängiges Entstehen kombiniert, kann man aber auch sagen: **3) Durch das Erscheinen der Phänomene wird das Extrem des Eternalismus vermieden**, *weil, wenn man zur Kenntnis nimmt, dass Phänomene existieren, erkennt man, dass sie nur in Abhängigkeit existieren. Und so sind sie leer davon, aus sich selbst heraus zu existieren."*

„O nein!" sagte die Mutter, die sah, dass die Kinder nicht bereit waren zu gehen. „Das ist jetzt wirklich zu viel! Gerade eben, als ich mich mit Papa hier hinsetzte, dachte ich noch, was für ein schöner Sommertag das sei! Und nun erschient ihr hier, schreit und heult! Ihr solltet jetzt besser gehen, bevor ich ärgerlich werde!"

„Soll ich wirklich fortfahren zu lesen, Liebling?" sagte Adam, als die Kinder verschwunden waren. „Lass uns versuchen, den Brief zu beenden. Es ist offenbar sowieso nicht mehr viel übrig", antwortete seine Frau.

„ **4) Durch die Leerheit wird das Extrem des Nihilismus vermieden,** *weil Leerheit bedeutet: Leerheit von unabhängiger Existenz. "Dann folgten einige Grüße und die Unterschrift des Meisters.*

„Ich muss sagen", bemerkte Eva, „im Moment kann ich überhaupt keinen Gedanken fassen. Die Kinder stören uns die ganze Zeit. Ich sollte lieber zurück in die Küche gehen und die Tee-Maschine reparieren. Ich möchte wenigstens morgen Tee haben."

Adam und Eva gaben also auf, über die Worte ihres Meisters nachzudenken. Glaubst du, dass sie das je schaffen werden?

Wie schon gesagt, werden im Alaya Vijnana all die geistigen Anlagen gespeichert. Insbesondere Anlagen, die durch negative Taten entstehen, verdunkeln das Allbasisbewusstsein und damit das hinter ihm verborgene untere Ushnisha-Chakra. Gelangt der Yogi nun aus der Erfahrung des Zustands der Weite, Glückseligkeit und großer Klarheit im Laufe seiner fortschreitenden Entwicklung auf den Bodhisattwa-Bhumis (den unterschiedlichen Stufen der Erleuchtung) an das Alaya Vijnana, macht er eine Erfahrung, die alles infrage stellt, was er bisher in seinen Meditationen erlebt hat.

Auf dem neunten Bodhisattwa-Bhumi wird der Yogi von den in seinem Allbasisbewusstsein erscheinenden Verdunkelungen und von der Intensität der damit verbundenen Erfahrungen überwältigt, zumal, wenn er von diesen Erlebnissen überrascht wird. Und er wird beim meditativen Hindurchgehen durch diese Schicht alle seine bisherigen Siddhi, seine Wunderkräfte, verlieren und seien sie auch noch so wunderbar gewesen. Das ist offenbar ein ganz natürlicher Vorgang und hat nichts mit einem Fehlverhalten des Yogis zu tun.

Wenn man als tantrischer Praktizierender schnell durch diesen Prozess der Reinigung des Alaya Vijnanas hindurchgehen will, muss man weiterhin die Sicht der Leerheit hervorbringen und während der aufkommenden Erscheinungen in meditativer Konzentration halten können. Dies ist sehr viel schwieriger als auf den Bodhisattwa-Stufen zuvor. Schafft man diese hohe Leistung nicht, kann es sehr lange dauern, bis der Vorgang des Hindurchgehens und Reinigens abgeschlossen ist. Erst danach, wenn der Yogi auf dem zehnten Bhumi in dem unteren Ushnisha-Chakra angekommen ist, wird sein Geist wieder klar und strahlend werden und neue Siddhi können entstehen, die dauerhaft sind.

Durch Kenntnis meines Termas begann ich zu verstehen, warum der hoch verwirklichte Yogi Milarepa, der von sich selbst glaubte, fast schon die volle Erleuchtung erlangt zu haben, im Sterben scheinbar abstürzte und alle seine Wunderkräfte verlor. Dies ist auch die jetzige Situation von Shamar Rinpoche, der innerhalb einiger Lebzeiten schon durch sein Alaya Vijnana hindurchzugehen versucht, der aber durch die dabei aufkommenden Verdunkelungen immer wieder einmal als samsarisches Wesen erscheint und seine bisherigen Siddhi langsam verliert. Offensichtlich kann er die Sicht der Leerheit nicht mehr halten oder er kann sie während dieser Erfahrung von Trübung nicht mehr in seinem Geist hervorbringen.

So hatte der von mir gefundene Geist-Terma endlich meine Frage beantwortet, warum Milarepa seine Wunderkräfte verloren hatte und warum er spirituell abstürzte, obwohl er doch schon so hoch verwirklicht gewesen war. Im Vajrayana haben wir Mittel an der Hand, um uns raketengleich in höchste Verwirklichungsebenen zu katapultieren, wenn wir nur konsequent genug üben und großes Mitgefühl haben. Wir dürfen uns also gleich in Papas Rennauto setzen und losfahren.

Aber es werden irgendwann dann doch noch Probleme auftauchen, wenn wir durch unsere yogische Verwirklichung nicht weiter die Grundlagen der Basis praktizieren. „Jede Art von Dharma-Praxis ist gut." hatte mir der Karmapa auf meine verzweifelte Frage geantwortet, was ich tun könnte, um meine Blockade zu beseitigen. Einerseits war mein Geist hoch verwirklicht gewesen (Krankenwagenfahrer), andererseits war ich durch den im Sterbeprozess des Yogis aus vergangenen Tagen völlig unerwarteten Kontakt mit dem Müll meiner inneren Festplatte wieder auf die Ebene eines Zweijährigen heruntergefallen. Genauso geht es wohl im Moment Shamar Rinpoche auch, nur dauert dieser Prozess bei ihm offenbar insgesamt länger. Und anderen Meistern könnte es auch so ergehen, wenn sie denn weit genug fortgeschritten sein werden und schließlich auf den neunten Bodhisattwa-Bhumi gelangen.

Buddha Shakyamuni hatte vor seiner vollkommenen Erleuchtung etwa vier Milliarden Jahre lang unendliche Inkarnationen hintereinander Gutes getan, also Verdienste angesammelt, und negative Taten vermieden. Er war noch vor seiner letzten Inkarnation im paradiesgleichen Tushita-Himmel, von dem aus er dann in seinem Leben als Siddharta Gautama die Buddhaschaft erlangte, ein Prinz gewesen, der wegen seiner Großzügigkeit vom Volk verjagt worden war und der dessen ungeachtet selbst Ehefrau und Kinder in der Folgezeit weggab, einfach, weil ihm das Wohl der anderen viel wichtiger war als sein eigenes.

Wenn man mit einem derart geläuterten Geist an das Alaya Vijnana kommt, dann ist dieses glasklar. Man geht hindurch, ohne abzustürzen. Man kann gleich sein unteres Ushnisha-Chakra aktivieren und dessen vollen Glanz entfalten. Vielleicht hat man dann auch keinerlei Mühe mehr, danach das obere Ushnisha-Chakra zu aktivieren, womit die volle Erleuchtung erreicht wird.

Es lohnt sich also, ist geradezu notwendig, selbst beim Erreichen einer stabilen geistigen Verankerung in der Erfahrung der Weite noch, sich innerlich darauf vorzubereiten, dass man sich, selbst bei hochkarätiger Praxis, unvermutet wieder mitten in seinen Geistesgiften befinden kann, und zwar mit allen Konsequenzen.

Milarepa wurde durch diesen Absturz irgendwann sogar als Fliege wiedergeboren. Aus diesem Dasein rettete ihn der Karmapa, indem er sich als Spinne manifestierte und die Fliege tötete. Bei diesem Tötungsprozess führte er die Fliege in die Natur ihres Geistes ein, so dass als karmische Konsequenz davon eine Wiedergeburt als Mensch erfolgen konnte. Hätte der Buddha damals die Verdienste des Mahls der edlen Spender nicht dem Bettler vor dem Tor gewidmet, dann hätte ich in diesem Leben trotzdem noch nicht wieder den Zugang zum Dharma erhalten. Vielleicht hätte ich noch tausende von Jahren in leidvollen Existenzen leben müssen, bevor es spirituell endlich wieder weitergegangen wäre.

Shamar Rinpoche würde, da er in dieser Krise seines Geistes sogar den Sangha gespalten hat, vielleicht für Milliarden von Jahren in der schrecklichsten aller Höllen verbringen müssen, wenn er sein Handeln nicht schnellsten korrigiert, und zwar in diesem Leben noch. Falls er es nicht täte und in die geistige Dunkelheit gehen müsste dann würde ihm in seiner Verwirrung der Karmapa vielleicht zweifach erscheinen und er würde nicht wissen, welcher von beiden der Richtige wäre. Und für wen er sich in seiner Verzweiflung auch entscheiden würde, um aus seinem grenzenlosen Elend herauszukommen: er würde immer auf den falschen setzen. Die Avīci-Hölle ist die Hölle des Wahnsinns. Es ist kaum aushaltbar, sich diese Qualen vorzustellen.

Der Karmapa war diesmal über alle Grenzen der Kagyü-Tradition herausgegangen, in dem er zweimal offiziell als Karmapa auftrat, einmal als Inkarnation und einmal als Herzens-Emanation. So waren seine zahlreichen Schüler zwar verwirrt, aber sie hatten in beiden Erscheinungen einen echten tantrischen Lehrer. Sie brachen die Gelübde nicht, die sie ihrem Vorgänger, dem sechzehnten Karmapa, gegeben hatten. Sie konnten also als Konsequenz davon nicht in niederen Daseinsbereichen wiedergeboren werden, weil sie eben keinem falschen Lehrer folgten, der sie über seine Identität täuschte.

Ich fragte mich, ob ich etwas tun könnte, um meinem verwirrten Bruder Shamar Rinpoche zu helfen. Vielleicht musste ich die Hoffnung auf ein zukünftiges gemeinsames Leben mit Karmapa darbringen, das Leben mit meiner höchsten Kostbarkeit, die ich ja nie aufgegeben hatte zu suchen, meinem Schwarzauge. Dies war ohnehin nur ein Traum meines verwirrten Geistes gewesen. Es tat so unendlich weh, diesen Wunsch loszulassen. Aber wem tat es weh? Dem Geist des Zweijährigen, dem Ego. Und das wollte ich doch zerstören, denn es würde immer wieder, und sei es auch noch so subtil, meinen geistigen Untergang einläuten.

Offenbar würde ich nach der Prophezeiung des fünften Karmapas das Karma für die Überwindung der Spaltung des Sanghas haben, obwohl ich nicht im Entferntesten ahnte, wie ich das machen könnte:

Zu dieser Zeit wird eine mit positiver Aspiration aus früheren Leben, eine Emanation von Padmasambhava, von Westen kommen. In Pelz gehüllt und mit flinkem und kämpferischem Geist, wird sie zornvoll die Worte des Dharmas verkünden. Jene, die ein sonnenverbranntes Gesicht und vorstehende Augen hat, wird die Emanation besiegen, die das Samaya gebrochen hat. Sie wird Tibet eine Zeitlang beschützen. Und in dieser Zeit wird Glück erlebt, wie man es empfindet, wenn die Sonne erscheint.

Um dabei zu helfen, die Prophezeiung zu erfüllen, überlegte ich oft, was ich denn dafür tun könnte. Ich war in so einer großen geistigen Krise, ohne besondere Fähigkeiten, die andere von meiner ehemaligen Existenz als Yogi überzeugen konnten, jeden Tag krank und zu schwach, ein normales Leben zu führen, ein geistiges und körperliches Wrack. Was konnte ich denn für andere tun, geschweige denn für die Linie? Was konnte ich bewältigen, an dem sich noch ganz andere die Zähne ausgebissen hatten? Wäre da nicht die Prophezeiung gewesen und wäre ich nicht überzeugt gewesen, dass ich sie erfüllen konnte, weil der Karmapa allwissend war und sich mit dieser Prophezeiung nicht getäuscht haben konnte, ich hätte mich auf meinem Bett zusammengerollt und auf mein baldiges Ende gewartet.

Aber konnte nicht auch eine Wespe einen Atomkrieg verhindern, indem sie verborgen auf den Moment wartete, wo ein mächtiger Politiker sich mit seinem Finger dem roten Knopf näherte, der eine Atombombe zünden würde? Kurz vor der Tat würde die Wespe hervorkommen, um den Politiker in eben diesen Finger zu stechen und damit würde sie größtes Leid für unendlich viele Wesen verhindern. Vielleicht konnte ich das auch, auf meine schwache Weise. Die Wespe war immerhin nur ein Insekt, ich dagegen war ein Mensch.

Ein Gebet,
an meinen spirituellen
Lehrer gerichtet:

Ich sehe
in endlose
innere
Räume,

wenn ich
in deine
Augen
blicke,

so zeigst du mir
die Natur
deines Geistes.

Deine Stimme
löst den letzten
Knoten
meines
Herzens
auf,

so öffnest
du mir die Tür
zu
deinem
Frieden.

Mögest du mich
auch

in all
meinen
zukünftigen

Existenzen
begleiten!

Möge mein Geist
wie dein Geist,

und möge mein Herz
wie dein Herz
werden!

Auch in der Bibel gibt es Prophezeiungen. Die Offenbarung des Johannes (Kapitel 12) gehört dazu. Dort wird ja am Ende der Zeiten die Apokalypse angekündigt. Immer wieder einmal gab es wohl auch deshalb Menschen, die Zeichen des bevorstehenden Weltuntergangs zu entdecken glaubten. Ja, die aktuellen Zeiten sind nicht gut. Auch der Buddha bezeichnet diese Epoche als Zeit des (spirituellen) Niedergangs. Er ist der vierte von mehr als tausend prophezeiten Buddhas, die noch in dieser Welt erscheinen sollen, und zwar immer dann, wenn der Dharma jeweils vollkommen verschwunden sein wird. Mit dem Erscheinen des nächsten Buddhas (Maitreya) rechnen manche in etwa 30 000 Jahren. Es kann also noch eine Weile dauern, bis unsere Welt definitiv untergehen wird.

Aber unser persönlicher Weltuntergang kann schon früher kommen. Wir wissen ja nicht, wann wir sterben werden und wie unsere nächste Existenz aussieht. Wird sie unser persönlicher Super-Gau sein? Werden wir in angenehme Gefilde kommen oder nicht? Es gibt diesbezüglich ein großes Spektrum von Möglichkeiten.

Interessant finde ich in der Offenbarung des Johannes das Auftauchen einer Frau als Heilsbringerin. Als Dharma-Praktizierende nehme ich mir nun die Freiheit, dieses interessante christliche Bild einmal aus buddhistischem Hintergrund zu deuten.

Die Frau ist mit der (Rigpa?)-Sonne bekleidet und bringt ein Kind (als Symbol einer Hoffnungsvollen Zukunft?) zur Welt. Sie hat den Mond (der sich als Ausdruck der Illusionsgleichheit unseres Erlebens in den Pfützen spiegelt?) unter ihren Füßen. Viele halten sie für die Jungfrau Maria. Im Buddhismus gibt es Tara in vielfältiger Form als Schützerin und Befreierin.

Egal, wie man es deutet: Das Weibliche gehört zur Befreiung dazu. Im Dharma steht das Weibliche auch als Symbol für Weisheit. Das Männliche steht als Symbol für die Methode, die erforderlich ist, um die Befreiung zu erreichen. Ihre Vereinigung wird oft in Form der sexuellen Verschmelzung dargestellt als Ausdruck des Resultats der Erleuchtung.

Vielleicht könnte uns auch mit der kosmischen Frau in der Offenbarung des Johannes unser Ausstieg aus einem möglichen persönlichen Horrorszenario gezeigt werden. Dafür könnte ihre Krone aus zwölf Sternen stehen (vielleicht die erleuchtete Schau der zwölf Glieder des Abhängigen Entstehens?). Auf das diesbezügliche Abhängige Entstehen werde ich noch eingehen.

In der besagten Offenbarung wird das Kind, das die Frau gebiert, genau wie sie selbst von dunklen Kräften bedroht. So ist das nun mal mit dem Aufzeigen des Weges zur Befreiung. Der rote Teppich wird einem dabei meist nicht gleich ausgelegt.

Das Kind, das die Frau gebiert und das damit das Resultat aus der Vereinigung mit dem Männlichen repräsentiert, regiert mit eisernem Stabe. Im Dharma gibt es einen magischen Stab, Khatvanga genannt. Er gilt als Symbol für übernatürliche Fähigkeiten (Siddhi). Die kann man auf dem Weg zur Erleuchtung erhalten.

Aber auch wenn Christentum und Buddhismus (insbesondere im kleines Fahrzeug bzw. Theravada) auf weiten Strecken sehr ähnlich sind: Unterschiede und unterschiedliche Interpretationen gibt es auch.

Nachdem
Jesus

zum Himmel
gefahren

war,

kamen ihm
während seines
Aufenthaltes
dort

einige Bedenken,

ob es richtig wäre,
in diesen Sphären
zu bleiben.

Ihm selbst
ging es recht
gut,

aber was war
mit den anderen
Wesen?

Manche liefen
geradewegs

in ihr
Unglück

ohne zu wissen,
was sie

taten.

Vielleicht
könnte er
den Leuten

zu deren Lebzeiten

noch ein wenig
vor Ort

helfen,
und so

Schlimmes
verhüten.

(Denn nicht alle

beteten
zu ihm.)

Einige Menschen
kannten
ihn
nicht einmal,

und manche,
die von ihm

gehört
hatten,

waren in

keiner

Weise

an ihm
interessiert.

Um also
möglichst
vielen

Hoffnungslosen

zu helfen,
wurde er

der Sohn

einer drogensüchtigen
Prostituierten

und arbeitete
später

als Hilfskellner
in einem

Bahnhofsrestaurant.

Er erkannte
bei seiner Tätigkeit
übrigens

gelegentlich

auch den einen
oder anderen

Engel,

der sich ebenfalls
in der Nähe

inkarniert
hatte.

Manchmal
tranken sie

gemeinsam

ein Bier
in der Kneipe
gegenüber

und ließen

den lieben Gott
einen guten

Mann
sein.

Der Dalai Lama sagte einmal: "Jeder gute Mensch ist ein Buddhist." Hier hat er vermutlich gemeint, dass der Dharma keinerlei Vorbehalte anderen Religionen gegenüber hat und sie als dem Buddhismus gleichberechtigt anerkennt. Nicht ohne Grund hat der Buddha 84 000 verschiedene Belehrungen gegeben, wohl aus der Erkenntnis heraus, dass jeder Mensch anders ist und dass das, was dem einen nützt, den anderen hindern kann.

Manchmal reichen selbst diese vielen Unterweisungen nicht aus. Andere Religionen passen da dann selbst aus buddhistischer Sicht offenbar besser. Entscheidend ist, ob der Mensch heilsam denkt und handelt. Im Umkehrschluss heißt das natürlich auch, dass ein Buddhist, der nicht heilsam denkt und handelt, aus Sicht des Dalai Lamas kein Buddhist ist, selbst wenn der Mensch sich als ein solcher bezeichnet.

Der katholische Theologe Stephan Kulle zitiert in seinem Buch "Karmapa, der neue Stern von Tibet" den Karmapa auf die Frage nach Gott im Buddhismus folgendermaßen:

"Was ich glaube ist: Auch wenn sie (die Religionen) alle verschieden sind, ist es doch vielleicht derselbe Gott, an den sie glauben. Auch wenn wir in der buddhistischen Philosophie andere Begriffe benutzen, so denke ich, der Begriff der *Natur der Phänomene*, die Buddhanatur, könnte vielleicht das Gleiche meinen wie der Gottesbegriff. Ich denke, Gott ist keine Person, sondern eher eine Art Energie."

"Viele Menschen beten zu Gott. Aber manche Menschen beten nur im eigenen Interesse zu ihrem Gott. Andere beten zum Wohl anderer fühlender Wesen. Ihre Motivationen sind verschieden."

Manchmal glaube ich, dass es sich so verhalten könnte: Wenn wir uns auf einen spirituellen Weg machen, dann sind wir zunächst in unserem Alltagsbewusstsein, dass dem „Eisring" in einigem Abstand um das Allbasis-Bewusstsein entspricht und das ist dann die Basis für unsere Sicht von der Welt und natürlich auch für unsere Religion, sofern wir denn eine haben. Im Alltagsbewusstsein gehen wir davon aus, dass alles, was wir durch unsere Sinne wahrnehmen, auch 1:1 der Realität entspricht, auch wenn dies nicht der Fall ist. Äußerungen wie "Ich glaube nur, was ich sehe." gehören dazu. Ich frage mich dann manchmal: was macht derjenige, wenn er blind wird? Glaubt er dann gar nichts mehr?

Menschen, die so denken, verlassen sich also auf das, was ihr Sehsinn ihnen vermittelt. Diese Wahrnehmung erscheint ihnen als eine verlässliche Stütze, vielleicht sogar als absolut richtige Information. Es lohnt sich also, hier einmal genauer hinzusehen und diese Stütze zu beleuchten. Dies kann auch ein Weg zur Transzendenz sein.

Wenn man sich in diesem Zusammenhang also einmal klar macht, wie die Sinneseindrücke des Sehens in unser Gehirn kommen, dann sieht man, wie kompliziert die Angelegenheit ist und wenn man sich dazu noch vorstellen kann, wie viele Möglichkeiten der Störung das Ergebnis verfälschen können, dann schwindet die sichere Basis unserer Alltags-Erfahrung zunehmend dahin.

Welche Erkenntnisse über diesen Vorgang sind denn heutzutage wissenschaftlich und medizinisch gesichert? Das gilt es zu beleuchten. Im Moment kann man sich aus dem bereits bekannten Wissen das Zustandekommen eines Seheindrucks in unserem Gehirn folgendermaßen ableiten: Zunächst einmal gibt es da also irgendein wahrzunehmendes Objekt außerhalb unseres Körpers, das uns irgendwie erscheint. Da das Objekt ja nicht in uns ist, kommt es auf viele Dinge an, die Informationen vom Objekt zu uns bringen, wie z.B. darauf, welches Medium sich zwischen uns und dem Objekt befindet (Luft, irgendein Gas oder Wasser z.B.) und dann kommt es natürlich noch darauf an, für welche energetische Frequenz des Objektes unser Seh-System überhaupt offen ist.

Ultraviolette und infrarote Strahlen von ihm können wir z.B. gar nicht wahrnehmen, wir wissen aber grundsätzlich, dass es sie gibt. Vielleicht gibt es noch ganz andere Frequenzen des Objektes, die wir noch nicht einmal kennen, die unser Objekt aber hat, und vielleicht sind diese Frequenzen sogar das Wesentliche bei dem Objekt. Unser Auge kann also nur einen bestimmten Frequenzbereich erfassen, was bedeutet, dass wir u.U. nur einen Teil der Realität des Objekts überhaupt wahrnehmen können. Und es ist noch nicht einmal sicher, wie bedeutend dieser Teilausschnitt der Wirklichkeit überhaupt ist.

Die für uns sichtbaren Strahlen, die das Auge schließlich nach Durchdringen eines Mediums erreichen, werden beim Durchtritt durch die Pupille gebrochen und durch die Brechung hinten an der Netzhaut andersherum wiedergegeben, als sie ins Auge eintreten. Bevor sie die Netzhaut erreichen, müssen sie noch durch den sogenannten Glaskörper hindurch, der entgegen seines Namens gar nicht glasklar ist. In ihm befinden sich z.B. physiologische Kondensationen von Kollagenfibrillen, die uns manchmal bei großer Müdigkeit als sogenannte **"Mouches volantes"** erscheinen (auf Deutsch fliegende Mücken genannt).

Die Strahlen kommen schließlich irgendwie an der Netzhaut hinten am Augapfel an. Dort aber liegt die rezeptorische Seite der Zellen, die die Sehinformationen aufnehmen, vermutlich gar nicht. Die Strahlen müssen stattdessen erst etwa drei Zellschichten durchdringen, weil die Sehrezeptoren an der Rückseite der Netzhaut liegen. Was die dann aufnehmen, ist die erste direkte Information vom Objekt.

Nun wird dieser Input von Nervenzellen aufgenommen, die die Reizung der Sehzellen in Form von Impulsen übermittelt bekommen. Diese Informationen vom ursprünglichen Objekt werden dann in einen Code, also in eine andere Sprache, übersetzt. Wer einmal ernsthaft versucht hat, als Übersetzer tätig zu werden, weiß, wie schwierig dieser Job ist. So stellt sich dann immer wieder die Frage, ob man z.B. wörtlich oder sinngemäß übersetzen soll. Wörtliche Übermittlungen werden nämlich in der anderen Sprache manchmal ganz anders verstanden als sie gemeint sind. Sinngemäße Übersetzungen setzen voraus, dass der Übersetzer den Sinn des Gesagten vollständig erfasst hat. Er muss also auch noch sachkundig sein, um die Aussage richtig zu verstehen und weiterzugeben.

Was passiert nun auf der Ebene der Sinneszellen einerseits und der Nervenzellen andererseits? Wie werden dort Informationen weitergegeben und auf das verstehbare Niveau des Empfängers übersetzt? Das wissen die Gelehrten wohl noch nicht. Aber hier können schon erste Schwierigkeiten vermutet werden. Was versucht die Sinneszelle denn der Nervenzelle mitzuteilen? Eine einzige Zelle kann doch vermutlich nicht das ganze Objekt vollständig erfassen und dann auch noch 1:1 verstehbar übertragen. Es wird also wohl nur ein Teilausschnitt wiedergegeben werden und es wird die Information vieler Sinneszellen nötig sein, die einzeln ihre Erkenntnisse an die jeweils nachfolgende Nervenzelle weitergeben. Die einzelne Nervenzelle leitet nun das aufgenommene Reizmuster der einzelnen Sehzelle oder sogar mehrerer von ihnen weiter ins Gehirn. Ebenso machen es die anderen Nervenzellen, die an Sehzellen angrenzen. Vielleicht hilft die Informationsflut ja dabei, das Objekt klarer zu erkennen, vielleicht aber auch nicht.

Die Verbindung zweier Nerven miteinander wird als Synapse bezeichnet. Das sind besondere Endstücke des sendenden und Anfangsstücke des empfangenden Nervens. Zwischen beiden liegt ein Spalt. Die Übertragung der ankommenden Information über den Spalt hinweg geschieht durch Ausschüttung von Stoffen (Neurotransmittern). Hier findet also erneut eine Übersetzung in eine andere Sprache statt, diesmal von einem elektrischen Impuls in eine chemische Reaktion. Und danach wird im aufnehmenden Nerven diese chemische Reaktion wieder in einen elektrischen Impuls übersetzt, der dann durch den Nerven hindurch bis zur nächsten Synapse geleitet wird. Man kann nur hoffen, dass die übertragenden Nerven kein wie auch immer geartetes Problem bei dieser Übersetzungsaufgabe haben, dass die Synapsen sauber arbeiten und dass mit den Neurotransmittern alles in Ordnung ist, denn sonst sieht es düster aus.

So geht die Nervenleitung immer weiter. Eine Synapse erschließt grundsätzlich Möglichkeiten, die Information auch an andere Nerven weiterzugeben und gleichzeitig gelangen Informationen von anderen Nerven dorthin. Dieser Mix von Informationen wird dann wieder weitergegeben, bis das Sehzentrum hinten am Kopf erreicht wird.

Es werden z.B. Gefühlsinformationen und Erinnerungen auf dem Weg hinzugemischt. Es werden außerdem vergleichbare Erfahrungen mit anderen Objekten miteinbezogen usw. Das Sehzentrum besteht aus sehr vielen Nervenzellen, die alle irgendwie miteinander in Kontakt sind. Einen obersten Boss der Zellen dort scheint es wohl nicht zu geben.

Schon hier kann einem klar werden, dass unsere 1:1 Interpretation des auf diese Weise wahrgenommenen ursprünglichen Objektes geradezu aberwitzig ist.

Heutzutage glauben selbst viele Wissenschaftler noch, dass Gehirn gleichbedeutend ist mit Geist. Sie nehmen mit speziellen Apparaturen energetische Ausschläge von Gehirnen der Versuchspersonen wahr und schließen daraus, dass sich auf diese Weise der Geist zeigt. Aber der Geist ist nur der Benutzer des Gehirns. In meinem Terma wird klar, dass das eigentlich Relevante des Geistes erst oberhalb unseres groben physischen Körpers beginnt. Abhängig von der Entfaltung des spirituellen Potentials kann also die Benutzung des Gehirns ganz unterschiedliche geistige Hintergründe haben. Zu glauben, dass man durch das Aufzeichnen elektrischer Impulse auch nur annähernd die Tiefe des Geistes des Probanden erfassen kann, ist meiner Meinung nach vergleichbar mit dem Versuch von Bewohnern eines von der Zivilisation bisher noch nicht berührten Gebietes, die nun von dem Verhalten der an ihnen vorbeifahrenden Autos auf den Charakter der Autofahrer schließen wollen.

Meditation

Trägheit,
Müdigkeit,

körperliche
Schwäche,

Schmerzen.

Ruhe,

Auflösung
von Konzepten.

Weihrauchgeruch.

Ich will die
Nacktheit

meines Geistes
entdecken.

Freude
durchströmt
mich

bei diesem
Gedanken.

Die Melodie
einer

Puja
erklingt
in mir,

die Entdeckungsreise
zu meinem

Herzen

beginnt
wieder
einmal.

Bei unseren anderen Sinneswahrnehmungen verhält es sich ähnlich wie am Auge, wenn auch nicht genauso komplex. Alle diese Informationen kommen im Gehirn zusammen, ergänzen die Wahrnehmungen des Auges vom Objekt, liefern ebenfalls Informationen, die dann interpretiert werden.

Wenn wir einmal besonders glücklich und gleich darauf sehr unglücklich sind, können wir beobachten, wie uns dieselbe Umgebung, derselbe Mensch, dasselbe Objekt auf einmal ganz anders erscheint als zuvor. Wäre unsere geistige Interpretation der körperlichen Wahrnehmung objektiv, dann würde sich durch die unterschiedlichen Gefühle nichts ändern.

Unser Alltagsbewusstsein ist nicht stabil, sondern es verändert sich von Moment zu Moment. Es greift auf verwirrende Informationen zurück, die unsere Körper von innen und außen erhält, und schließt daraus auf das ganze Universum.

Wenn man sich auf der geistigen Wahrnehmungs-Stufe des Alltags-Bewusstseins der Spiritualität gegenüber öffnet, dann ist das oft so, dass man mehr erahnt, dass es eventuell noch etwas anderes geben könnte als das, was wir mit unseren Sinnen erfahren können. Die Frage kann sein: wie kann dieses Etwas beschaffen sein, das sich außerhalb unserer normalen Wahrnehmungen befindet?

Ist es ein einziges Wesen, sind es viele? Wie mächtig ist das, was wir nur erahnen können? Ist es stärker als wir selbst? Wie sollten wir uns dieser Kraft gegenüber verhalten? Wie verhält sich diese Kraft uns gegenüber usw.? Es kann beruhigend oder auch bedrohlich sein, sich diesen Bereich konkret vorzustellen.

Außerhalb unserer Alltagswahrnehmung befindet sich aber auch der größte Teil unseres eigenen Geistes, dessen Potential wir anfangs noch nicht einmal erahnen können. Erst wenn wir damit beginnen, unseren Geist zu erforschen und zu schulen, öffnen wir die Tür zu dieser Erkenntnis. Man könnte also vielleicht damit beginnen, zunächst die Tiefe unseres eigenen Geistes zu erforschen, denn der steht uns ja grundsätzlich zur Verfügung. Was außerhalb unseres Geistes ist und wie das beschaffen ist, können wir ja dann vielleicht auch noch erkunden, wenn wir es wollen, denn wir haben mit einem erwachten Geist u.U. noch ganz andere Möglichkeiten der Erkenntnis, selbst in der Wissenschaft.

Ich will unseren Geist einmal mit einem vollkommen dunklen Zimmer vergleichen, in dem wir uns befinden. Wenn das Zimmer keinerlei Licht hat, wissen wir fast nichts über seine Ausmaße. Wir spüren nur den Boden unter unseren Füßen. Aber wie groß, wie hoch ist das Zimmer eigentlich? Winzig klein oder riesig groß?

Nun zünden wir eine Kerze an. Ein wenig Licht verbreitet sich im flackernden Schein. Ah, die Dunkelheit weicht etwas. Aber sehen wir Begrenzungen? Nein. Um die zu erkennen, werden wir wohl mehr Licht brauchen.

Nun nehmen wie eine stärkere Lichtquelle. Jetzt erkennen wir viel mehr. Begrenzungen sehen wir aber immer noch nicht. Wir nehmen immer größere und stärkere Lichtquellen. Aber nie finden wir Grenzen. Ist der Geist denn grenzenlos? Wenn unser Geist grenzenlos ist, gibt es dann nichts anderes als ihn? Ist alles nur in unserem Geist als Traum, als Illusion vorhanden, man selbst, die anderen, die Dinge, die Welt, das Universum?

Natürlich gibt es die anderen, die Dinge, die Welt, das Universum. Aber unsere Erkenntnisse darüber ändern sich mit der Erschließung unseres Geistes. Unser Blick wird klarer, wir sehen mehr Anteile vom Ganzen und wir können als Folge dieser zunehmenden Erkenntnis auch anders handeln, sinnvoller, nachhaltiger.

Wenn wir damit beginnen, unseren eigenen Geist zu erforschen, machen wir eine Expedition in ein unbekanntes Universum, **unser** Universum. In der Bibel steht die Aufforderung: „Macht euch die Erde untertan!" Mancher hat das wohl missverstanden, wenn man sich das aktuelle Resultat davon auf unserem umweltgefährdeten Planeten einmal in Ruhe ansieht.

Einem Dharma-Praktizierenden könnte man in Anlehnung an diese Aufforderung sagen: „Erschließt euer eigenes geistiges Universum!" Und hoffentlich kommt am Ende die geistige Befreiung oder gar Erleuchtung dabei heraus.

Er war
in Mailand
und Paris,

sogar
in Singapur,

auch in New York
und auf Hawaii,
am Kap
der guten Hoffnung
gar.

Im tiefsten
Busch
da fand
man ihn,

auch auf
dem höchsten
Berg.

Ob Eis,
ob heiß,

ob schnell,
ob lahm,

ob hoch,

ob tief:

er war
dabei.

Nichts
war ihm
unbekannt.

Doch war
sein Herz
sehr
kalt
und hart.

Drum hat er
auf der ganzen
Welt

die Menschen
nicht
geseh`n

Die buddhistische Lehre nimmt sich also des Geistes an. Man bemüht sich, ihn und seine Teile zu analysieren und umfassend und tiefgründig zu schulen. Dabei kann und soll er gerne auf ein höheres Niveau über das Alltagsbewusstsein hinaus gebracht werden. Es kann deshalb sein, dass sich selbst körperliche Wahrnehmungen im Laufe dieser Geistesschulung verändern, denn es ist ja der Geist, der die körperlichen Informationen interpretiert.

Wenn der Geist transformiert wird, werden auch immer wieder einmal Konzepte hinterfragt und lösen sich dann bestenfalls auf. Denn obwohl diese Strukturen uns grundsätzlich zunächst eine schnellere grobe Orientierung ermöglichen können, so blockieren sie uns letztlich bei einem Wunsch nach tieferer Erkenntnis und verstellen den Blick auf die aktuelle Realität.

Dazu will ich eine kleine Begebenheit erzählen, die sich genauso zugetragen haben soll. Eine weitgereiste Diplomatenfrau erzählte im Fernsehen vor vielen Jahren einmal folgende Geschichte: sie begleitete ihren Mann nach China, wo sie einige Jahre leben würde. Damals gab es dort noch kaum Westler und falls doch, konnten sie natürlich kein Chinesisch sprechen. Die Frau aber wollte ihre Chance nutzen, das Land und die Leute näher kennenzulernen, wo sie nun schon einmal da war. Sie lernte Chinesisch und konnte sich schließlich ganz gut in der Sprache ausdrücken.

Einmal ging sie durch eine große Stadt und fand den Weg zum Kaufhaus nicht, das irgendwo in der Nähe sein musste. Ich nenne das Kaufhaus mal Tsching-Tschang-Tschung. Also überlegte sie, ob sie nicht jemandem nach dem Weg fragen könnte und wen. Da sah sie auf einer Bank in der Nähe drei alte Männer sitzen. Die waren sicher aus der Gegend und würden allein schon wegen ihres Alters das Kaufhaus kennen.

Die Frau ging also zu den Leuten hin und fragte sie freundlich auf Chinesisch: "Entschuldigen Sie, können Sie mir bitte sagen, wo ich das Kaufhaus Tsching-Tschang-Tschung finden kann?" Die Männer reagierten nicht. Die Ausländerin wiederholte ihre Frage: wieder keine Reaktion. "Sie werden vielleicht schwerhörig sein", dachte die Diplomatenfrau. Sie fragte noch einmal, wesentlich lauter. Wieder nichts. Die Männer blieben stumm.

Daraufhin ging die Frau weiter. Im Weggehen hörte sie einen der Männer sagen: "DAS war ja vielleicht komisch. Es hörte sich genauso an, als ob die weiße Frau gefragt hätte: "Entschuldigen Sie, können Sie mir bitte sagen, wo ich das Kaufhaus Tsching-Tschang-Tschung finden kann"!"

Die Konzepte der Männer ließen einfach nicht zu sich vorzustellen, dass eine Ausländerin Chinesisch sprach, obwohl sie die Worte genau verstanden hatten.

Konzepte gibt es auch in der Dharma-Praxis, die nicht starr bleiben sollte, nur weil sie sich anfangs bewährt hat. Man kann sich durch die Praxis grundsätzlich Schritt für Schritt weiterentwickeln. Eine einmal erlernte Technik kann zu

Verwirklichungen führen, sofern man sie konsequent und mit großer Ausdauer anwendet. Spätestens wenn die angestrebte Verwirklichung erreicht wurde, erübrigt sich jedoch diese Praxis ähnlich wie ein Gehstock, der dem Kranken hilft, den Gesunden aber behindert.

Aber es gibt auch Konzepte, die man nicht ablegen sollte. Insbesondere bei hoch verwirklichten Dzogchen-Praktizierenden (aber nicht nur bei ihnen) gibt es die Gefahr zu glauben, dass man aufgrund seiner Verwirklichung das Mitgefühl mit den Lebewesen loslassen kann wie ein überflüssiges Relikt, dessen man sich entledigen darf. Die Idee dahinter ist z.B. die, sich darin zu schulen, alles, was im Geist erscheint, nur zu beobachten ohne dies zu bewerten oder gar als Konsequenz dieser Beobachtungen Handlungen durchzuführen.

Wenn man Mitgefühl mit den Wesen hat, darf und sollte man ihnen aber gerne in ihrem Leid helfen. Wenn ein Kind z.B. zu ertrinken droht, dann steht man sofort vom Meditationskissen auf und hilft nach besten Fähigkeiten. Aber emotional und geistig darf man gerne versuchen dabei klar zu bleiben und alles nur als das illusionäre Spiel seines Geistes zu sehen. Oder man kann denken, dass alles auf einer letzten Ebene rein und wunderbar ist.

Das Kind ist ja in diese Gefahr geraten, weil ein Karma bei ihm reif wurde. Dieses Karma hat sich das Kind vielleicht vor endlos langer Zeit in einer anderen Existenz selbst eingebrockt. Und es ist nur gerecht, wenn es jetzt die Folgen seiner alten Handlung spürt. Das kann man gerne im Geist behalten, während man es aus dem Wasser zieht. Denn jetzt in diesem Moment wird noch ein anderes Karma bei dem Kind reif, nämlich das, dass es gerade an einem Ort und in einem Moment zu ertrinken droht, wo jemand in der Nähe auf einem Meditationskissen sitzt und dies beobachtet.

Wenn wir bei größter Verwirklichung unser Mitgefühl mit den Wesen aufgeben und vielleicht einfach nur beobachten, wie Welten entsprechend ihres aktuell reif werdenden Karmas entstehen und vergehen, obwohl wir die Fähigkeit und die Möglichkeit haben, dies zum Wohl der Wesen zu beeinflussen und ohne unser tätiges Mitgefühl würde sich Leid vergrößern, dann sind wir keine Bodhisattwas mehr, sondern wir unterlassen Hilfe, selbst wenn wir Meditationstechniken höchster Fahrzeuge praktizieren.

Und wenn Vajrayana-Praktizierende meinen, dass sie sich nicht an ethische Regeln halten müssen und ihren Geistesgiften freien Lauf lassen dürfen, dann ist das meistens lediglich ein Zeichen von Unwissenheit, Faulheit oder beginnendem Größenwahn. Ein ernsthafter Praktizierender des Vajrayanas darf natürlich Regeln brechen und muss dies auch manchmal tun, ähnlich einem Krankenwagenfahrer, der Leben retten will. Aber er bricht die Regeln nur, wenn er davon ausgehen kann, dass sein Handeln dem Wohl der Lebewesen dienen wird und nicht etwa dem Ego oder der Bequemlichkeit des Praktizierenden.

Am Ort
der größten
Wonne,

voll
spontaner
Energie-
Entladungen
an
der
Oberfläche:

verweile dort
in der Frische
des Augenblicks!

Der Daseins-
Kreislauf
entstand
noch
nicht,

Buddhaschaft
hat Kraft.

Die Rigpa-Sonne

des Geistes
erschafft

diesen
Augenblick

immer neu.

Verweile dort
in der Frische
des Augenblicks!

Liebes Kind:

verweile dort
in der Frische
des Augenblicks!

Der buddhistische Weg beginnt bei unserem Alltagsbewusstsein, das zunächst einmal nicht infrage gestellt wird. Uns wird empfohlen, Gutes zu tun und Schlechtes zu lassen, was ja in den meisten Religionen und Weltanschauungen ebenfalls für gut geheißen wird. Wer sich im Dharma spirituell weiterentwickeln will, erhält Hilfe zur Transzendenz. Das kann z.B. damit beginnen, zu erfahren, wie unser Geist (nicht unser Gehirn) beschaffen ist. Auch durch philosophische Überlegungen, die wir selbst durchführen und überprüfen können, werden unsere festen Vorstellungen von der Welt langsam durchlässiger gemacht, wir erleben mehr Transparenz.

Irgendwann fragen wir uns dann nicht mehr, ob es etwas jenseits von unseren alltäglichen Wahrnehmungen geben kann, denn wir können es selbst erfahren, wenn wir uns auf dieses Experiment einlassen. Und schließlich können wir vielleicht auch ein wenig von unserer Buddha-Natur spüren, unserem uns innewohnenden Erleuchtungs-Potential. Dann kann man uns immer weniger manipulieren und wir handeln voller Mitgefühl in Eigenverantwortung.

Vielleicht erkennen wir auch irgendwann, wie traumgleich alles ist, was wir wahrnehmen. Wir erforschen unser geistiges Potential, das grenzenlos erscheinen kann. Letztlich ist alles leer davon, aus sich selbst heraus zu entstehen. Nichts ist absolut, alles hängt von einander ab. Wenn ich jetzt, in diesem Moment, die Motivation hervorbringe, dabei mithelfen zu wollen, dass alle Lebewesen das höchste Glück und die größte geistige Vervollkommnung erlangen mögen, dann kann ich den Grundstein für dauerhafte Leidfreiheit für mich selbst und alle anderen legen, für die geistige Befreiung, das Nirwana oder irgendwann sogar die Buddhaschaft der Wesen.

Begriffe wie Leerheit und Abhängiges Entstehen sind uns in unserem Kulturkreis zunächst fremd. Die Leerheit im Buddhismus bedeutet kein Nichts. Buddhisten sind keine Nihilisten. Das wird von Menschen, die sich ohne kompetenten Lehrer dem Dharma nähern, immer wieder einmal missverstanden. Diese Leerheit zerstört auch nichts. Nur der Umgang mit der Leerheit hat Befreiungspotential. In unserem Alltag kann das Nachdenken über die Leerheit uns dabei helfen, uns von einer erstarrten Welt voller Dualität zu lösen und uns einer Realität anzunähern, wie sie ein geistig Befreiter erleben kann.

Für einen Erleuchteten wird die Welt transparenter erfahren, klarer. Alles verändert sich ständig, schwingt. Irgendwann kann man vielleicht auch erkennen, dass in jedem winzigsten Moment alles neu entsteht. Ständig schwingt alles vom Zustand der reinen Energie (das ist die erleuchtete Sicht der Leerheit) zu einem Zustand der Erscheinung.

Der Ausprägungsgrad der Erscheinungen ist abhängig vom Karma der Wesen. Ein Same und ein Keimling entstehen genau wie alles andere in jedem Moment neu aus der reinen amorphen Energie. Jeder einzelne Entwicklungsschritt einer Erscheinung wird vom energetischen Potential des anwesenden Karmas des einzelnen, der Gruppe, der Wesen beeinflusst. Und wenn das Karma aufgebraucht ist, wird eine darauf bezogene Entwicklung aufhören, der Keimling wird verdorren, sogar bei besten Umweltbedingungen. Selbst Universen entstehen und vergehen aufgrund des Karmas der Wesen.

Erscheinungen gib es in unterschiedlichsten energetischen Frequenzen. Die Energiefrequenzen können sich z.B. als Lichterscheinungen manifestieren (die vielleicht nur mit einem durch Meditation geschulten Geist wahrgenommen werden können, wie z.B. beim Gottheiten-Yoga des tantrischen Praktizierenden) oder die Energiefrequenzen können als grob materielle Erscheinungen auftreten. Grundsätzlich sind alle Erscheinungen durch Veränderungen des geistigen Energie-Levels der Wesen auf niedrigere bzw. höhere Niveaus vom Groben zum Feinen und umgekehrt zu verändern. Egoistisches Handeln vergröbert den Energie-Level der Erscheinungen, selbstloses Handeln, Mitgefühl und geistige Schulung hebt das energetische Niveau dagegen an.

Einer meiner Dharma-Lehrer erzählte einmal, dass es bis vor einiger Zeit in einer verborgenen Gegend des Himalayas noch Mais gab, der sich selbst versäte. Die Bewohner dort dachten, dass das bei Mais normal sei. Erst als sie die Gegend verlassen mussten, fanden sie heraus, dass dies andernorts keineswegs der Fall war. Das Karma der Bewohner dieser besonderen Gegend hatte offenbar bewirkt, dass sich die Natur äußerst freundlich zeigte.

Wenn wir nun offenbar z.B. vermehrt Wetterveränderungen erleben, die unsere Existenz auf dieser Welt bedrohen und vernichten könnten, sollten wir verstehen, dass nur selbstloses Handeln und Mitgefühl langfristig den Hebel wieder umlegen können. Jeder einzelne hat grundsätzlich das Potential auch schwerwiegende grob materielle Erscheinungen für sich selbst und für die Allgemeinheit zu verbessern. Dies wird dann insbesondere in der Zukunft wirken und das Leben auf unserem Planeten verbessern helfen. Wenn ein Tornado erst mal entstanden ist, braucht es andere Kräfte, um ihn zu stoppen.

Aus dem Brunnen meiner Kraft
schöpfe ich,

wenn ich
die Klarheit
und die Leerheit

meines Geistes
finde.

Nun will ich nochmal auf unseren Umgang mit anderen Wesen eingehen. Zunächst einmal sind wir in unserem Alltagsbewusstsein mit vielen Dingen beschäftigt, die unsere Kräfte binden. Da gibt es z.B. die Sorge nach ausreichender Ernährung für sich selbst und die Angehörigen, wofür manchmal große Opfer gebracht werden müssen. Auch müssen andere Bedürfnisse des täglichen Lebens sichergestellt werden. Und irgendwann kommt dann noch die körperliche und psychische Auseinandersetzung mit sich selbst sowie den im Leben erfahrenen Schwierigkeiten, Verletzungen und Wunden dazu. Wir haben außerdem vielleicht noch gesellschaftliche Normen, denen wir gerecht werden wollen oder gegen die wir uns im Gegenteil ganz bewusst entscheiden. Wir wollen Karriere machen, den Lebenspartner finden, Güter anhäufen, Lebensmodelle ausprobieren usw.

Wie kann man sich darüber hinaus auch noch um das Wohl fremder Menschen kümmern? Bei unserem unmittelbaren Umfeld kann man das vielleicht noch einsehen und bewerkstelligen, insbesondere, wenn es um Menschen geht, von denen wir uns einen Nutzen versprechen oder die uns nahestehen. Aber für die, die uns gleichgültig oder vielleicht sogar unsere Feinde sind, können wir uns kaum erwärmen, wir haben weder Lust noch Zeit ihnen zu helfen und vielleicht gehen wir sogar aktiv gegen sie vor.

Wenn wir aber durch fortgeschrittene Dharma-Praxis die Fähigkeit gewonnen haben, zu sehen, was hinter den Äußerlichkeiten steckt, können wir erkennen, wie nah uns selbst unsere Feinde in anderen Leben schon gestanden, wie sie uns genutzt und uns versorgt haben. Jetzt aber sind wir vielleicht unversöhnlich und bekämpfen sie sogar.

Ein großer Yogi der Vergangenheit, der diese Fähigkeit des geistigen Sehens hatte, beobachtete einmal folgende Szene: Eine Frau mit einem kleinen Kind auf dem Arm aß einen Fisch. Ein streunender Hund kam hinzu und bettelte ebenfalls um Essen. Daraufhin trat die Frau nach ihm, um ihn zu vertreiben.

Der Meister kommentierte die Szene in etwa folgendermaßen: „Den Feind nährt sie an ihrem Busen, den Vater isst sie auf und nach ihrem Kind tritt sie."

Der Hintergrund dieser Aussage war folgender: Das Kind der Frau war in einem anderen Leben ihr größter Feind gewesen. Ihr Vater war ein Fischer gewesen und war nun als Fisch wiedergeboren worden. Das ehemalige Kind der Frau war als Hund wiedergeboren worden.

Es ist letztlich günstig, das Wohl aller Wesen zu wünschen und zu versuchen ihnen zu nützen, egal wie sie uns äußerlich erscheinen. Aber wenn einem das zu schwierig ist, sollte man wenigstens versuchen, ihnen nicht zu schaden oder sie gar zu töten. Dabei kann man gerne auch die Tiere miteinbeziehen. Das führt dazu, dass manche Menschen Vegetarier werden, was sehr ehrenwert ist, insbesondere sofern die Absicht die ist, vermeiden zu helfen, dass Tiere leiden.

Will man aber noch weiter in die Tiefe gehen, kann man auch versuchen, selbst kleinste Tiere, wozu z.B. Insekten gehören, nicht zu töten. Wenn man nun selbst **diese** Tiere im Auge hat, ist es erlaubt, folgende Fragen zu stellen: Wie viele Tiere sterben bei der Produktion von Brot (durch Ernte, Mahlen des Getreides usw.)? Wobei sterben mehr Tiere: bei der Produktion von Brot oder bei der Produktion von Fleisch?

Man sieht also, dass man selbst bei bester Absicht den Tieren gegenüber als Konsequenz davon nicht immer zu gleichen Verhaltensweisen kommen muss.

Während
der Rinpoche
auf dem Dharma-Thron
saß,

gab die

Putzfrau

die Belehrungen.

Der Eisberg

Angenommen

es gab mal einen jungen Königsohn eines sehr kleinen und unbedeutenden Königreichs. Er lebte in einer einsamen Gegend, in denen es sehr hohe Berge gab. Der Königssohn war viel allein. Er spielte gerne mit kleinen Steinchen und trockenen Stöcken, die er fand. Er stellte sich dabei vor, einmal ein mächtiger König in einem großen Reich zu werden und er ließ in seiner Phantasie die Steine als Soldaten gegen die Stöcke antreten, die ebenfalls Krieger waren. Und dabei war er selbst stets der oberste Heerführer der Steine und gewann vernichtende Schlachten gegen die Stöcke, die zwar größer als die Steine waren und deshalb zunächst mächtiger erschienen, die aber den Schlägen der Steine nicht standhalten konnten und schließlich zerbrachen.

Welches Kind spielt nicht einmal ähnliche Spiele? Meist haben sie nicht viel zu bedeuten und wenn die Kinder dann erwachsen werden, gibt es in der Regel kaum noch Bedingungen, die ein Ausleben derartiger Phantasien noch erlauben. Aber dieses Kind war ein Königssohn und eines Tages wurde dieser einsame Mensch der König des kleinen Landes und er hatte richtige Soldaten.

Es gab in der Umgebung des kleinen Landes viel mächtigere Reiche als das des Königs. Und so war es für den Herrscher nicht schwer, sich vorzustellen, dass diese mächtigeren Königreiche sein kleines Land bedrohen könnten, wenn sie nur wollten. Aber zum Glück hatten die Herrscher dieser Länder Wichtigeres zu tun und griffen das kleine Land nicht an.

Doch der König hatte einen unruhigen Geist und fürchtete sich vor den anderen Herrschern und so konnte er keine Ruhe finden bei Tag und auch bei Nacht. Und schließlich erschienen ihm diese Reiche immer bedrohlicher und der König steigerte sich immer mehr in seine Angst hinein und begann nun, Soldaten und Waffen anzusammeln, um sich vor den anderen Königreichen zu schützen.

Natürlich blieb sein Tun auch bei seinen Nachbarländern nicht unbemerkt, aber man glaubte seinen Beteuerungen, mit diesen vielen Kriegern nur sein kleines Land vor eventuellen Überfällen schützen zu wollen. Und ohnehin hatten diese Länder ja eigentlich Wichtigeres zu tun, als sich mit diesem kleinen König zu beschäftigen.

Aber schließlich kam es dann doch so, dass der Herrscher, der so viel Angst vor den anderen Königen hatte und der so viele Waffen und Soldaten angesammelt hatte, das kleinste der Nachbarländer angriff und da dieses Nachbarland bisher viel Wichtigeres zu tun gehabt hatte als sich um seine Verteidigung zu kümmern (man lebte ja schließlich im Frieden), war es ein leichtes Spiel für den kleinen König, dort die Macht zu übernehmen und dieses Land dem seinen einzuverleiben.

Doch der Geist des Königs fand immer noch keine Ruhe und seine Ängste vor den anderen Reichen vermehrten sich nur anstatt abzunehmen und deshalb vermehrte er auch weiterhin die Anzahl seiner Soldaten und Waffen wieder mit der Begründung, sich nur verteidigen zu wollen. Und eigentlich sah der König die Situation ja auch genauso und er wollte bloß den befürchteten gegnerischen Angriffen zuvorkommen.

Und da die Herrscher der anderen Länder diese Ängste nicht hatten und immer noch Wichtigeres zu tun hatten, als sich mit diesem König zu beschäftigen, blieb es schließlich nicht aus, dass das kleine Reich durch die Kriege, die es immer wieder führte, viel größer und mächtiger wurde.

Langsam begriffen natürlich die anderen Herrscher, welchen Nachbarn sie da hatten. Aber es dauerte zu lange eine entsprechende Armee aufzubauen, um damit den König abzuwehren. Und so blieb es nicht aus, dass der König noch viel mächtiger wurde und dass er immer mehr Land unter seine Herrschaft brachte, bis er schließlich der alleinige Herrscher der ganzen damals bekannten Welt wurde. Und er überragte in seiner Macht inzwischen alle anderen ebenso wie der höchste Berg der Welt alle andern überragt und deshalb wurde er Schneeberg, genannt. Dieser Name hatte aber auch noch die Bedeutung "Berg aus Schnee" bzw. "Eisberg" und diese letztere Bedeutung des Namens passte eigentlich viel besser zum König, denn er war im Laufe der Zeit immer grausamer geworden und sein Herz schien zu erstarren und wie Eis zu werden.

Aber auch die unendliche Macht, die er nun als Herrscher der Welt hatte, befriedete nicht seinen unruhigen Geist, sondern er wurde im Gegenteil immer noch ängstlicher und noch misstrauischer. Alle äußeren Feinde waren nun besiegt, obwohl diese Feinde ursprünglich ja gar keine Feinde gewesen waren. Aber der König hatte dies nie bemerkt. Dazu war sein Geist stets zu verwirrt gewesen.

Und auch jetzt bemerkte er nicht, dass er endlich aufhören konnte zu kämpfen, denn es gab inzwischen keine anderen Länder mehr außer seinem. Aber seine Furcht war ja erstaunlicherweise immer mehr anstatt weniger geworden bei all seinen kriegerischen Aktionen. Was sollte er jetzt nur gegen seine Probleme tun?

Er konnte sich nicht vorstellen, dass irgendetwas anderes als Gewalt und Unterdrückung von anderen diese Furcht besiegen konnte und deshalb ging er nun mit seinem Polizeiapparat gegen solche Bewohner seines eigenen Gebietes vor, bei denen er annahm, dass sie ihn vielleicht stürzen wollten. Aber die meisten von ihnen hatten Wichtigeres zu tun gehabt als gegen den König zu kämpfen. Doch nun saßen sie auf einmal im Gefängnis oder wurden sogar getötet.

Überall witterte König Schneeberg Verrat und Intrigen und er sah schon bei den kleinsten Kleinigkeiten sein ganzes Königreich in Gefahr. Er war wie ein wildes bösartiges Tier geworden und in seinem Geist erschien es ihm so, als ob die Dinge sich immer mehr gegen ihn zu wenden schienen. Er kannte die heiligen Gesetze des Universums nicht, die besagten, dass derjenige, der anderen schadet und sie vielleicht sogar tötet, innerlich immer kleiner und unbedeutender wird und deshalb alle anderen als immer größer und bedeutender erlebt und er wird immer weniger Frieden in seinem Geist finden. Wenn man dagegen zum Wohle *anderer handelt, wird man innerlich immer größer werden und immer mehr Frieden in seinem Geist finden.*

Der Herrscher hatte vor längerer Zeit eine Prinzessin geheiratet, die aus der damals mächtigsten Königsfamilie gekommen war, bevor Schneeberg auch dieses Land unter seine Kontrolle gebracht hatte. Aus dieser Verbindung war ein Prinz hervorgegangen, ein musisch begabter verspielter kleiner Junge, der stets freundlich zu anderen war und der einen friedlichen Geist besaß. Man wandte sich ihm gerne zu und half ihm, wo man nur konnte und er eroberte die Herzen der Menschen in seiner Umgebung im Handumdrehen.

*Sogar das Herz seines verwirrten und bösartigen Vaters konnte sich der Sanftmut seines Sohnes nicht entziehen, doch gleichzeitig **bedrohte** der friedliche Geist seines Kindes ihn auch, denn der König fühlte sich schließlich durch alles bedroht, sogar durch sein eigenes kleines Kind.*

Und jetzt frage ich dich: wie kann so eine Geschichte ausgehen? Wird der Vater den Sohn besiegen oder wird der Sohn den Vater besiegen? Gibt es in dieser Geschichte überhaupt Sieger und Besiegte? Und wenn ja: wer siegt und wer wird besiegt?

Was wäre gewesen, wenn der König irgendwann erkannt hätte, dass der größte Feind, den er je gehabt hatte, nur sein eigener unruhiger und verwirrter Geist gewesen war? Und: Nehmen wir einmal an, dass er sich dessen bewusst geworden wäre und dass er dann auch noch erkannt hätte, dass man den Frieden nur in sich selbst finden kann. Und nehmen wir weiterhin an, dass der König dann vielleicht auch noch Möglichkeiten gefunden hätte, viele solche Handlungen zu begehen, die den Frieden seines Geistes gefördert hätten: Was für ein wunderbarer Mensch wäre er geworden. Wie viel Glück hätte er sich selbst und anderen bereiten können und er hätte abends friedlich einschlafen und morgens ebenso friedlich wieder aufwachen können und er hätte sich mit wichtigeren Dingen beschäftigen können als damit Unglück über sich selbst und andere zu bringen.

Natürlich muss man wachsam sein wie ein Adler, wenn einem Menschen mit einem unruhigen Geist begegnen und man muss listig sein wie die Schlangen, wenn diese Menschen versuchen, einem zu schaden. Aber am meisten würden sie uns schaden, wenn wir durch sie die Ruhe unseres eigenen Geistes verlören und wenn wir unser Mitgefühl gegenüber den Wesen aufgäben.

Menschen wie König Schneeberg kommen und gehen und sind irgendwann vergessen. Aber unser eigener klarer und mitfühlender Geist wird uns auch dann noch den Weg zu unserem Glück weisen, wenn das Universum dereinst vergangen sein wird.

Lasst uns darum beten,

dass das Eis in unseren Herzen schmelzen möge,

und dass unser Mitgefühl für andere

nie vergehen möge!

Der unbekannte
verwirklichte

Meister

hinterließ
seinen
Handabdruck

in der Wand
des Dharma-Zentrums.

Daraufhin

verwies ihn
der Dharma-Verein
des Hauses

und verklagte
den Meister

wegen
Sachbeschädigung.

Mit Problemen kann man grundsätzlich auf zwei Weisen umgehen. Dies soll ein Beispiel veranschaulichen: Stellen wir uns einmal vor, dass wir einen Weg gehen wollen, der voller Dornen und spitzer Steine ist. Eine Möglichkeit sich beim Gehen nicht zu verletzen ist die, dass wir den Weg mit Leder auskleiden. Wenn wir ihn nun beschreiten, werden wir unsere empfindlichen Füße nicht verletzen.

Die andere Möglichkeit ist die, dass wir unsere Füße mit Leder umhüllen, also Schuhe tragen. Auch so können wir den Weg unbeschadet passieren. Schuhe haben den Vorteil, dass wir mit ihnen an unseren Füßen noch viele andere Wege gehen können. Im anderen Fall müssten wir schlimmstenfalls die ganze Welt mit Leder auskleiden, was ein viel größerer Aufwand wäre.

Solange wir barfüßig sind, werden wir, um in dem Beispiel zu bleiben, vielleicht denken können: „Ich armes Wesen muss jetzt diesen furchtbaren Weg gehen und ich werde mich verletzen können! Ist denn keiner da, der mir den Weg ein bisschen weniger schwierig machen könnte?" Wenn wir Schuhe tragen, können wir den Weg dagegen ohne Hilfe von außen bewältigen.

Im Buddhismus sind wir uns bewusst, dass auftauchende Probleme auch viel mit unserer inneren Sicht zu tun haben können. Ein Beispiel soll das zeigen: Derjenige, der im Meer baden will, fürchtet riesige Wellen. Der Surfer dagegen sucht sie geradezu auf, weil er weiß, wie man mit ihnen umgehen kann und er hat vielleicht sogar auch noch Spaß dabei, sie zu nutzen.

Während meines Medizinstudiums stellte ein Professor einmal in einer Vorlesung Krankheitsbilder von hochgradig psychiatrisch gestörten bösartigen Patienten vor und bemerkte dazu: "In guten Zeiten sind sie unsere Patienten, in schlechten Zeiten beherrschen sie uns." Unter dem Gesichtspunkt von Karma könnte man diesen Satz vielleicht folgendermaßen abwandeln: " Nur wenn unser Karma gut genug ist, werden wir nicht unter den Einfluss solcher Menschen kommen können. Ansonsten müssen wir uns etwas einfallen lassen, sollte es je zu einer Begegnung mit ihnen kommen."

Wenn Probleme und Hindernisse in unserem Leben auftauchen, kann man insbesondere als tantrischer Praktizierender zunächst einmal versuchen, seinen Geist ruhig und konzentriert zu halten. Außerdem kann man die Probleme durch Analyse und Betrachten der Vergänglichkeit, der Leerheit usw. durchleuchten. Es gibt aber auch noch andere Möglichkeiten, Schwierigkeiten zu bearbeiten. So kann man sich auf vielfältige Weise selbst stärken und die Probleme dann besser angehen. Diese Vorgehensweise ist teilweise schwierig zu erlernen und man braucht Geduld und Ausdauer dazu. Aber wenn man weiß, wie es geht, und dran bleibt, kann das Leben letztendlich glücklicher verlaufen.

Natürlich ist auch immer wieder Handeln gefragt, insbesondere dann, wenn es möglich ist und sinnvoll erscheint, ungünstige Dinge zu verhindern bzw. zu verändern. Wenn man sich bei seinen Aktionen allerdings von Geistesgiften (wie z.B. Hass und Gier) leiten lässt, wird das eigene Karma als Folge davon ungünstig sein. Vielleicht hat man dann sogar kurzfristig die Situation verbessert, langfristig wird aber für uns selbst Schaden dadurch entstehen.

Warum wenden sich Dinge denn gegen uns? Weil wir das entsprechende Karma für diese Situation angesammelt haben. Und dieses Karma wird jetzt gerade reif. Mit so einem reif werdenden Karma werden ungünstige Umstände von uns geradezu angezogen. Deshalb ist es grundsätzlich wichtig, spirituelle Praktiken anzuwenden, die unser negatives Karma, das wir seit anfangsloser Zeit angesammelt haben, verringern können, **bevor** es reif wird. Auch sollte natürlich möglichst nur neues positives Karma angesammelt werden.

Auch die Betrachtung des Abhängigen Entstehens der Dinge kann den geistigen Blick auf die jeweilige Situation klären. Man macht sich bewusst, dass man nicht nach dem Absoluten, Bösen usw. suchen muss als Ursache für Schwierigkeiten. Da gibt es vielleicht irgendeine negative mächtige Person, die uns schadet. Aber wenn wir es genauer betrachten, gibt es viele Faktoren, die zu dieser unangenehmen Situation beitragen. Das Verändern nur einer einzigen Komponente kann manchmal das Ganze anders darstellen.

Meist sehen wir uns als Nabel des Universums und beziehen all das, was wir erleben in erster Linie auf uns selbst. Was ist uns angenehm, was unangenehm? Was nützt uns, was schadet uns? Das Angenehme streben wir an, wollen es erhalten, behalten, das Unangenehme nicht. Aber es gibt ja auch Dinge, die uns zunächst unangenehm sind, sich später jedoch als für uns sinnvoll und nützlich herausstellen und es gibt Dinge, die uns zunächst angenehm sind, sich später aber als für uns schädlich erweisen. Solange wir nur um uns selbst und um unser Erleben kreisen, kommen wir geistig nicht wirklich voran.

Wenn wir uns dagegen bewusst machen, dass Phänomene in Abhängigkeit bestehen, können wir manchmal zumindest für eine Weile aus unserer vielleicht nur auf uns selbst bezogenen Betrachtungsweise des Universums herauskommen. Wir gehen stattdessen auf eine höhere Ebene der Sicht. Wir entwickeln uns geistig langsam weiter, können manchmal sogar gelassener werden, denn wir beginnen, die Zusammenhänge und Hintergründe von Dingen und Ereignissen zu beleuchten.

Nach buddhistischer Lehre wissen wir, dass 1) Wirkungen von Ursachen abhängig sind, 2) Phänomene nur in Abhängigkeit von ihren Teilen bestehen und 3) Phänomene abhängig sind von der Benennungsgrundlage durch sprachliche und gedankliche Begriffe.

Das könnte vielleicht erst mal ein Anfang sein, sich auf die Erkenntnisse des Abhängigen Entstehens einzulassen mit unserem Alltagsgeist, dem samsarischen Geist. Ein Erleuchteter könnte darüber hinaus noch zusätzlich eine geistige Schau haben, die auf eine noch viel tiefere Ebene weist. Diese Schau werde ich im Folgenden darstellen. Zu den dazugehörigen

Zwölf Gliedern des Abhängigen Entstehens

(ich werde sie im folgenden Text unterstreichen) möchte ich folgendes erklären:

In unserem Geist besteht **Unwissenheit** *über die wahre Natur der Dinge (so wie ich es in der Schau der erleuchteten Sicht der Leerheit dargestellt habe). Stattdessen halten wir die Dinge für erstarrt, fest, absolut. Wir leben in der Dualität. Das liegt daran, dass unser Allbasisbewusstsein durch die Potentiale getrübt wird, die unsere karmischen Handlungen hinterlassen. Das untere Ushnisha-Chakra kann also nicht durch die verdunkelte Schicht des Alaya Vijnanas hindurchscheinen.*

Das ist schon schlimm genug. Aber außerdem entsteht durch diese Trübung auch noch eine zusätzliche geistige Struktur in einiger Entfernung um dieses Chakra, der Eisring. Durch diese Situation wird unser

Geist nicht fähig, sein erleuchtetes Potential zu nutzen.

Für die samsarischen Wesen (und das sind wohl die meisten Menschen) erscheint ihre innere Sicht normal. Sie sind sich nicht dessen bewusst, dass ihr Geist sozusagen auf Sparflamme läuft. Man nimmt die Dinge als wahrhaft bzw. inhärent existent wahr und handelt entsprechend dieser Sicht. Aber da diese sehr begrenzte Wahrnehmung eine Verzerrung bzw. Umdeutung der fließenden und schwingenden Realität ist, denkt und handelt man nicht im Einklang mit der Realität. Stattdessen agiert man auf eine Weise, die karmische Konsequenzen haben wird. Es entsteht zunächst im Geist eine Energie, die den kosmischen Energiefluss unterbricht und hindert. Dieses Potential wird im Allbasisbewusstsein gespeichert **_(Karma-Gestaltung)_**, wodurch das **_Bewusstsein_** weiter getrübt wird.

Statt einer klaren geistigen Schau (wie es beim erleuchteten Geist der Fall ist), erfasst der samsarische Geist u.a. mit gedanklichen Begriffen, die in Sprache ausgedrückt werden können **_(Name)_**. Außerdem kann mit diesem verdunkelten Geist die Basis für die Entstehung eines grobstofflichen Körpers geschaffen werden **_(Form)_** mit Sinnesfähigkeiten, die nur zu einer verzerrten und getrübten Wahrnehmung der Realität führen **_(Berührung und Empfindung)_**, so wie es ihrem grobstofflichen Körper entspricht. Es entsteht **_Verlangen und Greifen_** nach den Erscheinungen. Nach dem **_Werden_** (der Anbahnung) des künftigen Lebens erfolgt **_Geburt, Alter und Tod_** einer weiteren samsarischen Existenz.

Solange Unwissenheit besteht, können in jedem Moment neue Trübungen des Alaya Vijnanas entstehen mit den beschriebenen Folgen. Egoistisches Handeln, Manipulation anderer usw. kann bewirken, dass wir niedere Geburten annehmen und dass unser Leiden verstärkt wird. Der kurzfristige Vorteil, der daraus entstehen kann, dass wir erfolgreich anderen schaden und/oder sie für unsere egoistischen Ziele einsetzen, wird unseren Geist als Folge davon noch mehr verdunkeln. Wir entfernen uns immer mehr von dem genialen Potential, das in uns verborgen liegt, wir verschütten die Quelle zu unserem langfristigen Glück.

Wenn wir nun vom samsarischen Zustand Richtung Befreiung und Erleuchtung voranschreiten wollen, müssen wir uns erst langsam durch diese Erstarrung des Eisrings, der sich um das untere Ushnisha-Chakra herum gebildet hat, hindurcharbeiten. Dies können wir, indem wir unseren Geist mit Hilfe von Hören und Lesen entsprechender Belehrungen, Nachdenken, Kontemplieren und Meditieren freier und klarer machen und sein Potential Stück für Stück erschließen. Das kann lange dauern, lohnt sich aber. Die Welt, in der wir leben, erscheint dann langsam immer weniger dunkel.

Aber es geht noch weiter: Durch bestimmte hochstehende yogische Techniken kann man jenseits des Eisrings schließlich die Erfahrung der Weite seines Geistes machen. Und wenn man weiter Verdienste durch gute Taten ansammelt und bestimmte Meditationen macht, dann kann unser Allbasisbewusstsein schließlich so klar werden, dass wir das Potential des unteren Ushnisha-Chakras zur Verfügung haben. Dies ist ein weiterer Quantensprung unserer geistigen Kapazität nach der Erfahrung der Weite.

Die volle Erleuchtung ist aber erst erreicht, wenn wir auch das ganze Potential des oberen Ushnisha-Chakras zur Verfügung haben. Das obere Ushnisha-Chakra entfaltet seine geistige Kapazität oft Schritt für Schritt. Es erfasst mit seiner Ausstrahlung schließlich das ganze Universum, vielleicht sogar das Multiversum, weshalb es nicht erstaunlich ist, dass so ein verwirklichtes Wesen Allwissenheit besitzt.

Der Weg dahin ist lang. Aber wenn wir ihn erreicht haben, gehen wir schließlich in jeder Existenz von Glückseligkeit zu Glückseligkeit, sind wir voll von unbegrenztem Wissen, grenzenloser Weisheit und voll unendlichem Mitgefühl. Selbst in der Hölle würde sich unser geistiger Zustand nicht mehr ändern. Und außerdem hätten wir nicht mehr das Karma, dass uns irgendjemand oder irgendetwas jemals schaden kann. Flammen würden uns nicht mehr verbrennen, Kälte nicht mehr erstarren, die Naturgesetze nicht mehr gelten. Es gibt viel zu tun. Unsere eigene Trägheit gilt es zu überwinden. Unser Ego müssen wir aufgeben. Und dann können wir unser eigenes Glück dauerhaft gestalten, zum Wohle aller Lebewesen.

Die Geschichte vom Wissenschaftler

Angenommen

auf einem fernen Planeten lebte einmal ein Wissenschaftler, der fast ununterbrochen darüber nachdachte, wie wohl die letzte Wahrheit beschrieben werden könnte. Es hatte in Fachkreisen unterschiedliche Theorien darüber gegeben, aber experimentell hatte bis vor kurzem noch kein Beweis erbracht werden können, der irgendeine dieser Theorien stützen konnte. Man hatte komplizierteste Versuche und Berechnungen angestellt und war doch zu keinem beweisbaren Resultat gekommen.

Der Wissenschaftler saß fast Tag und Nacht an seinem Schreibtisch und prüfte durch Nachdenken und Berechnen die jeweils aktuellen Erkenntnisse, in der Hoffnung die diesbezügliche Forschung dadurch voranzutreiben. Oft vergaß er ausreichend zu essen, weshalb er inzwischen schon recht mager geworden war. Auch schlief er meistens nur einfach mal zwischendurch, wenn die Müdigkeit sein Denken lahm legte oder wenn er sich nicht mehr aufrecht halten konnte. So vergingen die Jahre, aber der Gelehrte war trotz des Bearbeitens von teilweise recht vielversprechenden Theorien nicht wirklich weitergekommen.

Heute hatte er nun von einem erfolgreichen Experiment in einem riesigen und sehr teuren technischen Bauwerk erfahren, das, sofern sich das Ergebnis irgendwann wiederholen ließ, alles zuvor Gelernte in den Schatten stellte. War dies der Weg zur Formel des Universums, nach der schon Generationen von Wissenschaftlern gesucht hatten?

Tshöl-Sib-Log-Ö war überwältigt von Freude und Hoffnung. Er legte sich einen Moment lang auf sein Bett, um in Ruhe darüber nachzudenken. Er war zum ersten Mal seit Jahren ganz entspannt. Wie wunderbar! Die Suche der Gelehrten hatte sich offenbar gelohnt! Nun schienen sich endlich neue Wege aufzutun, die zum Gipfel des Wissens führen konnten! Vielleicht gingen sie von nun an alle weiter zum Licht der Erkenntnis aus diesem dunklen Tal der Unwissenheit und des Zweifels ohne jede definitive Gewissheit!

Nun konnte er diesen Ort verlassen, wo hohe Bäume den Blick auf den Gipfel verdeckten, wo man über steinige Pfade ging, die jeden Schritt so schwierig machten, wo man seinen Durst nach dem Wasser der Erkenntnis spürte, ohne je *davon trinken zu können! Jetzt war es offenbar möglich, die Quelle rauschen zu hören, den Gipfel zu erahnen. Der Weg wurde breiter, die Schritte fielen leichter.*

Wie gerne ging Tshöl-Sib-Log-Ö hier entlang! Er spürte die warmen Strahlen des kosmischen Lichts, das den Planeten erhellte, auf dem er lebte. Er pfiff ein Liedchen, als er den schneebedeckten Gipfel zum ersten Mal erschaute. Da war er, hoch oben, noch unerreichbar fern zwar, doch der lange Weg hatte sich gelohnt. Das Ziel war in Sichtweite gekommen.

Der Wissenschaftler suchte sich ein schönes Plätzchen am Wegesrand, wo er sich hinsetzen konnte, um den Anblick zu genießen. Was für ein wunderbarer Ort! Ja, hier konnte man es aushalten, hier ließ es sich leben!

Nicht weit von seinem Aufenthaltsort schien der Weg seitlich sehr steil hinaufzugehen. Ob man hier zum Gipfel kommen würde? Vielleicht sollte Tshöl-Sib-Log-Ö noch ein wenig höher steigen. Der Pfad erschien ihm vielversprechend. Nachdem er ein kurzes Stück des Weges gegangen war, erblickte er weiter oben in einer Felsenwand eine kleine Vertiefung, die aussah wie eine Höhle. Und als er genauer hinblickte, da war da doch tatsächlich eine Person zu erkennen, die im Meditationssitz still verweilte.

O wie wunderbar! Hier zu meditieren musste schnell höchste Erkenntnisse bringen! Zu gerne hätte der Wissenschaftler einmal mit dem Meister gesprochen! Aber er wollte ihn natürlich nicht in seiner tiefen Versenkung stören. Doch da! Hatte der Meditierende sich nicht gerade bewegt? Hatte er eben nicht freundlich herübergeblickt und mit dem Kopf genickt?

Der Wissenschaftler ging wie magisch angezogen auf den Meister zu und verneigte sich ehrfurchtsvoll vor ihm, bevor er sich, ermutigt durch den Weisen, in respektvoller Distanz vor ihm auf den felsigen Grund setzte. Der Alte sah so aus, als hätte er die letzte Erkenntnis schon definitiv gefunden. Er strahlte so viel Ruhe, Kraft und unendliches Mitgefühl aus.

Tshöl-Sib-Log-Ö ging in Anwesenheit des Weisen das Herz auf und er begann zu sprechen, so, als hätte er den Meister schon immer gekannt, so als wäre er schon immer die verborgene Quelle und der verhüllte Gipfel seines Geistes, seines Herzes gewesen, so, als wüsste der Weise ohnehin alles über den Wanderer und darum konnte Tshöl-Sib-Log-Ö jetzt auch alles sagen, alles fragen, was ihn bewegte.

„*Es gibt ein Feld, das Schwingungen anregt, Masse zu bilden!*" brach es aus ihm heraus. „*Ich weiß*", sagte der Meister.- „ *Es sieht so aus, als hätten wir den Übergang von Wellen zu Masseteilchen gefunden!*" Auch dies schien dem Weisen bekannt zu sein.

„*Wir nennen die Wellen die erleuchtete Schau der Leerheit*", sagte der Meister. „*Die Wellen schwingen sehr schnell zwischen dem Zustand der Erscheinung und dem Zustand der Leerheit, wo es nur Energie, aber keine Erscheinungen gibt. Ein voll erleuchtetes Wesen kann dies während tiefer Meditation in seinem Geist schauen.*"

Tshöl-Sib-Log-Ö war nicht wirklich überrascht, dass der Weise das wusste. Er war stattdessen hoch erfreut, mit jemandem über die ganz aktuellen Erkenntnisse sprechen zu können. „*Und was ist mit dem Feld, das die Massebildung anregt?*" fragte der Wissenschaftler. „*Das Feld ist das energetische Potential, das sich durch die Handlungen der Wesen ergibt. Man nennt es auch Karma. Immer, wenn eine Handlung geistig geplant oder umgesetzt wird, entsteht gleichzeitig dieses Potential. „Und wodurch kommt es dann zur Massebildung?*" fragte der Wanderer.

Der Meister schloss die Augen, so als würde er in die tiefsten Tiefen seines Geistes schauen wollen. Er schwieg eine Weile, bevor er sagte: „*Immer wenn der mit dem Geist eines unerleuchteten Wesens verbundene energetische Wind sich auf Objekte richtet, werden die winzigsten Teile, aus denen das Objekt besteht, angeregt, Masse zu bilden. Das bedeutet, dass sie dann kurzfristig nicht mehr so schnell und hochkarätig schwingen wie zuvor. Und spätestens in dem Moment, wo im Geist eines Wesens Karma reif wird, werden Signale an die Objekte ausgesendet, die definitiv eine dauerhafte Materialisierung der Erscheinungen im Sinne des Karmas bewirken. So entstehen Universen und so vergehen sie auch wieder. Alles, was materiell entsteht, kann das nur, solange das dafür erforderliche Karma existiert.*"

„*Moment mal*", sagte Tshöl-Sib-Log-Ö „*ich dachte immer, Karma bedeutet nur, dass das eigene Leben dadurch beeinflusst werden kann, nicht aber die Objekte. Ich dachte, dass es eine Art Karma gibt, das, wenn es reif wird, bestimmt, welche Form der Existenz wir nach unserem Tod annehmen. Und dann gibt es noch spirituelle Lehrer, die sagen, dass während unseres jeweiligen Lebens außerdem noch reif werdendes Karma beeinflussen kann, wie sich das Leben gestaltet.*

Mit diesen Vorgaben aus der Vergangenheit können wir nun versuchen, das Beste aus unserem Leben zu machen und wir schaffen gleichzeitig mit unseren aktuellen Aktionen die Grundlage für zukünftiges Karma, das später reif werden wird, sei es nun positiv oder negativ."

Der Wissenschaftler war, ohne es zu bemerken, während des Gesprächs immer näher an den Meister herangerückt. Und wenn er mit seinen Armen fuchtelte, um seine Worte zu unterstreichen, hätte ein entfernter Zuschauer meinen können, er würde den Meister bedrohen, einfach weil seine Hände dem Körper des Lehrers manchmal so nahe kamen.

Tshöl-Sib-Log-Ö bemerkte diese körperliche Annäherung an den Meister nicht, weil er sich so sehr auf seine Gedanken konzentrierte. „Aber wieso können durch karmische Potentiale Universen entstehen und vergehen?" fragte er.- „Solange wir zum Wohle aller Lebewesen handeln und solange wir Mitgefühl für andere haben, entsteht eine Kraft in unserem Geist, die die Fähigkeit hat, nicht nur unser eigenes Leben, sondern auch die Dinge um uns herum zum Positiven zu beeinflussen, in einer Weise, die viel tiefer und substantieller ist, als wir üblicherweise annehmen. Wie tiefgreifend unsere Aktionen sein können, sieht man an den aktuellen Forschungen, die eine Ebene beobachten, die uns mit unseren Sinnes normalerweise nicht zugängig ist."

„Ist das mit unseren egoistischen Aktionen genauso?", fragte der Wissenschaftler. „Ja, nur mit dem Unterschied, dass die Dinge sich dann zum Negativen verändern. Es entstehen immer häufiger schwerwiegendere Krankheiten in der Bevölkerung, es kommen bzw. entstehen giftigere Tiere, die Natur wendet sich immer mehr gegen uns usw.. Selbst politische Systeme können ungünstiger und bösartiger werden. Und natürlich können kosmische Ereignisse beeinflusst werden, wenn nur genügend Wesen gleich oder ähnlich agieren."

Tshöl-Sib-Log-Ö sah sich um: hier war alles so friedlich, die Landschaft wunderschön und die Luft rein. Es erschien ganz offensichtlich, dass man in so einer Umgebung nicht nur glücklicher sein konnte, sondern es musste auch viel leichter sein, hier in der Einsamkeit zu meditieren. Wenn er da an seine Bleibe dachte, wo er kaum ins Freie gehen wollte, weil die Gebäude durch die teilweise schon giftige Luft inzwischen grau geworden waren, wo man auch am Tage immer wieder künstliche Beleuchtung brauchte, obwohl keine Wolken am Himmel zu sehen waren , einfach weil die Luft von all den Ausscheidungen der benutzten Maschinen getrübt war. Er hatte sich in die Welt der Wissenschaft *zurückgezogen, in ihr gelebt wie in einem Traum von der Möglichkeit einer besseren Zukunft.*

Er hatte gedacht, dass die Forschung schon irgendwann Erleichterung bringen würde, Glück für die Wesen. Einige Erfindungen waren sicherlich sehr hilfreich für die Bewohner gewesen. Aber langfristig hatte die egoistische Anwendung der Technik nur zur rücksichtslosen Ausnutzung des Planeten geführt in einer Weise, die inzwischen das Leben der Bewohner bedrohte und verkürzte. Kaum ein Politiker konnte oder wollte sich gegen die Mächtigen durchsetzen. Stattdessen suchten die gewählten Führer in erster Linie nur ihren eigenen Vorteil, indem sie sich mit den Mächtigen verbündeten. Mitgefühl mit anderen Wesen wurde als romantische Gefühlsduselei abgetan. Stattdessen galt es als klug, andere zu beherrschen und zum eigenen kurzfristigen Nutzen zu missbrauchen. So konnte es doch nicht weitergehen. Es musste sich schnellstmöglich etwas ändern. Aber wie? Wie?

Es schien fast, als hätte der Meister die Gedanken des Wanderers gelesen. Denn er fuhr ungefragt fort zu sprechen. „Wenn man langfristig besser und glücklicher leben will, ist es am besten, man schult seinen Geist durch Nachdenken, Kontemplation und Meditation zunächst darüber, dass die Dinge nicht so sind, wie wir sie unbewusst wahrnehmen.

Wie nehmen wir sie denn wahr? Sehen wir, das alles schwingt und fließt, dass alles in jedem Moment neu entstehen kann und dass es nur vom karmischen Potential abhängt, ob z.B. aus einem Samen überhaupt ein Keimling wird und ob ein Keimling sich zur Pflanze auswächst? Unser Geist ist erstarrt, hinterfragt seine Sicht nicht, sondern sieht sie als realistisch an.

Aus dieser eingefrorenen Sicht heraus handeln wir dann, schaffen ohne Not neue karmische Potentiale, die uns langfristig Unglück bringen. Wir halten unsere Erkenntnisse für richtig und wundern uns, dass wir unser Leben, unsere Umgebung und Umwelt nur selten im gewünschten Sinn gestalten können.

Wir halten Wesen und Umstände für die Ursachen, die unser Glück verhindern. Dabei verstehen wir nicht, dass unser Karma, das wir uns selbst geschaffen haben, die Kraft hat, all die Ereignisse unseres Lebens wesentlich zu beeinflussen. Nichts ist absolut, weder das Gute noch das Schlechte. Sogar die sogenannten Naturgesetze können sich verändern.

Es gibt kein verborgenes Selbst hinter den Dingen, nichts Inhärentes. Und doch denken wir unbewusst, die Erscheinungen würden aus sich selbst heraus wirklich so existieren, wie wir sie wahrnehmen, absolut und in keiner Weise von anderen Dingen abhängig. Wir sind auf der Suche nach dem Entdecken dieses Absoluten hinter den Dingen. Aber das gibt es nicht. Das werden wir nie finden."

Der Wissenschaftler blickte kurz zum Himmel. So schnell hatte er gar nicht damit gerechnet, eine Antwort zu erhalten. Es schien ja gerade so, als hätten seine Kollegen jetzt durch das aktuelle wissenschaftliche Ergebnis bestätigt, was die spirituellen Meister schon lange gewusst hatten. Und ernsthaft praktizierende Yogis hatten offenbar auch schon Erfahrungen damit, diese Erkenntnisse geistig umzusetzen. Davon waren diejenigen, die das sensationelle Experiment gemacht hatten, ja noch sehr weit entfernt!

Tshöl-Sib-Log-Ö fragte sich, ob auch er die Dinge als absolut ansah. Gab es etwas hinter den Dingen, etwas, was sie letztlich ausmachte, was man finden würde, wenn man nur lange genug danach suchte? Damit hatte er sich noch nie ernsthaft auseinandergesetzt. Vielleicht hatte der Meister Recht, vielleicht auch nicht. Darüber musste der Wissenschaftler noch einmal ganz in Ruhe nachdenken, irgendwann einmal...

Er sah zum Gipfel des Berges. Von hier konnte man ihn gut erkennen. Von hier erschien er gar nicht mehr so weit entfernt. Wie wunderbar könnte es sein an diesem Ort zu sitzen und über all das, was der Weise gesagt hatte, in Ruhe nachzudenken und zu meditieren! Und überhaupt: was hielt ihn eigentlich davon ab, genau das jetzt zu tun? Warum blieb er nicht einfach, wo er nun schon einmal da war?

Tshöl-Sib-Log-Ö war offenbar schon wieder näher an den Meister herangerückt. Es fehlte nicht mehr viel und er würde den alten Mann durch sein Herumfuchteln berühren. „Die erleuchtete Sicht der Leerheit habe ich nicht wirklich verstanden. Ich wüsste gern mehr darüber", sagte der Wanderer. „Dazu könnte ich vieles sagen". antwortete der Weise. „Letztlich ist diese Form der Leerheit eine unbegrenzte Energie, aus der heraus alles nur Denkbare entstehen kann, Erscheinungen und Manifestationen. Diese Leerheitsenergie ist identisch mit der Energie des unbegrenzten Mitgefühls zum höchsten Wohl aller Lebewesen. Wenn jemand sein Herz voller Mitgefühl und Hingabe für diesen Weg öffnet und ihn mit Weisheit und den richtigen Methoden verbindet, kann er den erleuchteten Zustand jenseits von Dualität irgendwann in seinem eigenen Geist erfahren und dann ist alles möglich."

Der Wissenschaftler wollte gerade nachfragen und machte dazu eine weit ausholende Geste. Doch patsch! Da hatte er den Meister geschlagen, völlig unbeabsichtigt, aber trotzdem hart und mit voller Kraft. Tshöl-Sib-Log-Ö erschrak heftig über diese Aktion und -- erwachte in seinem Bett.

Er war völlig verwirrt, brauchte einige Zeit, um zu verstehen. Er hatte geträumt. Aber dies war kein normaler Traum gewesen. Er war einem erleuchteten Meister begegnet, **seinem** erleuchteten Meister. Und der hatte schon viel weiter gedacht, als er selbst. Denn: nehmen wir einmal an, dass die Forscher den Entstehungsmechanismus von Materie auf einer unvorstellbar tiefen Ebene erfasst hätten: was machten sie denn nun damit? Sie würden versuchen, diesen Vorgang zu wiederholen, immer wieder, so lange, bis sie ihn vielleicht öfter und schneller produzieren könnten. Und dann?

Es war natürlich zum jetzigen Zeitpunkt noch gar nicht abzusehen, ob dieses Experiment je wiederholbar sein würde und falls ja: wann? Aber was konnten sie denn wirklich mit ihren Versuchen erreichen, was Yogis, große Meditierende, nicht letztlich viel besser konnten? Es ging doch nicht darum, mit einem vielleicht durch Geistesgifte verwirrten Geist auf technischem Gebiet Massebildungen zu erzeugen, sondern es ging darum, mit einem vom Ego befreiten erwachten Geist voll unendlichen Mitgefühls karmische Manifestationen zu verhindern, denn solche Manifestationen waren letztlich immer mit einer Erfahrung von Leid verbunden, und sei es auch noch so subtil.

Wenn es einem dagegen gelänge, die erleuchtete Sicht der Leerheit in seinem eigenen Geist nicht nur zu schauen, sondern auch zu verwirklichen, dann könnte man vermutlich die Begrenzungen der materiellen Welt sprengen und in einer Sphäre fortwährenden Glücks leben und man könnte diesen Weg zum Glück vielleicht auch anderen vermitteln.

Tshöl-Sib-Log-Ö stand auf. Er packte ein paar Habseligkeiten zusammen und verließ seine Bleibe. Er wollte seinen erleuchteten Lehrer suchen, den er gerade noch im Traum gesehen hatte und er wollte nach dessen Anweisungen so lange praktizieren, bis er am Ziel angekommen sein würde.

Irgendwann sehr viel später soll mal jemand einen alten Meister gesehen haben, der vor einer Höhle hoch oben nahe vom Gipfel eines Berges saß und meditierte. Er soll dem Wissenschaftler verblüffend ähnlich gesehen haben.""

Nun will ich noch auf den insbesondere bei vielen buddhistischen Gelehrten des großen Fahrzeugs (Mahayana) hoch geschätzten Meister Nagarjuna eingehen, jenem, der vom Buddha Shakyamuni prophezeit wurde und der von Nagas (das sind mythische Schlangenwesen mit magischen Fähigkeiten) Wissen bekam, das am Grunde eines Flusses versteckt war. Dieser Schatz oder Terma enthielt vom Buddha verkündete Belehrungen, das Prajnaparamita Sutra. Diese Unterweisungen sind revolutionär, wurden aber von den Schülern, die nach dem Ende des Lebens (Paranirwana) des Erwachten versuchten, seine vielfältigen Lehren zusammenzufassen, offenbar nicht verstanden, nicht wertgeschätzt, oder einfach vergessen. Nagarjuna war nun in der Lage, dieses vom Nagakönig Nagaraja erhaltene alte Wissen zu verstehen und zu aktivieren.

Bevor ich ein wenig auf den Inhalt des von Nagarjuna übermittelten Schatzes eingehe, möchte ich etwas zu den Nagas sagen: Wir westlich geprägten Menschen, die doch gewohnt sind, von der Wissenschaft scheinbar auf den allerletzten Stand gebracht zu werden und dann denken, dass all das, was man noch nicht mit den Untersuchungen und Methoden der Forscher erfassen kann, dann auch nicht existiert, haben natürlich Probleme damit, die Existenz von Nagas überhaupt näher in Betracht zu ziehen. Und dann sollen diese Phantasiewesen dem großen Meister auch noch Unterlagen übergeben haben, die so besonders sind, dass sie die buddhistischen Gelehrten bis auf den heutigen Tag beschäftigen?

Mir macht es mittlerweile kaum noch Probleme, anzunehmen, das Wesen, die wir meist nicht kennen und erkennen, existieren und Fähigkeiten haben, die wir nicht oder nur teilweise nachvollziehen können. Wie ich schon ausführte, können unsere Sinne ja vermutlich sowieso nur einen sehr begrenzten Teil der vorhandenen Objekte überhaupt wahrnehmen.

Teilweise wissen wir das sogar schon ein wenig. So können wir ja ultraviolette und infrarote Strahlen mit unseren Sinnen nicht erfassen, technisch können wir sie jedoch nachweisen. Aber was gibt es denn sonst noch alles, was wir noch nicht einmal erahnen und für das wir z.Z. noch gar keine technischen Geräte haben? Vielleicht ist das sogar das Wesentliche.

Ich möchte diesbezüglich einmal meine Rettungsversuche von Kleinstlebewesen als ein Beispiel für begrenzte Wahrnehmungsmöglichkeiten von Wesen anführen. Auf den Kanarischen Inseln, auf denen ich gelegentlich Urlaub mache, gibt es Insekten, die kleiner sind als die mir aus Deutschland bekannten Gewittertierchen. Ich habe diese etwa zwei Millimeter großen Tiere mal mit einer Lupe untersucht. Sie sehen aus wie winzige Ameisen.

In einem meiner Hotelzimmer hatten sie immer wieder die Angewohnheit, auch in mein Waschbecken zu rennen. Händewaschen meinerseits wäre wohl ihr sicherer Tod gewesen, denn sie wären mit dem Spritzwasser gefangen und irgendwann in den Abfluss fortgespült worden. Also beschloss ich, diese Tierchen möglichst vor dem Händewaschen aus dem Waschbecken zu entfernen, um sie nicht einmal in Gefahr zu bringen, getötet zu werden. Aber wie sollte das gehen ohne sie schon bei dieser Rettungsaktion umzubringen?

Ich fand schließlich heraus, dass ihnen kleine abgerissene Stückchen von Zellstoff offenbar Angst machten (meine Finger interessierten die Tiere z.B. gar nicht. Sie liefen unverändert weiter). Diese Zellstoffstückchen nutze ich nun, um die Ameisen aus dem Waschbecken herauszutreiben. Und das gelang immer wieder problemlos. Sobald die Tierchen den Zellstoff sahen, änderten sie definitiv ihr Hin- und Her-Gerenne und flohen zielgerichtet vor dem winzigen Zipfel.

Nur der Zellstoff wurde von ihnen also wie von mir gewünscht verstanden, meine Finger nicht. Sie hätten ja auch vor den Fingern davonlaufen können, wenn ich sie damit drohend vorwärtsgetrieben hatte. Aber egal wie nahe ich den

Ameisen mit meiner Hand kam: sie wurde einfach nicht von den Tierchen als Gefahr empfunden. Wieso?

In beiden Fällen hatte ich, der Mensch Heike, mit ihnen Kontakt aufgenommen. Aber sie konnten mich als gesamtem Menschen nicht erfassen, geschweige denn, dass sie die Absicht hinter meinen Aktionen begreifen konnten. Selbst wenn ich sie hätte töten wollen, wäre mir dies mühelos geglückt. Sie waren so winzig, nur ein leichter Druck meinerseits auf sie hätte sie zerquetscht. Ich stellte allein schon durch mein nicht einmal bewusst gegen sie gerichtetes Händewaschen eine potentiell tödliche Bedrohung für sie dar, die sie aber nicht erfassen konnten. Und wenn ich sie zum Zwecke ihrer Rettung mit dem Zellstoff vor mir her trieb, gerieten sie offenbar in große Angst und flohen, ohne die dahinterstehende Hilfsabsicht zu erahnen.

Nun mögen wir ja denken: was gehen mich die kleinen Ameisen und ihr weiteres Schicksal an? Aber wer sagt uns denn, dass wir nicht für andere Wesen ebenso klein und bedeutungslos sind wie für uns diese Ameisen? Die höchsten, weil voll erleuchteten Wesen, sind vielleicht teilweise riesengroß, wir dagegen winzig klein. Die gute Nachricht: sie haben unbegrenztes Mitgefühl. Und wenn sie in ihrer großen Weisheit erkennen, dass da ein Winzling ist (nämlich ein Mensch), der bereit ist, Leben von anderen Wesen (und seien sie auch noch so klein und scheinbar unbedeutend) zu retten und zu erhalten, könnten sie dies doch vielleicht zum Anlass nehmen, so einen Menschen bewusst zu fördern, und zwar meistens, ohne dass der Mensch dies auch nur erahnt (denn was kann er schon mit seinen Sinnen und seinem verwirrten Geist erfassen?)

Wenn die erleuchteten Wesen dagegen erkennen, dass wir, obwohl wir die Möglichkeit dazu hätten, anderen zu helfen und Schaden von ihnen abzuwenden, stattdessen im schlimmsten Fall ihr Leid sogar noch bewusst verstärken, oder, noch schlimmer: sie vom geistigen Weg zur Befreiung abhalten, werden sie uns vermutlich die Reife absprechen in höhere spirituelle Klassen vorzudringen. Dann müssen wir eben die Ochsentour durch das Rad der Wiedergeburt machen, ohne durch die Hilfe dieser Wesen vorzeitig davon befreit werden zu können.

Spirituelle Reife beginnt mit Mitgefühl und dem Wunsch, endlich das immerwährende Leiden von Geburt und Tod zu verlassen (Entsagung). Und dann muss man natürlich über die Zeit seinen Geist schulen, ihn langsam für transzendente Erfahrungen öffnen um so letztendlich neue Dimensionen von ihm zu erschließen. Unser Karma ist eine Sache. Das alte wird irgendwann reif werden, das zukünftige liegt in unseren Händen. Aber wir brauchen auch Hilfe von Lehrern und Helfern, die uns auf unserem Weg leiten. Nur sehr wenige können die Erleuchtung ohne sie erreichen.

Wir fühlen uns manchmal als Nabel der Welt, als Könige unseres Universums. Doch könnte es nicht auch gelegentlich einmal sein, dass wir nur Kapitäne in einer Nussschale sind, die den großen Ozean des Daseins überqueren wollen, ohne seine Gesetze zu kennen? Und da wäre es doch wunderbar, wenn wir wie die winzigen Ameisen vor dem großen Waschbeckenstrudel gerettet würden, nicht wahr?

Über dem Meer
meines Geistes

sehe ich manchmal

keinen Horizont.

Ich blicke wie ein Vogel
aus großer
Höhe

hinab.

Unter mir

sind Strukturen einer
Welt,

die ich verließ.

Glückseligkeit

und Klarheit

sind meine

Begleiter.

Weite
des Geistes:

wie konnte ich dich

nur vergessen?

Warum kommen Menschen zum Vajrayana? Da gibt es sicher unendlich viele verschiedene Gründe. Der tibetische Buddhismus ist für die meisten Menschen in westlichen Kulturen in seiner ganzen Tiefe und Breite grundsätzlich unbekannt. Er erscheint exotisch, faszinierend, interessant, neu. Es geht einem oft besser, wenn man großen Meistern begegnet, eine offene Atmosphäre spürt usw. Inspiriert probieren wir in dem Wunsch, wenigstens ein bisschen von dieser fremden Welt einzufangen, neue asiatisch anmutende Kleidungsstile aus und kaufen uns Requisiten für Dharma-Praktiken wie Malas (Rosenkränze), Thangkas (Rollbilder), Purbas (Ritualdolche), Damarus (Hand-Trommeln) usw.

Vielleicht lesen wir auch das eine oder andere buddhistische Buch aus der inzwischen vielfältigen Literatur, wo sich mit unterschiedlichen Wegen im Dharma beschäftigt wird. Wir greifen uns sogar manchmal irgendeine Weisheit heraus, die uns anspricht und inspiriert. Vielleicht sitzen wir auch gelegentlich ein paar Minuten und meditieren nach den Anleitungen, die wir in manchen dieser Bücher finden können. Nun glauben wir gerüstet zu sein, den großen Meistern und der Lehre auf Augenhöhe begegnen zu können. Vielleicht hören wir auch ein paar Freundlichkeiten von den großen Lehrern und nehmen das gerne an.

In westlichen Kulturen haben Menschen oft negative Sichtweisen, die sie selbst betreffen. Auch haben wir, wie wir glauben, teilweise interessante Leidensgeschichten. Vielleicht waren die Eltern gestört, nicht liebevoll, bösartig und uns wurde als Kind vieles angetan. Oder wir haben gerade eine schwierige berufliche oder private Situation, eine üble Krankheit usw. Oh, wie wunderbar ist es da doch, durch den Dharma aufgepäppelt zu werden! Man fühlt sich gleich ein wenig besser. So mancher plustert da sein Ego noch mal so richtig auf, verstärkt seine Abwehr vor der Konfrontation mit den tieferen Prozessen im eigenen Geist, so nach dem Motto: Seht her, der Lama ist auch meiner Meinung! **Ich** blicke offenbar durch.

Aber wenn man sich weiter auf die Lehre und die spirituellen Lehrer einlässt, dann kann ein Moment kommen, wo wir unsere Opferrolle, unsere teilweise dramatischen Lebensgeschichten, unsere bewährten Konzepte infrage stellen dürfen. Denn wir haben uns die Suppe, die wir gerade auslöffeln, ja in Form von entsprechendem Karma in der Vergangenheit selbst eingebrockt. Mancher verkraftet das nicht, will das nicht wahrhaben. Er kommt zum Dharma mit der Einstellung: Wasch mich, aber mach mich nicht nass. Er zappt sich durch die Dharma-Belehrungen, als hätte er eine Fernbedienung in der Hand, ohne jemals die ernsthafte Absicht zu haben, sich wie der Yogi Milarepa auf den Allerwertesten zu setzen und zu meditieren, bis er Schwielen am Gesäß hat.

Mir fällt eine Patientin ein, die einmal in meine Praxis kam und mir von einer üblen Gürtelrose erzählte, an der sie schon lange litt. Sie hatte schon viele Ärzte vergeblich konsultiert und jetzt stand wohl demnächst wegen dieser Erkrankung sogar eine Berentung an. Ich schien offenbar ihre allerletzte Hoffnung auf Heilung zu sein.

Nachdem ich ihre Erkrankung ausführlich begutachtet hatte und mir dabei überlegte, welche der mir bekannten alternativen Heilungsmethoden ich vielleicht bei ihr versuchen könnte, kam mir auf einmal ein ganz anderer Gedanke in den Sinn, den ich dann auch aussprach.

„Stellen Sie sich einmal vor, dass ich Ihnen helfen könnte: Was wird dann mit ihrer Rente?" Ich bat sie, zunächst darüber nachzudenken. Falls sie danach noch weiterhin Heilung wünschte, sollte sie mich gerne erneut konsultieren. Die Frau horchte auf, schwieg eine Weile. Dann verabschiedete sie sich und kam nie wieder.

Ihr Leiden hatte auch eine Funktion und die konnte und wollte sie offenbar nicht aufgeben. Wäre die Krankheit beseitigt worden, hätte die Frau scheinbar einen Teil ihres Selbst verloren. Wie hätte sie denn dagestanden ohne ihr Leiden? Man hätte sich ihr nicht mehr so oft mitfühlend zugewendet, denn nun wäre ja offenbar alles in Ordnung gewesen usw. Natürlich war das Leiden der Patientin groß. Aber noch größer waren offenbar der emotionale und der eventuell bevorstehende finanzielle Gewinn aus ihrer Geschichte. Wäre es nicht so gewesen, dann hätte sie ihre Gesundheit sogar einer Rente vorgezogen.

Aber es gibt auch Krankheiten, an denen beißen sich die Behandler die Zähne aus und auch hochkarätige spirituelle Praktiken lassen das Leiden nicht verschwinden. Ein Krankheitskarma (körperlich oder psychisch), das einmal reif geworden ist, kann manchmal nur sehr schwer oder gar nicht beseitigt werden. Natürlich ist so ein Leiden zu respektieren und man darf gerne viel Mitgefühl für den Kranken aufbringen und ihm auf vielerlei Weise helfen, wenn dies nötig erscheint und möglich ist. Aber wenn man selbst der Kranke ist, darf man auch gerne so gut es geht weiter Dharma praktizieren, um dadurch für die Zukunft günstigeres Karma zu schaffen, anstatt sich ausschließlich im Selbstmitleid zu baden.

Natürlich geht es uns schlecht, wenn wir Leid erfahren und es kann uns helfen, über dieses Leid zu reden, Therapeuten und Therapien in Anspruch zu nehmen, wenn sie denn zur Verfügung stehen. Mit Dharma-Praxis hat dies allerdings nichts zu tun. Der Buddha wusste, dass wir leiden, alle, auch wenn es zunächst nicht so erscheint. Auch die Gesunden, Klugen, Reichen, Schönen, Berühmten und Mächtigen bilden da keine Ausnahme.

Die Ursachen dieser Leiden hat der Buddha benannt. Es sind die geistigen Verdunkelungen, die wie Gifte wirken für die Höherentwicklung und Befreiung unseres Geistes. Dazu gehören insbesondere sowohl die Anhaftung an, als auch die Ablehnung von Dingen, die unserem Geist erscheinen. Wir glauben, dass das, was wir wahrnehmen, aus sich heraus genau so ist, wie es unseren gefühlten, unbewussten und bewussten Annahmen entspricht. Das Angenehme wollen wir erlangen und festhalten, das Unangenehme vermeiden und bekämpfen wir. Diese Geistesgifte gilt es letztlich zu beseitigen und dann können wir aufbrechen zu neuen glücklicheren Ufern.

Wenn wir unser Schicksal durch entsprechende Maßnahmen selbst in die Hand nehmen, Heilsames tun, Unheilsames lassen, karmische Reinigungspraktiken durchführen und unseren Geist schulen, wird sich trotzdem in der Zukunft immer wieder einmal Leidvolles in unserem Leben ereignen können, denn wir haben im Laufe unserer vielen schon gelebten Leben möglicherweise schon diesbezügliches Karma angesammelt, was noch reif werden kann. Aber was auch immer in der Vergangenheit passierte und uns deshalb irgendwann begegnen könnte: jetzt haben wir die Möglichkeit, neues gutes Karma zu schaffen. Und wenn wir damit immer weiter machen, werden wir dadurch dazu beitragen, dass unser Leben zukünftig langfristig in freudvolle Bahnen gelenkt wird. Was für eine wunderbare Aussicht!

Wenn man nach der ersten Euphorie und Verliebtheit weiter im Dharma vorankommen, tiefste Heilung erfahren will, dann muss man seine geistige Trägheit aufgeben. Man wird nicht mehr gepampert. Man muss sich den Realitäten stellen. Der Wind pfeift einem möglicherweise um die Ohren, dass es nur so kracht. Der spirituelle Lehrer kann zornvoll sein, gemein, bösartig. Aber er ringt mit unserem Ego, um uns dabei zu helfen, die Befreiung oder gar Erleuchtung zu erlangen, wenn es ein guter Meister ist.

Deshalb soll man insbesondere im Tantra, wo man schnell zu ungeahnten Höhen vorstoßen kann, seinen Lehrer gut prüfen, bevor man sich auf diese Rosskur einlässt. Das Ego bleibt nämlich irgendwann garantiert auf der Strecke und es ist nicht das Einzige. Natürlich wissen die Meister, dass wir leiden, oft sogar ganz furchtbar. Aber wenn man jetzt schon so schwer an seiner Situation zu tragen hat: wie wird es uns erst gehen, wenn wir, bedingt durch altes Karma aus der Vergangenheit, noch ganz anderen Stürmen begegnen werden, in diesem Leben, im Tod und in den Existenzen danach?

Die Strenge der Lehrer kann uns vorbereiten, abhärten, Kraft geben. Und wenn man auf dem Dharma-Weg durchhält, dann kann man nach all den Stürmen irgendwann das eigene erleuchtete Potential erfahren und das ist ganz wunderbar. Und im Nachhinein wird man vielleicht gar nicht mehr verstehen, warum man sich anfangs mit Zähnen und Klauen gegen diese Behandlung gewehrt hat. Dieses sich meist sehr langsam entfaltende erleuchtete Potential kann uns zunächst unser Leiden immer öfter etwas weniger schwer erscheinen lassen bzw. wir lernen manchmal ein wenig besser mit ihm umzugehen. Und das ist doch schon mal ein guter Anfang.

Wichtig ist, dass man sein Leid grundsätzlich beenden will, dauerhaft, für immer, wenn nötig durch harte eigene geistige Arbeit und nicht vom Sessel aus per Fernbedienung. Solange unser Leid noch eine Funktion hat, unser Ego stützt, uns Mitleidspunkte sichert, unsere geistige Trägheit rechtfertigt, sind wir noch nicht reif, es loszulassen. Erst wenn wir, um es einmal salopp zu formulieren, die Schnauze gestrichen voll haben von dem ganzen Theater, haben wir die Kraft, durchzuhalten, und je mehr Mitgefühl wir für die ebenfalls leidenden anderen Wesen aufbringen können, desto weiter werden wir auf unserem inneren Weg zur Befreiung vorankommen.

Sollten wir jetzt noch nicht dazu fähig sein, es uns aber von ganzem Herzen ersehnen, dann können wir durch gute Wünsche, heilsame Taten und Dharma-Praxis in Form von Hören, Nachdenken, Kontemplieren, Meditieren sowie Rezitieren die Verdienste ansammeln, die uns bei diesem oft schwierigen Weg besser durchhalten lassen. Wir sind fast alle Anfänger, immer wieder, scheinbar kleine Lichtlein, voller Fehler, voller Unzulänglichkeiten, na und?

Als wir noch sehr klein waren und damit begannen zu laufen, sind wir immer wieder einmal hingefallen, haben uns oft gestoßen, vielleicht sogar verletzt. Aber niemand hätte uns gesagt: „Das mit dem Laufen-Lernen lass mal lieber sein. Das wirst du eh` nicht schaffen." Sondern man wurde stattdessen ermutigt, nicht aufzugeben und irgendwann konnte man dann seine Beine benutzen. Und wenn man nun leider zu denen gehört, die aus irgendwelchen Gründen nie laufen konnten, dann hat man vermutlich andere Dinge gelernt, langsam und beharrlich. Warum also sollten wir uns den Dharma nicht erschließen können, Schritt für Schritt, jeder in seinem eigenen Tempo, nach eigenen Fähigkeiten?

Der Dharma ist keine Leistungs-Show, so nach dem Motto: „Schaut alle mal her, wie weit ich schon bin!" Diesbezüglicher Stolz und Hochmut kann uns schneller und tiefer zu Fall bringen, als wir uns vorstellen können. Da weiß ich selbst nur allzu gut, wovon ich spreche.

Die buddhistische Lehre und Philosophie ist dazu fähig, unser altes Weltbild infrage zu stellen und uns letztlich dadurch in ungeahnte Höhen zu bringen, wenn man sich denn nur ernsthaft genug darauf einlässt. Ich will also abschließend einmal ein kleines Bisschen von der Lehre des schon erwähnten Nagarjuna als Beispiel anfügen, als Probier-Häppchen sozusagen:

Vorhandensein

sagt, wer an ein
beständiges
Dasein glaubt,

Nichtvorhandensein

sagt,
wer an ein
Verschwinden
glaubt.

Deshalb aber lassen sich
die Weisen

nicht

auf Vorhandensein
noch Fehlen
ein.

Und für diejenigen, die das von Nagarjuna übermittelte Prajnaparamita-Sutra noch nicht kennen, will ich eine kurze Passage davon wiedergeben:

„Form ist Leerheit;
ebenso ist Leerheit Form;

Leerheit ist nichts anderes als Form;
Form ist nichts anderes als Leerheit."

Wer die erleuchtete Schau der Leerheit kennt und weiß, dass die beiden unterschiedlichen Zustände der Schwingung sehr schnell alternieren, so dass man scheinbar keinen Unterschied zwischen dem Zustand der Erscheinung und dem Zustand reiner Energie feststellen kann, wird diese Aussage besser verstehen können.

Mitten
in der ausverkauften

Vorstellung
des
Staatstheaters,

bemerkte der Hauptdarsteller
Herr Neu,
was für einen

Unsinn

er spielte.

Er konnte plötzlich
das Stück

nicht mehr

aushalten,

er konnte
seine Rolle

nicht mehr
spielen,

er konnte das ganze
Theater

nicht mehr

ertragen.

Also
zog er sich

in der
bedeutendsten
Szene

einfach
sein Kostüm
aus,

lief dann

nackt

hinter die Bühne,

nahm ein paar Sachen,
die ihm gehörten,

aus der Künstlergarderobe
mit

und verschwand
dann
schließlich

aus seinem
bisherigen

Leben.

Man hörte später,
dass er
irgendwo
im Himalaja

in einer Höhle
sitzen
würde,

um zu meditieren.

Er soll

glücklich

geworden
sein.

Der Karmapa Ogyen Trinley Dorje wurde einmal von einer Frau gefragt, welche Dharma-Praxis er denn täglich ausführen würde, denn die Fragerin wollte sich diesbezüglich inspirieren lassen. Daraufhin sagte der Karmapa sinngemäß folgendes: „Ich kann Ihnen keine bestimmte Praxis nennen. Ich reagiere immer auf das, was kommt. Insofern muss ich Sie da enttäuschen."

Wenn man sich dem Dharma nähert, kommt man meist mit bestimmten Erfahrungen und Konzepten. Das neu Gehörte muss geprüft und abgewogen werden. Und vielleicht entscheidet man sich dann irgendwann, einzelne Teile des Gelehrten gedanklich in sein Leben zu integrieren und wertzuschätzen. Und dann gibt es Menschen, die an einem bestimmten Punkt dieser Integration anfangen achtsam zu werden und/oder zu meditieren.

Aber wenn man nach seinen Meditationssitzungen wieder in den Alltag taucht, ist man dort so wie sonst auch, verwickelt im täglichen Kampf des Egos und der dualistischen Sichtweise. Es dauert meist lange, bis man damit anfängt, im Sinne des Dharmas auch dort ein wenig anders zu denken und zu handeln.

In diesem Zusammenhang fällt mir die Geschichte einer schon mindestens zwanzig Jahre lang praktizierenden Frau des Vajrayanas ein. Auf einem etwa dreiwöchigen Meditationsrückzug gesellte ich mich in einer Pause einmal zu ihr und einer kleinen Gruppe von Leuten. Dabei wurde ich Zeuge eines Teils der Lebensgeschichte dieser Frau. Sie kämpfte offenbar eine Art Rosenkrieg mit ihrem Verflossenen um ein nicht menschenwürdig bewohnbares Haus, das ihnen zu gleichen Teilen gehörte. Weder sie noch er hatten Geld oder sonstige Möglichkeiten, dieses Haus je in einen besseren Zustand zu bringen und verkäuflich war es auch nicht. Aber es schaffte dauerhaft Gelegenheit, sich gegenseitig das Leben schwer zu machen.

„Warum schenkst du ihm deinen Teil nicht einfach?" warf ich ein. Sie sah mich entgeistert an. Ich wusste von ihr, dass sie eine langjährige Praktizierende des Chöd war, jener Meditationstechnik, wo man den im Geist herbeigerufenen Wesen, ja selbst dämonischen Kräften unter ihnen, alles schenkt, was man hat, um sich dadurch auf dem spirituellen Pfad schneller weiterentwickeln zu können. „Aber du meditierst das doch immer. Nun hast du die Gelegenheit, es umzusetzen." Die Frau holte tief Luft und sagte geschockt: „Ja, in der Meditation…"

Buddhistische Meditationspraktiken dürfen, ja sollen den Geist ändern, denn sie sind nicht als Wellness oder Imaginationsspielchen gedacht. Sie derart zu benutzen bedeutet, die in ihnen innewohnende Kraft nicht zu entfalten. Wenn man aber diesen schwierigen Weg der ernsthaften und tiefgründigen langjährigen Meditation beschreitet, dann stellt sich irgendwann die Frage, ob man nicht auch außerhalb der Praxis-Sitzungen die inneren Erkenntnisse im Alltag überprüfen und anwenden sollte.

Auf einer sehr hohen Stufe dieser Praxis verwendet man dann alle Erscheinungen, die der Geist wahrnimmt, als illusionsgleiche Objekte der Meditation. Man reagiert wie ein Ping-Pong-Spieler, der den gegnerischen Ball kommen sieht, und man versucht, ihn mit der Technik des Dharmas als Schläger möglichst gut im Sinne einer Bodhicitta-Motivation zurückzuschlagen. Man reagiert auf das, was kommt, und bleibt dabei ununterbrochen in dem höchsten Zustand der Meditation, der einem möglich ist, so wie es z.B. der Karmapa zeigt.

Der Dalai Lama wurde einmal gefragt, was er machte, wenn jemand ihn angriffe, wegen seines Verhaltens rügte. Daraufhin antwortete er: „Ich überprüfe meine Motivation." Solange seine Motivation das höchste Wohl aller Lebewesen ist, solange er vielleicht sogar im absoluten Bodhicitta, der erleuchteten Sicht der Leerheit, verweilt, wird sein Verhalten, egal, wie es äußerlich erscheint, wunderbare Resultate erwarten lassen. Ein Abweichen von dieser Motivation, z.B. aus egoistischen Gründen, kann dagegen, egal, wie es äußerlich erscheint, negatives Karma erzeugen. Und deshalb ist es insbesondere für jeden Dharma-Praktizierenden wichtig, möglichst bei all seinen Handlungen die eigene Motivation zu überprüfen.

Eine kleine Geschichte über die Kostbarkeit der Zeit

Mal angenommen

irgendwo in einem Ozean des Multiversums trafen sich einst zwei weise Fische und unterhielten sich durch Gedankenkraft über ihren spirituellen Weg. Nachdem sie eine Weile nebeneinanderher geschwommen waren, erblickten sie in der Ferne einen riesigen Schatten. Schnell versteckten sie sich in einem nahe gelegenen Korallenriff vor dem möglichen Angreifer. Der riesige Fisch schwamm vorbei ohne sie zu bemerken.

Danach sagte Blupp, der eine der beiden kleinen Fische: „Da haben wir ja noch mal Glück gehabt... Immer muss man wachsam sein, um nicht zu sterben. Das macht das Leben als Fisch so anstrengend. Andererseits haben wir natürlich durch die ständige Todesbedrohung gar keine andere Wahl, als uns mit der Möglichkeit unseres baldigen Endes zu beschäftigen. Und da ich mich inzwischen auch in dieser Existenz an manche Vorleben erinnere, kann ich folgendes sagen: Das Sterben und der Tod ist mir vertraut, auch wenn es jedes Mal anders war.."

„Ja, du kannst dich offenbar erinnern", sagte sein Begleiter Butt. „Bei mir ist das nicht der Fall. Aber natürlich wundere ich mich manchmal darüber, dass ich auch in dieser Existenz so geistig wach bin. Die meisten anderen Fische sprechen, sofern sie sich überhaupt äußern, nur über Futter, Feinde und Paarung. Das interessiert mich nur sehr am Rande. Ich frage mich dagegen, ob ich überhaupt jemals zuvor gelebt haben kann. Es würde mir helfen, wenn mir jemand, den ich kenne, nach seinem Tode mitteilen könnte, dass er noch irgendwie weiterlebt. Und am liebsten wäre mir, wenn er mir sagt, wie es dort ist, wo er jetzt lebt. Wie siehst du die Sache?"

Blupp überlegte einen Moment, dann sagte er: „Ich habe diesbezüglich keine Erfahrungen mit anderen Fischen. Ich kann nur von meinen eigenen Erlebnissen sprechen. Nach meinem jeweiligen Tod war ich, sofern ich mich jetzt überhaupt noch daran erinnern kann, wohl oft in einem verwirrten Geisteszustand und musste erst mal damit klarkommen, zu verstehen, dass ich aus meiner vertrauten Umgebung herausgerissen worden war und nun offenbar ohne meinen alten Körper Dinge erlebte, die ich zu Lebzeiten gar nicht gekannt hatte. Es war wohl meist mehr eine Situation wie in einem nicht enden wollenden Traum, mal schrecklich schön, mal einfach nur schrecklich. Auch erlebte ich meinen Tod in diesem Zustand regelmäßig immer wieder, obwohl ich dabei ja gar nicht wirklich starb, aber es fühlte sich trotzdem so an. Das hat mir oft Angst gemacht."

„Ja, ich habe von einem großen ungefährlichen Fisch, den man Schwapp nennt, erfahren, dass man diesen Zustand zwischen zwei Leben Bardo nennt. Schwapp ist mein spiritueller Lehrer geworden. Er ist sehr weise und erinnert sich jetzt in diesem Leben an das, was er wohl in einer vorigen Existenz als zweibeiniges Wesen gelernt hat. Ich schwimme des Öfteren zu ihm hin und höre zu, wenn er seine Schüler lehrt."

„Ja, bei Schwapp kann man offenbar erleben, dass er ein altes Wissen hat, was in seinem Geist gespeichert ist. Bei dir und mir scheint das ja teilweise auch so zu sein. Ich habe gehört, dass man, wenn man seinen Geist gut schult, in der Lage sein kann, bewusst durch den Todesprozess zu gehen und auch im Bardo nicht vergisst, weiter auf dem spirituellen Pfad voranzuschreiten. Aber wie soll man sein Sterben beeinflussen, wenn man unerwartet aufgefressen wird? Ja vielleicht, wenn man merkt, dass man gefangen worden ist, da hat man ja noch ein wenig Zeit, sich auf sein Ende vorzubereiten. Doch ich glaube, dass die meisten Fische in der Todesangst zu gar keiner geistigen Praxis mehr in der Lage sind, selbst wenn sie sie gelernt hätten."

„Meinst du also, dass es für einen Fisch überhaupt keinen Sinn hat, spirituelle Lehren zu hören und nach ihnen zu praktizieren?", fragte Butt.

„Das hast du falsch verstanden. Natürlich lohnt es sich in jeder Existenzform, an seinem Geist zu arbeiten. Ihn nehmen wir ja in allen unseren Leben mit. Auf jeden Fall sollten wir Wunschgebete machen, im nächsten Leben ein Zweibeiner zu werden. Da kann man viel schneller aus dem unfreiwilligen Kreislauf der Existenzen herauskommen. Da sind die spirituellen Bedingungen sehr viel günstiger als bei uns Meeresbewohnern, wurde mir von meinem Lehrer gesagt.

Ich mache jeden Tag meine Atemübungen und denke über die Vergänglichkeit unseres Lebens nach. Viel mehr kann ich als Fisch wohl nicht tun. Aber ich hoffe sehr, dass meine Praxis dabei helfen kann, weiter im geistigen Prozess zu bleiben. Gibt es denn eine Alternative für uns?"

„Ich denke nein. Schwapp sagt, dass wir in jeder neuen Existenz mit einem vollen Schleppnetz alten Karmas ankommen. Meistens ist es nicht so gut. Wir müssen uns ernähren, kleine Tiere fressen. Es ist schwer für uns, gutes Karma anzusammeln und nach unserem Tod in höhere Existenzformen zu gelangen. Ich wünsche mir so sehr, ein Zweibeiner zu werden hinauszublicken in die Weite meiner geistigen Möglichkeiten. Dann könnte ich........."

„Was könntest du dann?", fragte Blupp. Aber sein Freund antwortete nicht mehr. Der große Fisch war zurückgekommen, heimlich, vollkommen unbemerkt von den beiden im Gespräch vertieften Freunden.

Als Blupp begriff, was geschehen war, rief er in die Weite des Ozeans hinein: "Ich wünsche mir, dass wir uns wiedersehen, als Zweibeiner, irgendwann, irgendwo!"- „Ich auch!" hörte er eine Stimme in seinem Geist. „Ich auch!"

In einem Traum
sehe ich mich auf einer Art
Teller stehen,
gefüttert von dir,
Karmapa.

Um mich herum ändert sich
alles,
Welten
entstehen
und vergehen.

Aber ich nehme dieses Schauspiel
gar nicht richtig
wahr,
schaue nur dich
an,
meinen großartigen
Lehrer,

und nehme das,
was du mir gibst.

Der Geschmack der geistigen Befreiung
ist wunderbar.
Mein Leben ändert
sich
in atemberaubendem
Tempo,
wenn ich deine Nahrung
esse.

Was soll ich mich
lange
mit der Analyse
des Erlebten
aufhalten?

Abschließend möchte ich noch etwas zum Thema meiner offiziellen Anerkennung als Milarepa sagen. Gleich vorweg: ich habe sie nicht, vielleicht noch nicht, wer weiß.

Ich bin bezüglich dieser Angelegenheit durch einen langen Prozess gegangen. Es begann damit, dass ich in einem Buch kurze Beschreibungen von den Urvätern der Kagyü-Linie gelesen hatte. Als ich dort den Namen Milarepa las, war mein erster spontaner Gedanke: „Das bin ich gewesen." Danach las ich interessiert über sein Leben, denn ich hatte keinerlei Erinnerung daran. Als ich dann davon erfuhr, dass er durch magische Praktiken 25 Menschen getötet hatte, schämte ich mich abgrundtief deshalb und dachte „ O Mann, da hast du ja offenbar wieder mal etwas Furchtbares angerichtet!"

Als Lama FIW und ich zum Karmapa reisten, zweifelte ich nicht an dieser alten Existenz, aber ich war der Meinung, dass nur ehemalige Lamas anerkannt würden. Milarepa war aber nie ein Lama gewesen. Erst viel später erfuhr ich dann von der Hochachtung, die dem alten Meister auch heute noch entgegengebracht wurde. Man dachte, er sei vollkommen erleuchtet gewesen. Als Beweis dafür wurden auch seine vielen Siddhi angeführt. Ich hatte aber keine Wunderkräfte und vollkommen erleuchtet war ich auch nicht.

Hätte Karmapa mich gleich bei unserem ersten Treffen offiziell anerkannt: was für einen Nutzen hätte so ein körperliches und geistiges Wrack, wie ich es damals war, für den Dharma haben können? Keinen einzigen.

Erleuchtung kann man unwissenden Menschen vorspielen, aber nicht den verwirklichten buddhistischen Meistern, die es zum Glück noch in großer Zahl gibt. Ein kurzes oder vielleicht längeres Prüfen mit Hilfe der geistigen Kräfte dieser Wesen hätte eindeutig ergeben, dass ich ein Flop gewesen wäre. So eine Anerkennung durch Karmapa, den voll erleuchteten Buddha, wäre auf ihn und auf die Linie zurückgefallen, denn Milarepa war ja nicht irgendwer. In der aktuellen Situation der Spaltung des Sanghas hätten dann vielleicht sogar manche Leute gesagt: „Seht her, was für ein unfähiges Wesen dieser Karmapa Ogyen Trinley Dorje ist, wenn er sich in so einer wichtigen Angelegenheit irrt!" Es wäre also auch aus diesem Grund kein Nutzen dadurch entstanden.

Aber es gab auch Gründe, die für eine Anerkennung sprachen, insbesondere, seitdem ich mich durch Meditation weiterentwickelt hatte. Viele insbesondere westliche Menschen halten sich, wenn sie sich einmal zehn Minuten unabgelenkt auf den Atem konzentrieren könnten, schon für einen großen Meditierenden. Insbesondere seitdem ich selbst lehre, hätte es mir geholfen, offiziell als seriös eingeschätzt zu werden. Dann wäre es für die Zuhörer und Schüler vermutlich leichter gewesen, sich mir gegenüber zu öffnen und sich somit intensiver auf den inneren Prozess einzulassen, den der Pfad des Dharmas mit sich bringen kann. Andererseits habe ich gesehen, dass es auch Menschen gibt, die sich ernsthaft auf mich als Lehrerin eingelassen haben. Eine offizielle Anerkennung als Tulku über meinen Status als Lama hinaus spielte für sie offenbar keine Rolle. Und außerdem gab es auch einige Menschen, die im Zusammenhang mit mir Visionen oder Träume von Milarepa hatten, ohne dass sie diesbezüglich vorher etwas von mir wussten.

Karmapa hat in seiner großen Weisheit erkannt, was ich brauchte, um mich aus meinem geistigen Totalabsturz wieder herauszubringen. Zunächst war das der Umgang mit Leuten, die bereit waren, mir nach Kräften zu schaden. Manchmal habe ich bei dieser Rosskur, die ich dabei erfahren durfte, an mich als einen vielleicht volltrunkenen Facharzt gedacht, der unbedingt eine wichtige Operation durchführen muss. Niemand anderes kann diese spezielle Arbeit machen und es geht gerade um Leben und Tod. Was macht man in so einem Fall? Man versucht den Arzt mit allen Mitteln wieder funktionsfähig zu machen. Dafür werden auch gerne Güsse mit kaltem Wasser verwendet.

Karmapa hatte das richtige Weck-Team für mich gefunden. In diesem Zusammenhang möchte ich insbesondere Susi Sonnenschein, dem Soldaten und dem Fotografen für ihre wohl eher unfreiwillige Hilfe im Nachhinein sehr danken.

Die Suche nach den architektonisch korrekten Bauten führte mich durch Teile von Europa und Indien und sie brachte mich auch mit Karmapa Thaye Dorje zusammen, einem wunscherfüllenden Juwel im Schafspelz, wenn ich das einmal so salopp ausdrücken darf.

Auch lernte ich viele Lamas und Rinpoches kennen, insbesondere dadurch, dass das mir übertragene Projekt Hindernisse erfuhr und ich nun bei möglichst vielen Geistlichen um Segen bat. Ich merkte ein wenig, wie sie mich teilweise mit der Kraft ihres Geistes überprüften, denn ich hatte ja kein Papier, auf dem mir Karmapa bescheinigt hätte, dass ich dieses Projekt ausführen sollte. Wenn ich spürte, dass die Lamas mich mit ihren geistigen Fähigkeiten untersuchten, begann sich so etwas wie Erinnerung an Bekanntes bei mir einzustellen.

Der Wunsch, beim Überwinden der Spaltung des Kagyü-Sanghas helfen zu wollen, ermutigte mich, traditionelle Grenzen zu überschreiten. So bot ich z.B. auch meinen kostbaren Geist-Terma ganz entgegen den Gebräuchen anderer Schatzfinder manchmal wie Sauerbier an, einfach um alles zu geben, was ich geistig zu geben hatte. Auch dieses Buch ordnet sich diesem Wunsch unter. Dazu gehören auch die spirituellen Inhalte, die es enthält.

Ganz nebenbei lernte ich auf meinem Weg auch die hohe geistige Verwirklichung einzelner großer Meister kennen. Hier möchte ich stellvertretend u.a. SH den Dalai Lama und SH Menrik Trizin (Bön) nennen.

Und natürlich lernte ich auch viele Menschen im Sangha kennen, die mit offenen Herzen und die mit verschlossenen.

Es hat mir letztlich geholfen, nicht offiziell anerkannt zu werden, denn ich konnte mich so, ohne besonders beachtet zu werden, als irgendeine dumme Westlerin mitten in der Dharma-Szene unterschiedlicher Traditionslinien bewegen. Hätte ich sie je auf diese Weise kennengelernt, wäre ich sofort eine anerkannte Jetsünma (weiblicher Rinpoche) gewesen? Vermutlich nicht. So konnte ich eigene Erfahrungen sammeln mit der gelebten Lehre des tibetischen Buddhismus und mit meinen teilweise langjährigen Lehrern. Ich erfuhr einerseits Schwachstellen und erstarrte Strukturen, andererseits aber auch geniale Stärken und größtmögliche Flexibilität. Es gab faule Eier und Goldklumpen, manchmal lagen sie unmittelbar nebeneinander.

Bei einer offiziellen Anerkennung wäre mir auch mein jahrelanges mühsames Coming-Out erspart geblieben, wo ich mich unter größten Ängsten, als verrückt oder überheblich eingestuft zu werden, Schritt für Schritt weiter spirituell geöffnet habe. Dieser innere Prozess war auch ein Grund dafür, dieses Buch zu schreiben. Niemand konnte mir wirklich die Qual abnehmen, doch endlich für all den Mist einzustehen, den ich einst gemacht hatte. Aber ich habe ebenfalls einige Dinge richtig gemacht. Auch da musste ich lernen, dazu zu stehen.

So ist dieses Thema der offiziellen Anerkennung im Laufe der Jahre immer unwichtiger geworden, in dem Maße, wo ich mich aus meiner Gesamt-Krise hinausbewegt habe.

Manchmal musste ich in diesem Zusammenhang auch an eine der allerersten Visionen denken, die mir Karmapa im späten Erwachsenenalter geschickt hat: Erst kommt der Schwarzhuttanz, ein ritueller Lamatanz zur Unterwerfung von Dharma-Feinden (die es natürlich auch innerhalb einer buddhistischen Traditionslinie geben kann), dann kommt meine Anerkennung als Tulku von Karmapa beiläufig, bei einer Tasse Tee, und dann kommt die Möglichkeit für mich zu einer großen Menge von Dharma-Belehrungen.- Wir werden sehen, was die Zukunft bringt.

Alles,
was unserem Geist
erscheint,
ist multidimensional.

Aber wir können nur die
Aspekte
wahrnehmen,
die unserer spirituellen Entwicklung
entsprechen.

So lebt der eine
bei gleichen
Bedingungen
in der tiefsten
Hölle,

ein anderer dagegen
wandelt in Reinen
Ländern.

Nicht die Dinge
sind gut oder schlecht,
sondern
unser Geist
ist entwickelt oder auch nicht.

Unser Mitgefühl mit anderen
weist uns den Weg
zu unserem erwachten

Herzen.

Wenn wir
in tiefer Meditation
an unsere innere
Festpatte,
das Alaya Vijnana,

gelangen,

sind wir zunächst
hilflose
Beobachter
unseres inneren Mülls.

All unsere yogische
Kraft
scheint uns
zu verlassen.

Tiefste
offene Wunden
können sich zeigen,
deren Schmerz

uns überwältigt
und
lähmt.

Erst wenn wir
die Sicht
der erleuchteten Schau
der Leerheit

in größter Konzentration
wie einen Laserstrahl
auf diese innere
Festplatte

richten
können,

haben wir die Kraft,
die alten
Daten

zu löschen.

Nachwort:

Die Geschichte ist nun zu Ende. Sie war wie die Wolken am Himmel, die kommen, eine Weile verweilen und dann wieder gehen. War sie Wahrheit? War sie Illusion? Wer kann das so genau sagen? Auf jeden Fall war sie ein Mandala. Wenn ein Sandmandala fertig ist, kommt am Ende der Vajrameister und zerstört alles wieder. Er nimmt einen Vajra und geht damit über die wunderbaren Sandgebilde, bis sie vernichtet sind. Es bleibt der Sand. Und der wird am Ende in einen Fluss geworfen.

Und was geschieht mit einem Mandala aus Worten? Vielleicht frisst es irgendwann ein Mäuschen auf, vielleicht sogar das, was die Geschichte erzählt hat. Die Mutter wird also vielleicht nie erfahren, dass das Mäuschen gelauscht hat und das Kind hat ja sowieso die ganze Zeit geschlafen.

Und die Frau, die die Geschichte zuerst erzählte, hat sie schon wieder vergessen, naja nicht ganz. Aber in tausend Jahren wird sie sich wirklich nicht mehr daran erinnern können. Denn wer kann sich schon an etwas erinnern, was er selbst vor tausend Jahren erlebt hat?

Widmung

Ich widme dieses Buch insbesondere meinem Lehrer Karmapa Ogyen Trinley Dorje sowie der Überwindung der Spaltung des Kagyü-Sanghas. Darüber hinaus widme ich dieses Buch dem höchsten Wohl aller Lebewesen.

Mögen sie frei sein von Leid
und der Ursache des Leids.
Mögen sie Glück erleben
und die Ursache des Glücks.
Mögen sie im Gleichmut verweilen,
frei von Anhaftung und Ablehnung.

Literatur:

Dalai Lama, *Das Herz aller Religionen ist eins, Die Lehre Jesu aus buddhistischer Sicht*, Hoffmann und Campe, ISBN 9783455111255
Gilles van Grasdorff *Die abenteuerliche Flucht des kleinen Buddha*, Herder Verlag, Freiburg im Breisgau , 2001, ISBN 3-451-05125-7
Seine Heiligkeit der 17. Gyalwang Karmapa, *Die Zukunft ist jetzt*, Sequoya Verlag, Edition Mandarava, ISBN 978385466-069-9

Stephan Kulle: *Karmapa, der neue Stern von Tibet*, S. Fischer Verlag GmbH, Frankfurt am Main 2012, ISBN 978-3-651-00019-3

Arya Maitreya, Jamgön Kongtrül Lodrö Thaye, Khenpo Tsultrim Gyamtso Rinpoche, *Buddha Nature, The Mahayana-Uttara-Tantra-Shastra*, Snow Lion Publications, Ithaca, New York, 14851, U.S.A., ISBN 1-55939-128-6

Patrul Rinpoche: *Die Worte meines vollendeten Lehrers*, Arbor Verlag, Freiamt, 2001, 5. Auflage, Erscheinungsjahr 2005, ISBN 3-924195-72-2
Khenpo Tsultrim Gyamtso Rinpoche, *Taghelle Weisheit*, Otter Verlag, München 2007, ISBN 978-3-933529-09-1

Milarepa Karma Dungkar Ling e.V.

Dharma-Zentren:

- 19246 Valluhn (Mecklenburg), Dorfstr. 2,
- 22523 Hamburg, Köllns Acker 12

Kontakt: milarepakdl@yahoo.de

Website: milarepa-kdl.de

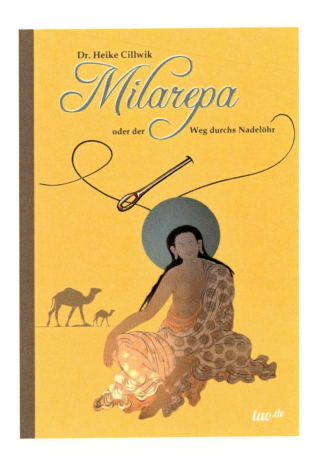

Dr. Heike Cillwik:
Milarepa oder der Weg durchs Nadelöhr
ISBN: 978-3-95802-008-5

Buchbeschreibung:

„Zwischen den Wollen blitzt manchmal die Sonne hervor und man erahnt den strahlenden Raum des Himmels…

Dieses Buch ist als Einstieg gedacht für Menschen, die noch wenig Kontakt mit der Geistesschulung des tibetischen Buddhismus hatten. Sie wirkt ja auch in den Alltag hineinwirkt, zumal, wenn wie bei der Autorin, einer der größten lebenden Meister ihr langjährige Lehrer ist.

Hier wird sich nun spielerisch, stichwortartig den Erkenntnissen gewidmet, die direkt oder indirekt mit der Öffnung des Herzens, der Erschließung des geistigen Potentials von uns allen zusammenhängen, so wie sie im Alltag, in der Poesie und in der Meditationspraxis erfahren werden können.

Und so kann sich der Leser, losgelöst von weltlichen und spirituellen Konzepten, solchen wichtigen Themen widmen wie:

Wie kommt ein Kamel durch ein Nadelöhr?
Wie kann man neue Wege bei der medizinischen Behandlung finden?
Wie kommt man zur vollkommenen Erleuchtung?"